또 다른 한국어

국제결혼 이주여성의 언어 적응에 관한 인류학적 연구

왕 한 석

㈜교문사

머리말

2005년 4월 4일 오전에 국립국어원의 김세중 박사가 전화를 걸어왔다. 용건인즉 '국제결혼 이주여성의 언어 적응에 관한 실태 조사'를 해 달라는 부탁이었다. 같은 날 오후에는 전혀 모르는 분인 양명희 박사가 또 전화를 해왔다. 마찬가지 부탁이었다. 생각을 해보겠다는 어정쩡한 대답을 하고는, 며칠 뒤 전북대학교의 설동훈 교수에게로 전화를 내어 국제결혼 이주여성의 개황에 대한 자료 부탁을 하였다. 그런데 다음날 설 교수가 보내온 통계 자료(2003년도까지의 국제결혼 통계)를 받아보고는 정말이지 입을 다물 수가 없었다. 혼인이주여성들의 어려운 생활환경에 대한 간단한 보도나 길거리의 중매 알선 현수막은 이따금씩 보아왔지만, 그 숫자가 이렇게도 많은 줄은 미처 몰랐던 것이다.

그리하여 스스로 생각을 조금씩 바꾸기 시작하였다. 결국 이 연구 과제는 누군가는 해야 하는 작업인데, 필자가 비록 이 주제에 친숙하지도 못하고 또 한국 언어과학계의 말석(末席)을 차지하고 있는 천학(淺學)의 입장이지만, 이 과제의 경우는 공부하는 사람으로서의 도덕적 · 사회적 책무가 앞서는 일인 것으로 생각을 바꾸었다.

이후 국립국어원측에 연구 과제를 맡겠다는 구두 승낙을 하였고, 또 국립국어원측의 수정 제안을 받아들여 필자가 '언어 적응' 문제를 그리고 강원대학교의 한건수 교수가 '문화 적응' 문제를 담당하여 함께 현지조사를 하기로 하였다. 그리고 2005년 7월에는 약 25일간 전라북도 임실군 일원에서 혼인이주여성들의 언어 및 문화 적응에 관한 그리 '쉽지 않은' 현지 연구를 수행하였다. 이후 약 넉 달간의 자료 정리 및 원고 작성 과정을 거쳐 일단 국립국어원에 연구보고서를 제출하였다(연구보고서는 2005년 12월에 『국제결혼 이주여성의 언어 및 문화 적응 실태 연구』로 간행됨).

그러나 이 연구보고서는 제한된 시간 내에 작성된 것이라 일종의 '임시적인' 연구 보고였고, 또 미처 다루지 못한 항목들도 많았다. 따라서 이 연구보고서는 시간을 두고 새로이 수정·보완될 필요가 있었다. 필자는 2006년 7월부터 기존의 보고서 중 필자가 담당하였던 부분을 깁고 고치고, 그리고 보고서에서 미처 정리하지 못하였던 항목들을 새로이 분석하는 작업을 시작하였다. 그리고 그 작업은 근근이 닷새 전에야 끝이 났는데, 이 책이 바로 그 최종 결과물이다.

정직하게 말하여, 이 연구 작업은 필자의 능동적인 관심과 장기간의 체계적인 준비에 의해 이루어진 것이 아니다. 앞서 말하였듯이 전문 학자로서의 사회적 요구와 도덕적 책무에 호응하여, 한정된 시간 동안의 준비 그리고 한정된 연구 여건 속에서 현지조사와 자료 정리를 마쳐야만 했던 그리 '만족스럽지 않은' 연구 과정을 거쳤다. 그리하여 필자가 보기에도 깊이 있는 천착(穿鑿)과는 거리가 먼 아주 '얇은' 연구 결과물이다. 삼가 여러 선배 및 동학(同學)들의 비판과 함께 해량(海諒)을 구하는 바이다.

그러나 이 연구 결과는 대다수의 우리들에게 아직도 낯선, 국제결혼 이주여성들의 언어 적응 과정에 대한 실제의 그리고 기초적인 여러 양상들을 전달해 줄 수 있을 것으로 믿어진다. 바라건대 이 연구 결과가 조그만 디딤돌이 되어, 이 주제에 대한 보다 본격적인 학술적 연구 그리고 응용적 연구들이 이루어지기를 기대해 마지않는다. 뿐만 아니라 이 연구가 오늘날 급변하는 한국 사회라는 언어공동체의 여러 새로운 언어 상황들에 대한 앞으로의 연구에 조그만 시발점이 되기를 또한 기대해 본다.

이 조그만 연구 과제를 수행하면서 여러 분들께 말할 수 없는 많은 신세를 졌다. 무엇보다도 먼저 귀중한 연구 기회를 제공해 준 국립국어원측에 공식적인 사의(謝意)를 표하고 싶다. 또 당시 원장이셨던 남기심 선생님, 파견을 나와 있던 김하수 교수님, 그리고 담당 부장이었던 김세중 박사님, 담당 주무였던 양명희 박사님께 감사를 드린다. 양명희 박사는 국립국어원을 대표하여 찌는 듯한 한여름 날씨에 임실 현지로 1박 2일의 격려 방문까지 해 주셨다.

다음으로 19명의 연구 대상자 모두와 그 가족 분들께 진정어린 감사를 보내고 싶다. 매일매일의 생활이 그리 쉽지 않음에도 불구하고 모두가 흔쾌히 연구자 일행을 웃으며 맞아 주었을 뿐만 아니라, 이 연구의 원자료가 되는 귀중하기 그지없는 언어적·문화적 지식을 연구자에게 제공해 주었다. 열아홉 분 모두 한국에서의 새 삶이 바람대로 이루어지고, 그리고 행복하고 모범적인 가정이 계속 이어지기를 빈다.

또 여기서 개별 이름을 명기하지는 않지만, 어려운 면접 과정을 도와준 7명의 통역자들께도 깊은 감사를 드린다. 뿐만 아니라 임실 현지에서는, 임실군 여성농민회(한글학당)와 임실군청(주민 복지과)의 커다란 도움을 받았다. 깊은 감사를 올리는 바이다.

설동훈 교수는 연구 시작 전부터 그리고 마지막 원고 마무리 때까지 수시로 자료 협조 요청을 필자로부터 받았다. 설 교수의 이 분야에 대한 앞선 연구가 커다란 결실을 맺기를 기원해 본다. 한건수 교수는 함께 현지조사를 하였고 또 보고서를 작성하였다. 한 교수의 혼인이주여성들의 문화 적응에 대한 연구도 앞으로 좋은 결실 맺기를 기원한다.

필자는 현지조사의 시작 단계에서부터 마지막 원고 작성에 이르기까지 4명의 우수한 제자들로부터 헌신적인 도움을 받았다. 조숙정, 강나영, 변혜원 세 사람은 힘든 현지조사를 함께 하였고 또 어려운 전사 작업을 모두 맡아 주었으며, 뒤에는 두 번에 걸친 타자 작업을 모두 해 주었다. 그리고 서울로 돌아온 뒤로는 김은성 박사가 이 작업에 새로이 참여하여 자료의 분석을 도와주고, 조숙정 선생과 함께 원고의 검토 작업을 마지막까지 도와주었다. 위 네 사람의 열성적인 조력(助力)이 없었다면 이 연구는 처음부터 가능하지가 않았을 것이다. 삼가 고마움을 표하는 동시에, 네 사람 모두의 앞으로의 공부에 커다란 정진(精進)이 있기를 기원해 본다. 또 김선희 선생도 현지조사지로 잠시나마 내려와 연구 작업에 참여하고 자료 정리를 도와주었다.

기존 원고의 수정 작업과 새로운 자료 분석은 모두 지난 7월부터 시작되었는데, 마침 지난 학기가 연구 학기라 이 작업을 근근이 끝마칠 수가 있었다. 강의

가 없는 연구 학기를 배려해 준 대학 당국과 학과 내의 모든 교수님들께 이 자리를 빌려 감사를 드리는 바이다.

교문사의 류제동 사장님께서는 오랜 인연을 잊지 않고 이번에도 흔쾌히 출판을 허락해 주셨다. 학자의 세계를 믿고 이해해 주시는 류 사장님께 경의(敬意)를 표함과 동시에 깊은 감사를 올리는 바이다. 또 좋은 책을 만들기 위해 끊임없이 애써 주신 교문사의 양계성 상무님과 편집부 여러분들께도 감사를 올린다.

마지막으로 부산에 홀로 계시는 어머님과 내자(內子) 그리고 서울과 미국으로 흩어져 있는 아이들과 함께, 이 책을 끝내는 조그만 기쁨을 함께 나누고자 한다.

2006년 12월 30일 저녁

왕 한 석 삼가 씀

차 례

제1장 서 장

" 지가 잘 하면 이쁘지. 지가 잘 하면 이쁘고... 안쓰럽고... 저도 여기 와서 고생하고, 부모도 보고접을 거고... 고향 생각도 날 거고... 그럴 때면 안쓰럽고... 이쁘고... 처음에는 겁나게 애먹었어. 많이 울었어... 모든 것이 그냥, 밤에 화장실 가는 것까지... 음식 먹고 속이 안 좋으면 토하러 다니는 것까지 다 따라대녔어. 한 2년은 하튼 욕봤어. 저도 더 욕봤겠지. 얼마나 외롭고... 우리야 고향이고... 부모 형제간 새끼도 있고 한게로. 저는 얼마나 욕봤겠어. 그래서 그냥 냅둬 버렸어요. 잘못해도 그냥 냅두고... 잘해도 암말도 안하고 잘못해도 암말 안하고... 오만 것이 겁나지 생전 모른게 저도... 얼매나 부모도 보고 접고 타관에서... 내가 내 딸 같으면, 내 딸이 그런다면 안 보냈을 거지..."

(필리핀 출신 부인의 시어머니)

" (며느리를) 애기로 취급해야 혀. 나는 애기로 취급해도 저는 저대로 투정하면 답답허지. … 지가 성질낼 때. 하하하하<웃음>. 삐져가지고 울고 그럴 때 답답하지. 그래 갖고 근게 냅둬. 여기서 뭘 허냐 안 허냐 그래서 삐진 것이 아니거든. 그냥 혼자 제 자신이 맥없이 삐쳐버리거든. 혼자 자신, 저도 뭔 생각이 있으니까 삐쳐 버린거지. 그래 갖곤 인제 울면 냅둬 버려. 냅두면 풀어져. 고럴 땐 답답하지, 성질나고... 나이 어리고 안적, 그래도 애가 똘똘한게..."

(베트남 출신 부인의 시어머니)

" 말은 배웠다 그러는데, 하나 배운 것도 없어유. … 말이 통하질 않으니까 지금도 많이 불편을 느끼죠. 애가 워낙 머리가 잘 돌아가요. 영리해서 말은 직접 서로 통하지는 못하겠지만, 내가 뭐라 그러면 눈치로 알아채버려. 인제 즈그 엄마(시어머니 지칭)하고 잘 통하고, 내가 요샌 솔직한 얘기가 우리 띠우(며느리 이름)를 자랑을 많이 하는데, 겪어놓고 보니까 어설픈 한국여성들 속 쌕이는 한국

여성보다 백번은 나서요. … 이애는 한국문화를 알지도 못하고 백지일 텐데, 예의가 분명하고, 지가 먹고 싶은 거 뭐 좀 궁금하겠다 뭐 좀 사다주면, 아버님 고맙습니다. 꼭 인사하고. 내가 어딜 다녀오면 아버님 다녀오셨어요. 그 정도는 한국말도 통하고 있거든요. 고마움을 느끼고 보람이 있어요. 뭘 사주면 꼭 고맙다고 예의를 갖추고, 한국의 어설픈 큰 애기들 데려다 속이나 썩이는 것보다 낫다고 자랑해요."

(태국 출신 부인의 시아버지)

" 언어... 같은 것을 본다면, 거기는 경어라는 게 거의 없는 모양이에요. 여기서 우리가 ' 요' 자를 붙이는 데 상당한 시일이 걸렸어요. 그게... 우리 며느리 흉을 가끔 봅니다. 이자 농담으로 얘기하면서, 이자 우리 며느리가 나한테 편애한다는 얘기를 하는데... 아버지 밥 먹어! 그러거든요. 밥 먹었어? 어디 갔다 오면... 그쪽 문화가 그렇게 되어 있고 허니까 그럴 거다, 우리는 뭐 적은 것부터 큰 것까지 어른에 대한 예우가 이조 오백 년 사이에 쩌들어 있잖아요. 그런 것 때문에 그런 건지는 모르지만... 아무튼 우리는 그런데 거기서는 평소 생활이 그렇게 가는 모양이다... 그런 것을 조금씩 느끼고 그러죠. …

사부인(며느리의 친정어머니 지칭)이... 여기 사부인이 오셔서 이렇게 포옹을 하는데, 우리는 그런 걸 친구 간에도 안 하잖아요. 참 사부인은 엄청 어려운 사인데... 이렇게 포옹을 할 때에는, 내 입장에서는 당황했지요. 뭐뭐이라고 딱 말은 못해도, 문화가 다르다 보니까 쉽게 적응이 안 되는 거예요."

(우즈베키스탄 출신 부인의 시아버지)

" 처음 왔을 때는 언어교육 문제가 최고 심각한 거죠. 서로 언어만 통하면 이해할 수 있는 부분들도 많이 있을 텐데 서로 모르니까, 이해를 못 하니까 서로 티격거리고. 그런 경우가 많지요. … 그쪽 집 생각나서 울고 있을 때. 마음도 안 좋고, 말이라도 통하면 말이라도 해 줬을 텐데 그것도 안 되고... 몇 달 동안..."

(필리핀 출신 부인의 남편)

" 문화가 틀리니까 조금이라도. 베트남 여자가 적응을 한들 여기 여자 같겠는가? 내가 그걸 이해해야지. 그래도 잘 하더라고, 시키는 일도."

(베트남 출신 부인의 남편)

" 내가 처가에 갔을 때 태국어를 못 해서 불편했드키 인자 우리 식구도 나하고 같이 맞춰서 살아야 하잖아요. 아무래도 우리 식구가 언어적으로 불편한 것이 이해가 되지요. 근데 나는 사실상 외국 사람하고 같이 살지마는 첫째는 외국 사람하고 같이 살게 되면은 이해를 많이 해야 한다는 거예요. 이게 좀 통이 좁고 속이 좁은 사람은 풀기가 힘들어요. 내가 그래서 항시 자문을 하지요. 이해를 많이 해라. 지금 나온 지가 몇 년인데 지금까지 그러냐. 그리고 시어머니가 며느리한테 함부로 하지 말아라. 그런 사람도 있어요. 시어머니가 며느리를 때리는 사람이 있어. 그건 정말로 안 되죠."

(태국 출신 부인의 남편)

"처음에는 너무 힘들었어요. 그래서 그 생각이 나면 말이 많이 나오는데 지금 생각이 안 나네요. 그때는 진짜 힘들어서 매일매일 우르[울]고 있었어요. 방에 들어가면 '아, 너무 힘들어...' 그렇게."

(일본 출신 부인)

"(우리 애기에게 필리핀 말) 안 했어요. … 빨리 알아듣게 한국말[만 했어요]. 애기 (필리핀 말) 하나도 안 가르쳤어요. … 저요 우리 애기가[를] 생각했어요. 저 한국말 몰랐어요. 너무나 힘들었어요. 우리 애기도 한국말 몰랐어요[모르면] 어떡해요? 똑같아요. 아~ 힘들었어요. 그럼 저요 한국말 잘 몰랐어요. 저요, 우리 애기가 한국말 싹 배워[배우면] 좋겠어요."

(필리핀 출신 부인)

"저희 신랑이 자기더러 저버러, 저더러 존댓말 해라구 그랬거든요? 처음에. 제가 안, 안 했, 안 핼라구 그니까 지금은 안 해요. … 아니, 남자하구 여자가 평등한데 무엇 때문에 존댓말을 해요 제가? … 말했죠 제가. 말했어요. 남자허구 여자허구 다 똑같은데 뭣 때문에 나는 존댓말을 해구, 당신은 안 해구 그런 법이 어딨어? 우리 집은 없다구 그랬죠. …

그냥 남자들이 집에 와서 아무 것도 안 해구 그냥... 아니 밖에서 돈 벌었다구 집에 와서 아무 것도 안 해구 그런 면에선 쪼꼼 이해가 안 가요. 중국에서는 집에 와서두 여자들 더해[도와]가지구 이것두 해구 저것두 해요. 어떤 집에서는 무조건 다 남자들이 다 해는데요. 다 해요. 남자들이 설거지해구 빨래해구."

(중국 조선족 출신 부인)

1. 현대 한국 사회와 국제결혼

한국 사회에서의 소위 '국제결혼'은 1990년대를 기점으로 하여 엄청난 변화 양상을 보여 주고 있다. 대체로 말해 한국전쟁 이후 1980년대까지의 국제결혼은 한국인 여성이 외국인 남성(주로 미국인 및 일본인)과 결혼하여 외국으로 이주해 나가는 것이 일반적 유형이었다. 이 시기 동안의 국제결혼에 대한 통계 자료는 얻기 어렵지만, 한 보고에 의하면, 한국인이 국제결혼을 하여 외국으로 이주한 건수가 1970년에는 3,700건이었는데, 이후 서서히 증가하여 1979년에는 6,300건으로 크게 증가하였다가, 그 이후로는 조금씩 감소하여 1990년대 중반 이후에는 1,100건으로 크게 줄어들었다고 한다(이혜경 2005: 80).

그러나 이 시기 동안의 대표적인 국제결혼의 형태는, 말할 것도 없이, 가난한 한국 여성과 미군과의 국제결혼이었을 것이다. 미군과의 국제결혼에 대한 통계치도 그 전체적인 모습을 가늠하기가 어려운데, 한 보고(미국 이민국 자료)에 의하면, 1950년부터 1965년까지 약 7,700명의 한국인 부인이 소위 '미군 신부'(GI wives)로 미국에 입국하였다고 한다(Yoo 1993: 40). 그러나 다른 보고(한국 언론 보도)에 의하면, 1960년대에는 매해 평균 2천 명씩이 그리고 1970년대와 1980년대에는 매해 평균 4천 명씩이 미군과의 결혼으로 미국으로 이주해 갔다고 한다(설동훈 외 2005: 8 각주). 그런데 이 뒤의 수치는 또 다른 추산 즉, 1950년 이래 1980년대 말까지 약 10만 명의 한국인 여성이 미군과의 결혼으로 미국으로 이주해 갔다는 추정치(한국 언론 관련 보고)(Yoo 1993: 33)와 거의 일치하는 것으로 보인다. 따라서 이들 추정치를 받아들인다면, 한국전쟁 이후 최소한 10만 명 이상의 한국 여성이 미군과 결혼하여 미국으로 이주한 것이 될 것이다.

그러나 1980년대까지의 국제결혼에 대한 통계 자료가 없어, 이 시기 동안에 일어난 국제결혼의 자세한 모습은 알 수가 없다. 다시 말해, 소위 '미군 신부'를 제외한 여타의 외국인 남성과의 국제결혼은 얼마나 되는지, 그리고 한국인 남성과 외국인 여성 간의 국제결혼은 얼마나 되는지 등을 현재로서는 추정할 수가 없다. 그런데 한 보고에 의하면, 특히 1980년대 후반 이후에는 외국과의 교류가 확대되면서 중상류층 여성들의 국제결혼도 많이 이루어지고, 그 여파로 우리 사회의 국제결혼에 대한 부정적 시각도 상대적으로 줄어든 것으로 말하기도 한다(윤형숙 2004: 321). 그러나 이 역시 구체적인 통계치는 알 수가 없다.

1990년대 이후, 특히 1990년대 중반 이후 우리 사회의 국제결혼 양상은 단순히 양적으로뿐만 아니라 질적으로도 급격히 바뀌고 있다. 다시 말하여, 1990년대 중반 이후 국제결혼의 사례 수는 크게 증가하기 시작하였을 뿐만 아니라, 국제결혼의 중심적 유형이 새로이 한국인 남성과 외국인 여성 간의 결혼으로, 그리고 한국인의 외국으로의 이주가 아니라 외국인 부인이 한국으로 이주해 들어오는 것으로 바뀌기 시작하였다. 다음의 〈표 1-1〉은 새로운 국제결혼의 변화 양상을 압축적으로 보여 주는 통계치가 될 것이다.

아래 표에서 보면 1990년과 1991년까지의 국제결혼은 그 이전 시기 즉, 1980년대까지의 국제결혼의 일반적 유형을 대체로 반영하는 것으로 보인다. 즉, 한국인 남성의 국제결혼은 매해 600여건 정도에 불과하고, 대신 한국인 여성의 국제결혼은 매해 4,000여 건 선에 달했음을 본다. 한마디로 당시까지의 국제결혼이란 우리 사회에서 남성보다는 여성이 주로 행하던 결혼 형태였던 것이다.

그러다가 1992년부터 한국인 남성의 국제결혼이 급격히 증가하기 시작하고, 1995년부터는 한국인 남성의 국제결혼 건수가 한국인 여성의 국제결혼 건수를 추월하기 시작한다. 그것도 단순한 추월이 아니라 같은 해 여성이 국제결혼을 한 숫자의 3배를 넘어서고, 또 그 전 해, 즉 1994년에 남성이 국제결혼을 했던 숫자보다 3배가 넘는, 가히 폭발적인 증가세를 보여 준다.

다음 해인 1996년에는 남성의 국제결혼 건수가 계속적인 증가세를 보이다가, 이후 4년간(1997년부터 2000년까지)은 상당한 수준의 감소 양상을 보인다. 그러다가 2001년에 들어서서는 다시 1995년도의 수준으로 회복되고, 2003년 이후에는 다시 폭발적인 증가세를 보여 준다. 즉, 위 표에서 보듯이, 2003년에는 19,214건, 2004년에는 25,594건, 그리고 2005년에는 31,180건으로 크게 늘어난 것이다.

같은 시기 즉, 2003년 이후에 여성의 국제결혼도 급격하게 늘어나는 양상을

〈표 1-1〉 한국의 국제결혼 건수와 비율(1990~2005)

(단위: 건, %)

연도	총 결혼 건수	국제결혼		외국인 아내		외국인 남편	
		건수	%	건수	%	건수	%
1990	399,312	4,710	1.2	619	0.2	4,091	1.0
1991	416,872	5,012	1.2	663	0.2	4,349	1.0
1992	419,774	5,534	1.3	2,057	0.5	3,477	0.8
1993	402,593	6,545	1.6	3,109	0.8	3,436	0.9
1994	393,121	6,616	1.7	3,072	0.8	3,544	0.9
1995	398,484	13,494	3.4	10,365	2.6	3,129	0.8
1996	434,911	15,946	3.7	12,647	2.9	3,299	0.8
1997	388,591	12,448	3.2	9,266	2.4	3,182	0.8
1998	375,616	12,188	3.2	8,054	2.1	4,134	1.1
1999	362,673	10,570	2.9	5,775	1.6	4,795	1.3
2000	334,030	12,319	3.7	7,304	2.2	5,015	1.5
2001	320,063	15,234	4.8	10,006	3.1	5,228	1.6
2002	306,573	15,913	5.2	11,017	3.6	4,896	1.6
2003	304,932	25,658	8.4	19,214	6.3	6,444	2.1
2004	310,944	35,447	11.4	25,594	8.2	9,853	3.2
2005	316,375	43,121	13.6	31,180	9.9	11,941	3.8
1990-2005	5,884,864	240,755	4.1	159,942	2.7	80,813	1.4

자료: 통계청, 인구동태(혼인, 이혼). http://kosis.nso.go.kr 계산. (설동훈 2006: 9)

보여, 이제 우리 사회에서 국제결혼이란 결코 낯설지 않은 결혼의 형태가 이미 되고 있음을 알 수 있다. 2005년도의 통계치를 다시 한 번 보면, 2005년도에 결혼을 한 사람의 13.6%(즉, 100명중 14명 꼴)가 외국인 배우자를 맞이하였고, 또 2005년도에 장가를 간 사람의 9.9%(즉, 10명 중 1명 꼴)가 외국인 아내를 맞이하였으며, 그리고 같은 해에 시집을 간 사람의 3.8%(즉, 100명 중 4명 꼴)가 외국인 남편을 맞이하였다. 한마디로, 참으로 짧은 시간 동안에 국제결혼은 우리 사회에서 이미 일반적 관행이 되고, 그리고 우리의 생활 세계 한 가운데로 진입해 들어온 것이 될 것이다.

2. 국제결혼 이주여성의 현황

위의 〈표 1-1〉을 보면 지난 16년 동안에 무려 16만 명에 가까운 외국인 부인들이 한국으로 시집을 온 것이 된다. 여기서 그 숫자가 그리 많지 않은 초기의 사례 수(1990년부터 1994년까지 5년간의 9,520 사례)를 일단 제하면, 지난 11년 동안(1995년부터 2005년까지)에 정확히 15만 명이 조금 넘는 숫자(150,422 사례)의 외국인 부인들이 한국으로 시집을 온 것이 될 것이다.

이처럼 짧은 기간 동안에 한국으로 시집온 혼인이주여성의 급증 현상은 보다 포괄적이고 다면적인 시각에서 이해 가능할 것인데, 국제결혼 이주여성의 현황에 대한 가장 광범하고 대표적인 연구 보고인 『국제결혼 이주여성 실태조사 및 보건·복지 지원 정책 방안』(설동훈 외 2005, 특히 pp.21-52)에서는 크게 네 가지 사회적 요인들을 그 원인으로 지적하고 있다. 즉 "(1) 자본주의 세계체제에서 나라들 간의 불균등 발전과 여성의 상품화, (2) 가난과 실업이 만연한 송출국 사회와 자국인의 여성 송출을 장려 또는 방관하는 정부 정책, (3) 신부 부족을 해결하기 위해 외국에서 여성을 충원하려는 유입국 사회와 그것을 묵인하는 정부 정책, (4) 국제결혼을 성사시킴으로써 영리를 추구하는 국제결혼 중개업체 등"(p.21)이다.

그러나 그 핵심 부분을 정리한다면, 최근의 한국인 남성의 국제결혼은 "한국 사회에서 주변화된 남성들과 경제적으로 빈곤한 국가의 여성들과의 결혼이 주를 이루"는(윤형숙 2004: 321), 또는 "농어촌이나 도시 저소득층 출신의 한국인 남성〔과〕 경제력이 약한 아시아권 국가 출신 여성과〔의〕 결혼"(한건수 2006: 196)이 주를 이루는 것이다. 따라서 이 국제결혼 이주여성의 급증 현상은, 한마디로, 세계화(globalization)가 야기한 소위 '이주의 여성화'(feminization of migration) 현상(이혜경 2005: 73-74)과 우리 사회의 "농어촌을 중심으로 심화되어온 … 결혼 시장의 파행적 구조〔가〕 접합되어 만들어진 현상"(한건수 2006: 200)이 될 것이다.

이제 평면적인 통계치를 넘어서서, 지난 십수 년간의 급증한 한국인 남성과 외국인 여성 간의 국제결혼의 대체적인 흐름을 살펴보기로 하자. 앞선 연구들(윤형숙 2004, 이혜경 2005, 설동훈 외 2005, 한건수 2006 등)에서 이미 밝혀졌듯이, 오늘날 새로운 흐름의 국제결혼의 시작은 1980년대 말부터 커다란 사회 문제로 대두되었던 농촌 총각의 결혼 문제를 해결하기 위한 방안으로, 한국의 농촌 총각과 중국의 조선족 처녀와의 결혼을 범사회적으로 추진한 데서부터 시작되었다. 관련 보도에 의하면, 1990년 12월 22일에 한국의 농촌 총각과 중국 연변(延邊) 처녀와의 국제결혼 제1호가 탄생하였다고 한다.

그러나 중국 동포 처녀들과의 혼인이 보다 본격화된 것은 조금 더 시간이 지나서인 것 같다. 즉, 1992년 중국과의 수교가 공식적으로 이루어진 뒤에, 농촌 지역의 지방자치단체, 여러 시민단체들은 앞 다투어 한국의 농촌 총각과 중국의 조선족 처녀와의 결혼을 적극 추진하였고, 그 결과로서 많은 조선족 동포와의 국제결혼이 이후 이루어지게 되었다. 앞의 〈표 1-1〉에서 보이는 1992년도 이후의 한국인 남성의 급증한 국제결혼 수치는 바로 이 새로운 흐름의 결과일 것이다. (물론 이 시기에 절대 다수는 중국 동포 여성이었지만, 중국 한족(漢族) 여성과의 국제결혼도 이루어지기 시작하였다.)

한편 비슷한 시기에 특정 종교단체(통일교 즉, '세계평화통일가정연합')가 한국인 남성과 일본인 여성 간의 국제결혼을 주선하기 시작하였고(실제로는 일본인 여성과의 국제결혼 주선은 1980년대에 이미 시작되었음), 이후에는 필리핀 여성과의 결혼으로 그 중개의 폭을 넓혀나갔다. 뿐만 아니라 초기에는 신도들의 결혼 주선으로 한정되었으나 뒤에는 일반인들의 국제결혼도 널리 중개함으로써, 이 특정 종교단체를 통한 국제결혼도 상당한 숫자로 증가하였다고 한다. 그러나 그 정확한 수치는 알려진 바가 없다.

앞의 〈표 1-1〉에서 1996년도까지 크게 증가하였던 한국인 남성의 국제결혼 수치가 1997년 이후 약 4년간 감소하기 시작한 것은 몇 가지 요인이 복합적으로 작용한 결과인 것으로 보인다. 즉, 1996년부터 중국 동포 여성들의 소위 '위장결혼' 시례가 사회적으로 큰 문제가 되기 시작하였다. 그러자 우리 정부는 1996년 9월 중국 정부와 양국민의 혼인 절차를 보다 엄격하게 처리하는 양해각서를 체결하였고(이 양해각서는 2003년 7월 1일부로 폐지됨), 또 1997년 11월에 개정하여 1998년 6월부터 시행하기 시작한 새 국적법도 외국인 여성의 위장결혼을 막는 효과를 사실상 가져왔다고 한다. 여기에 소위 'IMF 경제 위기'로 흔히 불리는 90년대 말의 어려운 경제 상황도 외국인과의 결혼을 감소시키는 부분적 요인이 되어, 그 결과가 1997년부터 2000년까지의 한국인 남성의 국제결혼 숫자가 상대적으로 감소하는 현상을 낳은 것으로 해석된다.

한편 〈표 1-1〉에서 보이는 2001년 이후의 수치상의 회복세와 2003년 이후의 폭발적인 증가세는 실제로는 여러 요인들의 복합적인 영향 때문이겠지만, 우선은 상업적인 국제결혼 중개업체의 증가와 이와 관련되는 우리 국민들의 국제결혼에 대한 태도 변화 등이 중요한 요인이 된 것으로 보인다.

먼저 1999년 8월 국제결혼 중개업체의 설립이 허가제에서 신고제로 변경되면서 국제결혼 알선기관의 숫자가 큰 폭으로 증가하였다. 그리하여 이들의 적극적인 상업 활동의 결과로서, 한국인 남성의 국제결혼이 큰 폭으로 증가하였다. 뿐만 아니라 이들 알선기관은 위장결혼의 개연성이 있는 중국 동포 여성들의 대안으로 아시아 여러 나라의 여성들을 새로이 중개함으로써, 한국인 남성의 국제결혼 대상국을 크게 다변화시키기 시작하였다. 이들은 초기에는 필리핀 여성들을 많이 소개하였으나, 뒤에는 태국, 몽골, 베트남, 구 소련권 특히 우즈베키스탄(주로 '고려인' 동포) 등으로 결혼 대상 국가를 확대시켜 왔다.

한편 한국인의 국제결혼에 대한 태도 변화는 관련 연구가 적어 구체적인 언급을 하기에는 이른 상황 같다. 그러나 최근의 국제결혼 사례 수의 큰 폭으로의 증가와 국제결혼에 관한 태도의 변화는 분명히 밀접한 상관관계를 가질 것이고, 대체적인 경향은 최소한, 국제결혼을 "'바람직한 것은 아니지만 찬성한다'는 방향으로 나아가고"(설동훈 외 2005: 32) 있는 것으로 짐작된다.

급증하는 한국인 남성의 국제결혼과 관련하여, 최근 통계청(2006)에서 발표한 통계 자료는 두 가지 흥미로운 사실을 새로이 밝혀준다. 번저 한 가지는 다음의 〈표 1-2〉로, 지난 6년간 한국으로 시집온 외국인 부인들의 국적별 통계치이다.

〈표 1-2〉 최근 결혼한 외국인 아내의 출신국 분포(2000~2005)

(단위 : 건, %)

	2000	2001	2002	2003	2004	2005	구성비	전년대비 증감률
계	7,304	10,006	11,017	19,214	25,594	31,180	100.0	21.8
중국	3,586	7,001	7,041	13,373	18,527	20,635	66.2	11.4
베트남	95	134	476	1,403	2,462	5,822	18.7	136.5
일본	1,131	976	959	1,242	1,224	1,255	4.0	2.5
필리핀	1,358	510	850	944	964	997	3.2	4
몽골	77	118	195	318	504	561	1.8	11.3
우즈베키스탄	43	66	183	329	247	333	1.1	34.8
미국	235	265	267	323	344	285	0.9	-17.2
태국	270	185	330	346	326	270	0.9	-17.2
기타	509	751	716	936	996	1,022	3.3	2.6

자료: 통계청(2006: 14)

위 표를 보면 아직도 중국 국적의 부인들이 한국으로 혼인이주하는 외국인 부인들의 절대 다수를 이루고 있다. 따라서 '2003년 하반기부터 2005년 상반기까지의 2년 동안에 중국 선양(瀋陽) 주재 한국영사관으로부터 약 3만 명 정도의 중국 조선족 여성이 결혼 비자를 받아 한국으로 이주하였다.'는 일면 충격적인 보고(설동훈 외 2003: 27-30)가 결코 과장된 것이 아님을 짐작할 수 있겠다. 또 위의 표에서 필리핀 출신 부인들의 숫자는 조금씩 줄어들고, 대신 베트남, 몽골, 우즈베키스탄 출신 부인들의 숫자는 늘어나는데, 특히 베트남 출신 부인들의 숫자가 2004년의 2,462명에서 2005년에는 5,822명으로 무려 136.5%나 증가하였음을 볼 수가 있다.

또 한 가지 주목되는 통계 자료는 농어촌 지역 남성의 국제결혼 비율이다. 2004년도에 농어촌 지역 남성(엄격히는 '농림어업종사자(남자)'임) 중 외국인 여성과 결혼을 한 숫자는 1,814건으로 '농림어업종사자' 전체 결혼 건수의 27.4%를 차지하였다. 그런데 2005년에는 이 국제결혼 건수가 2,885건으로 크게 증가함으로써 전체 결혼 건수의 무려 35.9%를 차지하였다. 그리고 이들 농림어업종사자들의 외국인 부인들의 국적별 분포를 보면, 2004년의 경우는 중국(879), 베트남(560), 필리핀(195), 기타(180)로 이루어졌으나, 2005년에는 베트남(1,535), 중국(984), 필리핀(198), 기타(168)로 이루어짐으로써, 2005년의 경우 절반이 넘는 국제결혼이 베트남 출신 부인들과 이루어졌음을 알 수 있다(통계청 2006: 14-15). 여기서 앞의 〈표 1-1〉로 다시 돌아가면, 전체 한국인 남성의 국제결혼 비율이 2004년에는 8.2%, 2005년에는 9.9%이다. 그런데 농립어업종사자(남자)의 경우에는 2004년에 27.4%이고, 2005년에는 35.9%이다. 한마디로 경제적 · 사회적 여건이 뒤떨어지는 농어촌 지역의 '농림어업종사자들'의 경우 외국인 여성과의 국제결혼이 전국 평균치보다 무려 3배 이상이나 더 이루어지고 있음을 여기서 알 수 있다.

〈표 1-3〉 국제결혼 이주여성의 출신국 분포(2005년 4월 기준)

(단위: 명, %)

출신국	외국인 아내		등록외국인		2002년 이후 귀화자	
	인원 수	%	인원 수	%	인원 수	%
전체	66,912	100.0	55,964	100.0	10,948	100.0
한국계 중국인	31,739	47.4	24,681	44.1	7,058	64.5
중국	11,577	17.3	9,721	17.4	1,856	17.0
일본	7,097	10.6	7,076	12.6	21	0.2
필리핀	5,457	8.2	3,692	6.6	1,765	16.1
베트남	4,675	7.0	4,592	8.2	83	0.8
태국	1,364	2.0	1,340	2.4	24	0.2
몽골	1,072	1.6	1,055	1.9	17	0.2
러시아	950	1.4	933	1.7	17	0.2
기타 구소련, 동유럽	1,190	1.8	1,161	2.1	29	0.3
아시아 저개발국	595	0.9	549	1.0	46	0.4
사하라 이남 아프리카	35	0.1	28	0.1	7	0.1
중남미	140	0.2	124	0.2	16	0.1
기타 선진국	1,021	1.5	1,012	1.8	9	0.1

자료: 법무부, 데이터베이스, 2005 계산. (설동훈 외 2005: 4)

이제 우리 사회의 일원이 되어 살고 있는 혼인이주여성의 현황에 관한 몇 가지 통계 자료를 더 소개하기로 하겠다. 그런데 이 통계치는 법무부가 집계한 자료로서, 앞서 소개한 〈표 1-1〉상의 전체 국제결혼 건수와는 차이가 난다. 그러나 전체적인 분포 현황(국적별 및 지역별 체류 현황)을 파악하는 데는 유용한 자료가 될 것이다. 위의 〈표 1-3〉은 혼인이주여성의 출신국별 분포 집계이고, 아래의 〈표 1-4〉와 〈표 1-5〉는 각기 거주지 구분(도시와 농촌) 및 지역별(시도별) 분포 집계이다.

위의 〈표 1-3〉을 보면, 외국인 아내의 출신국은 중국이 64.7%(그중 47.4%는 중국 동포)로서 가장 많고, 다음은 일본(10.6%), 필리핀(8.2%), 베트남(7.0%), 태국

〈표 1-4〉 국제결혼 이주여성의 거주지 분포(2005년 4월)

(단위: 명, %)

	전체		도시		농촌	
	인원	%	인원	%	인원	%
전국	66,912	100.0	49,755	100.0	17,157	100.0
서울특별시	16,454	24.6	16,454	33.1	0	0.0
부산광역시	3,753	5.6	3,693	7.4	60	0.3
대구광역시	1,857	2.8	1,708	3.4	149	0.9
인천광역시	4,114	6.1	4,028	8.1	86	0.5
대전광역시	1,426	2.1	1,426	2.9	0	0.0
광주광역시	1,301	1.9	1,301	2.6	0	0.0
울산광역시	996	1.5	756	1.5	240	1.4
경기도	16,681	24.9	12,630	25.4	4,051	23.6
강원도	2,142	3.2	866	1.7	1,276	7.4
충청북도	2,176	3.3	880	1.8	1,296	7.6
충청남도	3,047	4.6	874	1.8	2,173	12.7
전라북도	2,955	4.4	1,406	2.8	1,549	9.0
전라남도	3,250	4.9	764	1.5	2,486	14.5
경상북도	2,892	4.3	1,013	2.0	1,879	11.0
경상남도	3,288	4.9	1,584	3.2	1,704	9.9
제주도	580	0.9	372	0.7	208	1.2

주 : 도시는 동 지역, 농촌은 읍·면 지역임.

자료 : 법무부, 데이터베이스, 2005 계산. (설동훈 외 2005: 10)

(2.0%), 몽골(1.6%), 러시아(1.4%) 등의 순인 것으로 나타난다. 물론 이 수치는 한국 국적을 이미 취득한 귀화자는 제외된 것이다. 그런데 중국 동포와 중국 한족의 구분이 얼마나 정확한지는, 연구자의 현지조사 경험으로 미루어 보면, 약간의 의심이 든다. 어쨌든 위 표는 국제결혼 이주여성의 대체적인 출신국별 분포를 보여 주는 중요한 자료일 것이다.

위의 〈표 1-4〉에서 보면, 전체 혼인이주여성 중 도시 지역에 거주하는 비율은 74.4%(49,755명)이고, 농촌 지역에 거주하는 비율은 25.6%(17,157명)로 나타난다. 그런데 이 수치는 2000년 인구 센서스의 결과(도시 지역 대 농촌 지역의 거주자

〈표 1-5〉 국제결혼 이주여성의 지역별 세대 수와 비중(2005년 4월)

(단위: 세대, 명, %)

	세대 수	여성 결혼이민자 수	비율
전국	17,391,932	66,912	0.38
서울특별시	3,780,305	16,454	0.44
부산광역시	1,251,069	3,753	0.30
대구광역시	853,142	1,857	0.22
인천광역시	908,673	4,114	0.45
대전광역시	469,847	1,426	0.30
광주광역시	492,068	1,301	0.26
울산광역시	356,143	996	0.28
경기도	3,748,325	16,681	0.45
강원도	563,355	2,142	0.38
충청북도	534,231	2,176	0.41
충청남도	736,328	3,047	0.41
전라북도	675,145	2,955	0.44
전라남도	741,768	3,250	0.44
경상북도	985,475	2,892	0.29
경상남도	1,096,069	3,288	0.30
제주도	199,989	580	0.29

주: 구·시·군별 주민등록세대수는 2004년말 기준임. 비중은 여성 결혼이민자 수를 한 세대에 한 명 있는 것으로 가정하고 계산한 것임.

자료: 통계청 http://kosis.nso.go.kr; 법무부, 데이터베이스, 2005 계산.(설동훈 외 2005: 11)

비율이 79.7% 대 20.3%임)와 비교하면, 국제결혼 이주여성이 상대적으로 농촌 지역에 더 많이 거주하고 있음을 알 수 있다(설동훈 외 2005: 11). 또 행정구역별 거주 분포도인 〈표 1-5〉를 보면, 국제결혼 이주여성의 전국 평균 거주 비율은 0.38%이다. 그런데 이 평균치 이상인 시·도는 경기(0.45%), 인천(0.45%), 서울(0.44%), 전남(0.44%), 전북(0.44%), 충남(0.41%), 충북(0.41%), 강원(0.38%) 등인 것으로 나타난다. 물론 혼인이주여성이 전국의 모든 시·도에서 살고 있지만, 나머지 시·도보다 이들 시·도에서 상대적으로 높은 비율로 살고 있음을 가리켜주는 자료가 될 것이다.

3. 국제결혼 이주여성의 언어 적응 문제

(1) 한국 사회에서의 적응 문제

국제결혼 이주여성에 대한 지금까지의 모든 보고나 연구는 이들의 한국 사회에서의 '적응' 문제에 그 초점이 맞추어져 있다. 말할 것도 없이 문제의 핵심은 이들을 둘러싸고 있는 두 가지 기본 조건에서 출발할 것이다. 첫째, 이들은 한국인 남성과 결혼하여 우리 사회의 일원이 되고 또 자녀를 낳고 이 땅에서 계속 살기 위해 영구 이주를 한 사람들이란 점이다. 둘째, 거개의 혼인 당사자들이 언어와 문화가 다른 배우자와의 결합인 국제결혼에 대해 아무런 사전 준비나 교육 없이 혼인 결정을 하고 혼인 생활을 시작한다는 점이다. 보다 단순화시켜 말한다면, 외국인 부인을 맞는 한국인 남성은 국내에서 구하지 못한 배우자감을 대신 외국에서 찾아 데려오는 것이고, 한국으로 오는 외국인 부인들은 언어와 문화적 배경의 차이를 중요하게 고려하지 않고 단순히 경제적 상향 이동만을 추구하여 한국으로 시집을 오는 것이다.

여기에다 한 가지 상황적 요인을 더 덧붙인다면, 초기의 많은 국제결혼은 같은 민족 즉, 중국 동포들과 주로 이루어짐으로써 상대적으로 사회적 적응이나 혼인생활상의 문제가 적었을 것으로 짐작할 수 있다. 하지만 근래에는 언어와 문화가 근본적으로 다른 아시아 각국의 '순수' 외국인 여성들과의 혼인이 큰 폭으로 증가함으로써, 이들이 정말 한국 사회에 적응·정착하여 우리 사회의 구성원이 될 수 있는가라는 어려운 문제에 우리 사회는 직면해 있는 것이다.

하지만 그동안 우리 사회 전체는, 물론 혼인이주여성의 급증 현상이 불과 10여년이라는 짧은 시간 동안에 일어난 변화이기는 하지만, 이들의 혼인 및 가정생활을 당사자 개인의 문제 또는 '그들만의' 문제로 생각하였지 우리 모두의 문제로는 잘 생각하지 않았다. 달리 말하여, 이들 외국인 부인들을 우리 사회의 일원으로 생각하고 받아들일 준비나 사후 대처를 제대로 하지 못한 것이 저간의 실정일 것이다. 관련 연구에서의 표현을 빌리면, "다른 문화에 대한 지식도 경험도 없는 그야말로 … 가장 … '지역적인'(local) … 남편이 국제결혼을 통해 이주한 '글로벌한'(global) 여성" 또는 "다른 문화권에서 온 '친밀한 타자'를 만나"(윤형숙 2005: 331, 330) 가족을 이루어 함께 사는 우리 이웃의 현실에 대해, 그리고 오랫동안 "'국민'(nation)과 '민족'(ethnic group)이 동일시되어온 한국 사회에 '국민'과 '민족'〔의〕 정체성에 관한 근본적 질문을 던지"는(한건수 2006: 196) 최근의 국제결혼 이주여성의 급증 현상에 대해, 우리 모두는 사려깊은 인식과 적절한 대처를 미처 하지 못하였던 것이 사실일 것이다.

그러나 1990년대 말, 2000년대 초에 들어서서 각종 언론의 보도 그리고 관련 시민단체들의 다양한 보고(광주여성발전센터 2003, 안양 전진상복지관 이주여성 쉼터 위홈 2003, 이금연 2003, 박현정 2004, 이주여성인권센터 2004, 아시아 이주여성 국제포럼준비위원회 2005, 양혜우 2005 등)가 나오기 시작함으로써, 이들 이주여성들의 열악한 적응 상황에 관한 현실이 일반인들에게도 조금씩 알려지기 시작하였다.[1] 뒤이어

1) 물론 여러 언론의 보도 그리고 시민단체들의 관심과 보고서가 이들 국제결혼 이주여성의 존재를 우리 사회 일반에 널리 알려준 공로는 클 것이다. 그러나 이 시기의 다수의 보도나 보고서는 이들을 둘러싼 부정적인 측면만을 지나치게 강조해서 전달한 문제점도 동시에 가질 것이다. 윤형숙(2005: 304)의 지적처럼, 이들 보고나 연구는 사회과학적 접근에서 두 가지 방법론적 문제를 가질 것인데, 그것은 "첫째, … 국제결혼의 매매혼적 측면과 한국 남성들이 외국인 배우자에 가하는 폭력과 인권유린의 문제에 초점을 맞추는 '피해자 관점'을 취하고" 있고, "둘째, 남편의 폭력이나 학대 때문에 상담소를 찾는 여성들이 연구 대상이 되는 경향이 있"기 때문일 것이다.

여러 지방자치단체들도 해당 지역 내에 거주하는 국제결혼 이주여성들의 현황을 파악함과 동시에 이들의 적응을 돕기 위한 정책 방안들을 모색하기 시작하였다(김애령 1998, 강원도청 2001, 민경자 2003, 이윤애 2004 등). 또 비슷한 시기에 관련 학자들도 여성의 국제이주현상과 혼인이주여성들의 한국 내에서의 적응 양상에 관한 보다 전문적이고 경험적인 연구들(김현미 2001, 2004, Lee 2003, 이혜경 2004, 2005, 윤형숙 2004, 2005, 김은실 2004, 정은희 2004, 설동훈 2005, 김민정 · 유명기 · 이혜경 · 정기선 2006, 한건수 2006, 김이선 · 김민정 · 한건수 2006 등)을 발표함으로써, 이들에 대한 기초적인 이해의 틀을 제공해 왔다.

2005년에는 정부 기관과 관련 학자들의 공동 노력으로 두 종류의 보다 본격적인 국제결혼 이주여성에 대한 실태 연구 조사가 이루어지고, 그 결과가 보고서의 형태로 간행되었다.

먼저 이루어진 연구는, 보건복지부가 조사 의뢰한 『국제결혼 이주여성 실태 조사 및 보건 · 복지 지원 정책 방안』(pp.xxxviii+400)(설동훈 외 2005)이다. 모두 9명의 관련 학자가 참여한 이 연구 조사는, 전국적으로 이루어진 모두 945가족(혼인이주자 및 그 남편)의 질문지 응답 결과와 27명의 혼인이주여성에 대한 심층면접 결과 그리고 국내외의 30명의 결혼중개업자와의 면접 자료를 바탕으로 하여, 국제결혼 이주여성의 결혼 과정과 경제활동, 결혼생활, 그리고 사회복지 및 보건 · 의료 수요와 욕구 등을 모두 망라하여 정리하고 있다. 뿐만 아니라 혼인이주가 우리보다 먼저 이루어진 일본과 대만에서의 결혼이민자에 대한 복지 정책도 아울러 소개함으로써, 현 단계에서의 국제결혼 이주여성에 관한 광범하고 다면적인 실태 현황과 보건 및 복지 지원을 위한 정책 방안들을 포괄적으로 담고 있는 보고서이다.

또 다른 연구는 국립국어원이 조사 의뢰한 『국제결혼 이주여성의 언어 및 문화 적응 실태 연구』(pp.290)(왕한석 · 한건수 · 양명희 2005)이다. 이 연구 조사는 전라북도 임실군 일원(순창군 및 남원시 일부 포함)에서 모두 8개 출신국(국적별로는 7개국이지만 중국 조선족을 별개의 범주로 구분함)의 19명의 혼인이주여성 및 그 가족들을 대상으로, 소위 '심층면접'(depth interview)을 주 조사 방법으로 채택한 인류학적 현지연구의 결과이다. 여기서는 혼인이주여성의 언어 적응과 문화 적응의 제 양상에 대한 보다 '질적인 접근'(qualitative approach)을 통한 실태 파악과 간략한 정책 제안을 담고 있다. 특히 이 보고서의 비중은 문화 적응보다는 언어 적응 쪽에 좀더 기울어 있는데, 연구 대상이 된 이주여성들이 개별적으로 학습한 한국어 사용 능력의 실제 모습을 기술하는 데에 중심적인 노력을 기울이고 있다.

그런데 이 책은 바로 위 보고서에서 필자가 담당하였던 부분(pp.11-247)을 바탕으로, 이를 부분적으로 보완하고 그리고 보고서에서 미처 정리하지 못하였던 항목들을 새로이 추가함으로써 이루어졌다.

(2) 언어 적응에 관한 연구 수행 과정

필자가 국립국어원 측으로부터 이 연구 과제에 대한 비공식 제안을 받은 날짜는 2005년 4월 4일이다. 당시 필자로서는 익숙하지 않은 연구 주제라 쉬이 결정을 내리지 못하고, 필자의 부족한 연구 역량과 학자로서의 사회적 책무 사이에서 며칠을 생각하며 보내었다. 그러다가 관련 진공자로부터 혼인이주여성에 관한 개략적인 현황 자료를 받아 보고서는, 먼저 그 숫자(2003년도의 국제결혼 비율이 전체로 8.4%이고, 그 중 한국인 남성의 국제결혼 비율이 6.3%라는 수치)에 놀라, 이는 피할 수 없는 연구 과제란 쪽으로 생각을 바꾸었다. 다시 말하여, 이는 누군가는 해야 하는 작업인데, 비록 한국 언어과학계의 말석을 차지하고 있지만 연구 주제의 친숙성 여부를 떠나, 공부하는 사람으로서의 도덕적 책무가 앞서는 일인 것으로 생각되었기 때문이다. 뒤이어 개략적인 연구 계획을 세워 보고는 나름대로의 연구 작업이 가능할 것 같아, 4월 13일에는 국립국어원 측에 이 연구 과제를 맡겠다는 구두 승낙을 하였다. 조금 뒤 국립국어원에서는 언어 적응뿐 아니라 문화 적응도 함께 조사하는 것이 좋겠다는 수정 제안을 해왔고, 이를 받아들여 국제결혼 이주여성에 대한 선행 연구 경험이 있는 한건수 교수를 문화 적응 쪽 연구 담당자로 초빙하였다.

4월 중순 이후로는 학기 중간이라 제대로 된 조사 준비는 잘 하지 못하였다. 그러나 그 동안에 여러 현황 자료를 검토하고 한건수 교수와의 의논 끝에 전라북도 임실군 일원을 잠정적인 연구 조사지로 선정하였다. 학기를 끝낸 6월 15일부터 7월 4일까지는 본격적인 현지조사 준비에 들어갔는데, 이 시기 동안의 중심적 작업은 연구 질문 문항(전체적인 질문 문항은 제3장에서 기술함)을 만드는 것이었다. 물론 연구팀을 최종적으로 구성하고, 나라별로 통역자를 구하는 쉽지 않은 작업도 병행하였다.

7월 5일부터 7월 29일까지의 24박 25일 동안은 꼬박 임실군 현지에 체재하면서 현지조사에 임하였다(구체적인 현지조사의 일정에 관해서는 제2장의 4절 '연구일지'에서 기술함). 연구자 2명과 함께 연구팀을 이루었던 보조연구원 3명은, 7월의 예측하기 어려운 장맛비와 끝을 모르는 여름의 불볕더위 속에서, 아마도 난생 처음 가장 힘든 시간을 보내었을 것이다. 우리의 24박 25일간의 현지조사는 거의 백지 상태에서 언어 및 문화 적응에 관한 새로운 보석을 찾아가는 힘겨운 작업이었고, 더구나 시한이 정해져 있는 연구 조사라 우리의 조사방식은 전투에서의 돌격대처럼 앞을 향해 계속 달려 나갈 수밖에 없는 것이었다.

서울로 돌아온 뒤인 8월 9일에는 국립국어원에서 간략한 조사 결과 설명회를 가졌다. 그리고 임실군 현지에서부터 시작하였던 녹음 자료에 대한 전사(轉寫) 작업은 8월말이 되어서야 대체적으로 완료되었다. 8월 초순부터 준비하기 시작한 보고서의 원고 작성은, 필자가 담당한 부분은 11월 28일에 일단 완성되었고, 이후 부분적인 수정과 편집 작업을 거쳐 위 보고서는 12월 19일에 국립국어원 간행물로 출판되었다.

이상과 같은 이 연구 과제의 수행 과정을 기록하면서, 필자로서는 여기서 꼭 한 가지 적기하고 싶은 것이 있다. 그것은 다름 아니라 이 연구 작업은 필자의 능동적인 관심과 체계적인 준비에 의해 이루어진 연구 작업이 아니라, 전문학자로서 사회적 요구에 부응하여 한정된 준비, 한정된 시간, 그리고 한정된 연구 여건 속에서 현지조사와 자료 정리를 마쳐야만 했던, 필자로서는 좀 예외적이고 특별한 연구 작업이었다는 점이다.

(3) 언어 적응에 관한 이론적·방법론적 시각

국립국어원 측에서 필자에게 제시한 연구 주제는 ('문화 적응'을 빼면) '국제결혼 이주여성의 언어 적응에 관한 실태 연구'였다. 그리고 보다 구체적으로 세 항목을 열거하였는데, (1) '국제결혼 이주여성의 언어 적응 문제점 파악', (2) '출신국가별, 한국어 습득 정도별 언어 적응 실태(사용면, 습득면) 파악', (3) '이주여성 및 자녀의 한국 적응(언어면)을 위한 방안 마련'이었다. 여기서 필자는 (1) '문제점 파악'과 (3) '대책 방안 마련'은 사실상 부수적인 것이고, (2) '언어 적응 실태 파악'이 핵심적인 연구 과제인 것으로 이해하였다. 다시 말하여, (1)과 (3)에 대한 개략적 윤곽은 기존의 보고나 연구에서 이미 나와 있는 것이고, (2)에 대한 제대로 된 답을 얻기 위해서는 체계적인 경험적 연구가 새로이 필요한 것으로 이해하였다. 여기서 특히 (2)의 '출신국가별, 한국어 습득 정도별'이라는 구체적인 표본추출방식에 대한 제안은, 필자도 전적으로 동의하였고, 따라서 이후 구체적인 연구 계획은 이 표본추출방법을 기본 축으로 하여 짜여졌다(구체적인 연구 대상자 선정 과정에 대해서는 다음의 제2장 2절 '연구 대상자의 선정'에서 기술함).

정리하면, 국립국어원 측의 연구 제안에서 소위 핵심 표현은 '국제결혼 이주여성', '언어 적응', '실태 연구'가 될 터인데, 여기서 '언어 적응'이라는 말을 제외하면, 나머지는 개념상 별다른 문제될 것이 없었다. 그러나 '국제결혼 이주여성'과 '실태 연구'라는 표현에 대해서도 간략히 검토해 보기로 하자.

'국제결혼 이주여성'이라는 말이 지시하는 바는 분명하다. 다시 말하여, 별다른 개념상의 문제는 없어 보이는데, 이 말과 함께 '혼인이주여성'(이혜경 2005)이라는 표현도 쓰이고, 또 근래에는 '여성 결혼이민자', '결혼이민자 여성'(설동훈 외 2005: 6 각주, 한건수 2006: 196-197)이라는 표현도 쓰인다. 뿐만 아니라 정부의 관련 부처인 여성가족부는 '여성 결혼이민자'라는 말을 공식 표현으로 사용하기 시작한 것 같다. 필자가 보기로는 어느 표현을 써도 좋으나, 의미 전달의 효율성 면에서는 새로운 분석적 표현인 '여성 결혼이민자'보다 종래 써오던 '국제결혼 이주여성'이 더 낫지 않을까 싶다. 여기서 한 가지 국제결혼이라는 표현이 우리 사회에서 가져온 부정적 함의를 생각하면, '결혼'에 대한 전통적 표현인 '혼인'이 들어가는 '혼인이주여성'도 좋을 것으로 여겨진다. 아마도 당사자들에게 보다 존경의 뜻을 전달하는 표현이 될 것이다. (아울러 문맥에 따라서는 '외국인 여성'과 같은 중립적 표현보다 '외국인 부인'과 같은 전통적 표현('부인'은 혼인한 남의 아내를 높여 부르는 말일 것임)이, 이 분들을 보다 존중하는 합당한 표현이 될 것이다.) 따라서 이 책에서는 '결혼이민자'보다 '국제결혼 이주여성' 또는 '혼인이주여성'이라는 말을 주로 사용하기로 하겠다.

'실태 연구' 또는 '실태 조사'라는 말도 그 개념에서 별달리 문제될 것은 없을 것이다. 이 표현이 전문용어이기보다는, 그야말로 '실제의 상태 또는 실제의 모습에 대한 (기초적인) 연구 또는 조사'라는 일반적인 뜻으로 널리 쓰이기 때문이다. 달리 말하여, 이 말이 특정한 연구 방법(research method)을 한정짓거나 또는 특정한 이론적 정향(theoretical orientation)을 함의하는 말이 아니므로, 국립국어원 측에서는 그야말로 '(언어 적응에 관한) 실태 파악'을 위한 '연구' 내지 '조사'를 요청한 것으로 이해하였다. 단, 여기서 '조사'보다 '연구'라는 표현을 쓴 것은, 피상적이고 일반적인 실태 파악보다는 상대적으로 심층적이고 사례 중심적인 '(실태) 연구'를 연구자에게 의뢰하고 기대한 것으로 느껴졌다.

문제는 '언어 적응'이라는 말이다. '적응'(adaptation)이라는 개념은 잘 알다시피, 생물학에서 '주어진 환경 내에서 유기체의 생존 가능성을 높이는 생리적·행동적 변화'를 가리키고, 이는 진화생물학의 핵심 개념이다. 이 생물학의 개념이 사회과학으로 넘어와서도 대체로 같은 뜻으로 쓰이는데, 즉 '집단이나 개인이 그를 둘러싼 사회적 또는 문화적 환경(즉, 다른 집단이나 더 큰 사회)에 적합하도록 그의 행동을 조정하는 과정'으로 흔히 사용된다. 따라서 국제결혼 이주여성의 '문화 적응'이란, '문화가 다른 외국인 여성이 한국 사회로 혼인 이주하여, 한국이란 새로운 문화적 환경에 적합하도록 자신의 행동을 학습하고 순응해가는 일련의 과정'으로 이해할 수 있을 것이다. 마찬가지로 국제결혼 이주여성의 '언어 적응'도 '언어를 달리하는 외국인 여성이 한국 사회로 혼인 이주하여, 한국이란 새로운 언어공동체(speech community)에 적합하도록 자신의 언어 행동(language behavior)을 학습하고 순응해가는 과정'이 될 것이다. 국립국어원 측의 '언어 적응 실태(사용면, 습득면) 파악'이라는 표현도 대체로 동일한 뜻을 묵시적으로 담고 있는 것으로 생각된다.

그런데 유기체의 '생물적 적응'이나 개인이나 집단의 '사회적 적응' 또는 '문화적 적응'이라는 이론적 개념은 있지만, '언어(적) 적응'이라는 이론적 개념은 언어에 대한 과학적 연구에서 전혀 발달하지 않은 것으로 보인다. 가령 적응과 외형상 유사한 개념인 '(문화)접변'(acculturation)은 언어의 연구에서도 채택되어, 언어 접촉(language contact) 상황에서 야기되는 '언어접변'(linguistic acculturation)[2]에 관한 연구(Weinreich 1953, Dozier 1956, Bright 1960, Silver and Miller 1997: 238-266 등, 그리고 국내의 문헌으로는 왕한석 1998)라든지, 또는 제2언어 습득(second language acquisition)에서 '(문화)접변 모형'(acculturation model)[3](Schumann 1978)과 같은 이론적 개념으로 발달해 있다. 그러나 '사회 적응', '문화 적응'에 대비되는 '언어 적응'(linguistic adaptation)이라는 일반적 개념은 언어의 연구에서 전혀 쓰이지 않는 것으로 보인다.

그렇다면 본 연구 과제에서의 핵심 개념은 언어 적응인데, 정작 언어과학이나 사회과학에서 언어 적응이란 이론적 개념은 발달해 있지 않은 것이다. 다시 말하여, 비전문적인 수준에서 언어 적응이라는 표현은 사회 적응이나 문화 적응이라는 개념으로부터 충분히 유추 가능한 것인데, 전문적인 연구 영역에서는 이러한 개념을 쓰지 않는 것이다. 이론적으로 이 난처한 딜레마를 벗어날 수 있는 거의 유일한 방법은, 언어는 문화의 한 부분이고 또 언어와 문화는 동일한 종류의 현상이라는 전통적인 명제를 원용하는 길인 것으로 보인다. 즉, 언어는 문화의 한 부분이므로 문화 적응이라는 개념 속에 우리가 생각하는 언어 적

2) '언어접변'이란 언어 간의 접촉, 그러나 통상적으로는 유럽어와 같은 '영향을 미치는 언어'와 미주 인디언어와 같은 '영향을 받는 언어' 간의 접촉에 의해, 영향을 받는 언어에서 생긴 일련의 언어 변화를 가리킨다.

3) '(문화)접변 모형'은 (제2언어) 학습자와 목표 언어 집단 간의 사회적·심리적 거리가 제2언어 학습 상황에 영향을 미친다는 이론 모형이다.

응이라는 개념도 당연히 포함되어 있는 것으로 상정할 수 있다. 또 언어와 문화는 동일한 종류의 현상이므로 문화 적응이라는 개념으로부터 언어 적응이라는 개념을 논리적으로 유추하는 것이 가능할 것이다. 따라서 언어에 관한 과학적 연구에서 언어 적응이라는 개념이 명시적으로 규정되어 사용되지는 않지만, 우리는 필요에 따라 이 개념을 조작적으로 만들어 사용하는 것이 가능할 것이다.

이상과 같은 논거 하에, 이 연구에서 사용하는 '언어 적응'(linguistic adaptation)이라는 개념은 문화 적응의 한 부분으로서, 문화 적응의 개념과 같이 '집단이나 개인이 그를 둘러싼 언어 환경(즉, 상이하거나 새로운 언어공동체)에 적합하도록 그의 언어 행동을 조정(또는 순응)하는 과정'으로 일단 그 개념을 규정할 수 있을 것이다.

그러면 국제결혼 이주여성의 한국 사회에서의 언어 적응이란, 그 핵심이 한국어를 배우고 한국 사람처럼 한국어를 사용하는 것이 될 것이다. 다시 말해, 언어 적응 과정에 대한 질문은, 어떻게 한국어를 배우고 얼마나 잘 한국어를 사용하느냐에 모아질 것이다. 그런데 여기서 한국어를 배우고 사용한다고 할 때, 그들은 한국어의 무엇을 배우고 사용하는 것일까? 흔히 말하는 한국어의 발음이나 문법 그리고 어휘를 배우고 사용하는 것일까? 여기서 채택해야 할 또 다른 핵심적인 이론적 개념은 바로 '의사소통능력'(communicative competence)이 될 것이다.

잘 알려진 대로 '의사소통능력'이란 하임즈(Dell Hymes)(1971, 1974 등)에 의해 제안된 사회언어학(sociolinguistics)의 핵심적 개념으로, 그는 촘스키(Noam Chomsky)의 '(언어)능력'(competence)과 '(언어)수행'(performance)이 잘못된 이원적 구분법이고, 따라서 언어 현상을 올바로 설명하기 위해서는 이 '(언어)능력'의 개념이 '의사소통능력'으로 확대되어야 한다고 보았다(Hymes 1974: 92-97). 먼저 좀 난해하기는 하지만, 하임즈 자신이 의사소통능력이라는 개념을 어떻게 설명하는지를 살펴보기로 하자.

"우리는 정상아가 문장에 대한 문법적(grammatical) 지식뿐만 아니라 적절한 (appropriate) 지식도 아울러 습득한다는 사실을 설명해야 한다. 어린아이는 언제 말할 수 있고 언제 말해서는 안 되는지, 그리고 누구와, 언제, 어디서, 어떤 방식으로, 무엇에 대해 말해야 하는지에 관한 능력(competence)을 습득한다. 간단히 말해, 어린아이는 말 행위의 목록(a repertoire of speech acts)을 터득하게 되고, 말 사례(speech events)에 참여할 수 있게 되고, 그리고 다른 사람들의 언어 행위를 평가할 수 있게 된다. 게다가 이러한 능력은 언어 즉, 그것의 특질과 사용에 대한 태도(attitudes), 가치관(values), 동기들(motivations)과 통합되는 것이고, 그리고 언어를 다른 의사소통 행위의 코드와 상호 관련시킬 수 있는 능력 그리고 그러한 태도들과 통합되는 것이다."(Hymes 1971: 277-278).

"기술 사회언어학(descriptive sociolinguistics)이 추구하는 것의 핵심은 아마도 어린아이의 사회화로 눈을 돌려보면 가장 명료히 드러날 것이다. 언어학 이론에서는 능력(competence)을, 어린아이가 개별 언어의 모든 문법적 문장들을 만들어내고, 이해하고, 구분하는 능력을 습득하는 것으로 본다. 그러나 어린아이가 개별 언어의 모든 문법적 문장들을 동일한 가능성을 가진 것으로 보고 만들어낸다면, 그 아이는 두말할 필요도 없이 사회적 괴물이 될 것이다. 어린아이는 문법(grammar) 체계를 습득하는 바로 그 사회적 모체 내에서, 대인, 장소, 목적, 그 외 의사소통의 여러 양상들—의사소통 사례(communicative events)에 관한 태도 및 믿음(beliefs)과 함께 의사소통 사례의 모든 구성 성분들—과 관련되는 언어의 사용(use)체계를 또한 습득한다. 뿐만 아니라 대화나 호칭 그리고 표준적인 일상 표현(routines) 등에서의 언어의 순서적인(sequential) 사용 유형을 또한 발달시킨다. 이러한 습득 속에 바로 어린아이의 사회언어적 능력(sociolinguistic competence)(또는 보다 넓게는 의사소통능력(communicative competence)), 즉 말을 하고 의사소통을 행하는 사회 성원으로서 해당 사회에 참여하는 능력이 존재하는 것이다. 사회언어학 기술의 통합 이론은 바로 어린아이들이 이렇게 습득하는 것을 기술할 수 있어야 할 것이다"(Hymes 1974: 75).

위 인용문에서의 중심적 생각은, '말을 하고 의사소통을 행하는 능력', 즉 의사소통능력이란 어린아이의 언어 습득 또는 언어 사회화 과정에서 보다 명료히 잘 드러나는데, 그것은 '문법적 지식'과 함께 '(사회적으로) 적절한 지식' (즉,

"언제 말할 수 있고 언제 말해서는 안 되는지, 그리고 누구와, 언제, 어디서, 어떤 방식으로, 무엇에 대해 말해야 하는지에 관한 능력")을 포함하는 것이고, 또 다른 표현을 하면 '문법체계'와 함께 '언어의 사용체계'를 포함하는 것이다. 다시 말하여, 복합적인 규칙의 체계를 상정하는 의사소통능력이란, 화자가 가진 개별 언어의 구조적 규칙에 대한 지식뿐 아니라 언어 사용(language use)의 문화적 규칙에 대한 지식까지를 모두 포괄하는 개념이 될 것이다. 이를 다시 다른 말로 표현한다면, 의사소통능력이란 언어 부호에 관한 문법적 지식을 포함하여 "문화적으로 중요한 장면에서 효율적으로 의사소통하기 위해 화자가 알아야 하는 모든 것"(Gumperz and Hymes 1972: vii)을 가리킬 것이다.[4)]

그러면 한국 사회에 태어난 어린이가 말을 배운다는 것이 개념상으로는 한국어에 대한 또는 한국이란 언어공동체 내의 의사소통능력을 습득하는 것이듯이, 혼인이주한 외국인 여성들이 한국어를 배우는 것도 마찬가지로 한국어의 의사소통능력을 습득하는 것이 될 것이다. 그것은 말할 것도 없이, 한국어의 문

---

4) 의사소통능력이라는 사회언어학, 특히 '의사소통의 민족지학'(the ethnography of communication)에서의 핵심 이론적 개념이 만들어진 뒤에, 그것이 발원한 사회언어학 영역을 넘어서서 그 개념을 가장 적극적으로 수용한 분야 중 하나가 바로 응용언어학(applied linguistics) 또는 제2언어 습득 연구이다. 아마도 이 사실은 이 책에서의 연구 주제 그리고 소위 '한국어 교육'의 영역과 관련하여서도 시사하는 바가 클 것으로 믿어진다. 짐작컨대, 낯선 외국어를 배우고 가르친다는 것이 해당 언어의 '문법 지식'을 배우고 가르치는 것 이상임은 경험적으로 이미 명백하였을 터인데, 그 '문법 지식 이상의 것'을 담을 수 있는 이론적 개념이 그동안 없다가 뒤늦게 '의사소통능력'으로 창안되었기 때문일 것이다.

응용언어학 영역에서 이 의사소통능력이라는 개념의 중요성을 발견하고 그것을 가장 먼저 도입한 학자는 Paulston(1974)으로 알려져 있다. 이후 이 분야의 많은 학자들은 추상적인 이론적 개념인 의사소통능력을 보다 이해하기 쉬운 분석적 개념으로 하위구분하는 작업을 해 왔다. Canale와 Swain(1980)이 가장 먼저 의사소통능력을 세 하위영역, 즉 '문법능력'(grammatical competence), '사회언어적 능력'(sociolinguistic competence), '전략적 능력'(strategic competence)으로 나누었고, 뒤에 Canale(1983)는 위의 세 가지 능력(즉 '문법능력', '사회언어적 능력', '전략적 능력')에다 '담화능력'(discourse competence)을 새로이 추가함으로써, 의사소통능력을 네 구성 성분으로 나누어 이해하였다. 이후 Bachman(1990)과 Celce Murcia, Domyei, 그리고 Thurrel(1995)은 각기 다른 5분법을 제안하였고, 의사소통능력을 여러 하위 능력으로 나누어 이해하려는 이러한 연구 전통은 Bachman과 Palmer(1996: 65-75)에서도 계속 이어지고 있음을 본다.

법이라는 구조적 규칙뿐만 아니라 한국어의 사용이라는 문화적 규칙도 아울러 습득하는 넓은 범위의 것이 될 것이다.

이상의 논의에 바탕하여 우리의 연구 과제를 다시 정리해 보자. 이 연구에서 중심적으로 다루고자 하는 것은 국제결혼 이주여성의 '새로운 언어 환경에서의 언어 행동의 순응 과정' 즉 '언어 적응'인데, 그것은 보다 구체적으로 '한국 사회라는 언어공동체 내의 의사소통능력을 습득하는 과정'이 된다. 여기서 구체적인 연구 계획은 두 방향으로 나뉠 수 있을 것인데, 한 방향은 의사소통능력의 습득 과정 자체를 보는 것이고, 다른 방향은 습득된 의사소통능력이 실제로 '수행'되는 모습을 보는 것이다. 전자는 소수의 연구 대상자를 상대로 그들이 한국어의 주요 의사소통능력을 구체적으로 배워가는 과정을 장기간 관찰하는 작업이 될 것이고[5], 후자는 보다 많은 연구 대상자를 상대로 그들이 배운 한국어의 주요 의사소통능력을 실제로 사용하는 모습을 관찰하는 것이 될 것이다. 말할 것도 없이 이 연구에서 채택한 연구 계획은 후자이고, 국립국어원 측에서 제안한 것도 바로 이 후자의 연구 계획이었다.

결국 한정된 시간 내에 우리가 관찰할 수 있는 것은 연구 대상자의 '말'(speech) 또는 '의사소통 행위'(communicative behavior)이고, 이것은 그 연구 대상자가 습득한 한국어 의사소통능력의 내용이나 정도를 반영하는 것이 될 것이다.

---

5) 이 방향으로의 연구는 '의사소통능력의 습득'(the acquisition of communicative competence) 또는 보다 넓게는 '언어사회화'(language socialization) 영역의 연구가 될 것이다. 물론 통상적인 제2언어 습득 연구가 단순한 언어능력의 습득이 아닌 화용적(pragmatic), 사회언어적 능력의 습득까지를 포함한다면, 그것도 당연히 이 범주 속에 들 수 있을 것이다. 최근 들어 크게 발달한 '언어사회화' 연구(Ervin-Tripp and Mitchell-Kernan 1977, Heath 1983, Ochs and Schieffelin 1984, Schieffelin and Ochs 1986a, 1986b, Ochs 1988, Schieffelin 1990, Bonvillain 2002: 325-400, Saville-Troike 2003: 214-249 등)는 기본적으로 '어린이들이 어떻게 언어를 사용하도록(to use language) 사회화 되는가' 그리고 '어린이들이 어떻게 언어 사용을 통해(through the use of language) 사회화 되는가'라는 두 가지 큰 질문에 대한 경험적, 이론적 연구를 지향한다.

물론 언어사회화의 연구 방향으로 혼인이주여성의 언어 적응에 대한 연구를 시도한다면, 그것은 이론적으로는 동일한 틀이겠지만, 연구 대상자가 어린이가 아닌 성인으로 그리고 연구 대상 언어가 모어가 아닌 제2언어로 바뀌는, 기존의 언어사회화 연구에서는 그 사례를 찾기 어려운, 특이하지만 흥미로운 경험적 연구가 될 것이다.

그리고 그것은 곧 그 연구 대상자가 현재까지 성취한 언어 적응 과정의 결과가 될 것이다.

이제 남은 문제는 습득한 의사소통능력이 실현되는 실제의 모습을 어떻게 관찰할 것인가라는 연구 방법(research method)상의 문제가 될 것이다. 이상적으로는 연구 대상자들이 자연적 상황에서 실제로 한국어를 사용하는 가능한 한 많은 장면들을 장기간에 걸쳐 관찰하는 소위 '참여관찰'(participant observation)법이 될 것이다. 그러나 이 연구 과제의 경우 처음부터 장기간의 참여관찰 방법을 채택할 수 있는 연구 여건과는 거리가 멀었다. 결국 여기서 선택할 수 있는 차선의 방법은 연구 대상자들과의 '심층면접'(depth interview) 방법이었다. 즉, 선정된 연구 대상자들을 상대로 일정 시간 동안 상대적으로 깊이 있는 인터뷰를 진행하는 방법이었다.

그런데 이 연구 과제의 경우 면접 방법이 일정한 틀로 구조화될 필요가 있었고, 동일한 질문 틀이 모든 연구 대상자에게 똑같이 적용되어야 했다. 그리하여 소위 '면접 계획표'(interview schedule)를 준비하는 데에 상당한 시간을 들였는데, 다음의 제3장 '면접 조사의 질문 문항'에서 기술하는 것이 바로 이 면접 계획표의 주 내용이 된다. 결국 이 연구 계획에서 채택한 면접 방법은 미리 준비한 면접 계획표에 의거한 소위 '체계적' 또는 '구조화된' 면접(systematic 또는 structured interview) 방식이었다. 그러나 실제의 면접 과정은 이 틀 내에서 상당한 정도로 비공식적(informal) 접근 또는 비구조화된(unstructured) 면접 방식을 택함으로써, 연구 대상자의 자연스럽고 다면적인 언어 및 문화 자료를 최대한 이끌어 내려고 노력하였다.

심층면접 방법과 함께 이 연구에서 채택한 또 다른 연구 방법은 '언어 현지조사' 방법(linguistic field work 또는 field linguistics)(Gudschinsky 1967, Samarin 1967, Burling 1984 등)이 될 것이다. 어떻게 보면, 위에서 기술한 면접 방법이란 자료 수집 방법의 외형적 구분에 따른 명칭일 것이고, 이 면접을 통해 궁극적으로 얻고자 했던 것은 그 중심이 실제의 언어 자료 수집이었으므로, 내용상으로 채택된 주 조사 방법은 '언어 현지조사' 방법이 될 수도 있을 것이다. 어쨌든 언어 현지조사 방법이 일반적으로는 다양한 종류(단기간 또는 장기간 그리고 피상적 또는 심층적)의 현지조사를 통한 언어 자료 수집 방법 모두를 가리키지만, 이 연구에서는 특히 연구 대상자들의 일상적인 '실제의 말'(real speech) 또는 '자연적 담화'(natural discourse)를 다양한 유도(elicitation) 방식에 의해 산출하게 하고, 이를 녹음·전사(transcription)하는 것이었다.

보다 구체적으로 말하여, 물론 짧은 어휘적 지식에 대한 질문도 있었지만, 거개는 특정한 상황 또는 장면에서 해당 연구 대상자가 실제로 한국어를 사용하는 모습을 재현하도록 유도하고, 또 특정한 화제(topic)나 자극(stimulus)에 대해 나름대로의 이야기나 담화를 구성하도록 유도하고, 그리고 연구자와의 면접이라는 언어적 상호작용을 통해 연구 대상자의 한국어 사용 능력이 최대한 자연스럽게 수행되도록 유도하는 방식을 썼다. 그리하여 물론 면접 계획표에 따른 기본 질문 문항은 있었지만, 최대한 '개방형 대화'(open-ended dialogue)의 원칙에 따라 연구자와의 문답이 자연스럽게 진행되도록 하였다. 이 연구에서 수집된 모든 언어 자료는 이러한 언어 현지조사 방법에 의해, 그야말로 백지 상태에서 시작하여 그들의 언어 수행을 이끌어내고 그것을 녹음 · 전사한, 말 그대로 연구 대상자들의 '살아있는' 언어 자료가 될 것이다.

지금까지 이 연구의 중심적인 연구 목표, 기본적인 이론적 시각 그리고 주요 연구 방법들에 대해 기술하였다. 물론 위에서 기술한 연구 대상 혼인이주여성들이 습득한 의사소통능력의 실제 사용 모습을 파악, 기술하는 것이 이 연구의 중심 부분이 되겠지만, 동시에 그들이 한국어를 학습해 온 과정과 방법에 대한 파악도 아울러 중요할 것이다. 그러나 이 질문의 경우 대체적인 윤곽의 파악 정도만이 가능하였는데, 그 이유는 연구자가 실제의 학습 과정을 장기간에 걸쳐 직접 관찰한 것이 아니라, 당사자 및 그 가족들의 기억과 제보, 의견 제시 그리고 간략한 태도(attitude) 조사 등에 주로 의존할 수밖에 없었기 때문이다. 어쨌든 이들의 한국어 학습의 전반적 상황과 문제점들을 개략적이나마 충실히 파악하고자 노력하였다.

이 연구에서 가능한 또 다른 부차적인 질문은 혼인이주여성들의 자녀의 언어 교육과 관련한 문제들이 될 수 있을 것이다. 그러나 이 질문에 대해서는 제대로 된 성과를 별반 얻지 못하였는데, 그 주된 이유는 일차적인 연구 대상자가 해당 자녀들이 아니라 혼인이주여성들이었기 때문이다. 뿐만 아니라 연구 대상 부인들의 자녀들이 아직 어려 모두가 어린아이이거나 또는 언어를 습득하는 단계에 있는 미취학 아동들이었다. 따라서 이들 자녀들의 언어 교육과 관련한 어떤 구체적인 의견이나 진술을 그 부모들로부터 들을 수 있는 단계는 아니었고, 자녀들의 언어 습득 상황에 대한 일반적인 개요만을 대체적으로 파악할 수 있었다.

이제 이 책의 구성에 대해 간략히 언급하도록 하겠다. 먼저 제2장 '연구 과정 및 연구 대상자의 특성'은, 연구 대상자의 구체적인 표본추출을 포함하는 전체적인 연구 과정과 연구 대상자 가족의 일반적 특성들을 기술하는 장이다. 제3장 '면접 조사의 질문 문항'은 미리 준비된 면접 조사의 계획표 즉 주요 질문 문항들을 기술하는 장이다. 제4장 '한국어 사용 능력의 실제 모습'은, 모두 8개 출신국(또는 민족)의 19명에 달하는 연구 대상자들의 간략한 개별적인 한국어 학습 과정과 그들이 보여 주는 한국어 사용 능력의 실제 모습을 분석적으로 기술하고, 그리고 마지막에서는 이들의 한국어 사용 능력의 체계적인 등급 구분을 시도하는 장이다. 아마도 이 책의 중심 부분이 될 것이다. 제5장 '한국어 학습의 전반적 상황'은, 이들의 언어 학습의 일반적 상황과 언어 학습에 관한 태도의 특성들을 기술하고, 나아가 언어 학습의 영향 요인과 이들을 위한 한국어 교육의 목표 등을 검토하는 장이다. 제6장 '언어 행동의 숨겨진 차원과 자녀의 언어 교육 상황'은, 이들 연구 대상자들의 적응 과정상의 숨겨진 언어생활의 측면(가령 이주여성들 간의 의사소통이나, '혼잣말', '생각', '감정'의 언어 등)과 자녀들에 대한 언어 사용 그리고 자녀들의 한국어 습득 및 교육 상황에 대해 기술하는 장이다. 마지막으로 제7장 '과제와 전망'은 이 연구의 중심 내용을 정리하고 앞으로의 연구 방향 및 과제를 검토하는 장이다.

어떻게 보면 이 책은 언어에 관한 일종의 종합적 연구일 수 있을 것이다. 그것은 언어과학의 영역에 속함과 동시에 사회과학의 영역에도 속할 수 있을 것이다. 어쨌든 필자는 이 연구가 한 편의 '과학적'(scientific) 연구가 될 수 있도록, 연구 계획서부터 수집한 자료의 기술·분석에까지 과학적 연구 태도를 견지하도록 노력하였다. 그러나 그것과는 별개로, 필자의 모자라는 배경 지식 때문에 좀더 분석적인 연구가 되지 못한 아쉬움을 갖게 되는데, 특히 한국어 문법의 영역과 제2언어 습득 영역에 대한 필자의 부족한 지식이 그러한 아쉬움의 주 원천이 되었다.

제2장 연구 과정 및 연구 대상자의 특성

1. 연구 대상 지역의 선정

본 연구를 위한 연구 대상 지역의 선정에서 연구팀은 먼저 두 가지 기본 결정을 하였다. 한 가지는 도시 지역보다는 농촌 지역을 선택하는 것이었는데, 그 이유는 혼인이주여성들이 도시 지역보다는 농촌 지역에서 상대적으로 안정적인 가정생활을 영위함과 동시에, 지역 사회 및 친척 관계의 연계망(network)에도 어느 정도 편입되어 있을 것으로 기대하였기 때문이다. 또 농촌 지역에서의 연구가 도시 지역에서의 연구보다는 상대적으로 용이하게 이루어질 수 있다는 점도 고려하였다.

또 한 가지는 앞의 〈표 1-5〉 '국제결혼 이주여성의 지역별 세대 수와 비중'에서 보았듯이, 수도권과 호남 지역을 잇는 한국의 서쪽 지역에, 강원도와 영남 지역을 잇는 동쪽 지역보다 좀더 많은 숫자의 혼인이주여성들이 거주하고 있다. 따라서 한국의 서쪽 지역 중 서울에서 대체로 적정 거리에 있는 전라북도 지역을 잠정적인 연구 대상 지역으로 선정하였다.

그런데 전라북도의 경우 서부 지역은 대체로 도시 지역인 데 반해, 동부 지역은 대체로 농촌 지역이다. 따라서 동부 지역 중 1개군 정도를 실제의 연구 대상 지역으로 선정하기로 하였다. 이후 전라북도의 동부 지역인 진안군, 무주군, 장수군, 임실군, 순창군, 남원시의 6개 시 · 군에 거주하고 있는 국제결혼 이주여성의 숫자 및 출신국별 분포를 법무부 자료('한국인 남성과 국제결혼한 외국인 여성 배우자 명단')를 중심으로 검토하였다. 그런데 6개 시 · 군 중 임실군이 출신국별 분포의 면에서 대체로 가장 다양한 모습을 보여 주었다. 뿐만 아니라 마침 임실군 여성농민회에서 '한글학당'을 개설할 것이라는 소식도 임실군으로의 선정에 긍정적인 영향을 미쳤다.

이상과 같은 과정을 거쳐 연구팀은 주 연구 대상 지역으로 임실군을 선정하고, 임실 지역에서 찾기 힘든 연구 대상자는 이웃한 순창군 및 남원시에서 찾기로 최종 결정하였다. 따라서 본 연구의 연구 대상 지역은 순창군 및 남원시를 부분적으로 포함하는 전라북도 임실군 일원이 된다.[6)]

다음에 제시하는 〈표 2-1〉은 법무부의 자료로서, 연구 대상 지역인 전라북도

〈표 2-1〉 전라북도 3개 지역 국제결혼 이주여성의 출신국별 분포

	임실군	순창군	남원시
중국	33	24	62
일본	10	31	35
필리핀	14	25	39
태국	4	6	15
베트남	5	4	6
몽골	1	1	3
우즈베키스탄	1	4	·
타이완	1	·	·
키르키즈스탄	·	1	·
러시아	·	·	2
미얀마	·	·	1
네팔	·	·	1
미상	·	·	1
계	8개국 총 69명	8개국 총 96명	9개국 총 165명

6) 한편 대법원이 2003년부터 2005년까지 집계한 전국 249개 시·군·구의 호적 신고를 분석한 결과, 이 기간 동안에 신고된 전체 혼인건수 중 국제결혼의 비율이 가장 높은 지역은 첫째가 충북 보은군(40.0%)이고, 그 다음이 전남 함평군(37.6%)이며, 세 번째가 바로 전북 임실군(37.5%)인 것으로 나타났다. 그 뒤를 전북 진안군(37.4%)과 충북 단양군(37.3%) 등이 잇고 있다(중앙일보 2006년 4월 3일자 보도). 비록 근 1년 전의 결정이었지만, 우리의 연구 대상 지역 선정이 대체로 적절한 것이었음을 확인시켜주는 방증 자료가 될 것이다.

의 3개 지역, 즉 임실군, 순창군, 남원시에 거주하는 국제결혼 이주여성의 총수 및 출신국별 분포에 관한 것이다. 그런데 이 법무부 자료에는 중국의 경우 소위 '조선족'과 '한족'(漢族)의 구분이 없이 출신국이 모두 중국으로만 되어 있어, 더 이상의 구분이 가능하지 않다.

2. 연구 대상자의 선정

(1) 표본추출 계획과 원칙

연구 계획 단계에서 잠정적으로 설정한 연구 대상자의 표본추출(sampling) 방식은 다음의 두 가지 원칙에 따른 표본추출이었다. (1) 가능한 한 많은 숫자, 즉 다양한 출신국(및 민족)별로 연구 대상자를 선정하고, (2) 각 출신국별로 한국 체재 기간에 따라서 2명 정도씩의 연구 대상자를 선정하는 것이었다. 대체로 1명은 이주 기간이 1년 내외인 사람으로 하고, 다른 1명은 이주 기간이 5년 내외이면서 자녀가 있는 사람으로 선정하기로 하였다.

위의 (1)의 원칙과 관련하여 연구 계획 단계에서는 앞의 〈표 1-3〉 '국제결혼 이주여성의 출신국 분포'를 참조하여, 출신국(및 민족)별 구분을 (1) 중국 조선족, (2) 중국 한족, (3) 일본, (4) 필리핀, (5) 태국, (6) 베트남, (7) 몽골, (8) 우즈베키스탄, (9) 러시아(또는 기타)로 잠정적으로 생각하였다. 그러나 조사 지역에 당도한 후 처음 계획하였던 '러시아(또는 기타)'의 범주는 제외하기로 정하였다. 러시아 출신 이주여성이 남원시에 2명(그리고 전북 동부 지역의 무주군에 1명) 있는 것으로 관련 자료에 나타나지만, 농촌 지역에서는 일반적으로 러시아인이 거의 없는 것으로 판명되었기 때문이다. 따라서 관련 부처의 통계표와는 무관하게, 출신국 구분으로서의 러시아는 조사 지역에서는 별다른 의미가 없는 범주인 것으로 생각되었다. (그 외의 소소한 다른 나라의 경우도 마찬가지일 것이다.) 대신 이주 기간 또는 한국 체재 기간에 따른 표본추출의 원칙은 가능한 한

〈표 2-2〉 연구 대상자의 출신국별 분포

	출신국	연구 대상자 수	지역별 구분		
			임실군	순창군	남원시
1	중국 조선족	2	2	·	·
2	중국 한족	2	·	·	2
3	일본	3	2	1	·
4	필리핀	3	3	·	·
5	태국	2	2	·	·
6	베트남	2	2	·	·
7	몽골	2	1	1	·
8	우즈베키스탄(고려인)	3	1	2	·
	계	19명	13명	4명	2명

지키기로 하였다.

(2) 연구 대상자의 출신국별 분포

이상과 같은 부분 수정 과정을 거쳐 연구팀이 최종적으로 선정하여 만난 연구 대상자의 출신국별 분포는 위의 〈표 2-2〉와 같다. 즉 모두 8개 출신국(및 민족)의 19명을 연구 대상자로 선정하였는데, 그 중 약 2/3인 13명을 임실군에서 찾았으며, 나머지 1/3 즉 6명은 이웃한 순창군(4명) 및 남원시(2명)에서 찾았다.

(3) 연구 대상자의 전체 목록

다음의 〈표 2-3〉은 선정된 연구 대상자의 전체 목록이다. 연구 대상자의 개인적 배경을 파악할 수 있는 연령과 한국 체재 기간, 학력, 자녀 수 등을 명기하였다.

다음 표에서 연구 대상자의 이름은 개인 생활의 보호를 위해 편의상 A~S로

〈표 2-3〉 연구 대상자의 전체 목록

국가 · 민족 구분	이름	연령	한국 체재 기간	학력	자녀 수
1. 중국 조선족	1-A	23	1년 4개월	고등학교 졸	1명
	2-B	28	2년 11개월	전문대학 졸	1명
2. 중국 한족	3-C	23	0년 10개월	중학교 졸	1명
	4-D	29	6년 9개월	중학교 졸	2명
3. 일본	5-E	27	4년 1개월	고등학교 졸	1명
	6-F	33	5년 6개월	전문대학 졸	2명
	7-G	44	6년 8개월	고등학교 졸	1명
4. 필리핀	8-H	28	5년 5개월	대학교 중퇴	3명
	9-I	31	5년 4개월	전문대학 졸	2명
	10-J	35	7년 5개월	대학교 졸	1명
5. 태국	11-K	23	1년 0개월	중학교 졸	·
	12-L	42	6년 9개월	중학교 졸	2명
6. 베트남	13-M	19	0년 3개월	고등학교 졸	·
	14-N	21	1년 7개월	고등학교 졸	1명
7. 몽골	15-O	25	1년 7개월	전문대학 졸	1명
	16-P	43	7년 10개월	대학교 졸	·
8. 우즈베키스탄	17-Q	22	2년 2개월	고등학교 졸	1명
	18-R	33	5년 0개월	대학교 졸	2명
	19-S	34	2년 2개월	대학교 졸	1명

명명하였고, 한국 체재 기간은 혼인이주 입국일로부터 2005년 7월 말일까지를 기준으로 하여 계산한 것이다. 단, 위 표에서 연구 대상자 16-P의 경우 현재의 한국인 남편과의 사이에는 자녀가 없으나, 몽골인 전 남편과의 사이에 난 자녀 1명을 한국에서 키우고 있다.

위의 연구 대상자를 실제로 선정하는 데서 표본추출의 두 번째 원칙인, 출신국별로 (1) 혼인이주 기간이 1년 내외인 사람과 (2) 혼인이주 기간이 5년 내외이면서 자녀가 있는 사람이라는 조건을 되도록이면 충실히 따르고자 노력하였다. 그러나 전체의 모집단이 반드시 이 원칙을 따를 수 있도록 구성되어 있는 것은 물론 아니었다.

위 표에서 〈2. 중국 한족〉과 〈5. 태국〉의 경우에는 거의 위 조건에 그대로 부합할 것이다. 또 〈7. 몽골〉과 〈8. 우즈베키스탄〉의 경우에도 대체로 위의 조건에 부합할 것이다.

그러나 〈3. 일본〉의 경우에는 최근에 혼인이주한 사람이 전무(全無)하여, 대신 연령층(20대, 30대, 40대)과 한국 체재 기간(4년여, 5년여, 6년여)을 고려하여 표본추출을 하였다.

〈4. 필리핀〉의 경우에도 최근에 혼인이주한 사람이 전무하였다. 따라서 이 경우에도 연령층(20대 후반, 30대 초반, 30대 중반)과 한국 체재 기간(5년여와 7년여)을 고려하여 연구 대상자를 선정하였다. (필리핀의 경우 처음에는 20대 중반의 부인 1명을 선정하려고 접촉하였으나, 어려운 상황적 요인 때문에 접촉에 실패하였다.)

〈6. 베트남〉의 경우에는 최근에 본격적인 혼인이주가 이루어진 국가라 이 지역에 오래 거주한 베트남 출신 부인이 없었다. 따라서 이주기간(6개월 이내와 1~2년 사이)을 고려하여, 한국어를 거의 모를 것으로 생각되는 사람과 한국어를 제법 알기 시작할 것으로 생각되는 사람을 선정하였다.

〈1. 중국 조선족〉의 경우는 한국 체재 기간이 5년 이상 나아가 10년 내외인 사람이 조사 지역에서 대다수를 차지하고 있었다. 그러나 이들의 경우 본 연구 계획에 실질적인 도움이 되지 않을 것으로 판단되어, 대신 가장 최근에 시집온 2명을 만나기로 정하였다. 1명은 연변(延邊) 지역 출신으로 그리고 또 다른 1명은 비연변 지역 출신으로 계획하였는데, 실제로 1명은 연길시(延吉市) 출신이고 다른 1명은 요령성(遼寧省) 출신으로 선정되었다.

또 현지조사의 초기 단계에는 조선족 출신 연구 대상자를 3명으로 계획하였다가, 한국 체재 기간이 긴 연구 대상자가 본 연구 계획에 별다른 의미를 가질 것 같지 않아, 대신 우즈베키스탄 출신(고려인) 1명을 더 만나는 것으로 현지조사 도중에 계획을 변경하였다.

(4) 연구 대상자와의 접촉 과정: 면접 및 접촉 기피 사례

실제의 연구 대상자 선정 과정에서 부딪친 문제점은 개별 혼인이주여성의 한국 체재 기간과 한국어 사용 능력 정도를 알 수가 없다는 점이었다. 왜냐하면 우리가 이용한 법무부 자료에는 한국 체재 기간이 기재되어 있지 않았기 때문이다. (또 이 명단 자료는 1년에 한 번씩 조사하여 만든 것이라 실제의 거주자 명단과는 약간의 차이가 있었다.) 또 출신국이 중국인 경우 조선족 출신과 한족 출신을 가려내는 작업도 법무부의 명단만으로는 사실상 불가능하였다.

다행히 임실군 여성농민회가 준비하고 있던 한글학당의 등록 자료에서 부분적이나마 한국 체재 기간과 한국어 사용 능력에 대한 정보를 얻을 수 있었고, 나머지 대상자들에 대해서는 연구팀이 전화로 직접 접촉하여 대강의 정보를 얻는 수밖에 없었다. 그러나 국제결혼 이주여성들에 대한 신상 정보를 전화 통화를 통해 얻는 작업은 그리 간단하지 않았는데, 이 경우 가족들의 예민한 반응이 주 원인이었다.

다음은 연구 대상자의 선정 과정에서 조우한 몇몇 당혹스런 경험에 대한 기록으로, 연구팀이 전화 통화를 시도했을 때 가족들(주로 시어머니나 남편)이 접촉 기피 반응을 보인 사례들 중 몇 예이다.

① '가'(25세)의 사례

필리핀 출신 연구 대상자를 선정하는 과정에서 '가'와 전화 통화를 시도하였다. 연구팀이 전화를 걸었을 때 전화를 받은 시어머니에게 우리의 연구 목적을 설명하였다. 시어머니는 연구팀의 설명을 조금 듣더니 "우리 아이 한국말 잘해요. 전화 끊어요." 하고 일방적으로 전화를 끊어버렸다. 연구팀은 이미 여성농민회 관계자로부터 '가'의 시어머니가 다른 사람들이 자신의 며느리를 만나거나 며느리와 이야기하는 것을 매우 싫어한다는 소식을 들었고, 또 다른 필리

핀 출신 부인으로부터도 '가'의 시어머니가 며느리를 집밖에도 잘 못나가게 한다는 이야기를 들었다. 따라서 전화 접촉이 그리 쉽지만은 않을 것이라고 어느 정도 예상은 하였지만, 부득불 다시 통화를 시도할 수밖에 없었다. 이번엔 '가'가 직접 전화를 받는 것 같았다. 연구팀이 인사를 하고 남편을 바꾸어 달라고 하자, 수화기 저편에서 어떤 목소리(시어머니인지 남편인지는 확실하지 않음)가 두서너 번 "끊어버려!"라고 말하는 것이 들렸다. 그러고는 전화가 끊어졌다.

② '나'의 사례

모국(某國) 출신 연구 대상자를 선정하는 과정에서 연구팀이 '나'의 집으로 전화를 걸었을 때 '나'의 시어머니가 전화를 받았다. 연구팀이 연구 목적을 설명한 후 '나'의 남편과의 통화를 요청하자 잠을 잔다며, 대신 자신에게 이야기하라고 하면서 아들과의 통화를 거부하였다. 하지만 '나'의 시어머니는 연구자들이 집으로 방문하는 대신 군민회관에서 인터뷰하는 것을 허락하였고, 며느리인 '나'와 아들을 데리고 군민회관으로 나오겠다고 약속하였다.

약속 시간에 '나'의 시아버지와 시어머니가 '나'를 데리고 면접 장소에 나왔다. 아들은 직장에 나가 일을 하고 있기 때문에 나올 수 없다고 하였다. 하지만 시부모와의 면접 과정에서 밝혀진 사실은, 연구자들의 추측대로 '나'의 남편이 건강에 문제가 있는 사람이었고, 따라서 전화를 바꾸어 주지 않았고, 또 약속 장소에도 데리고 나오지 않았던 것이다. 그러나 이 경우는 어찌 됐든 연구팀이 연구 대상자를 만날 수 있었던 다행스러운 경우였다.

③ '다'(28세)의 사례

중국 한족 출신의 연구 대상자를 선정하는 과정에서 연구팀이 '다'의 집으로 전화를 걸었을 때, 이 경우에도 시어머니가 전화를 받았다. 연구팀의 신원과 연구 목적 등을 설명한 후 몇 가지 질문을 하였다. 시어머니는 며느리의 출신 지역, 결혼 연수 등의 질문에는 별 거부 반응 없이 잘 답변해 주었다. 그러다가 '다'가 중국 조선족 출신임이 밝혀졌고, 따라서 연구자는 한국식 이름을 묻게 되었다. 그러자 시어머니는 '왜 자꾸 묻느냐, 왜 알려고 하느냐, 며느리 본인에게 물어 보고 알려 주겠다.'고 하면서 전화를 일방적으로 끊어버렸다.

④ '라'(23세)의 사례

중국 한족 출신 연구 대상자를 선정하는 과정에서 또 '라'와 전화 통화를 시도하였다. 연구팀이 전화를 걸었을 때 어떤 남자가 전화를 받았다. 연구팀의 연구 목적을 설명하고 질문을 하자, '라'가 한족 출신이고 결혼해서 온 지 3개월 되었다고 약간 탐탁지 않게 답변해 주었다. 전화를 받는 사람이 '라'와 어떤 관계인지(남편인지 시아버지인지)를 조심스럽게 묻자, 그냥 친척이라고만 대답하며 자신과의 관계를 밝히기를 꺼려하는 듯했다. 그러다가 연구팀의 방문을 위해 집 주소를 묻자, "임실군청에 가서 확인하세요."라고 퉁명스럽게 말하며 일방적으로 전화를 끊어버렸다.

⑤ 임실군 여성농민회 관계자와의 면담 내용

조사 지역인 임실군으로 내려온 첫날, 임실군 여성농민회를 방문하여 농민회의 교육 업무를 맡고 있는 담당자를 만났다. 그런데 이 담당자로부터 대화 중 외국인 며느리를 대하는 몇몇 시어머니들의 매우 극단적인 부정적 태도에 대한 이야기를 들을 수 있었다. 즉, 개중에는 '외국인 며느리를 돈 주고 사 왔으니까 상품이다. 그만한 값어치를 해야 하고, 뽑아내야 한다.'고 생각하는 사람들도 있고, 이런 식으로 직접 말로 표현하지는 않지만, 한글학당을 홍보하고 설문지 조사를 하는 과정에서 '말을 안 배워도 된다. 말 배우면 국적 취득해서 나가버리니까 안 배워도 된다.'고 말하는 시어머니도 있었다고 했다. 또 "우리 며느리 그런 것 안 배워도 돼." 하면서 (설문지 조사원을) 내쫓은 사례도 있었다고 하였다.

3. 면접 조사의 과정

위의 연구 대상자들을 만나 면접 조사를 행하는 데서, 연구팀은 두 가지 기본 원칙을 세웠다. 한 가지는 연구 대상자 본인뿐만 아니라 가족(남편과 시부모)도 함께 만나 인터뷰를 하는 것이었는데, 연구팀이 준비한 면접 계획표에는 당연히 남편 및 시부모에 대한 질문 문항도 다수 들어 있었기 때문이다. 또 한 가지는 연구 대상자가 사는 집을 연구팀이 직접 방문하여 인터뷰를 하는 것이었다. 말할 것도 없이 연구 대상자가 실제 사는 모습을 보고, 그 실제의 맥락 속에서 연구 대상자의 언어 및 문화 적응을 이해하는 것이 필요하고 또 중요한 것으로 판단하였기 때문이다.

(1) 면접 대상자의 목록

다음 〈표 2-4〉는 연구 대상자의 가족을 포함한 전체 면접 대상자의 목록이다. 먼저 아래 표에서 나타나듯이 연구 대상자의 남편을 못 만난 경우는 모두 7사례인데, 대략 다음과 같은 이유에서이다.

① 연구 대상자 [1]-A와 [2]-B의 경우는 중국 조선족 출신이므로, 남편이나 시부모를 굳이 만날 필요가 없었다. [1]-A의 경우에는 실제 그 남편을 만나 인사는 교환하였지만 굳이 아내의 언어 적응에 관해 질문을 던질 필요가 없었던 경우이다.

② 연구 대상자 [6]-F, [7]-G, [16]-P의 경우는 본인들만 그것도 집 밖에서 만나기를 원한 경우였으므로 남편들을 만날 수가 없었다.

③ 연구 대상자 [11]-K의 경우는 시부모가 남편과의 만남을 조심스럽게 막음으로써 연구팀이 남편을 만날 수 없었던 사례이다.

④ 연구 대상자 [17]-Q의 경우는 남편이 일을 나가 출타 중이어서 만나지 못

〈표 2-4〉 면접 대상자의 전체 목록

국가 · 민족 구분	연구 대상자 이름	면접 대상자		
		본인	남편	시부모
1. 중국 조선족	1-A	○	·	·
	2-B	○	·	·
2. 중국 한족	3-C	○	○	·
	4-D	○	○	·
3. 일본	5-E	○	○	○
	6-F	○	·	·
	7-G	○	·	·
4. 필리핀	8-H	○	○	○
	9-I	○	○	○
	10-J	○	○	·
5. 태국	11-K	○	·	○
	12-L	○	○	○
6. 베트남	13-M	○	○	○
	14-N	○	○	○
7. 몽골	15-O	○	○	○
	16-P	○	·	·
8. 우즈베키스탄	17-Q	○	·	·
	18-R	○	○	·
	19-S	○	○	○
계		19명	12명	9명(사례)

하였다.

다음으로 시부모와 함께 사는데도 시부모를 만나지 못한 경우는 다음의 2사례이다.

① 연구 대상자 [1]－A의 경우는 중국 조선족 출신이라 연구팀이 굳이 시부모를 만날 필요도 없었거니와 실제로 당시 출타 중이었다.

② 연구 대상자 [18]－R의 경우는 시부모가 들일을 하러 나가고 없어서 만나지 못한 경우이다.

또 시부모를 만난 9사례에 대해서도 다음과 같은 약간의 부연 설명이 필요할 것이다.

① 연구 대상자 [5]－E, [9]－I, [12]－L, [13]－M의 4 경우는 시부(媤父)는 없이 시모(媤母)와 함께 살므로 시모만을 만난 경우이다.

② 연구 대상자 [8]－H, [11]－K, [14]－N, [15]－O의 4 경우는 시부·시모와 함께 살므로 시부모를 모두 만난 경우이다.

③ [19]－S의 경우는 시부·시모와 함께 살지만, 시모가 마침 들일을 나가고 없어서 시부만을 만난 경우이다.

④ 그런데 [12]－L의 시모는 연구팀이 만났지만 병환 중이라 사실상 인터뷰가 불가능한 상황이었다.

(2) 면접 장소

다음의 〈표 2-5〉는 실제의 면접 조사가 이루어진 장소에 대한 목록이다. 아래 표에서 나타나듯이 바깥 장소에서 만난 연구 대상자는 모두 4명이다. 이 중 [6]－F, [7]－G, [16]－P의 경우에는 연구 대상자 본인이 각기 원한 경우이고, [11]－K의 경우에는 시부모가 원한 경우이다. 그 외에 집에서 만난 15명의 경우에는 모두 남편이나 본인의 허락을 받아 살고 있는 집을 방문하였으며, 연구팀은 거개 따뜻한 환대를 받으며 면접 조사를 진행하였다.

〈표 2-5〉 면접 장소

국가 · 민족 구분	연구 대상자 이름	면접 장소	
		집	바깥 장소
1. 중국 조선족	1-A	○	·
	2-B	○	·
2. 중국 한족	3-C	○	·
	4-D	○	·
3. 일본	5-E	○	·
	6-F	·	○
	7-G	·	○
4. 필리핀	8-H	○	·
	9-I	○	·
	10-J	○	·
5. 태국	11-K	·	○
	12-L	○	·
6. 베트남	13-M	○	·
	14-N	○	·
7. 몽골	15-O	○	·
	16-P	·	○
8. 우즈베키스탄	17-Q	○	·
	18-R	○	·
	19-S	○	·
계		15명	4명

(3) 면접 조사의 개략적 순서

실제의 면접 조사는 대체로 다음과 같은 순서로 진행하였다(여기서 나오는 질문 문항은 다음의 제3장에서 자세히 기술함).

(1) 연구 대상자, 남편, 시부모 등의 가족과 연구팀 전원이 함께 앉아

① 인사를 교환하고, 연구의 목적과 취지를 설명함.

② 이어서

(주로 남편에게) '연구 대상자 부부의 인적 사항'을 질문함.

(시부모에게) '며느리의 언어 및 문화 적응' 문제를 질문함.

(남편에게) '아내의 언어 적응 과정과 문제점'을 질문함.

(2) 다음으로 아내와 남편의 면접 조사 공간을 분리시켜 조사를 진행하였다. 특히 아내를 통역과 함께 별도의 공간(주로 안방)으로 분리시켜 인터뷰를 진행하였다.

① 언어 적응 조사팀

(아내를 상대로) '언어 적응' 문제를 본격적으로 조사함.

② 문화 적응 조사팀

(남편을 상대로) '문화 적응' 문제를 조사함.

(3) 계속 아내와 남편의 공간을 분리시킨 채 나머지 면접 조사를 진행하였다.

① 문화 적응 조사팀

(아내를 상대로) '문화 적응' 문제를 본격적으로 조사함.

② 언어 적응 조사팀

(남편을 상대로) '언어 적응 및 기타'의 문제를 조사함.

시부모에 대한 추가 질문은 실제로는 그리 많지 않았지만, 언어 적응 조사팀과 문화 적응 조사팀 모두 남편에 대한 면접이 끝난 뒤에 실시하였다. 어쨌든 연구팀이 계획한 면접 조사의 순서상의 핵심 전략은, 아내 즉 혼인이주여성들이 가슴 속에 든 말을 모두 할 수 있게끔 남편과 시부모로부터 공간적으로 분리시켜 인터뷰를 진행하는 것이었다.

이러한 나름대로 치밀한 면접 조사의 계획에도 불구하고 엉뚱한 '사고'가 조사 과정에서 발생하기도 하였는데, 다음의 사례가 그 좋은 예가 될 것이다.

♧ 사례 : '가'의 시어머니가 보인 불안한 심정

7월 8일 오전, 모 연구 대상자(여기서는 '가'로 가칭함)의 집을 방문한 조사팀은 '가'가 내온 과일과 음료수를 거실 중앙에 놓고 '가'의 식구들과 함께 둥그렇게 모여 앉았다. 조사는 시어머니를 인터뷰하는 것으로 시작되었다. 연구팀의 방문을 다소 내켜하지 않는 듯한 태도를 보이던 '가'의 시어머니는, 연구자들의 방문 목적을 듣고 그리고 연구자들이 던지는 질문에 다소 안심이 되었던지 인터뷰에 그런대로 잘 응했다.

인터뷰가 먼저 끝난 '가'의 시어머니가 지켜보는 가운데 '가'의 남편에 대한 인터뷰가 시작되었다. 인터뷰 중 '아이들이 어머니의 모국어를 아느냐?'라는 질문에 '가'의 남편은 두 아이 모두 어머니의 언어를 모른다고 대답했다. 연구팀은 아이들에게 어머니의 모국어를 가르치는 것이 좋다고 하면서 "특히 딸은 크면 엄마를 많이 따라가는데…"라고 말했다. 이때 이 말을 들은 '가'의 시어머니는 말뜻을 오해한 듯 순간 안색이 변했다.

시어머니와 남편을 상대로 한 기본 조사를 끝낸 후 언어 조사팀은 '가'를 데리고 안방으로 들어가 인터뷰를 시작했고, 문화 조사팀은 거실에서 '가'의 남편을 인터뷰했다. 거실에 계시던 시어머니는 잠시 후 밖으로 나갔다.

언어 조사팀이 '가'를 안방에서 인터뷰 하는 동안 보조연구원 한 명이 마당으로 나갔을 때 '가'의 시어머니는 마당 한 귀퉁이에서 콩을 손질하고 있었다. 보조연구원이 다가가자 '가'의 시어머니는, 뭘 그리 물어보냐며 '교수님 졸라서 빨리 가자고 하라'고 퉁명스럽게 말했다. 그때 보조연구원은 '가'의 시어머니가 '가'를 인터뷰하고 있는 방의 창문 바로 아래에서 콩을 따고 있다는 사실을 알아차렸다. 보조연구원은 '가'의 시어머니를 안심시키기 위해서 조사의 목적을 다시 한 번 설명하고, "여기 오신 분들이 잘 사셔야 하잖아요."라고 말했다. 그때 시어머니는 그 말을 낚아채듯 "그럼 잘 살아야지!" 하며 크고 날카롭게 대답하였다. 놀란 기색을 감추며 보조연구원이 며느리가 예쁘냐고 묻자, 시어머니는 "이쁘나 미우나 인제 우리 사람인데 살아야지."라고만 대답하였는데, '(같이) 살아야 한다.'는 말에 굉장한 강조를 두고 있었다.

집안에서의 인터뷰가 끝나가는 기척이 있어 보조연구원은 '가'의 시어머니에게 조사 끝나고 연구팀과 함께 점심 먹으러 나가자고 권했으나 시어머니는 싫다며 거절했다.

면접 조사를 끝낸 연구팀은 '가'와 남편에게 점심을 먹으러 함께 나가자고 권했다. '가'는 조금 난처해했는데, 그 이유는 시어머니가 함께 점심을 먹으러 나갈 눈치가 아니었기에 시어머니의 식사를 걱정하고 있었던 것 같다. 그래서 교수 중 1인이 일단 시어머니를 설득하러 마당으로 나갔고, 나머지 조사팀은 '가'와 남편을 설득해서 마당으로 함께 나왔다. 마당에서는 교수 중 1인이 계속 시어머니에게 같이 가자고 권하고 있었고, 시어머니는 매우 완고하게 거절하며 수돗가에서 무언가를 빨고만 있었다.

그때 마지막으로 나온 주 연구자가 "이러면 내가 나서야 되겠네."하면서 '가'의 시어머니에게 다가가 몇 번을 더 권했다. 그래도 시어머니가 계속 거절하자, 주 연구자가 시어머니를 번쩍 안아 차로 모시고 갔는데, 예상 외로 시어머니는 얌전하게 차까지 안겨 갔다. 이런 우여곡절 끝에 연구팀은 어린이집에 간 '가'의 아들을 제외하고 '가'의 모든 식구들과 함께 점심을 먹으러 면소재지로 나갔고, 식사를 하는 내내 연구팀은 외국인 며느리를 맞은 다른 시어머니들처럼 '가'의 시어머니가 갖고 있는 불안감을 덜어드리려고 애써야만 하였다.

4. 연구 일지

다음은 날짜별로 정리한 연구팀의 주로 현지조사와 관련한 주요 일정에 대한 기록이다. 특히 임실군에 도착한 7월 5일부터 임실을 떠난 7월 29일까지의 24박 25일 동안의 연구 일정은 매일을 기준으로 자세히 기록하였다.

2005/6/29 (수)

- 오후 연구팀 '언어 적응' 관련 연구 질문 문항 검토 작업 완료 (서울대학교 연구실)
- 통역 예정자 접촉 완료

2005/7/4 (월)

- 오후 연구팀 및 국립국어원 관계자 현지조사 관련 준비 회의 (서울대학교 구내식당)

2005/7/5 (화)

- 오전 서울 출발 임실 도착
- 오후 임실군청, 임실군 여성농민회(한글학당) 방문, 관련 자료 수집
- 저녁 연구 대상자 선정 작업 시작 (이후 7월 24일까지 계속됨)

2005/7/6 (수)

- 임실군청, 임실군 여성농민회(한글학당) 방문, 관련 자료 수집

2005/7/7 (목)

- 오전 임실군 여성농민회 주최 '한글학당 · 우리문화체험교실' 입학식 참석 및 수업 참관 Ⅰ
- 오후 연구 대상자 면접 조사 Ⅰ
- 저녁 면접 조사 자료 정리 및 전사 작업 시작 (이후 7월 29일 연구지를 떠날 때까지 계속됨)

2005/7/8 (금)

- 오전 연구 대상자 면접 조사 Ⅱ
- 오후 연구 대상자 면접 조사 Ⅲ
- 저녁 면접 조사 내용에 대한 평가 회의 (이후 7월 26일 마지막 면접 조사 때까지 수시로 계속됨)

2005/7/9 (토)

- (면접 조사 자료 정리 및 전사 작업 계속)

2005/7/10 (일)

- 오전 면접 조사 자료 정리 및 전사 작업에 대한 평가 회의 (이후 7월 29일 연구지를 떠날 때까지 수시로 계속됨)

2005/7/11 (월)

- 오전 연구 대상자 면접 조사 Ⅳ
- 오후 연구 대상자 면접 조사 Ⅴ

2005/7/12 (화)

- (면접 조사 자료 정리 및 전사 작업 계속)

2005/7/13 (수)

- 오전 연구 대상자 면접 조사 Ⅵ
- 오후 연구 대상자 면접 조사 Ⅶ

2005/7/14 (목)

- 오전 '한글학당 · 우리문화체험교실' 수업 참관 Ⅱ
- 오후 한글학당 교사 면담

2005/7/15 (금)

- 오후 A 어린이집 방문, 관련 교사 면담
  B 초등학교 방문, 관련 교사 면담
  임실군 여성농민회 교육부장 면담

2005/7/16 (토)

- 오전 연구 대상자 면접 조사 Ⅷ
- 오후 연구 대상자 면접 조사 Ⅸ

2005/7/17 (일)

- 오전 연구 대상자 면접 조사 Ⅹ
- 오후 연구 대상자 면접 조사 Ⅺ

2005/7/18 (월)

- (면접 조사 자료 정리 및 전사 작업 계속)

2005/7/19 (화)

- (면접 조사 자료 정리 및 전사 작업 계속)

2005/7/20 (수)

- 오전 연구 대상자 면접 조사 Ⅻ

2005/7/21 (목)

- 오전 '한글학당 · 우리문화체험교실' 수업 참관 Ⅲ
  연구 대상자 Ⅱ 보충 조사
- 오후 연구 대상자 면접 조사 ⅩⅢ
  연구 대상자 면접 조사 ⅩⅣ

2005/7/22 (금)

- 오전 조사 결과에 대한 분석 토론회 (이후 7월 28일까지 수차례 계속됨)
- 오후 연구 대상자 Ⅰ및 Ⅲ 보충 조사

2005/7/23 (토)

- 오전 연구 대상자 면접 조사 XV
- 오후 연구 대상자 면접 조사 XVI

2005/7/24 (일)

- 오전 연구 대상자 선정 작업 완료
- 저녁 녹음 자료 소실로 인해 연구 대상자 Ⅳ 재조사

2005/7/25 (월)

- 오전 연구 대상자 면접 조사 XVII
- 오후 조사 내용의 부실로 인해 연구 대상자 XV 재조사

2005/7/26 (화)

- 오전 연구 대상자 면접 조사 XVIII
- 오후 연구 대상자 면접 조사 XIX

2005/7/27 (수)

- (면접 조사 자료 정리 및 전사 작업 계속)

2005/7/28 (목)

- (면접 조사 자료 정리 및 전사 작업 계속)

2005/7/29 (금)

- 오전 임실 출발 서울 도착

2005/8/9 (화)

- 오전 국립국어원에 연구 결과 요지 설명회

2005/8/말

- 면접 조사 자료 정리 및 전사 작업 완료

2005/11/28 (월)

- '언어 적응' 부분 보고서 원고 완성

2005/12/19 (월)

- 연구 보고서, 『국제결혼 이주여성의 언어 및 문화 적응 실태 연구』, 국립국어원 간행

5. 연구 대상자 가족의 일반적 특성

이제 연구 대상자로 선정된 19명의 혼인이주여성들의 혼인 및 가족생활상의 주요 특성들을 간략히 정리해 보기로 하겠다. 아마도 이 특성들은 연구 대상자들이 현재 처해 있는 사회문화적 상황에 대한 기초적 이해의 실마리를 제공해 줄 것으로 믿어진다.

(1) 혼인 연도 및 혼인 생활 연수

아래의 〈표 2-6〉은 연구 대상자들을 혼인 연도별로 구분한 것이고, 〈표 2-7〉은 혼인 생활의 연수별로 구분한 것이다. 그런데 〈표 2-6〉에서 혼인 연도는 출신국 또는 한국에서 공식적으로 혼인이 이루어진 시점을 기준으로 한 것이므

〈표 2-6〉 혼인 연도별 구분

연도	연구 대상자 수
2005년도	1명
2004년도	2명
2003년도	5명
2002년도	1명
2001년도	1명
2000년도	4명
1999년도	·
1998년도	4명
1997년도	1명
계	19명

〈표 2-7〉 혼인 생활 연수

연수	연구 대상자 수
1년 미만	2명
1~2년	4명
2~3년	2명
3~4년	2명
4~5년	·
5~6년	4명
6~7년	4명
7~8년	1명
계	19명

* 평균치(mean) 3.9년≒약 4년

로, 연구 대상자들이 실제로 한국 체재를 시작한 시점과는 약간의 차이가 있을 수도 있다. 또 〈표 2-7〉의 혼인 생활의 연수는 현지조사 시점인 2005년 7월말을 기준으로 계산한 것이다.

앞의 〈표 2-6〉에서 가장 일찍 혼인이주를 한 사람은 1997년도(필리핀 출신 부인임)인 것으로 나타난다. 그러나 연구자가 이 지역의 혼인이주여성들에 대한 전수 조사를 한 것이 아니라 임의로 표본추출을 한 것이므로, 위의 분포도가 별다른 의미를 갖지는 않을 것이다. 그러나 대체로 말해, 조사 지역에서 이 시기보다 앞서 혼인이주를 해온 사람들은 다수의 중국 조선족 동포들인 것으로 보였다. 또 〈표 2-7〉을 보면, 19명의 연구 대상자 부부의 평균 혼인 생활 연수는 3.9년 즉 약 4년으로 나타난다.

(2) 초혼·재혼 비율

다음의 〈표 2-8〉은 연구 대상자 부부의 혼인 당시의 결혼 유형, 특히 초혼·재혼의 구분에 따른 유형 분류이다.

아래 표에서 보듯이, 19명의 연구 대상자 부부는 '여자가 초혼이고 남자가 재혼'인 경우가 2사례, '둘 다 재혼'인 경우가 1사례, 그리고 '남자가 초혼이고

〈표 2-8〉 혼인 당시 부부의 결혼 유형

결혼 유형	연구 대상자 수
둘 다 초혼	16명
남-초혼/여-재혼	0명
여-초혼/남-재혼	2명
둘 다 재혼	1명
계	19명

여자가 재혼'인 사례는 전혀 없고, 나머지 16사례는 모두 '둘 다 초혼'인 경우이다. 관련 학자들의 전국적 조사 결과(설동훈 외 2005: 73-74)와 비교하면, 연구 대상자 부부들의 '둘 다 초혼'인 비율이 훨씬 높은 것으로 나타난다. 즉 여기서의 비율은 84.2%인 데 비해, 전국 조사에서의 응답자들의 경우는 62.1%로 나타났기 때문이다.

(3) 자녀 수

아래의 〈표 2-9〉는 연구 대상자 부부의 자녀 수이다. 아래 표에서 자녀 수가 1명인 경우가 10사례로 가장 많고, 다음으로 자녀 수가 2명인 경우가 5사례이다. 전체 평균은 약 1.2명이 될 것이다. 여기서 자녀 수가 0명인 경우 중 연구 대상자 2명은 혼인 생활 연수가 1년 미만이고, 다른 1명은 혼인 생활 연수가

〈표 2-9〉 자녀 수

자녀 수	연구 대상자 수
0명	3명
1명	10명
2명	5명
3명	1명
계	19명

* 평균치 1.2명

6~7년이나 둘 다 재혼을 한 경우이다.

(4) 연구 대상자 부부의 연령 차이

아래의 〈표 2-10〉은 연구 대상자 부부의 연령 차이를 정리한 것이다. 그런데 19사례 모두에서 남편이 아내보다 연상이었으므로, 다음 표에서의 구체적인 연령 차이는 모두 남편이 아내보다 그만큼 나이가 많음을 가리킨다.

〈표 2-10〉을 보면, 이들 국제결혼 부부의 현저한 특징 한 가지가 바로 부부간의 큰 연령 차이임을 알 수 있다. 평균치는 10.7세로 약 11살의 차이를 보인다. 이 수치는 전국적 조사 결과(설동훈 외 2005: 55-57)인 '평균 7세 차이'보다도 더 큰 연령 차이가 된다. 아래 표에서 '22살 차이' 1명과 '24살 차이' 1명의 2사례는 모두 남편이 재혼을 한 경우이고, 부부 모두가 재혼을 한 1사례의 경우

〈표 2-10〉 부부의 연령 차이

연령 차이	연구 대상자 수
1살 차이	1명
2살 차이	1명
6살 차이	1명
7살 차이	2명
8살 차이	3명
9살 차이	3명
10살 차이	1명
12살 차이	1명
13살 차이	1명
14살 차이	1명
16살 차이	1명
19살 차이	1명
22살 차이	1명
24살 차이	1명
계	19명

* 평균치 10.7세≒약 11살 차이

에는 7살 차이로 나타난다. 19명의 연구 대상자 중 재혼의 경우인 이 3사례를 빼고도, 부부간의 평균 연령 차이는 9.4세로 나타난다. 이 사실은 한마디로, 연구 대상자들의 남편들이 혼인을 할 당시의 연령이 그만큼 높았음을 반영하는 수치가 될 것이다.

(5) 부부의 학력 차이

19명의 연구 대상자 부부의 관계에서 연령 차이만큼이나 현저하게 드러나는 또 다른 특성은 부부간의 학력 차이이다. (물론 학력에 대한 정보는 제보자의 진술에 의존한 것이므로 부분적으로 정확하지 않을 수도 있을 것이다.) 아래의 〈표 2-11〉은 한국인 남편의 학력을 구분한 것이고, 〈표 2-12〉는 외국인 부인의 학력을 구분한 것이다.

아래 표에서 보듯이, 남편 집단은 초등학교 졸업 3명, 대학 재학 이상 0명인데 반해, 아내 집단은 초등학교 졸업 0명, 대학 재학 이상 9명으로 부부간의 현

〈표 2-11〉 한국인 남편의 학력

학력 구분	연구 대상자 수
초등학교 졸업	3명
중학교 졸업	6명
고등학교 졸업	10명
대학교 재학 이상	·
계	19명

〈표 2-12〉 외국인 아내의 학력

학력 구분	연구 대상자 수
초등학교 졸업	·
중학교 졸업	4명
고등학교 졸업	6명
대학교 재학 이상	9명
계	19명

격한 학력 차이를 보여 준다. 극단적으로 외국인 아내 1명은 러시아의 6년제 의과대학을 졸업하고 2년간 수련 및 진료를 한 경력을 갖고 있었다. 또 3쌍의 부부가 남편은 초등학교 졸업인 데 반해, 아내는 대학 재학 이상의 학력을 갖고 있었다. 그런데 연구 대상자 부부의 학력 차이는 전국적 조사 결과(설동훈 외 2005: 57-58)보다도 더 큰 것으로 나타나는데, 대체로 말해 〈표 2-11〉 상의 남편의 학력은 전국적 수치보다 더 낮고, 〈표 2-12〉 상의 아내의 학력은 전국적 수치보다 더 높은 것으로 나타나기 때문이다.

앞의 부부간의 연령 차이에 대한 수치와 이 학력 차이에 대한 수치는, 혼인이주여성들의 결혼 동기에 대한 일반적인 관찰 내용을 지지해 주는 것으로 해석된다. 즉, 한국으로 혼인이주해 오는(일본인 부인을 제외한) 외국인 여성들의 주 동기가 경제적 목적, 달리 말하여 경제적 상향 이동의 추구라는 점이 위의 두 통계 수치에서도 충분히 읽힐 수 있는 것으로 생각된다.

(6) 시부모 동거 비율

총 19사례의 연구 대상자 부부 중에서 현재 시부모와 함께 사는 경우는 모두 11사례(일시적으로 동거하는 1사례 포함)이다. 이 11사례 중 남편이 장남인 경우는 1사례뿐이고, 나머지 10사례는 남편이 차남 이하인데도 시부모와 함께 사는 경우이다. 물론 전국적 조사(설동훈 외 2005: 61-62)에서도 농촌 지역의 경우 도시 지역보다 확대가족의 유형이 3배나 더 많이 나타나는 것으로 보고된다. 하지만 이들 연구 대상자 가족의 경우에는 보다 구체적인 맥락이 파악되는데, 즉 이 남편군들의 경우 거의 모두가 혼인 전부터 부모에게 '얹혀살았던', 도시 생활에 제대로 적응하지 못하였던 노총각들이었다는 사실과, 현재의 혼인 후 가족 유형이 직접적으로 연관되는 것으로 보인다.

앞에서 이미 살펴본 부부간의 연령 차이, 부부간의 학력 차이, 그리고 이 시부모와의 동거 비율에 대한 수치는 오늘날 국제결혼을 하는 농촌 지역 총각들의 '주변적' 지위를 여실히 보여 주는 지표가 될 것으로 믿어진다.

제3장 면접 조사의 질문 문항

앞의 서장의 3절 '국제결혼 이주여성의 언어 적응 문제'에서 이미 이 연구의 중심적인 이론적 개념, 연구 방법, 그리고 실제의 연구 목표 등을 기술하였다. 간략히 말하여, 국제결혼 이주여성의 '언어 적응'이란 한국어를 어떻게 배우고, 얼마나 잘 사용하느냐라는 질문으로 요약될 수 있었다. 여기에 '의사소통능력'이라는 이론적 개념을 도입하면, 위의 질문은 다시 한국 사회라는 언어공동체 내의 의사소통능력을 어떻게 습득하고, 실제로 그것을 얼마나 잘 사용하느냐라는 것으로 정리될 수 있었다.

위의 두 가지 기본 질문에 혼인이주여성의 가족의 맥락을 고려하면, 자녀의 언어 교육 문제가 그들의 언어 적응 문제의 연장선상에서 또한 덧붙여질 수 있었다. 따라서 준비 단계에서의 연구 질문 또는 연구 목표는 크게 세 가지 범주로 나뉘어졌다. 첫째, 혼인이주여성들이 습득한 한국어 의사소통능력의 실제 사용 모습에 대한 질문이다. 아래에서 '한국어 사용 능력' 또는 '한국어 능력'이라는 표현은 바로 이들이 습득하여 사용하는 한국어 의사소통능력을 가리킨다. 둘째, 혼인이주여성들의 한국어 학습의 과정과 방법에 대한 질문이다. 이 질문은 곧 이들의 한국어 학습의 일반적 상황과 문제점 파악 등으로 연결될 수 있을 것이다. 셋째, 혼인이주여성들의 자녀의 언어 교육과 관련한 문제들에 대한 질문이다. (물론 이 세 번째 질문에 대한 성과가 미미하였음은 앞에서 이미 밝혔다.) 말할 것도 없이 이 연구에서 중심적인 연구 질문은 첫 번째 것이 되고, 두 번째와 세 번째 것은 부차적인 연구 질문이 될 것이다.

다음으로 면접 조사의 대상자로 혼인이주여성은 물론이고, 그 가족 특히 남편과 시부모도 면접 대상으로 계획하였다. 물론 일차적인 언어 자료는 혼인이주여성들에게서 찾아지겠지만, 위의 세 가지 연구 질문 모두에 대한 부분적인 또는 부차적인 자료가 그 가족들에게서도 찾아질 것으로 기대하였기 때문이다.

위의 세 가지 연구 질문 그리고 가족들까지 포함하는 면접 조사의 범위에 따라 소위 '면접 계획표'를 준비하였는데, 그것은 모두 아래와 같은 8부분으로 구성된 것이었다.

Ⅰ. 연구 대상자 부부의 인적 사항
Ⅱ. 시부모 입장에서의 며느리의 언어 및 문화 적응
Ⅲ. 남편 입장에서의 아내의 언어 적응 과정과 문제점
Ⅳ. 연구 대상자의 한국어 사용 능력
Ⅴ. 연구 대상자의 한국어 학습 과정
Ⅵ. 연구 대상자의 한국어 사용의 실제 모습과 문제점
Ⅶ. 자녀의 언어 교육 문제
Ⅷ. 언어 학습 및 적응과 관련되는 태도

간단히 말하여, 위의 Ⅰ은 기본적인 인적 사항과 가족의 사회문화적 배경을 파악하기 위한 것이고, Ⅱ와 Ⅲ은 시부모와 남편이 바라보는 며느리 또는 아내의 언어 적응 과정의 일반적 모습을 파악하려는 것이다. Ⅳ와 Ⅵ은 연구 대상자로 선정된 외국인 부인의 다양한 차원에서의 한국어 사용 능력과, 다양한 관계 및 장면에서의 한국어 사용의 실제 모습을 파악하기 위한 질문 문항들이다. 그리고 Ⅴ는 한국어 학습 과정과 방법에 대한 질문이고, Ⅷ은 언어 학습 및 적응에 대한 숨겨진 심리적 태도를 파악하려는 것이다. 마지막으로 Ⅶ은 자녀의 언어 습득 및 교육과 관련되는 문제들에 대한 질문 문항이다.

이제 이 8부분의 질문 문항들을 개별적으로 나누어 소개하고 그것의 주요 내용을 간략히 기술하기로 하겠다.

Ⅰ. 연구 대상자 부부의 인적 사항

1. 성 명
   ○ 남편 : ○ 아내 :

2. 연 령
   ○ 남편 : ○ 아내 :

3. (아내) 1) 시가 가족관계
   (아내) 2) 친정 가족관계

4. (아내) 출신국, 민족, 고향

5. (남편) 친척, 이웃관계

6. 교육 수준
   ○ 남편 : ○ 아내 :

   (남편) 사회경제적 지위(직업, 경작 면적 등)

7. 종 교
   ○ 남편 : ○ 아내 :

8. 혼인 과정(중매 과정, 초·재혼 여부, 혼인 연월 등)

9. (아내) 입국 연월 / 한국 체재 기간

위의 문항은 모두 연구 대상자 부부의 기본적인 인적 사항에 대한 질문들이다. 위의 문항에 대한 질문은 주로 남편을 상대로 하여 이루어졌지만, 주 연구 대상자인 외국인 부인의 한국어가 어느 정도 능숙할 경우 곧바로 외국인 부인에게 위의 문항들을 묻기도 하였다.

II. 시부모 입장에서의 며느리의 언어 및 문화 적응

1. 며느리의 언어 적응 문제
2. 며느리의 문화 적응 문제
3. 손자녀의 교육 문제
4. 기타

시부모에 대한 위의 질문은 어떤 적절한 답변을 이끌어 내기보다는, 이후의 면접 분위기를 보다 자연스럽고 부드럽게 하기 위한 목적이 상당 부분 있었다. 실제로도 시부모와의 면접 조사는 대개 의례적인 선에서 그치고, 전체 인터뷰 과정을 자연스럽게 이끄는 일종의 '물꼬를 트는' 역할을 많이 하였다.

III. 남편 입장에서의 아내의 언어 적응 과정과 문제점

1. 아내의 모어에 대한 이해 정도
2. 아내의 한국어 학습을 위한 개인적 노력
3. 부부간의 의사소통 오해(miscommunication)의 대표적 사례
4. 아내의 언어 문제로 인한 불편 사항 및 문제점
5. 앞으로의 언어 학습 증진을 위한 계획 및 의견
6. 자녀의 언어 교육 문제

남편에 대한 위의 질문 문항은 외국인 아내의 언어 학습 및 언어 적응 과정을 가장 가까이서 지켜본 사람으로서 갖고 있는 해당 문제들에 대한 개략적 생각을 파악하려는 것이었다. 그러나 실제로는 그렇게 구체적이고 깊이 있는 답변이 잘 나오지 않았다.

<u>Ⅳ. 연구 대상자의 한국어 사용 능력</u>

1. 한글 해독 정도

2. 교통 신호등의 세 가지 색깔

3. '장'의 종류, '소금'의 종류, '짱아치'의 종류

4. 자신의 가족(시가/친정) 소개

5. 시부모, 시가 친척, 이웃 어른에 대한 호칭

6. 몇 가지 몸짓언어의 이해

7. 시장/가게에 물건을 사러 갔을 때의 대화 방식

8. TAT(주제 통각 검사) 6BM번 카드와 1번 카드로 이야기 만들기

위의 질문 문항은 모두 연구 대상자가 습득한 다양한 차원에서의 한국어 사용 능력의 여러 측면들을 파악하기 위한 것이다.

1. 한글 해독 정도

이 문항은 한글을 읽을 수 있는지의 여부, 그리고 읽을 수 있다면 어느 정도로 그 의미를 이해하면서 읽는지 여부를 파악하기 위한 문항이다. 연구 대상자

초대합니다

'임실지역 이주외국인
여성을 위한 한글학당,
우리문화체험교실'

입·학·식

일시 : 2005년 7월 7일(목) 오전 10시
장소 : 임실농업인회관 3층 교육실

전국여성농민회총연합 임실군여성농민회

그림 1. 한글학당 초대장(1)

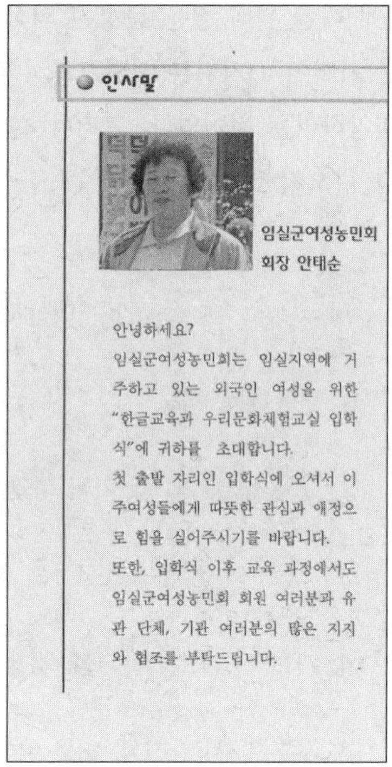

인사말

임실군여성농민회
회장 안태순

안녕하세요?
임실군여성농민회는 임실지역에 거주하고 있는 외국인 여성을 위한 "한글교육과 우리문화체험교실 입학식"에 귀하를 초대합니다.
첫 출발 자리인 입학식에 오셔서 이주여성들에게 따뜻한 관심과 애정으로 힘을 실어주시기를 바랍니다.
또한, 입학식 이후 교육 과정에서도 임실군여성농민회 회원 여러분과 유관 단체, 기관 여러분의 많은 지지와 협조를 부탁드립니다.

그림 2. 한글학당 초대장(2)

들에게 비교적 친숙한 알림장이나 전단지 등을 텍스트로 이용하기로 계획하였는데, 마침 임실군 여성농민회에서 준비한 '한글학당·우리문화체험교실'의 초대장이 모든 외국인 부인들에게 우송되었으므로 이를 이용하기로 하였다. 바로 위의 초대장 2면을 연구 대상자들에게 읽어보게 하였다.

2. 교통 신호등의 세 가지 색깔

이는 연구 대상자들이 학습한, 일상적인 사회생활에서 중요하면서도 간단한 어휘 지식을 파악하기 위한 것이다.

3. '장' 의 종류, '소금' 의 종류, '짱아치' 의 종류

3사례의 면접 조사가 끝난 뒤, 어휘·의미체계에 대한 질문 문항이 부족하다

는 사실을 깨닫고 조사지에서 새로이 만들어 추가한 질문이다. 연구 대상자들은 모두 주부의 역할을 수행하고 있었고 따라서 일상적으로 음식을 만드는 일을 모두가 다 하고 있었다. 이 점에 착안하여, 모든 반찬의 재료가 되는 '장'의 종류와 '소금'의 종류를 주민들에게 물어본 결과, 연구 지역의 민간 지식(folk knowledge)으로는 '장'에는 최소한 '간장', '고추장', '된장', '청국장' 등이 있었고, 또 '소금'에는 '굵은 소금', '가는 소금' 또는 '꽃소금', 그리고 '맛소금'이 있었다. 또 조사 지역에서는 마침 여름철이라 여러 종류의 장아찌(그곳 발음으로는 '짱아치')를 반찬으로 먹고 있었으므로, 그것의 종류에 대한 질문을 하였다. 연구 대상 지역에서 요즈음의 젊은 주부들도 많이 만들어 먹는 장아찌에는 '무 짱아치', '고추 짱아치', '깻잎 짱아치', '마늘쫑 짱아치' 등이 있었다.

이 문항은 어휘에 대한 일반적 지식뿐만 아니라, 상위 범주와 그것의 하위 범주들을 구분하는 전체적인 의미체계에 대한 지식의 학습 여부를 알고자 한 것이었다.

4. 자신의 가족(시가/친정) 소개

이 질문은 친척용어(좁게는 친척지칭(kinship terms of reference))의 적절한 사용법과, 자신의 가족을 남에게 소개하는 '가족 소개'라는 말 행위 또는 화행(speech act)의 사용 능력을 일반적으로 알아보고자 한 것이었다.

5. 시부모, 시가 친척, 이웃 어른에 대한 호칭

I의 '인적 사항'에서 파악된 시부모 및 다른 시가의 친척들에 대한 친척호칭(kinship terms of address) (그리고 친척지칭)의 사용법 그리고 이웃 사람들에 대한 호칭어들을 살펴봄으로써, 연구 대상자가 학습한 호칭(terms of address) 사용의 사회언어적 규칙(sociolinguistic rules)의 정도를 파악하고자 한 것이었다.

6. 몇 가지 몸짓언어의 이해

여기서는 한국인들이 일상적으로 사용하는 4가지 기초적인 몸짓의 의미를 이해하는지 여부를 물어보았는데, 그것은 다음의 4가지 몸짓언어이다.

(1) '이리 와라'는 의미의 손짓

(2) '저리 가라' 또는 '들어가라'는 의미의 손짓

(3) '자신을 가리키는' 몸짓

(4) 소위 '손사래를 치는' 강한 부정의 몸짓

7. 시장/가게에 물건을 사러 갔을 때의 대화 방식

이 질문은 누구나 일상적으로 행하는 간단한 '물건을 사는' 말 사례(speech event)를 상정하고, 이 말 사례에 적절하게 참여할 수 있는 언어적 그리고 문화적 지식을 학습하였는지 여부를 알아보고자 한 것이었다. 특히 물건을 사려는 사람과 물건을 파는 사람 간의 통상적인 대화(conversation)의 규칙을 아는지 여부가 중심적인 질문 사항이었다.

8. TAT 6BM번 카드와 1번 카드로 이야기 만들기

물론 TAT(주제 통각 검사) 카드는 잘 알려진 대로 심리 검사에 사용되는 그림들이다. 그러나 이 경우는 그 중 가장 사실적인 그림 2장(6BM번 카드와 1번 카드)을 선택하여, 이를 단순한 그림으로 생각하고 이 그림에 바탕하여 나름의 이야기(story) 즉 담화(discourse)를 자유스럽게 만들게 한 것이다. 그림 속에 나오는 인물이 서양 사람의 모습이라 외국인인 연구 대상자들에게는 오히려 자연스러울 것으로 생각하였다.

그림 3. TAT 6BM번 카드

그림 4. TAT 1번 카드

이 문항은 특정한 상황(situations)에 맞는 적절한 말하기(speaking)의 능력을 알아보려는 위의 4, 5, 7번의 질문과는 달리, 이야기라는 일반적이면서도 창의성의 영역에 속하는 담화를 만드는 능력 정도를 알아보고자 한 것이었다.

V. 연구 대상자의 한국어 학습 과정

1. 모국에서의 한국어 학습 여부
   (1) 언제/시간
   (2) 어디서/누구로부터
   (3) 어떻게
   (4) 무엇을 등

2. 한글의 학습
   (1) 언제/시간
   (2) 어디서/누구로부터
   (3) 어떻게
   (4) 무엇을 주로 읽고 있었는가? 등

3. 한국어 학습 과정
   1) 가족:
   (1) 언제/기간
   (2) 누구로부터
   (3) 어떻게
   (4) 무엇을 등

   2) 학습 기관:
   (1) 학습 기간 · 주당 시간
   (2) 교사의 배경 · 경험
   (3) 교재
   (4) 교수 방법
   (5) 교육 목표: 무엇을 중점적으로 교수 등

   3) 스스로:
   (1) 어떻게
   (2) 텔레비전/라디오 등

   4) 위의 1), 2), 3)의 과정을 모두 거쳤다면 어떤 방식이 보다 효율적인지?
   그리고 개인적 노력의 구체적인 경험 사례는?

4. 의사소통 오해의 주요 사례(비언어적 의사소통(non-verbal communication) 포함) 및 그것의 극복을 위한 구체적인 노력에는 어떤 것이 있었는지?

5. 한국어의 어려운 부분

6. 앞으로의 바람직한 지원 방안

위의 문항들은 연구 대상자의 한국어 학습 과정을 출신국에서부터 현재의 시점까지 보다 구체적으로 알아보고자 한 것이었다. 그러나 거의 모든 연구 대상자가 체계적인 한국어 학습의 경험을 갖고 있지 못했기 때문에, 그렇게 구체적이고 깊이 있는 답이 나오지는 않았다.

Ⅵ. 연구 대상자의 한국어 사용의 실제 모습과 문제점

1. 주요 대상
   (1) 남편
   (2) 시댁 식구들
   (3) 동네 사람들
   (4) 친척들
   (5) 자녀

2. 주요 장면
   (1) 시장/가게 이용 시
   (2) 버스/열차 등의 대중교통 이용 시
   (3) 우체국/은행 이용 시
   (4) 면사무소/군청 등 이용 시
   (5) 잔치/상가 방문 시
   (6) 전화 통화
   (7) 자녀 학교 방문 시

3. 의사소통을 위한 노력과 전략

4. 모어를 달리 하는 이주여성들 간의 의사소통

5. 혼잣말을 할 때의 사용 언어

6. 생각을 할 때의 사용 언어

물론 연구 대상자의 모든 언어 수행 또는 말은 그가 학습한 한국어 사용 능력을 파악하는 원자료가 될 것이다. 그런데 앞의 Ⅳ의 질문 문항이 주로 연구 대상자의 한국어 능력의 수준이나 정도를 파악하려는 것이라면, 이 Ⅵ에서의 질문 문항은 한국어 학습이 어느 정도 이루어진 사람들을 대상으로 보다 구체적인 실제의 언어 사용 모습을 면접의 방식을 통해서나마 파악해 보려는 것이다.

기본적으로 두 가지 차원 즉 주요한 접촉 대상과 주요한 언어 상황에서의 구체적인 언어 사용 방식을 묻고, 또 실제적인 언어 수행 모습을 재현해 보도록 유도하였다. 달리 말하여, 일상생활에서 중요하게 접촉하는 대상들(즉 남편, 시댁 식구들, 이웃(동네) 사람들, 친척들, 그리고 자녀들 등)과 어떤 방식으로 그리고 어느 정도 수준으로 말을 주고받는지를 묻고 그것을 가급적 재현해 보도록 하였다. 그리고 일상생활에서 중요한 여러 언어 사용의 장면들(시장/가게, 버스/열차, 우체국/은행, 면사무소/군청, 잔칫집/상가, 전화 통화, 자녀의 학교 등)에서 어느 정도로 적절하게 의사소통을 행하는지를 묻고, 또 그것을 구체적으로 재현해 보도록 하였다. 그리고 부족한 한국어 지식으로써 적절한 의사소통을 수행하기 위한 노력과 전략, 다른 국제결혼 이주여성들과의 의사소통 방식, 그리고 혼잣말을 할 때와 생각을 할 때의 주 사용 언어 등을 또한 질문하였다.

Ⅶ. 자녀의 언어 교육 문제

1. 자녀 양육 시의 언어 사용 모습

2. 자녀의 언어 교육
   (1) 어머니의 모국어 사용 여부
   (2) 자녀의 '정상적' 한국어 습득을 위한 전략

3. 자녀의 학교 교육
   (1) 한글 교육
   (2) 국어과 교육
   (3) 기타 과목 교육

이 문항에서는 자녀의 초기 양육 과정에서 아기에게 주로 어떤 언어를 어떻게 썼는지(또는 쓰는지), 그리고 자녀가 '정상적인' 한국어 습득 과정을 거치고 있는지, 어머니의 모어를 어느 정도 사용하고 가르치는지 등을 중점적으로 물었다. 그러나 앞서 밝혔듯이, 연구 대상자들의 자녀 모두가 미취학 아동들이어서 '자녀의 학교 교육'에 대한 질문은 거의 해당되지 않았다.

Ⅷ. 언어 학습 및 적응과 관련되는 태도

	A	B	C	
(1) 한국말을 할 때 다른 사람들이 웃어도 나는 상관하지 않는다.	▒	▒	▒	한국말을 할 때 다른 사람들이 웃으면 창피해진다.
(2) 한국말을 잘 배울 수 있을 것 같은 자신감이 든다.	▒	▒	▒	한국말을 잘 배울 수 있을 것 같은 자신감이 들지 않는다.
(3) 한국 사람이 되어야 하기 때문에 한국말을 꼭 제대로 배우고 싶다.	▒	▒	▒	한국에 시집왔기 때문에 그저 한국말을 조금씩 배우고 있을 뿐이다.
(4) 한국말로 꿈을 자주 꾼다.	▒	▒	▒	한국말로 꿈을 전혀 꾸지 않는나.
(5) 나는 이제 시집 식구가 되었다고 생각한다.	▒	▒	▒	시집은 왔지만 아직 시집 식구라는 생각이 들지 않는다.
(6) 한국말은 듣기 좋고 아름다운 말이다.	▒	▒	▒	한국말은 어렵고 이상한 말이다.
(7) 한국 사람은 착하고 좋은 사람이다.	▒	▒	▒	한국 사람은 이해하기 어렵고 이상한 사람이다.
(8) 한국 풍속은 다르지만 가깝고 좋게 느껴진다.	▒	▒	▒	한국 풍속은 이해하기 어렵고 거부감이 든다.
(9) 한국 사람이 다 되어가는 느낌을 갖는다	▒	▒	▒	한국 사람이 되어가는 느낌이 전혀 들지 않는다.
(10) 아이들에게 나의 모어를 꼭 가르치고 싶다.	▒	▒	▒	아이들에게 나의 모어를 가르치고 싶지 않다.

마지막으로 위의 언어 학습 및 언어 적응의 숨겨진 태도(attitude)에 대한 10개 문항을 질문하였다. 여기서 (1), (2), (3)의 3개 문항은 동기, 자신감과 같은 개인적 성격 요인에 관한 질문이고, (4)의 문항은 한국어 학습의 단계를 짐작하기 위한 질문으로 준비하였다. (5)와 (9)의 2개 문항은 정체성(identity)의 변화를 어느 정도 느끼는지에 대한 질문이고, 또 이와 관련하여 (6), (7), (8)의 3개 문항은 각기 한국말과 한국 사람, 한국 문화에 대해 갖고 있는 내면적인 이미지에 대해 물은 것이다. 마지막으로 (10)의 문항은 자신의 모어에 대한 관심 정도를 물은 것이다. 그런데 원래 이 태도 조사는 통상적인 유형을 좇아 A~E의 5단계 척도로 준비하였으나, 실제의 조사 과정에서 이 5단계 구분법이 연구 대상자들에게 많은 혼란을 초래하는 것 같아, 현지조사의 초기 단계에서 위와 같은 3단계 구분법으로 바꾼 것이다.

위의 8부분으로 구성된 질문 문항들을 실제의 면접 조사에서 기계적으로 모두 물은 것은 물론 아니다. 인터뷰는 이들 질문 문항들을 기본 틀로 하여 상당히 유연한 방식으로 진행되었는데, 물론 핵심적인 부분은 모두 물어보았지만, 연구 대상자에게 적절하지 않은 질문은 즉석에서 생략하였다. 또 경우에 따라 어떤 질문은 보다 확대하여 물었고 어떤 질문은 보다 축소하여 물었다. 전체적으로, 앞서 기술하였듯이 구조화된 면접의 틀 내에서 가능한 한 비구조화된 면접 방식을 택하려고 노력하였고, 또 개방형 대화의 원칙을 가능한 한 따름으로써 연구 대상자들의 자연적 담화를 이끌어 내려고 노력하였다.

그런데 모두 19명의 연구 대상자 가운데 중국 조선족 출신 2명에게는 'Ⅰ. 연구 대상자 부부의 인적 사항'과 'Ⅴ. 연구 대상자의 한국어 학습 과정'에 대한 질문 외에는 준비된 질문 문항을 따르지 않고, 그들의 언어 사용 능력과 문화 적응 정도를 파악하기 위한 다양한 질문을 자유롭게 하였다. 그 이유는 이들 2명의 경우는 외국인 화자라기보다는 한국어의 특정 방언을 사용하는 한국인 화자였고, 따라서 외국인 화자용으로 준비한 언어 사용 능력에 대한 여러 구체적인 질문들이 이들에게는 맞지 않는 것으로 판단하였기 때문이다.

제4장 한국어 사용 능력의 실제 모습

1. 기술의 원칙과 방법

이 장은 19명의 연구 대상 혼인이주여성들의 한국어 사용 능력의 실제 모습과 개별적인 한국어 학습 과정을 구체적으로 기술하는 장이다. 본격적인 기술에 앞서 몇 가지 기술의 원칙과 방법, 문제점들에 대해 논의하도록 하겠다.

(1) 먼저 '한국어 학습 과정'과 '한국어 사용 능력의 실제 모습'을 전체적으로 구분하여 기술하기보다는, 개별 연구 대상자 단위로 이 둘을 함께 묶어 기술하기로 하겠다. 개별 연구 대상자가 보여 주는 현재의 언어 사용 능력은 바로 그 화자가 지금까지 해 온 언어 학습의 결과일 것이므로, 이 둘을 함께 기술하는 것이 양자 간의 상호연관성을 볼 수 있는 보다 나은 방법이 될 것이다.

(2) 기술의 순서면에서는 개별 연구 대상자들을 출신국별로 묶어서 기술하기로 하겠다. 여기서 동일한 모어(mother language) 사용자들 또는 동일한 출신국의 화자들을 함께 기술한다고 해서, 이 장에서의 기술이 대조언어학적인 분석(contrastive linguistic analysis)을 본격적으로 지향하는 것은 아니다. 그러나 동일한 모어 사용자들 간의 한국어 학습 및 사용면에서의 일반적인 유사성을 바라볼 수 있는 편의성을 제공할 것으로 믿어진다. 동일한 모어 또는 출신국의 화자들을 배열하는 데서는, 상대적으로 한국어 사용 능력이 뒤떨어지는 화자로부터 보다 나은 화자의 순으로 기술의 순서를 정하기로 하겠다.

출신국별 기술의 순서는 다음과 같이 정하였다.

① 베트남
② 태국
③ 필리핀
④ 몽골
⑤ 우즈베키스탄
⑥ 중국 한족
⑦ 일본
⑧ 중국 조선족

그런데 위와 같은 순서는 대체적인 지리적 구분을 따름과 동시에, 또 한편 한국어의 능숙성 정도에 따라서 다수의 일반적인 화자들을 먼저 앞쪽에서 기술하고, 한국어를 능숙하게 구사하는 소수의 화자들(⑥ 중국 한족, ⑦ 일본, ⑧ 중국 조선족)을 뒤쪽에서 함께 기술하려는 의도적인 구도이기도 하다.

(3) 이 장의 중심 부분은 연구 대상 화자들의 개별적인 한국어 사용 능력의 실제 모습을 체계적으로 기술하는 것이 될 것이다. 그런데 한국어 사용 능력 즉, 한국어의 의사소통능력의 기술에 대한 약간의 논의가 먼저 필요할 것으로 보인다.

먼저 의사소통능력은 기능의 면에서 두 가지 차원으로, 즉 '생산적'(productive) 능력과 '수용적'(receptive) 능력으로 나눌 수 있을 것이다(Saville-Troike 2003: 20). 보다 일반적 표현으로는 언어 습득에서의 '표현'(production)과 '이해'(comprehension)의 구분법이 될 것이다(Brown 2001: 38-39). 일반적으로 말하여 '수용적' 능력의 범위가 '생산적' 능력의 범위보다 더 넓으므로, 표현보다는 이해가 "일반적 우위성"(Brown 2001: 38-39)을 가짐은 말할 것도 없겠다. 그런데 이 장에서의 기술은 직접적인 관찰이 가능한 개별 화자의 '실제의 말'에 주로 기반함으로써, 화자가 습득한 수용적 차원에서의 의사소통능력보다는 생산적 차원에서의 의사소통능력을 주로 기술하게 될 것이다. (논리적으로는 여기서 기술되는 의사소통능력의 수준보다는 더 높은 수준의 수용적 의사소통능력을 개별 화자는 갖고 있는 것으로 상정할 수 있을 것이다.)

다음으로 기술 대상으로서의 한국어의 의사소통능력이란 구체적으로 어디에서부터 어디까지일까? 이론적으로는 개별 화자가 행하는 모든 '적절한' 의사소통 행위는 이 추상적 '능력'으로부터 수행되는 것이 된다. 그러나 이러한 의사소통능력의 전 범위를 실제로 기술하는 것은 불가능하므로, 어떤 연구에서든 그것의 범위와 항목은 조작적으로(operationally) 한정되어야 할 것이다. 여기서 쉽게 채택할 수 있는 한 가지 방법은 의사소통능력의 중요한 구성 측면들을 보여 줄 수 있는 적절한 기술의 틀을 짜는 것이 될 것이다. (실제로 앞서 기술한 제3장의 질문 문항도 이러한 시각에서 준비되었음은 물론이다.) 이 장에서의 혼인이주여성들의 한국어 의사소통능력의 개략적인 기술을 위해, 연구자가 구성한 기술의 틀은 대략 다음과 같다.

① 몸짓언어와 한글의 해독 : 주어진 몸짓언어를 이해하는 정도와 주어진 한글 텍스트를 읽고 이해하는 정도를 기술한다.

② 발음의 정확성 : 화자의 발화에서 나타나는 발음의 정확성 정도를 주로 오류의 사례를 예시하여 기술한다.

③ 문법적 표현 정도 : 화자가 보여 주는 문법 지식의 수준을 한국어의 주요 문법 범주에 따라 그것의 오류를 분석하거나 또는 수행 정도를 기술하여 제시한다. 여기서 분석하는 주요 문법 범주는 대략 다음과 같이 구성하였다. (물론 '존댓말'의 항목은 순수한 문법의 영역을 넘어서는 것이지만, 편의상 문법 범주 속에 넣었다.)

- 1. 문장 구성 방식
- 2. 조사 사용과 어미 활용

- 3. 복문 구성
- 4. 주요 문법 범주의 실현
    - (1) 존댓말
    - (2) 시제와 상
    - (3) 부정법
    - (4) 그 외의 문법적 측면

④ 어휘 구사력 : 연구자가 질문한 어휘 · 의미지식(교통 신호등 색깔, 장, 소금, 장아찌의 의미체계, 친척호칭 등)의 대강과 화자의 발화에서 추출되는 일반적인 어휘 지식(가령 숫자의 표현이나 아기말 등)을 기술한다.

⑤ 대화 능력 및 담화 구성 능력 : 대화(conversation) 능력은 연구자와의 인터뷰에서 드러난, 청취 능력을 포함하여 대화를 진행해가는 능력의 대강과 특색을 기술한다. 그리고 담화(discourse) 구성 능력은 TAT 카드 2장을 보고 만든 이야기의 사례를 주로 제시하는데, 개별 화자에 따라서는 흥미로운 개인적 이야기(personal narrative)의 담화 사례를 또한 제시한다.

⑥ 상황에 따른 언어 사용 능력 : 질문 문항에서 정리한 일상적인 주요 접촉 대상 그리고 주요 사회적 장면에서의 언어 사용의 재현된 모습을 주로 기술한다.

⑦ 기타 특징 : 개별 화자가 보여 주는 여타의 언어능력상의 특징(가령 '표현력'의 정도라든지 또는 인터뷰 도중에 발견되는 여러 흥미로운 사례들) 및 외국인 화자로서 의식적 또는 무의식적으로 채택하는 의사소통상의 특징적인 전략(strategy)의 측면들을 기술한다.

⑧ 종합 : 연구 대상 화자의 언어 학습상의 주요한 특성 및 전체적인 언어 사용 능력의 수준에 대한 연구자의 대체적인 평가를 간략히 정리한다.

그러나 한국어를 대체로 능숙하게 구사하는, 즉 한국어의 학습 수준이 상대적으로 높은 화자의 경우에는 위의 기술 틀이 잘 맞지 않는 것으로 판단되었다. 따라서 이들 화자의 경우에는 약간 다른 기술 틀을 채택하였는데, 대략 다음과 같은 구성이다.

① 능숙성의 정도 : 연구 대상 화자가 한국어를 어느 정도 능숙하게 구사하는지를 보여 주는 여러 발화 또는 담화 자료를 먼저 제시한다.
② 대화 능력 및 담화 구성 능력 : 이 부분은 앞의 기술 틀에서의 '대화 능력 및 담화 구성 능력' 부분과 동일한데, 단 여기서는 보다 구체적인 대화 능력상의 특성과 보다 많은 담화 구성의 사례들을 제시한다.
③ 언어 사용상의 특징 : 위의 ①과 ②에서 정리하지 못하는 개별 화자의 언어 사용상의 주요 특성들을 여기서 기술하고자 하는데, 대체로 다음과 같은 세 항목 정도로 나누어 기술한다.

- 1. 존댓말의 사용
- 2. 공손의 말씨체 또는 친척호칭의 사용
  개별 화자에 따라 중심적으로 나타나는 언어 사용상의 다른 특성들, 예를 들어 공손의 말씨체(polite speech style)나 친척호칭에 대한 복합적인 지식 등을 기술한다.
- 3. 발음 및 문법적 문제
  한국어 능력이 능숙한 수준이지만 그렇더라도 외국인 화자로서 피할 수 없는 발음 및 문법상의 오류의 대강을 기술한다.

④ 기타 특징 : 그 외의 언어 사용과 관련되는 흥미로운 양상들을 기술하고자 하는데, 개별 화자에 따라 약간씩 다르기는 하지만, 예를 들어 감정이나 다른 내면적 세계에 대한 표현들, 한국의 언어생활 및 한국 문화에 점진적으로 또는 보다 심층적으로 적응해 가는 모습들에 대한 연구 대상자의 언어적 표현들을 여기서 정리한다.
⑤ 종합 : 연구 대상자의 한국어 사용 능력과 한국어 학습에 대한 연구자의

종합적인 판단을 간략히 정리한다.

2명의 중국 조선족 출신 화자들의 경우에는 이 기술 틀도 적합하지 않은 것으로 드러났다. 물론 이들의 경우에는 준비된 질문 문항대로 인터뷰를 진행하지도 않았다. 이 연구 대상자들의 경우에는 크게 세 항목, 즉 ① 한국어 습득의 배경(한국어 습득의 과정 기술), ② 한국 입국 시의 의사소통 정도(한국 입국 시 일반 한국인들과의 의사소통의 정도 기술), 그리고 ③ 현재의 한국어 사용 능력과 언어적 · 문화적 적응(언어 및 문화 적응상의 여러 문제들에 대한 개인적 의견이나 경험 등을 중심으로, 현재의 언어 사용 능력 및 언어 적응의 정도를 기술)으로 나누어 면접 내용을 기술하고자 하였다.

(4) 위에서 개별 화자의 한국어 능력, 특히 발음 및 문법 영역에서의 능력을 기술하는 데서 부분적으로 '오류 분석'(error analysis)의 방법을 이용한다고 말하였다. 그런데 이 오류 분석과 관련하여 두 가지 정도의 논의가 여기서 필요한 것 같다.

먼저 이 연구의 성격상 개별 화자의 언어 자료에서 오류로 구분하는 것이 사실은 오류가 아닐 수도 있다는 점이다. 다시 말하여, 언어 지식의 부족에서 연유하는 잘못인 '오류'(errors)와 일시적인 또는 언어수행 과정상의 우연한 잘못인 '실수'(mistakes)(Brown 2001: 252-254, Ellis 2001: 24-26, Saville-Troike 2006: 39 등)를, 본 연구의 방법으로는 엄격히 구분할 수 없다는 점이다. 말할 것도 없이 본 연구는 제2언어 습득 연구에서 흔히 채택되는, 장기간의 종단적(longitudinal) 사례연구(case study)와는 거리가 멀기 때문이다. 따라서 다음의 개별 화자의 언어능력 기술에서 나오는 오류의 사례는 부분적으로 실수도 포함하는 개략적인 의미에서의 오류임을 말해두고자 한다.

다음으로 이러한 일반적 의미에서의 오류의 개념을 받아들이더라도, 여기서의 오류 분석은 또 다른 문제를 야기한다. 즉 그것은 어떤 한국어를 기준으로 하여 오류를 판정할 것인가의 문제가 된다. 연구 대상 외국인 부인들의 경우,

그들은 최소한 두 종류의 한국어를 배우고 또 일상생활에서 사용하는 것으로 나타난다. 말할 것도 없이, 하나는 책이나 방송을 통해서 학습하는 표준어 또는 서울말이고, 다른 하나는 일상생활을 통해 자연적으로 학습하는 이곳의 지역 방언이다. 그런데 여기서 이들이 배우는 지역 방언은 표준어와 마찬가지로, 그 자체로서 규범적인 한국어의 한 변이어(variety)일 것이다.[7)]

따라서 이들의 실제 발화에 대한 오류 분석은 이상적으로는 표준어와 지역 방언(소위 '서남방언')을 모두 포괄하는 넓은 범위의 한국어를 그 기준으로 삼아야 할 것이다. 다시 말하여, 문법적 용인 가능성(acceptability)의 범위를 표준어와 지역 방언 모두를 포괄하는 기준으로 확대하여야 할 것이다. 그런데 실제로는 이 기준을 적용하는 것이 그리 쉽지 않은데, 그것은 일차적으로 연구자가 이곳 지역 방언에 대한 친숙한 지식을 갖고 있지 못하기 때문이다. 뿐만 아니라 우즈베키스탄 출신 고려인 화자 및 중국 조선족 출신의 화자들은 또 다른 한국어의 지역 방언(소위 '동북방언')에 대한 무의식적 지식을 갖고 있었다. 따라서 이들의 경우에는 오류 분석을 위한 문법적 용인 가능성의 범위가 더욱 넓게 확대되어야 할 것이다. 이상과 같은 이유로 다음의 개별 기술에서의 오류 분석은 매우 개략적이고 잠정적인 것이 됨을 여기서 밝혀두고자 한다.

(5) 마지막으로 개별 화자의 언어 사용 능력을 기술하는 데서 가능한 한 많은 실제의 말 또는 발화 자료를 제시하고자 한다. 그 이유는 본 연구 결과가 어떤 완결된 분석을 지향하기보다는, 연구 대상 화자들의 실제의 한국어 사용 모습을 구체적으로 보여 주는 데에 그 일차적 목표를 두어야 할 것으로 생각되기 때문이다.

그리고 연구 대상 화자들의 발화 자료는 모두 한글 자모로 전사하였는데, 이 전사 방식이 엄격한 음소 전사(phonemic transcription)와는 일정 정도 거리가 있겠지만 대체로는 그것에 근접할 것으로 생각된다. 또 녹음된 자료를 전사하는

7) 따라서 이상적으로는 이들의 언어 학습의 목표도 한국어의 표준 변이어만을 정확하게 잘 배우는 것이기보다는, 어느 지역 변이어이든지 그것을 능숙하게 구사하여 일상생활에서 효율적이고 생산적인 의사소통을 할 수 있는 데 맞추어야 할 것이다.

데서 대화 분석(conversational analysis)의 영역에서 발달한 정밀한 전사 방법보다는, 연구 대상 화자들의 실제의 말(speech)을 잘 보여 줄 수 있는 나름대로의 평이한 전사 방법을 고안하였다.

이 연구에서 채택된 구체적인 전사의 방법은 대략 다음과 같다.

① 연구자의 질문과 연구 대상자의 응답은 줄을 바꾸어서 표시한다.
② 연구자의 질문은 모두 ( ) 속에 넣어 표시하고,
연구 대상자의 말은 모두 “ ” 속에 넣어서 표시한다.
③ 통역자의 말은 ((통역))으로 표시한다.
④ 연구 대상자의 말 중에서 오류 부분은 필요한 경우 〔 〕 속에 바른 형태를 써서 넣고,
또 문맥상의 정확한 의미 전달을 위해 첨가할 필요가 있는 표현은 ( ) 속에 넣어 표시한다.
그리고 대화 중의 행동에 대한 필요한 서술은 〈 〉 속에 넣어 표시하고,
연구 대상자의 말 중에서 도저히 알아들을 수 없는 부분은 ? 로 표시한다.
또한 연구 대상자의 말 중에서 휴지, 주저, 말끝 흐림 등은 ... 로 표시하고,
연구 대상자의 말 중에서 일부분을 생략한 경우에는 … 로 표시한다.

그런데 연구 대상자의 말은 모두 그대로 정밀하게 전사하였지만, 연구자의 질문이나 통역자의 통역은 경우에 따라 축약 전사된 부분도 다수 있음을 밝혀 둔다.

2. 베트남 출신 연구 대상자

① 연구 대상자 ⑬-M

◆ 한국어 학습 ◆

Ⅰ. 언어 학습의 배경

1. 연령 : 19세
2. 학력 : 베트남에서 고등학교 졸업
3. 모어 : 베트남어
   출신 지역 : 베트남 북부 지역 출신
4. 혼인 주선의 형태 : 농민회 및 중개업체의 소개로 결혼
5. 혼인 시점 : 2005년 2월 베트남에서 결혼
   한국 입국 시점 : 2005년 4월 한국 입국
   한국 체재 기간 : 0년 3개월간 한국 체재
6. 시부모 동거 여부 : 시어머니와 동거
7. 자녀 : 자녀 없음
8. 거주지의 구분 : 자연 촌락 거주

Ⅱ. 언어 학습 과정

(1) 베트남에서 결혼식을 올린 후 약 한 달 동안 한국인으로부터 한국어 개인 교수를 받았다. 주로 발음과 한글을 배웠다고 한다. 그런데 연구자가 살펴본 학습 노트는 분량도 상당히 많았을 뿐 아니라, 그 내용 면에서도 초급 수준을 넘어서는 것으로 보였다. 따라서 연구 대상자가 이 학습 내용을 모두 소화하기보다는 한글의 독해 정도를 소화한 것 같다.

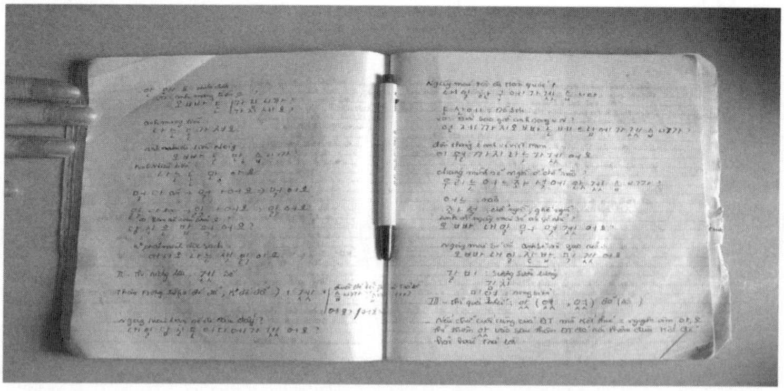

그림 5. ⑬-M의 한국어 학습 노트

입국 당시에는 기본적인 인사말('안녕하세요', '엄마 식사하시시오' 등)과 남편의 이름 그리고 남편에 대한 호칭('오빠', '여보') 정도를 말할 수 있었다.

(2) 한국 입국 후로는

① 텔레비전 드라마를 시청하고

② 남편에게 모르는 단어를 묻고 또 남편의 도움으로 『한-베트남 사전』을 찾아 단어 공부를 하고

③ 그리고 마을 사람들과 빈번히 이야기를 나누는 방식으로 한국어를 공부해 왔다.

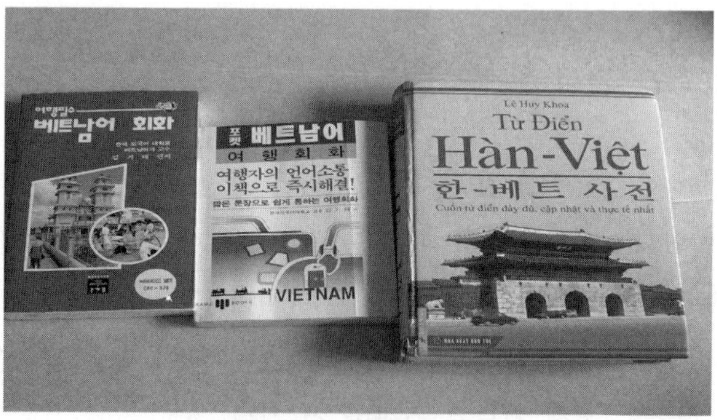

그림 6. 한-베트 사전과 여행자용 회화 책자

◆ 한국어 능력 ◆

1. 몸짓언어와 한글의 해독

(1) 주어진 몸짓언어 중 '자신을 가리키는' 몸짓을 잘 이해하지 못하는 것으로 보인다.

(2) 한글의 자모는 대체로 잘 아는 것 같다. 그러나 부정확한 읽기의 예가 다수 발견되었는데, 그러나 이는 해당 자모에 대한 부정확한 이해이기보다는 모어(베트남어)의 간섭(interference)에 의한 발음상의 문제인 것으로 판단된다.

2. 발음의 정확성

정확한 발음을 구사하지는 않는다. 그러나 발음상의 오류가 다음과 같이 매우 규칙적인 특성을 보여 준다.

1) 자 음

(1) 가장 특징적이고 문제가 되는 자음은 /ㄹ/이다. (이는 아마도 베트남어에서 단어의 끝자음으로 /ㄹ/이 오지 않는 현상과 관련될 것 같음)

① 어두 및 음절 초성 /ㄴ/을 〔ㄹ〕로 발음한다.

농협 : 〔농협〕 → 〔롱업〕
네 : 〔네〕 → 〔레〕
누구 : 〔누구〕 → 〔루구〕
아니 : 〔아니〕 → 〔아리〕
많이 : 〔마니〕 → 〔마리〕
할머니 : 〔할머니〕 → 〔할머리〕

② 음절 끝자음에 오는 /ㄹ/을 〔ㄴ〕으로 발음한다.

살 : 〔살〕 → 〔산〕

실어주시기를 : 〔시러주시기를〕 → 〔실어주시기른〕

한국말 : 〔한궁말〕 → 〔한국만〕

일 : 〔일〕 → 〔인〕

③ 음절과 음절 사이에서 모음 뒤에 /ㄴ/이 연접할 때 /ㄹ/을 첨가한다.

베트남 : 〔베트남〕 → 〔베틀남〕

저녁 : 〔저녁〕 → 〔절녁〕

(2) 예사소리와 된소리를 잘 구분하지 못한다.

둘 : 〔둘〕 → 〔뚤〕

닭고기 : 〔닥꼬기〕 → 〔따꼬기〕

2) 모 음

(1) 특히 이중모음 발음을 힘들어하여, 이중모음을 느리게 발음하거나 제대로 된 음가를 살려 발음하지 못한다.

① /ㅚ/를 〔오이〕로 발음한다.

외국인 : 〔외구긴〕 → 〔오이구긴〕

농민회 : 〔농민회〕 → 〔롱민호이〕

② /ㅛ/를 〔ㅗ〕로, /ㅠ/를 〔ㅜ〕로 발음한다.

교실 : 〔교실〕 → 〔고실〕

교육 : 〔교육〕 → 〔고욱〕

3. 문법적 표현 정도

1) 문장 구성 방식

베트남어의 어순에 따른 SVO식 문장을 많이 만든다. 물론 한국어 어순인 SOV식 문장도 부분적으로 만든다.

"엄마 가다 소 밥 먹…"
('시어머니께서 소 밥 주러(먹이러) 가셨다.'의 의미)
"아저씨 말하다 한국만〔말〕 한국만〔말〕."
('아저씨(조사자를 지칭)는 한국어(만)을 (많이) 말한다.'의 의미)
"정병일 가다 인〔일〕 집에 업셔〔없어〕. 가다 롱업〔농협?〕 롱업〔농협?〕."
('남편은 일을 (나)갔다. (그래서) 집에 없다. 농협에 갔다.'의 의미)
"도티마이 지금 오리〔우리?〕 밥 처려〔차려〕.
('나는 지금 우리 식구들 밥을 차린다(준비한다).'의 의미)

2) 조사 사용과 어미 활용

'집에', '한국에' 같은 익숙한 표현에서는 처소격 조사의 사용이 나타나지만, 전체적으로 조사와 어미를 제대로 사용하여 문장을 구성할 수 있는 수준이 아니다. 이 화자의 현재의 한국어 능력은 문법적인 문장 구성을 하지 못하고, 대신 단어를 나열하는 식의 문장 구성 수준에 와 있을 것이다.

"아저씨, 조금, 생선, 조끔〔금〕, 생선, 만원, 돈 만원, 생선."
('아저씨, 생선 조금 만원어치 주세요.'의 의미)
"언니, 딱〔닭〕고기 한 개 몇 원?"
('언니, 닭 한 마리에 얼마예요?'의 의미)

3) 복문 구성

위의 예에서 보듯이 이 화자는 아직 복문 구성 능력을 가지고 있지 않은 단계이다.

4) 주요 문법 범주의 실현

(1) 존댓말

대답으로는 '네' 또는 '예', '아니오'라는 높임 표현을 쓴다. 또 인사와 같은 '관용 표현'(formulaic expressions)에서는 '감사합니다', '안녕하세요?', '안녕히 계십시오', '괜찮습니다', '누구예요?' 등에서처럼 높임의 표현을 쓴다. 그러나 이 경우를 제외하고는 존댓말을 전혀 쓰지 못하므로, 이 화자의 경우 아직 존댓말을 배우지 못한 것으로 보아야 할 것이다.

(2) 시제와 상

시제와 상이라는 문법 범주의 사용은 아식 전혀 하지 못하는 단계이다.

(3) 부정법

부정의 표현은 '아니', '아니오', '안돼' 정도의 표현만 할 수 있는 것으로 나타난다.

(4) 기 타

이 화자는 아직 1인칭 대명사를 사용하지 못하고 대신 자신의 이름으로써 화자 자신을 가리킨다.

"도티마이 지금 오리〔우리?〕 밥 처려〔차려〕."
"도티마이 슬프다."
"도티마이 섭하다〔섭섭하다〕."

"지금 도티마이 말하다 조금."
('지금 나는 (한국말을) 조금만 말할 수 있다.'는 의미)

그런데 특이하게도 자신을 가리키면서 "저 사람"이라는 표현을 썼는데, 이는 아마도 다른 사람이 자신을 가리키면서 하는 말을 그 의미를 제대로 알지 못한 채 그냥 배워 쓴 것 같다.

4. 어휘 구사력

이 화자는 물론 매우 낮은 수준의 어휘 구사력을 보인다.

(1) 교통 신호등의 색깔은 전혀 모른다.

(2) 또 장, 소금, 장아찌의 의미체계에 대해서도 전혀 모른다.

(3) 음식에 관한 단어는 조금 아는 것으로 보이는데, '밥', '생선', '돼지고기', '딱〔닭〕고기', '오징어', '새오〔우〕', '술', '맥주' 등이 그 예이다. 그러나 '가다'와 '오다'를 구분하지 못하고, '오다'를 써야할 자리에도 '가다'를 쓰는 것으로 나타난다.

(4) 친척호칭

이 화자는 '시어머니'를 '엄마', '남편'을 '오빠', '시숙/시아주버니'를 '형님', '손위 동서'와 '손위 시누이'를 '언니'로 각기 호칭한다. 이 말들을 호칭으로뿐 아니라 지칭으로도 그대로 쓰는 것으로 보인다. 친정 가족의 소개에서도 '엄마', '아버지'와 함께 '오빠'를 '형님'으로 가리킴으로써, '형님'이라는 친척용어의 의미를 아직 잘 학습하지 못한 것으로 나타난다. 그런데 이웃 사람들에 대해서는 나이와 성별에 따라 '아줌마', '아저씨', '할머리〔니〕', '할아버지' 그리고 '언니'로 구분하여 사용하는 것으로 보고한다. 전체적으로 '형님'이라는 용어를 잘못 쓰는 것을 제외하고는, 넓게 보아 수용 가능한 호칭 사용법을 알고 있는 것으로 생각된다.

(5) 기 타

모자라는 한국어 능력에 비해서는 수사 관련 표현을 의외로 잘 쓰는 것으로 관찰된다. 즉,

"조카 한 명"
"뚤〔둘〕"
"딱〔닭〕고기 한 개"
"절〔저〕녁 아홉 시" 등.

여기서 "딱〔닭〕고기 한 개"는 물론 잘못된 표현일 것이다.

5. 대화 능력 및 담화 구성 능력

(1) 이 화자의 한국어 능력은 매우 낮아 통역이 있어야만 의사소통이 가능한 수준이다. 다음의 두 예에서 앞의 예는 거의 말을 못 알아듣는 예이고, 뒤의 예는 공식 면접의 긴장이 다소간 풀린 분위기에서 말을 조금 알아듣는 예이다.

(이 집 식구 소개 좀 해주세요. 이 집에 누구누구 살아요?)
"이 집?"
((통역))
(이 집에 누구누구 살아요?)
"누구?"
((통역))
"우리 집에 엄마, 정병일(남편 이름)."
(또?)
"또?"

(필리핀에서 왔어?)
"아리〔니〕, 베틀〔트〕남."
(타이에서 왔지? 태국.)
"아리〔니〕."
(몽고에서 왔지?)
"〈큰 소리로〉 아여. 필리핀 없어, 저 사람 베틀〔트〕남."
(베틀남이 어디예요?)
"몰라, 몰라. 아저씨 몰라."
(월남?)
"아저씨 미워."

(2) TAT 카드 6BM번에 대한 반응에서 이 화자는 단어 나열식의 문장이기는 하지만 많은 이야기를 이어서 표현하고자 하였다. 그림 속의 두 사람을 자신과 남편으로 투사하고, 특히 남편이 술을 많이 마시는 것에 초점을 맞추어 자신과 남편의 관계를 정의적 차원에서 서술하려고 시도하였다. 이 담화 구성의 예는 화자가 가지고 있는 매우 낮은 수준의 문법적 능력에 비해서는 특이한 사례가 될 것이다.

"우리 아저씨…"
(싸운다.)
((통역))
"싸운다."
(누구하고, 누구하고?)
"〈그림을 가리키며〉 싸운다. 아저씨 눈… 슬프다. "
(눈이 슬퍼 보인다.)
((통역))
(아저씨?)
"아줌마, 아저씨."
(다 슬퍼 보인다.)
((통역))
"두 명 슬프다."
(도티마이는 어디 있어요?)

"〈그림에서 여자를 가리키며〉 도티마이."
(정병일은?)
"〈그림에서 남자를 가리키며〉 정병일."
(둘이 잘 살아요?)
"네."
(근데 왜 싸웠어요?)
"왜? 오빠 술 많다. 도티마이 섭하다. 오빠, 오빠 안돼 OK, 오빠."
(오빠 술 많아. 도티마이 슬퍼.)
"더 슬프다."
(눈물 흘려?)
"조끔〔금〕."
(많이?)
"네, 눈물 마리〔많이〕 OK. 도티마이 슬프다. 눈물 마리〔많이〕. 오빠 술 많다. 도티마이 말하다... 오빠 조끔〔금〕 맥주 조금 OK. 술 많다. 아니 OK. 안돼 OK. 오빠 아니오. 한국에 술 많다. 괜찮습니다. 도〔또?〕 말하다. 아니 괜찮습니다."
(정병일이 나쁘네.)
"아저씨 베틀〔트〕남 술 많다. 괜찮습니다. 베틀〔트〕남 술 많다. 〈때리는 시늉을 하며〉 엄마 휙휙휙."
(아, 베트남에서는 술 많이 먹으면 엄마가 때린다고?)
"네."
(이 집에서는 엄마가 안 때려요?)
"엄마 섭하다. 오빠 괜찮습니다."

6. 상황에 따른 언어 사용 능력

(1) 남편과 시어머니는 자신들의 말을 이제는 약 70% 가량 이해한다고 말하였으나, 이는 과장된 표현인 것으로 보인다. 정작 본인은 남편과 시어머니에게도 말보다는 손짓과 몸짓을 더 많이 사용하여 의사를 전달한다고 보고하였다.

(2) 동네 사람들과는 인사 정도를 교환하고, 또 "오빠, 엄마, 집에 없어, 몰라"라는 대답을 가장 자주 한다고 말하였다. 물론 동네 사람들과도 몸짓을 이용하

는 의사소통을 많이 한다.

(3) 이 화자는 시장/가게는 자주 가고, 따라서 시장에서 필요한 물건을 사는 '말하기'(speaking)는 어느 정도 하는 것으로 보였다. 다음은 식품을 사는 장면을 면접 과정에서 재현한 예이다.

(시장…)
"시장?"
(가봤어요?)
"가…"
(시장 갔어요? 뭐 살래요?)
"뭐 사?"
(먹을 만한 거.)
((통역))
(먹을 만한 거 뭐?)
"생선, 돼지고기, 딱〔닭〕고기, 오징어, 새오〔우〕."
(내가 생선 파는 사람이예요. 도티마이씨가 생선 사러 왔어요.)
((통역))
"아저씨, 조금, 생선, 조끔〔금〕, 생선, 만원, 돈 만원, 생선."
(생선, 돈 만원? 그 다음에? 딱〔닭〕고기 한 번 해 봐요.)
"한 개, 딱〔닭〕고기, 한 개."
(언니(보조연구원 지칭)한테 한 번 해 봐요.)
"언니, 딱〔닭〕고기 한 개, 몇 원?"
(8천원.)
"아, 8천원 OK? 8천원."
(예, 감사합니다.)
(새우 한 번 해 봐요.)
"언니, 조끔 새오〔우〕… 또 만원."
…
(가게에 들어가면 그렇게 하는 게 아니라, 인사부터 해야죠. 새로 해봐요.)
"안녕하세요? 아저씨. 조금, 새오〔우〕, 돈 한 만원. 돈 새오〔우〕."
(〈놀리는 투로〉 한 만원? 한 만원, 새우 없어요.)

“새우 없어? 새우 많다. 왜 없어, 많다.”

(4) 한국 체재 기간이 짧아 아직 버스를 혼자서 탄다든지, 은행이나 우체국을 혼자서 간다든지, 그리고 관공서를 혼자서 간 경험은 물론 없다. 대신 집으로 걸려오는 전화를 어떻게 받는가라는 질문으로부터 전화 사용에 관한 제법 긴 발화를 이끌어 낼 수 있었다.

(전화 오면 받을 줄 알아요?)
“전화…”
(따르릉~ 받아 봐요.)
((통역))
“네. 여보세요.”
(여보세요. 정병일씨 집이예요?)
“정병일 가다 인〔일〕. 집에 업셔〔없어〕. 가다 롱업〔농협?〕 롱업〔농협?〕.”
(농업? … 아, 농협.)
“레〔네〕, 가다, 인〔일〕. 레〔네〕, 정병일 가다 인〔일〕. 집에 없어.”
(엄마는 집에 없어요?)
“레〔네〕. 엄마 가다 소 밥 먹…”
(먹이고.)
((통역))
“도티마이 지금 오리〔우리?〕 밥 처려〔차려〕.”
(전화 받는 사람은 누구예요?)
“지금. 누구?”
(전화 받는 사람은 누구예요?)
((통역))
“아, 누구. 누구?”
(누구예요?)
“레〔네〕, 누구세요?”
((통역))
“아, 학〔각〕시 정병일. 학〔각〕시. 병일, 정병일.”
(도티마이는 어디 있어요?)
“레〔네〕, OK, OK. 도티마이.”

(없어요?)
(도티마이 베트남 갔어요?)
"레〔네〕, 저 사람 베틀〔트〕남 도티마이."
(도티마이 태국에서 왔어요?)
"아니오, 베틀〔트〕남."
(말 잘하네요.)
((통역))
"쪼끔〔조금〕."
(정병일 씨 몇 시에 와요?)
"정병일 가다 몇 시. 절〔저〕녁 아홉시 가다 집에. 절〔저〕녁 아홉시 가다 집에."
(9시에 놀러가도 되요?)
"네."
(가면 뭐 줄 거예요?)
((통역))
"… 밥 조금."
(밥 조금밖에 안 줘요? 오징어 반찬은 안 줘요?)
"오징여〔어〕 집에 없어."
(새우는?)
"새우 집에…"
(있어요?)
"네."
(새우 줄 거예요?)
"예, 조금."
(생선은?)
"조금."
(돼지고기는?)
"… 누구?"
(정병일 씨 친구.)
"친구. 저 사람, 베틀〔트〕남 말하다. 조금 친구. 많이 말하다. 몰라."

7. 기타 특징

(1) 이 화자의 경우에는 자신의 부족한 한국어 능력을 보완하기 위한 전략으

로 연구자의 질문 일부분을 다시 질문 억양으로 되묻는 말을 자주 쓰는 편이다. 이미 위의 사례들에서 이러한 용례는 여러 번 나왔다.

(2) 또 모자라는 한국어 어휘를 보완하는 방식으로 영어 단어 'OK'를 자주 쓰는 것으로 나타난다. 주로 '긍정'을 가리키는 말로 쓰지만, 미세하게는 여러 다른 화용적(pragmatic) 의미로도 쓰는 것 같다.

(3) 인터뷰 도중 재미있는 표현으로 "살〔나이〕 많다"는 말을 즉석에서 만들어 썼다. 즉 면접에서 연구 대상자의 나이를 묻고 또 연구진 일동의 나이를 이 화자에게 차례로 소개하였는데, 이를 듣고 난 연구 대상자가 느닷없이 조사자 중의 한 사람에게 "아줌마 살 많다."고 하여 좌중을 크게 웃겼다. 물론 틀린 표현이지만 나름대로의 언어 학습 능력을 보여 준 것으로 생각된다.

8. 종 합

이 화자는 한국 체재 기간이 아직 얼마 되지 않았고, 따라서 한국어 능력도 매우 낮은 수준에 와 있다. 그러나 외향적인 성격과 강한 학습 동기를 가진 것으로 보여, 앞으로의 언어 학습이 제법 빠른 속도로 진전될 수 있을 것으로 보인다. 가족 내에서의 그리고 이웃으로부터의 언어 입력(input)도 좋은 편으로 보였고, 또 이 화자의 젊은 나이가 앞으로의 언어 학습에 긍정적 요인으로 작용할 것으로 보였다. 그러나 거주지가 읍이나 면 소재지가 아닌 상대적으로 외떨어진 자연 촌락인 점은, 다양한 상호작용의 장을 제공하지 못한다는 점에서, 이 화자의 빠른 한국어 학습에 부분적인 장애 요인이 될 수도 있을 것이다.

② 연구 대상자 ⑭-N

◆ 한국어 학습 ◆

Ⅰ. 언어 학습의 배경

1. 연령 : 21세
2. 학력 : 베트남에서 고등학교 졸업
3. 모어 : 베트남어
   출신 지역 : 베트남 남부 지역 출신
4. 혼인 주선의 형태 : 중개업체의 소개로 결혼
5. 혼인 시점 : 2003년 10월 베트남에서 결혼
   한국 입국 시점 : 2003년 12월 한국 입국
   한국 체재 기간 : 1년 7개월간 한국 체재
6. 시부모 동거 여부 : 조사 당시 일시적으로 시아버지·시어머니와 동거
7. 자녀 : 딸(10개월) 1명
8. 거주지의 구분 : 면 소재지 거주

Ⅱ. 언어 학습 과정

(1) 한국 입국 전 베트남에서 한 달 가량 한국인과 결혼한 베트남인 '언니'로부터 한국어를 배웠다. 교재는 여행자용 회화책이었는데, 주로 한글 읽기와 인사말과 같은 간단한 표현들을 배웠다고 한다.

(2) 입국 후로는

① 한국에 처음 왔을 때는 한글을 거의 읽을 수 없는 단계였으나, 지금은 혼자서 공부하여 거의 읽을 수 있는 단계이다. 한국어 공부를 한 주 교재는 (베트

남에서부터 사용하였던) 『포켓 베트남어 여행 회화』란 여행자용 소책자이다.

② 또 텔레비전 프로, 주로 드라마와 음식 프로 등을 보면서 한국어를 익혀 왔다.

③ 본인의 표현으로는 입국한 지 대체로 5개월 후부터 한국말이 들리기 시작하였고, 곧이어 말도 하기 시작하였다고 보고한다.

◆ 한국어 능력 ◆

이 화자의 경우 심리적 스트레스로 말을 잘하지 않아 두 번에 걸쳐 인터뷰를 하였으나 실제 발화량은 그리 많지 않았다. 따라서 제한된 자료의 범위 내에서 기술 가능한 부분까지만 기술하기로 하겠다.

1. 몸짓언어와 한글의 해독

(1) 주어진 몸짓언어는 모두 이해하였다.

(2) 한글의 자모는 대체로 이해하고 근사(近似)하게 읽는 것으로 보인다. 그러나 전체적으로 다소 어눌하고 한 글자씩 떼어 읽는 방식을 취했다.

2. 발음의 정확성

말을 아주 작은 목소리로 하고 또 입 속에서 우물거리는 경우가 많았지만, 발음은 대체로 정확한 편이었다.

1) 자 음

(1) 예사소리와 된소리, 거센소리의 변별적 자질을 잘 구분하지 못한다. (④의 경우는 이곳 지역 방언의 영향일 수도 있을 것임)

① /ㄸ/를 〔ㄷ〕으로 발음한다.

딸〔女〕 : 〔딸〕 → 〔달〕

② /ㅆ/을 〔ㅅ〕으로 발음한다.

쌀국수 : 〔쌀국쑤〕 → 〔살국수〕

③ /ㅂ/을 〔ㅃ〕으로 발음한다.

배〔梨〕 : 〔배〕 → 〔빼〕

④ /ㅈ/을 〔ㅉ〕으로 발음한다.

저기 : 〔저기〕 → 〔쩌기〕

⑤ /ㅊ/을 〔ㅈ〕으로 발음한다.

아침 : 〔아침〕 → 〔아짐〕

(2) 친척용어인 두 어휘의 발음이 부정확하다. 그러나 사례 수가 적어 일시적인 오류인지 또는 이곳 지역 방언의 영향이나 모어의 간섭 현상인지 여부는 판별할 수가 없다.

할머니 : 〔할머니〕 → 〔함머니〕
형님 : 〔형님〕 → 〔행님〕

3. 문법적 표현 정도

1) 문장 구성 방식

주로 SOV 순서로 문장을 구성한다. 그러나 간혹 베트남어의 SVO식으로 문장을 구성하기도 한다.

((연구 대상자의) 언니는 언제 한국에 시집왔어요?)
“언니 왔어… 〈수첩 달력을 보고 손으로 가리킴〉 5월달.”

(탄디에랑 친구할 만한 사람이 없어요?)
“친구 있어, 전주.”

2) 조사 사용과 어미 활용

많은 경우 완전한 문장을 만들지 않은 채로 연구자의 질문에 대답하였지만, 대체로 조사를 적절하게 사용하고 또 동사의 어미를 활용하여 문장의 서술어를 사용하는 어느 정도의 능력을 갖춘 것으로 보인다.

(자, 안아줄 때 뭐뭐 말 하죠? 세미(딸 이름)한테 귀엽다고 말할 때 뭐라고 해요?)
“베트남말이랑 한국말.”

(엄마, 아빠랑 여기서 살면 남편이 덜 무섭지 않은가요?)
“아니오. 저기〔저쪽〕 집에 가면 큰 소리 안 해요.”

(왜 안 했어요?)
“남편이 집에 없어서…”
(남편이 밤에 집에 잘 안 들어오는가요?)
“밤에 들어와 자요. 집에 들어와 자요.”

3) 복문 구성

이 화자는 단문만을 주로 만드는 수준에 있지, 복문을 만들 정도의 문장 구성 능력은 아직 갖고 있지 못한 것으로 보아야 할 것이다. 그러나 복문 구성의 싹은 보여 주는 것으로 생각된다.

(남편이 세미에게 어떻게 해 주는가요?)
“애기 울어… 애기 안아 주고…”

(세미 우유 먹어요? 젖 먹어요?)
"우유 먹어, 젖 먹어." (1차 인터뷰)

(세미한테 지금 젖을 멕입니까? 우유를 멕입니까?)
"우유 먹이고 젖 먹여..." (2차 인터뷰)

(〈사진 하나를 보면서〉 이거는 뭐 하는 건가요?)
"〈웃기만 함〉 몰라..."
(모르는 사진을 갖고 있어요?)
"〈웃으면서〉 사진... 누가 찍었는지 몰라..."

4) 주요 문법 범주의 실현

(1) 존댓말

이 화자의 존댓말 사용에 대한 인식은 어느 정도 발달해 있으나, 완전한 표현 방식의 습득은 아직 안된 상태이다. '저', '네' 등의 어휘를 이용한 존대 표현은 가능하나, 어미로 실현되는 문법 형태를 이용한 존대 표현은 못하고 있다.

(여기 강진 시장에 가보셨어요? 안 가보셨어요?)
"가 봤어..."
(자주 갔죠? 시장에 뭐 하러 가셨어요?)
"고기 사러. 옷 사러."
(고기는 무슨 고기 삽니까?)
"고등어."
(고등어 사고 또 무슨 고기 사세요?)
"몰라..."
(몰라요?)
"네."
(시장 누구랑 가세요?)
"남편하고."
(시장 가서 반찬 사는 건 누가 해요 이 집에서?)
"저요..."

(오늘도 반찬 사러 갑니까?)
"네."

(야자 맛있어요?)
"네."
(나는 맛없어. 야자 어떻게 먹어요? 구멍을 뚫어서 물을 쭉 빨아 먹어요?)
"네."
(아니면 이렇게 톱질해서 물 다 버려요?)
"아냐, 물 먹어."
(물 어떻게 먹어요? 껍질이 딱딱하잖아요.)
"잘라 먹어."
(자르다가 물 쏟아지면 어떡해.)
"아냐..."
(잘라서 물 먹고, 속살 어떻게 해요? 버려요? 먹어요?)
"먹어."
(어떻게 먹어요?)
"숟가락으로."
(야자 속살 먹으면 맛있죠?)
"네."

(고등어 맛있어요?)
"네."
(베트남에 고등어 있어요?)
"네."
(베트남 사람들은 고등어 어떻게 먹어요? 구워 먹어요?)
"구워 먹어."
(이 집에서는 어떻게 먹어요?)
"구워 먹어."

(2) 시제와 상

시간 표현이 때로 정확하지 않지만(예문은 그 내용이 '부적절'하여 제시할 수가 없음), 대체로 과거시제와 현재시제를 잘 구분하여 사용하는 것으로 보인다.

(3) 부정법

'안' 부정법은 제법 잘 쓰는 것으로 보인다.

"아니오, 저기 집에 가면 큰 소리 안 해요."
"말 안 했어요."
"집에 안 와서 몰라."

또 이 화자의 경우 긍정의문문과 부정의문문에 대한 대답은 매우 정확하였고, 따라서 이에 대한 지식은 이미 학습한 것으로 보였다.

(한국에서 버스도 안 타보고, 기차도 안 타봤어요?)
"타봤어요. 〈알아듣기 매우 어렵게 수줍게 우물거림〉"
(타본 적 있어요?)
"네."
(혼자?)
"아니, 남편이랑."
(혼자 어디 가본 적 있어요?)
"아니요."
(항상 남편이랑 같이 다녀요?)
"네."

(친정 부모님이 한국에 다녀간 적 있어요?)
"아니오…"
(없어요?)
"네…"
(남편에게 그 얘기 했어요?)
"아니오…"
(안 했어요?)
"네."
(왜 안 했어요?)
"남편이 집에 없어서…"

4. 어휘 구사력

전체적으로 이 화자가 구사하는 어휘 수준은 아직 낮은 단계이다.

(1) 교통 신호등의 색깔은 전혀 모른다.

(2) 친척호칭

남편은 호칭으로는 '오빠'로, 지칭으로는 '신랑'이라고 주로 말하였다. 그리고 시아버지는 '아버지'로, 시어머니는 '엄마'로 불렀고, 손위 시누이는 '언니'로 불렀다. 그러나 시숙을 '형님'으로 불렀는데, 아직 가족들이 이에 대해 잘 가르쳐주지 않은 것 같았다.

(남편의 형을 형님이라고 부르는 것도 책에서 배웠어요?)
"아니요."
(그러면 누가 가르쳐 줬어요? 남편이 가르쳐줬어요?)
"네."
(남편이 형님이라고 부르는 것을 보고 알았어요? 아니면 남편이 형님이라고 부르라고 가르쳐 줬어요? 앞에 꺼, 뒤에 꺼?)
"앞에."
(앞에 꺼.)

그러나 친정 가족에 대한 이야기에서 화자는 더 많은 친척용어를 아는 것으로 나타났는데, 가령 아래 예문에서 '형부'는 아직 배우지 못했지만 '외숙모'와 '이모'는 이미 알고 있음을 보여 준다.

(언니 사진 없어요?)
"언니? 〈지갑에 있는 여러 사진들을 내 놓음〉"
(〈여자 사진 하나를 가리키며〉 밀양 사는 언니?)
"네."
(이게 누구에요?)

"언니 남편..."
(언니 남편을 뭐라고 불러요?)
"〈웃기만 함〉"
(여기는 어디에요?)
"여기는 베트남."
"〈사진 속 사람들을 가리키며〉 엄마, 아빠, 함〔할〕머니, 외숙모, 이모, 남동생, 외숙모."
(외숙모 애들은 뭐라고 불러요?)
"그냥 이름 불러..."
"〈사진 속 사람들을 가리키며〉 고모 딸, 이모 달〔딸〕, 이모 달〔딸〕."

(3) 기 타

숫자를 말하는 데서는 언어 학습이 제법 이루어졌음을 보여 준다. 가령 횟수에 대한 표현에서 "한 번", "두 번", "세 번"이라고 하였지만, '네 번'은 "사 번"이라고 말하였다.

달(월)을 가리키는 데서는 "오월 달", "팔월 달"을 정확하게 말하였고, 햇수의 표현에서 "이 년"이라는 말을 썼다.

주 단위를 가리키는 데서는 "일주일", "이삼 주"라는 말을 썼다.

그러나 나이와 관련해서는 "스무 살"이라는 표현도 썼지만, 친정 가족의 나이를 개별적으로 묻자 "사십칠", "오십삼", "이십사" 식의 숫자 읽기 식 표현을 하였다.

또 친정 가족의 소개에서 "오빠 하나, 언니 하나, 동생 하나"라고 표현함으로써 사람을 가리키는 수 분류사(numeral classifier)는 아직 제대로 배우지 못한 것으로 나타났다.

또 시간의 앞뒤 관계를 가리키는 말인 '전'의 사용은 부분적으로만 이루어졌는데 다음의 예와 같다.

(남원 놀러 간 것은 세미 낳기 전, 낳고난 후예요?)
"세미 낳기 전."
(세미가 어디 있을 때?)

"〈웃으며〉 배에..."

(신랑이 신발을 언제 사줬어요?)
"일주일..."

(다슬기 칼국수 언제 먹었어요?)
"이삼주..."

5. 대화 능력 및 담화 구성 능력

(1) 이 화자는 심리적 문제 때문에 말을 잘하지 않아서 그렇지 한국어의 청취 능력은 상당히 높은 것으로 나타났다. 지금까지 제시한 예 외에 한두 가지 예를 더 들면 다음과 같다.

(익산에도 언니 시집 와 있어요?)
"네... 이모 언니..."
(이모님...?)
"이모 딸이오."
(언니가 먼저 한국에 시집왔어요?)
"아니오. 제가 먼저..."

(한국에서 언니를 만난 적 있어요?)
"네."
(언제?)
"〈수첩 뒤적이며〉 팔월 달에."
(어디서 만났어요?)
"우리 집에서."
(언니 혼자 왔어요, 남편이랑 같이 왔어요?)
"언니, 남편 같이."
(탄디에가 애기 낳은 것 언니도 알아요?)
"네, 알아요."
(어떻게 알아요?)

"전화..."
(탄디에가 언니한테 전화했어요?)
"네."

(임실에는 왜 갔어요?)
"시장에."
(임실읍에 남편이랑 갔어요? 뭐 샀어요?)
"고기 좀 사러..."
(무슨 고기?)
"고등어."
(또?)
"물고기 몰라."
(또 뭐 샀어요?)
"야채."
(야채 이름 구체적으로 댈 수 있어요?)
"..."
(이름은 모르고 보면 알아요?)
"네."
(또 뭐 샀어요?)
"옷 샀어."
(누구 옷?)
"신랑 옷."

그러나 동시에 쉬운 말을 잘못 알아듣기도 하였는데 가령 다음과 같은 경우이다.

(신발 언제 샀어요?)
"시장에서."
(새 것 같은데 언제 샀어요?)
"얼마 안돼쪄[됐어]..."
(세미 아빠가 어제 신발 사줬어요?)
"시장에서."
(누가? 누가 사줬어요?)

"세미 아빠…"
(언제 사줬어요?)
"일주일…"

(2) 이 연구 대상자는 TAT 카드에 대한 반응을 전혀 하지 않아 담화 구성 능력에 대한 자료는 얻지 못하였다.

6. 상황에 따른 언어 사용 능력

(1) 남편과는 그런대로 의사소통이 가능한 것으로 보인다. 남편은 부부간의 대화에 전혀 어려움이 없다고 진술하였지만("말에 대해서는 불편을 못 느끼겠어요. 우리 둘이는 처음부터 통화가 다 됐어요."), 이는 다소간 과장되고 일방적인 생각으로 여겨진다.

인터뷰 도중에 마침 남편이 아내 있는 곳으로 들어와 잠시 두 사람이 나누는 대화를 녹음할 수 있었다.

'〈인터뷰 도중 남편이 들어와〉 야, 우리 앨범 어딨냐?'(' '는 남편의 말임)
"응?"
'우리 둘 결혼한 거, 사진 찍은 거 앨범.'
"집에."
'저쪽 집에 가 있다고?'
"응."

아마도 이런 정도의 수준에서 부부간의 일상적 의사소통이 이루어지는 것으로 보인다.

(2) 시부모와의 의사소통은 부부 사이보다는 못한 것으로 보인다. 시부모의 의견으로는 며느리가 텔레비전을 보고 말을 배워 '서울말은 잘 알아들으나 사투리는 잘 알아듣지 못한다.'고 진술하였고, 또 시부모도 며느리의 말을 조금

밖에 못 알아듣는다고 하였다.

(3) 동네 사람들과는 인사 정도만 나눈다고 보고하였다.

(동네 사람들과 만났을 때)
“할머니, 안녕하세요? 할아버지, 안녕하세요? 아저씨, 안녕하세요? 아줌마, 안녕하세요?”
(동네 어른이 이 집에 세미 보러 왔다가 갈 때 어떻게 인사해요?)
“안녕히 가세요.”

그러나 연구팀의 실제 관찰로는 내성적인 성격 때문인지 말없이 웃으며 고개만 숙이는 인사를 주로 하였다.

(4) 시장이나 가게에 갔을 때 필요한 기본적인 말은 대체로 하는 듯하다. 시장에는 남편과 함께 또는 혼자서 비교적 자주 가는 것 같다.

“고기 얼마예요? 돈 얼마예요?”

(시장에서 두부 사는 장면 재현함)
“아줌마, 두부 주세요.”
(몇 모 줄까요?)
“네?”
(몇 모 줄까요?)
“하나.”
(그러면 두부 한 모에 얼마예요?)
“천 원.”

((시장에서 콩나물 사는 장면 재현함) 새댁 콩나물 사러 왔어요?)
“아줌마, 콩나물 500원 주세요.”

(5) 그 외의 언어 사용 장면에 대한 자료는 얻지 못하였다.

7. 종 합

이 화자의 한국어 사용 모습은 크게 두 가지 특징을 가진다. (1) 상당히 높은 청취 능력을 가지고 있고, 따라서 대화 능력도 상당한 수준인 것으로 보인다. 그러나 (2) 결혼생활의 실망과 어려움에서 오는 심리적 스트레스와 내성적 성격 때문에 말을 잘하지 않으려고 한다. 하더라도 입속에서 우물거리거나 낮은 목소리로 말하기 때문에 알아듣기가 쉽지 않은 상태이다.

전체적으로 '어려운' 혼인 생활의 여건 속에서도 한국어의 기초는 배운 것으로 판단된다. 달리 말하여, '말문은 트인 것' 같은데 그것을 제대로 보여 주지 않는다. 전문적 표현으로 하면, 학습한 언어능력만큼의 언어수행을 하지 않는 화자가 될 것이다. 앞으로의 한국어 학습의 진도도 본인의 심리 상태, 가족 환경의 요인 등이 큰 영향을 미칠 것으로 생각된다. 그러나 이 화자의 경우 외국어로서의 한국어를 배우는 데 필요한 기본 재능은 가진 것으로 생각된다.

3. 태국 출신 연구 대상자

③ 연구 대상자 ⑪-K

◆ 한국어 학습 ◆

Ⅰ. 언어 학습의 배경

1. 연령 : 23세
2. 학력 : 태국에서 중학교 졸업
3. 모어 : 태국어
   출신 지역 : 태국 남부 지역 출신
4. 혼인 주선의 형태 : 통일교의 주선으로 결혼
5. 한국 입국 시점 : 2004년 7월 한국 입국
   혼인 시점 : 2004년 11월 소위 '가정출발'
   한국 체재 기간 : 1년 0개월간 한국 체재
6. 시부모 동거 여부 : 시아버지・시어머니와 동거
7. 자녀 : 자녀 없음
8. 거주지의 구분 : 읍 소재지 거주

Ⅱ. 언어 학습 과정

(1) 태국에서는 한국어를 전혀 배우지 않았다. 한국 입국 후 약 4개월간의 소위 '임지기간' 동안에 교회에서 한국의 언어 및 문화 적응에 대한 교육을 받았는데, 본인의 표현에 의하면 이 기간 동안에 한글 읽기와 쓰기, 존댓말, 한국 음식 조리법 등을 주로 배웠다고 한다.

(2) '가정출발' 이후에는

① 집에서 남편에게 모르는 말(주로 단어들)을 묻고(그러나 대체적인 정황으로 보아 남편으로부터의 언어 입력이 그리 좋아 보이지는 않음)

② 혼자서 한태/태한 사전을 가지고 모르는 단어를 찾아 공부하고(그런데 연구자가 살펴 본 이 사전은 사전이라기보다는 단어장 수준임)

③ 저녁 시간에는 주로 텔레비전 시청으로 공부를 해 왔는데, 많이 보는 것은 연속극, 가요 프로그램, 자막이 나오는 외국 영화 등이다.

다음은 한국어 학습에 관한 자신의 표현 중 한 부분이다.

"아, 한국만〔말〕 이거 만〔말〕 띠우 몰라 이거. dictionary, 어, 이거, 어, 한국말."
('모르는 한국어 단어를 사전을 찾아 뜻을 알고 공부해 나간다.'는 표현임)

◆ 한국어 능력 ◆

1. 몸짓언어와 한글의 해독

(1) 주어진 몸짓언어 중 '자신을 가리키는' 몸짓은 잘 이해하지 못하는 것 같다.

(2) 한글의 자모는 대체로 아는 것 같은데 그리 완전하지는 않다. 가령 '외국인'을 〔워곡입〕으로, '학당'을 〔학팍〕으로, 그리고 '입학식'을 〔임촉칙〕으로 읽는 등의 실수를 하였다.

2. 발음의 정확성

1) 자 음

(1) 단어 제일 끝자음 받침 /ㄹ/을 〔ㄴ〕으로 발음한다.

임실 : 〔임실〕 → 〔임신〕
내일 : 〔내일〕 → 〔내인〕
한국말 : 〔한궁말〕 → 〔한궁만〕

(2) ‘ㅅ’ 발음을 제대로 못한다.

식사하세요 : 〔식싸하세요〕 → 〔긱싸하세요〕

(3) 예사소리와 된소리를 구분하지 못한다.

한국 : 〔한국〕 → 〔한꾹〕

(4) 음절 끝자음 /ㄹ/을 탈락시키고 발음한다.

슬프다 : 〔슬프다〕 → 〔스프다〕

2) 모 음

(1) 이중모음을 느리게 발음하거나 정확히 발음하지 못한다.

남편 : 〔남편〕 → 〔남피엔〕, 〔남피연〕

3. 문법적 표현 정도

1) 문장 구성 방식

태국어의 어순인 SVO 구조에 한국어 단어를 대입하는 방식으로 흔히 문장을 구성한다.

"나 가 집에."
"엄마 먹고 약, 괜찮아요."
('시어머니가 약을 먹으면 괜찮아질 것'이라는 의미)
"아니 … 몰라 아들 이름."
"띠우 공부 쪼금 잉글리시."

2) 조사 사용과 어미 활용

조사와 어미를 사용하는 데 커다란 제약이 있다. 조사의 사용은 거의 나타나지 않는데, 단 주격 조사는 드물게나마 사용하고 처소격 조사는 익숙한 표현인 '집' 뒤에 붙여 쓰는 정도이다.

"엄마가 안 아퍼요."
"남편이 같이 가."
"집에 없어."

동사의 어미 활용은 거의 못하는데, 특히 연결어미에 대한 지식이 부족한 것으로 보인다.

"보여(보고) 싶어요."

3) 복문 구성

아직 완전한 문장을 구성할 수 있는 단계가 아니기 때문에 단어를 나열하여 아주 간단한 단문만을 구사하는 정도이다. 복문 구성 능력은 거의 없다고 봐야 할 것이다. 다만 이야기 중에 간혹 이어진 문장을 구사한다.

"엄마 먹고, 아버지 먹고, 아즈머님(아주버님) 먹고, 남피엔(남편) 먹고, 천천히…"

4) 주요 문법 범주의 실현

(1) 존댓말

인사말과 일상적으로 흔히 쓰는 표현은 존댓말 표현이 가능하다.

"안녕하세요?", "안녕가세요.", "식사하세요.", "고맙습니다.", "보여〔보고〕 싶어요." 등

그러나 존댓말을 쓰다가도 발화 중간에 쉽게 낮춤말로 전환한다. 즉 연구자에게 "알았어요."로 대답하다가도 곧 "알았어."로 말하는 모습이 여러 번 목격되었다. 또 시부모에게도 높임말과 함께 반말을 쉽게 사용한다.

"엄마 머리 아퍼?" (시어머니에게)
"아버지, 어디가, 고추, 아버지, 괜찮아?" (시아버지에게)

전체적으로 존댓말 구사 능력을 아직 제대로 습득하지 못한 것으로 보인다.

(2) 시제와 상

시제와 상이라는 문법 범주로 시간을 표현하는 능력이 아직 없는 것으로 보인다. 과거시제와 현재시제, 완료형과 지속형을 혼합하여 쓴다.

(은행 알아요?)
"은행. 은행. 알았어요."

(우리 사란야 만났어요.)
((통역))
"〈통역에게〉 아, 피 사란야! 알았어. 알았어."
(오전에 사란야 집에 갔다 왔어요.)
"띠우 전화 사란야, 와서 손님 이제 가 집에, 알아."

(간장 알아요? 간장?)

"알았어요."
…
(고추장 알아요?)
"고추장, 알았어요."
…
(된장 알아요?)
"알았어요."

(3) 부정법

부정법에 대한 확실한 지식을 갖고 있지 못한 것으로 나타난다. '못' 부정문을 구사하지 못하여 '안' 부정문으로 대신 표현하는 것으로 보인다.

(한국말 할 줄 알아요?)
"아니, 쪼끔, 아니오."

(Can you speak English?)
"아니… 아니… 안돼. 〈웃음〉"

또 '아니다', '않다', '못하다' 자리에 '없다'로 표현하는 특징적인 부정 사용법을 보여 준다.

"띠우 타일랜 잉글리시 없어요."
('띠우는 타일랜드 사람이라 영어를 못한다.'는 뜻)
"아니오. 임신 없어요."
"남피연, 아니 없어 몰라요."

또 다음의 예는 부정의문문에 대한 대답을 아직 제대로 배우지 못했음을 보여 준다.

(시장에 혼자 안 간다 그랬죠?)
"아니요, 시장 같이 남피연〔남편〕, 띠우, 어머니."

(4) 기 타

이 화자는 또 1인칭 대명사를 거의 사용하지 않고 대신 자신의 이름으로 스스로를 가리킨다.

"띠우 버스 혼자 보여〔보고〕 싶어요 친구 가 집에 친구."
('친구가 보고 싶으면 내가 혼자 버스를 타고 친구 집에 가요.'의 의미인 듯)

(밥 먹고 누가 설거지해요?)
"띠우."
"띠우. 네. 어머니 긴팔르〔편찮아?〕, 띠우 혼자 괜찮아."

4. 어휘 구사력

이 화자는 매우 낮은 수준의 어휘 구사력을 보인다.

(1) 교통 신호등 색깔에 대해 전혀 모른다.

(2) 또 장, 소금, 장아찌의 의미체계에 대해서도 전혀 모른다.

(3) 인터뷰 중에 사용한 용언으로는 '알다', '모르다', '있다', '없다', '좋다', '싫다', '가다', '먹다', '슬프다', '보고 싶다' 정도이다. 따라서 '버스 타다'라는 말을 '버스'로만 표현하고, '먹고 싶다'라는 말은 '보여 싶다'로 표현한다. 또 '설거지'는 알지만 '청소'라는 말을 몰라 대신 몸짓으로 표현하였다.

(4) 친척호칭

(한국말로 가족 소개를 해보세요.)
((통역))
"아버지, 어머니, 윤준씨, 띠우."

(시모: '아주버니.')
"〈웃으며〉 아! 아주버니."
(같이 살아요?)
"네."
(가족 소개를 다시 해 보세요.)
((통역))
"어머니. 어! 〈소개 순서 교정하여〉 아버지, 어머니, 아주머〔버〕님, 윤준씨, 띠우."

위의 가족 소개에서 '아버지'는 '시아버지'를, '어머니'는 '시어머니'를, '아주머님'은 '시아주버니'를 가리키고, '윤준씨'는 남편의 이름이다. 그런데 이 지칭 용어를 호칭으로도 그대로 사용하는데, 단 '시어머니'의 경우는 '엄마'로 더 잘 부르는 것으로 관찰되었고, 또 남편에게는 이름과 함께 '여보'라는 말도 사용하였다. 또 '손위 동서'에 대한 호칭과 '손위 시누이'에 대한 호칭은 모두 '언니'를 사용하였다. 전체적으로 위의 호칭 및 지칭 용어는 대체로 허용 가능한 범위 내에 있는 것이 될 것이다.

다음은 친정 가족에 대한 소개 예이다.

(친정 식구 소개해 보세요.)
((통역))
"엄마, 아! 어머니, 오빠, 띠우 남동생, 띠우. 됐어요."
(친정집에는 아들 한 명, 딸 한 명인가요?)
"네, 띠우 남동생."
(시모: '남동생도 있어?')
"아니, 띠우 남동생, 엄마, 오빠 띠우 남동생. 띠우, 두 개."

여기서 "띠우 남동생"이라는 표현은 문맥상 '띠우의 오빠' 또는 '띠우의 (손위) 남형제'의 뜻이 될 것이다. 따라서 "남동생"이라는 단어의 뜻을 아직 제대로 학습하지 못한 것으로 보인다.

(5) 기 타

위의 예에서 사람을 '두 명'이 아닌 "두 개"로 표현함으로써 우리말 수 분류사(numeral classifier)에 대한 지식이 부족함을 본다. 뿐만 아니라 다른 질문에서 사람 두 명이 있는 것을 "이"로 답하고, '5시'를 "오시", '6시 40분'을 "육 사십분", '11시'를 "일일"로 말하는 등 수사에 대한 표현이 부분적으로 부정확하였다.

(6) 부정확한 단어 사용

단순한 발음상의 오류가 아니라 단어의 어형 자체를 잘못 표현하는 예가 다수 발견되었는데, 다음과 같은 예이다.

식사 → 긱사
티비/테레비 → 티위
요리 → 율리
오토바이 → 싸이/모터싸이 등

5. 대화 능력 및 담화 구성 능력

(1) 이 화자의 한국어 능력은 극히 낮아 거의 통역이 있어야만 의사소통이 가능하다. 통역을 통한 질문에도 거개 '네', '아니오', '몰라요' 정도로 대답하는 수준이다.

다음의 예는 이 화자가 갖고 있는 한국어 대화 능력의 정도를 잘 보여 줄 것이다.

(한국에 언제 왔어요?)
"언제? 언제... 모르게... 알았어 언제."
((통역: 태국어로 2004년 7월이라 이야기함))

(어느 나라서 오셨어요?)
"몰라요. 몰라요."

(어느 나라서?)
"어느..."
(필리핀에서 왔어요?)
"아니, 몰라요. 〈웃음〉〈시모를 보며〉 엄마... 엄마... 〈웃음〉"
((통역))
"쏭카. 〈손가락으로 동그라미를 그리며〉 말레이시아가 쏭카."
(시어머니: '태국서 왔어요. 그려.')
(쏭카가 고향이고, 어디서 왔어요?)
"어느..."
(말레이시아에서 왔어요?)
"아니. 〈웃음〉 아니오. 아니에요. 태국 사람."

(2) TAT 카드에 대한 반응에서는 1번 카드에 대한 답에서 보다 긴 반응을 하였다. 자신의 심리 상태가 엉겁결에 투사된 것으로 보이는데, 겨우 "어머니 보여 싶어요."만이 제대로 된 문장이고 그 외는 단어 나열 수준이다. 어쨌든 이 화자가 학습한 담화 구성 능력의 정도를 보여 주는 답이 될 것이다.

"엄마, 어머니 보여〔보고〕 싶어요, 엄마, 어머니, 엄마, 아버지."
(띠우예요?)
"아니오. 아니, 괜찮아요. 띠우 전화, 괜찮아요."
(더 이야기해 봐요.)
((통역))
"몰라요. 몰라요."
(남자? 여자?)
"남자, 네."
(어머니, 아버지가 보고 싶다고? 보고 싶으면 어떻게 해야 해요?)
"보여〔보고〕 싶어요. 스프다."
(울어요?)
"몰라요. 한국만〔말〕, 쪼끔."

그림 속의 소년을 자신과 동일시하여 부모를 보고 싶어 한다는 이야기를 꾸미고자 하지만, 위의 단순한 표현 이상을 만들어 내지 못한다. 세 번째 줄의 표현은 '자신은 자주 부모님께 전화를 하기 때문에 애써 괜찮다.'는 뜻의 말일 것이다.

6. 상황에 따른 언어 사용 능력

(1) 남편과는 간단한 언어 표현과 손짓으로 대화를 하는데 의사가 통하지 않을 때는 사전을 찾아 해당 단어를 보여 주기도 한다고 하였다.

(남편과 의사가 통하는가요?)
((통역))
"네, 알았어 만〔말〕. 밥 먹고 ??? 고마워. ??? 몰라? 아니 몰라."
"띠우, 가, 식사, 시장? 띠우 알았어. 밥, 음, 약 먹고, 먹고, 과자, 가, 마트, 가, 약 먹고, 빵, 보여〔먹고〕 싶어요."

질문에 대한 첫 번째 답에서는 무엇인가 남편에게 하는 말을 재현하려다 제대로 하지 못한 것으로 보인다. 두 번째 답에서는 '밥을 먹은 후 시장을 가자.'는 것으로, '밥과 약을 먹은 후 마트에 가서 과자와 빵을 사 먹고 싶다.'는 뜻의 말을 흔히 남편에게 한다는 말이다.

(2) 시부모와의 의사소통도 유사한 수준에서 이루어질 것이다. 다음의 예는 시부모에게 자신이 한다는 말의 예이다.

(시어머니랑 어떻게 말을 해요?)
"띠우, 몰라요, 어머니, 띠우, 아니 쪼끔."

"엄마 머리 아퍼? 엄마가 안 아퍼요. 엄마 먹고 약, 괜찮아요."

(시아버지에게)
"아버지 밥, 식사하세요. 밥 먹고 해요, 띠우, 됐어요. 쪼끔."
"띠우, 아버지, 보여〔먹고〕 싶어요. 핏사〔피자〕, 핏사핫〔피자핫〕, 보여 싶어요. 아버지 약 먹고, 핏사핫.”
“아버지, 어디 가, 고추. 아버지, 괜찮아?, 아 몰라.”

시어머니와의 대화 예 중 두 번째 것은 문맥상 ‘시어머니께 머리가 아프냐고 자신이 물으면, 시어머니께서 안 아프다고 답을 하고, 그러면 이어서 자신이 약을 먹으면 괜찮아질 것이라’고 한다는 의미의 말인 것 같다.

시아버지에 대한 두 번째 예는 ‘시아버지께 피자가 먹고 싶으니 피자핫에 가서 (또는 주문하여) 피자를 사달라’고 한다는 말이 될 것이고, 다음 발화에서의 “고추”는 ‘고추밭에 가시느냐’는 뜻이 될 것이다.

그런데 연구 대상자의 시어머니는 부엌의 음식 조리법과 관련하여

“엄마 없으면 니가 이렇게 해, 그러면 엄마 그럼 안된데. 엄마가 죽는 것을 알고, 죽으면 안돼 그래요. 내가 없으면 니가 이거 다 히야 항께 이거 잘 보고 해, 그러면 죽으면 안돼 그래.”

라고 함으로써, “엄마 없으면”이라는 말을 ‘시어머니가 죽으면’이라는 말로 며느리가 이해한다고 말하였으나, 실제로 이 정도의 의사소통이 이루어졌을지는 연구자로서 상당히 의심스러운 상태이다.

연구 대상자의 시아버지는 가장 불편한 점으로 말이 서로 되지 않는 것을 꼽고 다음과 같이 솔직히 진술하였다.

“말이 통하질 않으니까 지금도 많이 불편을 느끼죠. 애가 워낙 머리가 잘 돌아가요. 영리해서 말은 직접 서로 통하지는 못하겠지만, 내가 뭐라 그러면 눈치로 알아채버려. 인제 즈그 엄마(시어머니 지칭)하고 잘 통하고.”

(3) 동네 사람들에게도 인사 정도의 말을 주고받는 것으로 보인다. 집으로 찾아오는 손님에게는 고개를 숙이며 “안녕하세요?” 한다고 하였다.

(4) 사람이나 가게를 혼자서는 안 가 보았고 돈의 단위는 구분한다. 그러나

'삼만 원'은 정확히 말하였으나 '오만 원'은 하지 못하였다.

(5) 혼자서 버스를 타고 친구를 찾아가 본 경험이 있다. 물론 행선지로 가는 버스를 구분할 수 있고 버스 요금도 정확히 낼 수 있는 것으로 말한다. 그러나 이 과정을 설명하는 몇 발화의 예에서 이 화자가 구사하는 한국어의 수준이 다시금 잘 드러난다.

(혼자서 버스 타 봤어요?)
"네, 버스 같이 친구, 같이, 같이, 임신〔실〕 가, 전주, 임신〔실〕, 진안, 진안. 진안 같이 가 친구 딥〔집〕 전주 세 개〔세 명〕."
(대체로 '전주에 있는 친구와 함께 진안의 친구 집으로 놀러 간다'는 뜻임)

(버스 타고 혼자서 친구 만나러 가요?)
"예... 친구 띠우... 가 집에 친구... 버스 남브〔넘버〕, 남브 〈손가락으로 쓰며〉 이거."
(9번.)
"9번, 띠우 알았어."
(어디서 내리는지 일아요?)
((통역))
"빠이카(빨간차?) 친구 집에, 언니 언니, 띠우 같이 하나 와 집에. 이거 이거, 알았어, 띠우. 하나 띠우 같이 혼자."
(띠우와 같이 가서 보여 주면 혼자 갈 수 있다는 거죠. 다시 한 번 설명해 봐요.)
"어디 가 띠우 같, 아니, 하나 친구 집 한국만〔말〕 많이 언니 같이 언니 띠우 이거 집에 띠우 집에 이거 쪼끔 왔으(?). 남자 몰라 아저씨 아저씨 이거 집에 이거 띠우 알았어, 알았어, 태국 사람 한국말에 쪼끔 알아."

(6) 우체국 이용은 안 해봤고 은행은 한두 번 가본 것 같다. 은행에 관한 다음 대답은 연구 대상자의 한국어 수준을 보여 주는 또 다른 가치 있는 자료일 것이다.

(은행 알아요?)
"은행, 은행, 알았어요."

(은행 알아요?)
"네."
(은행 가봤어요?)
"알았어. 돈. 같이 어머니 타일랜. 어머니 같이 돈."
(혼자 가야지 왜 어머니랑 가요?)
"띠우 몰라 몰라 한국 많이 한국말. 아줌마 많아 띠우 많이 몰라. 어머니 가 남피연 같이."
(은행에 가면 아줌마 말고 아저씨도 있는데?)
"아저씨, 아니, 띠우 아줌마. 〈웃음〉 아저씨 띠우 안 좋아. 〈웃음〉 아줌마 좋아. 〈웃음〉"

(7) 집에 걸려오는 전화는 주로 시어머니가 받고 자신은 받지 않는데, 전화 통화에 대한 다음 표현도 흥미로운 예이다.

"아니, 전화 우리 집에, 어머니 집에, 띠우 없어요. 띠우 집에, 엄마 전화 있어요."
"전화 많이 아버지, 어머니, 남피연, 띠우 거 쪼끔."

앞의 말은 '시어머니 방에 전화가 있다.'는 뜻의 말이고, 뒤의 말은 '자신에게 걸려오는 전화는 아주 적다.'는 뜻의 말이다.

7. 기타 특징

이 화자의 경우에도 자신의 부족한 한국어 사용 능력을 보완하기 위한 대화상의 전략으로, 연구자의 질문 일부분을 다시 질문 억양으로 반복하여 묻는 전략을 자주 썼다.

(한국에 언제 왔어요?)
"언제? 언제... 모르게... 알았어 언제."

(시어머니랑 어떻게 말을 해요?)
"어떻게?"

(무엇을 살 때, 옷을 살 적에?)
"옷?"

(읍사무소 가봤어요? 읍사무소?)
"읍사…? 몰라요."

(군청 가봤어요? 군청?)
"군청? 띠우 몰라요."

8. 종 합

이 화자는 쉬운 한국어 단어를 태국어 어순으로 나열하여 문장을 구성하는 수준에 와 있고, 또 자신을 지칭할 때 인칭대명사가 아닌 자신의 이름을 사용하는 특색을 보여준다. 전체적으로 한국 체재 기간에 비해 한국어 학습 정도가 느린 것으로 판단할 수 있겠다. (물론 약 12개월간의 전체 체재 기간 중 실제로 가족생활을 한 기간은 8개월가량이다.)

가족 내에서의 언어 입력이 그리 많지 않은 것으로 보이고, 외부와의 접촉도 그리 많지 않은 것으로 보인다. 그러나 텔레비전 시청은 많이 하는 것으로 본인은 말한다. 또 일면 시부모의 과잉보호 속에 있는 것으로 보이기도 하지만, 학습 동기의 정도나 그 외의 특히 가정 내에서의 언어 학습의 환경에 대해서는 구체적으로 알 수가 없다. 아마도 짐작컨대 가정 내의 전체적인 언어 학습 환경이 그리 우호적인 것만은 아닌 것으로 보인다.

④ 연구 대상자 ⑫-L

◆ 한국어 학습 ◆

Ⅰ. 언어 학습의 배경

1. 연령 : 42세
2. 학력 : 태국에서 중학교 졸업
3. 모어 : 태국어
   출신 지역 : 태국 중부 지역 출신
4. 혼인 주선의 형태 : 통일교의 간접적 주선으로 결혼
5. 한국 입국 및 혼인 시점 : 1998년 10월 한국 입국 및 결혼
   한국 체재 기간 : 6년 9개월간 한국 체재
6. 시부모 동거 여부 : 시어머니와 동거
7. 자녀 : 아들(5세), 딸(3세)의 2명
8. 거주지의 구분 : 자연 촌락 거주

Ⅱ. 언어 학습 과정

(1) 태국에서는 한국어를 전혀 배우지 않았다.

(2) 한국 입국, 혼인 후

① 처음에는 통일교에서 만든 한태/태한 사전(일종의 단어장)으로 단어를 익히고 또 남편에게 모르는 것을 묻는 방식으로 주로 공부하였다. 이 시기 남편은 인사말과 호칭 그리고 여러 가지 생활 어휘 등을 가르친 것으로 기억하였다.

② 입국 약 6개월 뒤부터 가정 형편이 어려워 약 두 달간 취로 사업을 나갔는데, 이때에 바깥 사람들을 만나 대화를 나눈 것이 이후의 언어 학습에 커다

란 도움이 되었다고 한다.

③ 본인의 기억에 의하면 대체로 1년쯤 지나 말을 알아듣기 시작하면서 점차 한국어 사용이 가능해졌다고 한다.

◆ 한국어 능력 ◆

1. 몸짓언어와 한글의 해독

(1) 주어진 몸짓언어는 모두 이해하였다.

(2) 그러나 긴 체재 기간에 비해 한글을 잘 읽지 못하는 편이다. (녹음 자료 소실)

2. 발음의 정확성

1) 자 음

(1) 발음상의 문제가 많이 발견되는데 자음의 경우 특히 /ㄹ/과 관련한 문제가 빈번하게 발견된다.

① 음절 끝자음 /ㄹ/을 〔ㄴ〕으로 발음한다.

물고기 : 〔물꼬기〕 → 〔문꼬기〕
콩나물 : 〔콩나물〕 → 〔콩나문〕
서울 : 〔서울〕 → 〔소운〕
말 : 〔말〕 → 〔만〕
열무 : 〔열무〕 → 〔연무〕

② /모음1/ +/ㄹ/ +/모음2/의 환경에서 /모음1/의 받침으로 /ㄹ/을 첨가한다.

알아요 : 〔아라요〕 → 〔알라요〕
사람 : 〔사람〕 → 〔살람〕
따로 : 〔따로〕 → 〔딸로〕
나라 : 〔나라〕 → 〔날라〕
알았잖아 : 〔아랃짜나〕 → 〔알랃짜나〕

(2) /ㅅ/을 제대로 발음하지 못한다.

사과 : 〔사과〕 → 〔싸과〕
맛있어 : 〔맏싣써〕 → 〔마이서〕

(3) 예사소리, 된소리, 거센소리의 변별적 자질을 잘 구별하지 못한다.

큰엄마 : 〔크넘마〕 → 〔가넘마〕
큰아빠 : 〔크나빠〕 → 〔가나빠〕
봉투 : 〔봉투〕 → 〔봉두〕
기다려요 : 〔기다려요〕 → 〔기따요〕

2) 모 음

(1) 이중모음 발음을 어려워하는데 밑의 두 예는 이곳 방언의 영향일 수도 있겠다.

괜찮아 : 〔괜차나〕 → 〔관차나〕
교수님 : 〔교수님〕 → 〔괴수님〕
외국인 : 〔외구긴〕 → 〔애구긴〕
바꿔 : 〔바꿔〕 → 〔바까〕

(2) /ㅡ/ 모음을 정확하게 발음하지 못한다.

큰엄마 : 〔크넘마〕 → 〔가넘마〕
큰아빠 : 〔크나빠〕 → 〔가나빠〕
쓰잖아 : 〔쓰자나〕 → 〔써자나〕

3. 문법적 표현 정도

아직 미숙한 수준의 문장 구성 능력을 보인다. 그러나 태국어의 문장 구조에 한국어 어휘를 대입하여 문장을 구성하는 수준은 넘어섰고, SOV 방식으로 문장을 구사할 수 있다. 그러나 문장 구성 방식에는 어느 정도 익숙해진 것 같지만, 접속 부사도 거의 쓰지 않고, 짧은 단문을 연이어 발화하여 말을 잇는 수준이다. 한국어의 구조에 어느 정도 익숙해졌을 뿐, 세밀한 문법 범주를 제대로 실현하기에는 어려움이 많다. 시제나 상, 존댓말, 부정법 등에 대한 지식도 어느 정도 가지고 있으나, 아직 체계화하지 못한 수준이다.

1) 문장 구성 방식

주로 SOV 방식으로 문장을 구성한다.

"애기 물 먹고 싶다."
"처음에 불편... 불편해요〔했어요〕."
"부모님 먼저 돌아졌어요〔돌아가셨어요〕."

그러나 때로 SVO 식의 문장을 만들기도 한다.

"제가 몰라 만〔말〕."
"있어 집에 혼자 받아요."
"바라〔바다〕 알아요. 바라〔바다〕 몰라 어디."

2) 조사 사용과 어미 활용

조사와 어미에 대한 대략적인 지식은 있으나 정교하지 못해서 실제 사용에서 많은 혼란을 겪는 것으로 보인다.

(1) 조 사

"신랑가〔이〕 〈다정한 목소리로 흉내내며〉 '그래 바빠. 내일은 시간 없어. 어떡해.' 말했어. 어떡해."
"천원만〔도〕 많아요."
"어디〔서〕 왔어요?"
"태국〔에서〕 왔어요."

(2) 어 미

동사의 어미 활용에는 특히 미숙함을 보인다.

"얼굴이 아파잖아〔아프잖아〕"
"점심 먹어서〔먹고〕"
"먹어는〔먹으면〕"
"깍〔깍아〕 주세요"
"싸〔싸게〕 주세요"

3) 복문 구성

안은 문장이나 이어진 문장을 거의 만들지 못한다. 단문 위주로 접속 부사 없이 말하고, 아주 간단한 구조의 단문을 연이어 발화함으로써 담화를 구성한다.

"방수리(이웃마을 이름) 와... 우리 집에 와. 점심 먹어서〔먹고/먹은 후〕 와."
('연구자가 방수리에 왔다가 우리 집에 온데. 점심 먹고 온데.'의 의미)

"피부가 검은색 안 이뻐. 챙피한 거 아니야. 걱정없어. 문제없어."
('자녀의 피부가 검은 것이 예쁘지는 않지만 창피한 것은 아니다. 따라서 걱정할 것도 없고 문제될 것도 없다.'의 의미)

4) 주요 문법 범주의 실현

(1) 존댓말

한국어의 존대 표현에 대해서 어느 정도 숙지하고 있는 것으로 보인다. 특수 어휘에 의한 존대법의 실현에는 상대적으로 능하다. 그러나 어미를 이용하여 실현하는 존대법은 일상적으로 자주 사용하는 표현 말고는, 특히 대화 중에는 그렇게 잘 구사하지 못한다.

"오빠 둘, 언니 하나, 세 명 돌아졌어요〔돌아갔어요〕."
"부모님 먼저 돌아졌어요〔돌아가셨어요〕. 어머님 작년에, 아버님 먼저."
"어떻게 생각하고 계시나?"
"식사, 진지 잡사요. 밥 먹어. 식사. 이러키."
"그거 써주세요. 아가씨, 써주세요 그래."
"지끔〔지금〕 바까〔바꿔〕 보고 싶어요."

다음 예는 연구자와의 문답인데 이 화자가 구사하는 존댓말의 실제 사용 수준을 잘 보여 줄 것이다.

(잔칫집 가면 어떡하죠? 결혼식장에?)
"그냥 식당. 그때 얘기. 뭐요 한국…"
(인사 어떻게 해요?)
"인사 그거 뭐요? 결혼 축하."
(결혼 축하하고, 봉투는?)
"돈 봉두〔투〕, 봉두〔투〕는 제가 대말로〔대표로/혼자?〕 안 주고 동네 같이 있잖아. 아줌마들 같이."
(버스 안에서 뭐 했어요?)
"춤 춰. 놀〔노〕래 불러. 얘기 그거."
(아주머니도 춤췄어요? 노래는?)
"춤춰요. 놀〔노〕래는 못해요."
(한국 사람들 소리 지르고 노는데 소리 못 질러서 어떡해요?)
"'태국 각시 놀〔노〕래 불러.' 제가 '못해요, 못해요.' 한곡도 못해요 놀〔노〕래 못해요."

(술은?)
"술은 안 먹어요."
(다른 동네 아줌마들은 술 먹잖아요.)
"'한잔 먹어, 한잔 먹어.' 내가 '내가 죽겄어, 먹어는〔먹으면〕 얼굴이 아파〔프〕잖아. 못 먹어.'"

(2) 시제와 상

시제와 상에 대한 정교한 문법적 지식은 갖고 있지 못하지만, 시간 표현의 문법 범주에 대한 일반적인 지식은 갖고 있는 것으로 보인다. 이 화자는 시간적 의미나 상적 의미를 실현하는 어미를 제대로 쓰지는 못해도, 시간 부사어, 시간을 가늠할 수 있는 명사를 상대적으로 빈번히 제시함으로써, 시간에 관한 의미를 전달한다.

"버스는 몇 명인지 알았잖아. 버스는 알아요."
"수속은 준비했어. 써〔쓰〕는 것은 다 했어. 집에〔서〕 다 했어."
"갔다 왔어요."
"우리 엄마, 옛날에는 엄마… (지금은) 오빠요."
"그때 첨에 제가 안 바꿔요."
"그때 제가 하나 표〔표 하나만 사서〕 싸웠어."
"병원 가는 의료보험 통장 카〔드〕 안 했었잖아."
"지금 안 바꿨어요."

(3) 부정법

단형 부정문은 그런대로 잘 구사하지만 장형 부정문은 그렇지 못하다.

"그 말 안 통해요."
"홍콩에서 얼마 배워 안 해요."
('홍콩에서 얼마 배우지 않았어요/못했어요.')

4. 어휘 구사력

이 화자는 자신의 언어능력에 맞는 나름대로의 어휘 구사력을 보여 주지만, 동시에 부정확한 어휘 사용의 예도 많이 보여 준다.

(1) 교통 신호등의 색깔을 '빨강', '파랑' 또는 '녹색', 그리고 '흰색'으로 응답하였다.

(2) '장'의 종류와 관련하여 '고추장', '된장', '간장'의 개별 범주는 이해하지만 상위 범주로서의 '장'의 개념은 알지 못한다. '소금'의 종류와 관련하여 '맛소금'은 응답했지만, '굵은 소금'과 '가는 소금'은 개념은 아는 것 같은데 어휘를 떠올리지 못하였다. '장아찌'의 경우도 '오이', '깻잎', '무', '마늘' 등과 같은 주 재료는 알지만 '장아찌'라는 개념은 모른다. 전체적으로 음식의 구분체계라는 어휘 · 의미적 지식이 부분적으로만 학습된 것으로 보인다.

(3) 친척호칭

전체적으로 자신의 가족에 대한 호칭 및 지칭은 거의 정확하게 쓰는 것으로 보였다. 또 가족이 아닌 이웃 사람들에 대한 의사친척호칭(fictive kinship terms of address)도 거의 정확하게 쓰는 것 같았다.

그러나 자신의 딸을 "우리 딸래미"로 연구자에게 소개하고, 또 인터뷰 도중 아이가 뛰어 다니자 "가만 있어, 아들."로 부르는 등, 호칭 및 지칭 사용법에서 아직 완벽함과는 조금 거리가 있었다.

(4) 숫 자

숫자의 사용은 잘하는 것으로 보인다. 가령 개수의 표현에서 "다섯 개", 사람 수의 표현에서 "두 명", 횟수의 표현에서 "두 번〔씩〕", 시간의 표현에서 "세 시간", "십 분" 등의 말을 썼다. 그러나 배추를 "다섯 개"로 표현하는 미숙함도 있었다.

(5) 기 타

제사 준비와 관련하여 제사상에 올리는 음식에 대해 물었더니, 물론 발음은 부분적으로 부정확하였지만, '잡채', '부침개', '생선'(구체적인 종류는 대답 못 함), '콩나물', '시금치' 등을 들었다. 또 이 화자는 한국 체재 기간이 오래 되었으므로 의외로 '유사'(有事)와 같은 어려운 단어는 알았지만, 동시에 부정확한 발음의 알아듣기 힘든 단어가 고착되어 있었다. 다음과 같은 예이다.

큰엄마 → 간엄마
큰아빠 → 간아빠
할아버지 → 할아부리
괜찮아 → 관찮아
교수님 → 괴수님 등

5. 대화 능력 및 담화 구성 능력

(1) 이 화자는 웬만한 말은 거의 알아듣고 대화를 진행시켜 나간다. 물론 잘못 알아들어 다른 대답을 하는 경우도 있었다. 아래의 예는 이 화자의 현재의 언어능력의 실상을 보여 줌과 동시에, 적어도 세 질문에 대해 다른 답을 하고 있음을 보여 줄 것이다.

(내일 시장에 몇 시에 가요?)
"아홉시… 아홉시 되면 있어요."
(아홉시에 가서 몇 시에 오실 거예요?)
"점심에나 와요."
(오후에는?)
"오후에요? 준비해서, 김치 담아."
(김치 담고… 모레는 어디 가세요?)

"놀러, 계가 낼…"
(내일 계예요?)
"계모금〔임〕."
(계모임?)
"계모임."
(모레 어디 가세요?)
"바라〔다〕요."
(네?)
"바다."
(바다? 어느 바다로?)
"몰라요, 지끔〔금〕 몰라요. 어디 가요, 바라〔다〕. 알라오〔알아요〕 바라〔다〕. 몰라 어디." ('지금은 어디로 가는지 모르고, 바다에 가는 건 맞는데 어느 바다로 가는지는 모르겠다.'는 뜻의 말임)
(누가 알아요?)
"그 이장, 같이."
(몇 명이 가요?)
"열여덟 명."
(버스 하나 타고 가겠네.)
"아니예요, 차."
(각자 차?)
"동네 차요."
(근데 유사예요?)
"네, 제가 유사요."
(유사라는 말 어려운 말인데 어떻게 아셨어요?)
"친적〔구〕, 친구들 같이 도와요. 많아, 그 음식 많아잖아. 김치 담아."

(2) 대화 능력에 비해 이야기를 만드는 담화 구성 능력은 그리 높지 않았다. 두 장의 TAT 카드에 대한 응답 중 1번 카드에 대한 응답이 그래도 나왔는데, 바로 다음의 것이다.

"그림 애기 뭐요, 바이오〔올〕린 애기, 보여〔보고〕 있어요. 몰라요."
(뭐할까요?)
"잡념. 눈."

(뭐하고 있어요?)
"눈 깜아. 뭐요, 생각. 음악 어떻게 해?"
(또?)
"또 뭐야."
(〈농담조로〉 계 음식 준비 어떻게 할까 생각해요?)
"네, 음악 어떻게 해, 바이오[올]린."

6. 상황에 따른 언어 사용 능력

(1) 남편하고는 필요한 의사소통은 거의 하지만 하고 싶은 말을 다 하지 못하므로 '조금 답답하다'고 하였다.

(2) 시어머니와는 (시어머니가 병환 중) 가족들 이야기, '진지잡사요' 등과 같은 본인의 표현으로는 "보통 이야기" 정도를 주고받는 수준이다.

(3) 동네 사람들 하고는 잦은 접촉을 하지만 언어능력의 한계 때문에 인사 정도를 주고받는 선에서 그치는 것 같다.

(동네 사람들하고 이야기할 때는 더 많이 하죠?)
"많이... 그 사람들은 본래가 우리 날[나]라는 더웠다, 덥다, 여기 있어 더워, 지금 더워, 대구... 정말로, 보통 살[사]람, 어디 갔다와란 얘기..."
(친한 사람과는 어떻게 해요?)
"태국 사람, 뭐요('뭐 해요'의 뜻인 듯)?"
(이웃 사람 중 친구와는 어떻게 이야기해요?)
"뭐요? 보통 얘기."
(보통 이야기는 어떻게 해요?)
"뭐요, 지금 뭐요, 뭐요, 뭐요. 친구들... 시간 많은 얘기 바빠요."
(사란야 아주머니도 바빠요?)
"시간 많은 얘기, '어디 갔다 왔어?' 내가 그래요."
(장에 갔다 왔어.)
"장에 갔다 왔어? 오늘 어디 가, 오늘 공부?"

(논에 일하러 가.)
"놀러 없어요. 바빠."
(친구랑 이야기 더 할 거 아니예요?)
"별로요."

(4) 이 화자는 체재 기간이 오래 되었으므로 일상생활을 하는 데에는 별 불편이 없는 듯하다. 그러나 언어 사용 능력이 충분한 것은 물론 아니다. 시장/가게의 이용, 버스/열차 같은 대중교통의 이용, 우체국/은행의 이용, 면사무소/군청의 이용, 잔치/상가의 방문 등에서 행동은 적절하게 하지만 언어적 표현은 적절하게 충분히 하지 못하는 수준이다.

다음의 예는 시장을 보는 이야기와, 우체국/은행을 이용하는 이야기인데 이 화자의 언어 사용 능력에 대한 좋은 방증이 될 것이다.

(내일 시장에 가서 뭐 살 거예요?)
"배추, 연〔열〕무… 쪽파. 또 있어. 뭐요. 콩나문〔물〕, 나무… 다슬기 뭐요 몰라. 시장 뭐요 있어. 이름 몰라요 지금."
(시장에 물건 사러 가는 거 해보세요. 내가 배추장사.)
"배추 얼마씩 니까〔입니까〕?"
(배추 한 단에 천원이요.)
"다섯 개 주세요."
(다른 거는 필요 없어요? 우리 열무 맛있어요.)
"열무 마이서〔맛있어〕."
(열무도 사실 거예요?)
"예."
(열무…)
"무."
(무?)
"무, 무. 열무. 열무 있잖아, 열무. 콩나문 뭐요('얼마에요'의 뜻인 듯)?"
(콩나물 삼천 원.)
"삼천 원 안돼. 천원만〔도〕 많아요. 이천 원 많아요."
(이천 원도 비싸요?)

"안 비싸요."
(이천오백 원, 됐어요?)
"그러면 많아. 이천 원 주세요."

(우체국은 가신다고 그랬어요, 안 가신다고 그랬어요?)
"갔다 왔어요."
(뭐 하러 가시죠?)
"편지 보내, 태국(에) 보내."
(누구한테 보내요?)
"우리 엄마, 옛날에는 엄마… (지금은) 오빠요."

(은행은요?)
"은행 가, 가요."
(통장은 많아요?)
"통장이 없어요."
(왜 없어요?)
"통장 많이, 신랑 돈."
(근데 은행 가서 돈 찾고 저금하는 데 어려움은 없어요?)
"있어. 써내(써서 내야) 되잖아, 그거. 써주세요, 아가씨. 써주세요 그래."
(아가씨가 많이 써내면 어떡해요?)
"아니 그것 땜이 아냐. 따는(따른) 거. 그거 돈 빼는 제가 돈은 안 빼. 돈은 카드 있잖아 빼."
(쓰는 건 아가씨한테 해 달라고 그러고 돈은 카드로 빼요?)
"써는… 있잖아. 써 돈은 한 번 안 썼어요."

(5) 언어 표현 능력은 떨어지지만 청취 능력은 상당한 것으로 보였다. 다음은 전화 통화에 대한 대화인데, 표현은 서툰 단문형이지만 몇 시간 전에 연구자와 통화한 내용을 거의 정확하게 이해하고 있는 것으로 보였다.

(전화 왔을 때 혼자 잘 받으시죠?)
"네, 있어 집에. 혼자 받아요."
(말 다 알아듣나요?)
"알라(아)요, 알라(아). 무슨 말 나와 잘 몰라요. 제가 몰라 만(말), 딴 살(사)람 얘기. 제가 아이 있어요, 제가 말 몰라요. 내가 조카 불러, 뭐요. 만〔말〕은 제가 안 써〔쓰〕잖아, 그 몰라 만〔말〕요."
(아까 내가 하는 말 못 알아들었어요?)
"알아요."
(내 목소리 듣고 아시데?)
"네. 아이 있어요. 목소리 〈흉내내며〉 '안녕하세요?' 이거. 저기 때문이... 제 알아요. 얘기 신랑 했어, 그거, 선생... 괴〔교〕, 괴, 괴주〔교수〕... 괴주심〔교수님〕..."
(교수님.)
"괴〔교〕수님 전화 연락 왔어. 내일 점심 와. 어떡해. 제가 바빠요. 어떡해 생각하고 계시나."
(뭐라고 합디까?)
"그거, 잠깐, 잠깐 전화 왔어. 딱 맞아 전화. 우리 신랑 왔어, 목욕시켰어... 세수 했어, 얘기. 딱 맞아 와, 아주."
(전화 딱 맞게 왔단 얘기죠? 신랑한테 뭐라고 이야기했어요?)
"신랑가〔이〕 〈다정한 목소리로 흉내내며〉 '그래 바빠. 내일은 시간 없어. 어떡해.' 말 했어. 어떡해."
(전화 왔다는 얘기를 신랑한테 어떻게 했어요?)
"얘기 그거. 선생님... 괴〔교〕수님... 괴〔교〕수님 와요. 연락, 전화 연락 왔어. 내일은 집에 와. 몰르그니〔모르는 것〕 때문이. 그러고 이거, 그때는 얘기 톡톡〔똑똑〕, 지끔은..."
(그때는 잘했는데, 똑똑하게 했는데, 지금은 안돼요? 내가 내일 어디 간다고 그랬어요?)
"방수리요."
(다 알아들으시네.)
"방수리 와... 우리 집에 와. 점심 먹어서〔먹은 후〕 와."
(〈농담조로〉 내가 오면 점심 준다고 그랬잖아요. 아니예요?)
"아니예요."

7. 기타 특징

(1) 이 화자는 불충분한 언어적 표현을 보완하기 위한 몸짓언어를 말과 함께 빈번히 사용하는 편이다. 그러나 체재 기간이 오래되어서인지 "꿈은 커

요.", "속상해 죽겠어요.", "행복하게 살아요."와 같은 관용적 표현을 자연스럽게 썼다.

(2) 의도적 전략인지는 명확하지 않지만, 듣는 이의 동의를 구하는 의문형 표현을 많이 쓰는 것이 관찰된다. 즉,

"그 말은 안 쓰잖아?"
"그 공항 터미널 있잖아?"
"뱅기〔비행기〕가 태국말이잖아?"
"써내 되잖아?"
"동네 같이 있잖아, 아줌마들 같이."
"만〔말〕은 제가 안 써〔쓰〕잖아?" 등

위의 표현들은 대체로 화자 자신의 충분하지 않는 서술이나 진술에 대해 청자인 연구자의 이해와 동의를 구하고자 하는, 소위 '확인 의문문'(이익섭·채완 1999: 241-243) 형태의 외국인 화자로서의 말하기의 전략인 것으로 생각된다.

8. 종 합

이 화자는 한국 체재 기간에 비해 언어 학습이 많이 이루어지지 않았고, 따라서 언어수행 능력도 상대적으로 떨어지는 편이다. 문장 구성은 문법적인 구성이기보다는 어휘 나열식의 단어 조합이고, 또 어휘력은 좀 있으나 부정확한 형태(발음상의 오류를 포함하여)를 많이 쓴다. 따라서 대화 중 제스처를 말과 함께 빈번히 사용하는 모습을 보인다. 이러한 언어 사용 능력의 한계 때문에, (1) 발화 현장의 맥락을 벗어나면 이 화자의 말을 제대로 이해하기가 어렵고, (2) 가족 내의 의사소통은 그런 대로 잘하는 것 같지만 가족 바깥의 의사소통에는 문제가 있어 보이고, (3) 익숙하지 않은 새 화제(topic)에 대한 이야기는 상대적으로 어려워하는 것 같다.

이 화자의 경우 언어 학습과 관련한 가정 내의 분위기도 무척 우호적인 것으로 보이고, 또 경제적 이유 때문에 아주 초기부터 바깥과의 접촉을 경험하였다. 그러나 아무래도 스스로 집중하는 학습의 시간을 많이 갖지 못한 듯하고, 또 한국어 학습을 시작한 시기도 늦어 30대 중반에야 한국말을 배우기 시작하였다. 어쨌든 앞으로 체계적인 학습의 기회가 주어지더라도 현재의 언어능력 단계에서 거의 머물 것으로 예측되고, 그리고 아마도 현재 수준의 한국어 구사력으로 일상생활을 계속해 나갈 것으로 짐작된다.

(붙임)

현지조사 초기인 2005년 7월 7일 임실군 여성농민회 주최의 '한글학당' 입학식에 연구팀 전원이 참석하였다. 형식적인 식순이 끝난 뒤 이어서 모든 수강생들의 자기 소개 순서가 있었다. 여기서 연구 대상자 ⑪-K는 자기 차례가 되자, 앞으로 나가 만면에 미소를 머금은 채 인사하고 간단하게 "띠우 임신."이라고 하였다. 사회를 보던 여성농민회 관계자는 '띠우 씨가 임신을 했다.'며 모두 축하의 박수를 치자고 했고, 그 자리에 있던 모든 참석자들은 축하의 박수를 보냈다. 한국어가 서툰 ⑪-K는 싱글벙글 웃으며 제자리로 돌아갔다.

7월 11일 ⑪-K 및 가족들과의 면접 조사 모두(冒頭)에서 연구자는 시어머니에게 '며느님이 임신을 하셨다는데 축하한다.'고 인사말을 건넸다. 순간 시어머니는 당황하는 낯빛을 보이며 임신이 아니라고 하였다. 나아가 바깥에서 온 손님, 그것도 남자인 연구자에게 며느리의 생리적 변화에 대해서까지 언급하며 임신이 아니라고 하였다. 이렇게 되자 당황하기는 연구자도 매한가지였다. 그 순간 이유는 알 수 없었지만, 어쨌든 잘못 건넨 인사말을 거두어들이느라 가뜩이나 더운 날씨에 더욱 많은 땀을 흘려야만 했다. 당시는 아직 자료 수집의 초기 단계라 어떻게 이런 황당한 '임신 사건'이 생겼는지를 알 수가 없었다.

연구팀은 7월 14일 오전에 다시 한글학당으로 수업 참관을 갔다. 참관 중 태국인 부인들의 한국어 발음에 주의가 쏠렸음은 물론이다. 그러다 어느 한 순간 '임신 사건'의 전모가 너무나 쉽게 그 모습을 드러냈다. 즉 수업에 참가한 모든 태국인 부인들은 '토실토실'을 〔토신토신〕으로, '올챙이'를 〔온챙이〕로 발음하는 것이었다. 결국 연구 대상자 [11]−K는 한글학당 입학식에서 '자신이 임실읍에 산다.'는 뜻으로 "띠우 임신."이라고 하였는데, 사회자뿐만 아니라 거개의 참석자들은 그 말을 '띠우가 임신을 했다.'고 알아들었던 것이다.

앞의 두 태국인 화자의 분석에서 나타나듯이, '단어 제일 끝자음 받침' 또는 '음절 끝자음'의 /ㄹ/을 〔ㄴ〕으로 발음하는 것은 한국어에 능숙하지 못한 태국인 화자들이 일반적으로 보여 주는 발음상의 오류인 것 같다. 태국어와의 정밀한 대조언어학적 분석을 하지 못해 정확하게는 말하기 어렵지만, 그래도 이는 분명히 모어의 간섭으로 인한 소위 '언어간 오류'(interlingual error)의 예일 것이다. 연구진들은 아직도 이 등골이 오싹했던 해프닝을 '띠우의 임신 사건'으로 부르며 웃는다.

4. 필리핀 출신 연구 대상자

⑤ 연구 대상자 [9]-l

◆ 한국어 학습 ◆

Ⅰ. 언어 학습의 배경

1. 연령 : 31세
2. 학력 : 필리핀에서 전문대학 졸업
3. 모어 : 비콜어(Bicol 또는 Bikol)
4. 혼인 주선의 형태 : 통일교의 주선으로 결혼
5. 혼인 시점 : 2000년 2월 필리핀에서 결혼
   한국 입국 시점 : 2000년 3월 한국 입국
   한국 체재 기간 : 5년 4개월간 한국 체재
6. 시부모 동거 여부 : 시어머니와 동거
7. 자녀 : 아들(4세), 딸(2세)의 2명
8. 거주지의 구분 : 자연 촌락 거주

Ⅱ. 언어 학습 과정

(1) 한국 입국 전 필리핀 교회에서 약 1달간 한국어 공부를 하였는데 '타갈로그어(Tagalog)-영어-한국어'로 된 책이 교재였다. 그러나 본인의 의견으로는 거의 배운 것이 없었다고 한다.

(2) 한국 입국 후는

먼저 교회에서 약 45일간 한국어 공부를 하였는데 한글 학습이 중심이었다고 한다.

시집으로 와서는

① 남편으로부터 한글 학습과 인사말, 생활 어휘 등을 배우고

② 시간이 좀 지나서는 아이들 책을 읽고 텔레비전의 아이들 프로그램을 주로 시청하였다.

③ 요 근래는 신문(지역신문)을 보고, 텔레비전을 보고, 그리고 책 읽는 것과 함께 이웃 사람들과의 접촉을 통해 언어 학습을 해 왔다.

④ 그런데 남편의 의견으로는 약 2년이 지난 뒤에야 어느 정도 한국말을 하기 시작한 것으로 보고한다.

◆ 한국어 능력 ◆

1. 몸짓언어와 한글의 해독

(1) 주어진 몸짓언어는 모두 이해하였다.

(2) 한글을 읽는 것은 그런대로 읽지만 말뜻을 제대로 이해하며 읽는 단계는 아니다. 그런데 모음에 대한 부정확한 읽기가 두드러지게 나타난다. 즉 '이'를 〔애〕로, '외'를 〔위〕로, '요'를 〔여〕로, '애'를 〔예〕로, '유'를 〔요〕로 읽는 등의 실수를 하였다.

2. 발음의 정확성

1) 자 음

(1) 받침 /ㄹ/을 제대로 발음하지 못한다.
몰랐어요 : 〔몰랃써요〕 → 〔모랃써요〕

(2) 예사소리, 된소리, 거센소리를 잘 변별하지 못한다.

동생 : 〔동생〕 → 〔똥생〕
유관 : 〔유관〕 → 〔유꽌〕
단체 : 〔단체〕 → 〔딴쩨〕
가지마 : 〔가지마〕 → 〔까지마〕
같이 : 〔가치〕 → 〔까치〕
동네 : 〔동네〕 → 〔똥네〕

2) 모 음

(1) /ㅓ/를 〔ㅗ〕로 발음한다.

엄마 : 〔엄마〕 → 〔옴마〕
언니 : 〔언니〕 → 〔온니〕

3. 문법적 표현 정도

1) 문장 구성 방식

SOV식으로 문장을 구성한다.

2) 조사 사용과 어미 활용

조사와 어미에 대한 지식은 어느 정도 있는 것으로 보이지만, 실제의 사용에서는 아직 미숙함을 보인다.

"저요 우리 애기가〔를〕 생각했어요."
"애들가〔이〕 스트레스 받으라고요?"
"우리 애기도 한국말 몰랐어요〔모르면〕 어떡해요?"
"우리 애기가 한국말 싹 배워〔배우면〕 좋겠어요."

3) 복문 구성

보통 단문 위주로 발화하지만, 긴 문장을 구사해야 할 경우 복문도 구성할 수 있다.

(버스타면 어떻게 해요?)
"올라가서, 기사님이 '어서 오세요.' 하면 저도 '안녕하세요.' 해요. 옆 사람이 말 걸어서 '여기 사람 아니네.' 하면, '저 필리핀서 왔어요.' … 내릴 때는 기사님이 '안녕히 가세요.' 하면, '네.' 해요."

4) 주요 문법 범주의 실현

(1) 존댓말

존댓말에 대한 학습은 잘 이루어진 것으로 보인다. 특히 청자존대법은 대상에 따라 거의 정확하게 사용하는 것으로 짐작되는데, 다음의 예는 이 화자가 존댓말 어미뿐 아니라 호칭 형태도 적절히 잘 쓰고 있음을 보여 줄 것이다.

(큰아주버님 오시면 인사 어떻게 해요?)
"아주버님, 안녕하세요? 어서오세요. 들어오세요."
(그럼 그 쪽에서는 뭐라고 해요?)
"그래, 어, 호성이 어딨냐? 우리 애기만 찾아요."
(네?)
"호성아, 나 왔어."
(제수한테는 뭐라고 해요?)
"저한테? 그래 그러죠."
(네?)
"우리 아주버님이요? 그래 그래요."
(말 놓아서 해요?)
"네, 우습죠. 웃어 웃어[우스워] 갖고요."
(막내 고모가 오면 뭐라고 해요?)
"언니~ 그래요."

(아니, 막내 고모가 오면 뭐라고 해요?)
"저요? 어... 그냥 고모님, 고모님..."
(고모님해요?)
"그냥 고모 써요. 정현아, 막내 고모, 언니, 막내 고모 왔어?"
(말 놓아서 해요?)
"네."
(그럼 막내 고모가 뭐라고 해요?)
"언니, 나 왔어 그래요."

그러나 주체존대법의 사용은 아직 불완전한데 자신의 남동생을 '죽었다'고도 하고 '돌아가셨다'고도 함을 볼 수 있다.

"저는요, 11명인데요. 근데 하나 돌아가, 돌아가셨죠. 우리 남동생인데요. 네 명인데요. 근데 하나가... 우리 오빠는 두 명인데요."
(언니는?)
"언니는 한 명이요."
(남동생은?)
"남동생은 네 명요. 하나 죽었어요. 여동생은 네 명이예요."

(2) 시제와 상

과거시제를 그런대로 잘 사용하는 편이다. 그러나 아직 능숙한 단계는 아닐 것이다. 가령 다음의, 앞의 예에서는 과거시제를 잘 쓰고 있지만 뒤의 예에서는 그렇지 못함을 볼 수 있다.

(애기 할머니 보고는 뭐라고 부르세요?)
"네? 뭐라고... 뭐라고요?"
(어떻게 부르세요? How do you address to your...)
"어머님, 저 애기 조금 봐, 봐 주세요. 저 빨래 빨아야 해요."
(네?)
"저요, 빨래 빨아야 해요. 맨날 빨래 빨았응게요."
(애기 작은 할머니에게는 뭐라고 불러요?)
"그랬어요. 똑같은 거. 작은 어머니, 저 애기 한 번 봐 주세요. 뭐 일 있어요."

“필리핀 교회에서 한국 사람들과 까치〔같이〕 공부했어요.”
“한국 사람들 밑에 있어요. 자고. 필리핀 사람들 우게〔위에〕 있어요. 그럼 낮에는 책 보고 한국 사람이 책 보고 그렇죠. 뭐라 한당가요. 가르쳐 줬어요.”

(3) 부정법

단형 부정문은 자유롭게 구사하는 편이다.

(그럼 아주버님은 뭐라고 해요?)
“잘 말... 안 웃어. 오셔갖고요. 우리 애기만 보듬어 갖고요.”
(제수가 어려우니까 애기만 찾는구나.)
“저도 한국말 잘 몰랐응게요. 말 잘 안 나와...”

((물건 값을) 깎아 봤어요?)
“안 줘요, 안 줘.”

“엄마가 못 보내는가 봐요.”

4. 어휘 구사력

이 화자는 한국 체재 기간에 비해서는 어휘 구사력이 그리 높지 않은 인상을 전체적으로 준다.

(1) 교통 신호등의 세 가지 색깔을 ‘팔강〔빨강〕’, ‘초록’, ‘파랑’으로 대답하였다.

(2) 장, 소금, 장아찌의 의미체계에 대해서도 소금의 종류만 부분적으로 알고, ‘장’이라는 상위 범주 그리고 ‘장아찌’의 종류(또는 재료)에 대해서는 전혀 모른다.

(3) 친척호칭

대체로 적절한 친척호칭을 사용한다. ‘시어머니’는 ‘어머님’으로, ‘시숙모’는 ‘작은 어머니’ 또는 ‘작은 엄마’로, ‘시숙’은 ‘아주버님’으로, ‘손위 시누이’는

'고모님'으로, '손아래 시누이'는 '고모'로 호칭한다.

또 이웃 사람들에게는 연령에 따라 '할아버지', '할머니', '아저씨', '아줌마', '아주버님', '형님', '언니'와 같은 의사친척용어를 사용한다.

물론 집에서 배운 것이겠지만 남편의 형제들을 지칭하는 데서 '큰아주버님', '전주 아주버님', 또 '큰고모', '서울 고모', '막내 고모'로 구분지어 가리킴으로써, 동일한 지칭어 앞에 유별적인 한정어를 사용하는 표현 능력을 보여 주었다. 그러나 '시동생'이라는 말의 의미는 잘 모르는 듯, '손아래 시누이'를 가리켜 '시동생'이라고 하였다.

(시동생도 있나요?)
"동생? 고모 하나만. 우리 시동생 한 명이예요."
(애기 아빠 동생 없어요?)
"고모만."

(4) 시어머니의 영향으로 '아기말'(baby talk)(또는 '엄마말'(motherese))을 일부 배워 사용해 온 것으로 확인되었다. 가령 아이가 어렸을 때 '아이고 예쁘라, 내 새끼야', '우리 아기 자장자장', '쭈추', '맘마', '쉬', '똥 싸자'('응가'라는 말은 사용 안 함) 등과 같은 말을 하며 아기를 키웠다고 하였다.

(5) 한국말을 하다가 부분적으로 영어 단어를 사용하기도 하였는데, 가령 play라든지 ticket 같은 단어가 그 예이다. 그러나 본인이 앓았던 병명에 대해서는 우리말 표현도 잘 알아 '갑상선'이라는 말도 할 줄 알았다. 또 모자라는 어휘력 때문에 개인적 조어도 순간 만들어 썼는데 '장사 사람'('가게 주인' 또는 '상인'의 뜻) 같은 말이 그 예가 될 것이다.

5. 대화 능력 및 담화 구성 능력

(1) 그런대로 대화 능력을 가진 것으로 보였다. 물론 통역의 도움을 일부 받

았지만, 통역에의 의존도가 그리 높지는 않았다. 다음 예가 연구자의 말을 얼른 알아듣지 못한 사례에 속한다.

(애기 할머니 보고는 뭐라고 부르세요?)
"네? 뭐라고... 뭐라고요?"
(어떻게 부르세요? How do you address to your...)
"어머님, 저 애기 조금 봐, 봐 주세요. 저 빨래 빨아야 해요."
(네?)
"저요, 빨래 빨아야 해요. 맨날 빨래 빨았응게요."

(한글 공부할 때 본 책이 사전이었어요? 책이었어요?)
"샀어요, 백화점에서."

(2) TAT 카드에 대한 반응을 보면 어느 정도의 이야기를 만들어내는 담화 구성 능력은 가지고 있다. 물론 단문 위주의 그리고 대화체 위주의 구성이지만, 인물들 간의 관계와 그들 사이에 생긴 사건, 그리고 현재의 상태 등을 그런대로 자세히 서술하고 있다. 앞의 것이 6BM번 카드에 대한 응답이고, 뒤의 것이 1번 카드에 대한 응답이다.

"엄마예요, 여기는 엄마. 여기는 아들이예요. 여기는 아들인가 봐요. 거기는 엄마예요. 떠나는가 봐요. 어디서 보내라고요. 엄마는 가지 마라고요. 엄마 제발... 고거 어디 가고 싶은가요. 엄마는 가지 마라고요. 얼굴이 이렇게 생겼어요. 엄마 제발 보내주세요. 그렇죠. 엄마는 까지마. 왜 말 안 들었냐."
(그러면 아들 뜻대로 갈 것 같아요? 엄마 시킨 대로 안 갈 것 같아요?)
"엄마 제발 보내 주세요. 가 주세요. 엄마가 못 보내는가 봐요. 그래서 돌아서 있다."

"바이올린 켜다가 잘 모르겠어요. 많이 생각했어요. 바이올린이 너무나 play... 하고 싶은데... 머리가 아파서 어쩐댜... 바이올린 몰라서 우리 엄마, 우리 아빠 혼났어..."

6. 상황에 따른 언어 사용 능력

(1) 남편이나 가족 그리고 이웃들과는 자신의 언어능력의 한계 내에서는 그런대로 의사소통을 하는 것으로 보인다.

(2) 시장은 혼자서 잘 가지 않고 가까운 가게나 슈퍼는 혼자서도 잘 간다는데, 다음은 가게에서의 언어적 상호작용을 재현한 예이다.

"우리 남편은 약 사러 갔고요, 저는 저기 옷가게 갔어요."
(옷가게?)
"네."
(옷가게에서 어떻게 해요?)
"안녕하세요? 어서오세요 그렇죠. 여기 장사 사람이. 저 우리 애기 양발〔말〕 좀 보세요 그렇죠. 왜 애기 몇 살이예요? 장사 사람이 그랬죠. 아, 다섯 살이예요, 또 세 살이예요. 아들은 다섯 살, 딸은 세 살이예요. 아 그래죠. 여기 있어. 그래요 장사 사람이. 여기 얼마예요? 저 그렇죠. 장사 사람 오천 원이예요. 사 갖고 왔어요. 안녕히 계세요 그렇죠."

(3) 혼자서는 버스나 열차를 타고 멀리 가본 적이 없다. 그러나 임실읍은 혼자서도 다닌다고 했다. 다음은 임실읍을 가기 위해 버스를 타는 과정을 재현해 본 예이다.

"혼자 가면요, 티켓 사 가지고 와야죠. 티켓 한국말?"
(표.)
"아~ 표. 임실 가는 차 보고 알아요 어떻게 버스 타는지. 남편이 나 걱정해서. 혼자 임실 가면 알아요."
(표 살 때 뭐라고 해요?)
"저 임실 가요. 표 주세요."
(몇 사람?)
"혼자요."
(버스 타면 어떻게 해요?)

"올라가서, 기사님이 '어서 오세요.' 하면 저도 '안녕하세요.' 해요. 옆 사람이 말 걸어서 '여기 사람 아니네.' 하면, '저 필리핀서 왔어요.' … 내릴 때는 기사님이 '안녕히 가세요.' 하면, '네.' 해요."

(4) 또 자주는 가지 않지만 면사무소 같은 데 가서도 필요한 일은 간단히 할 수 있는 것으로 보인다. 즉 면사무소에 가면, "실례합니다. 주민등본 한 통 떼 주세요. 필리핀서 왔응게요, 가르쳐 주세요."식으로 말한다고 한다.

(5) 또 아들이 다니는 유치원에 전화를 해서 "우리 호성이 잘 놀아요?"라고 묻기도 하고, 어린 아들에게는 다음과 같이 타이르기도 했다고 한다.

"지난 번 호성이가 '엄마 나 유치원 안 갈래. 애들이 나랑 안 놀았어.' 그래요… 그러면 '친구 예쁘다고 해.' 그러죠. 친구한테 '얘! 〈큰소리로〉 그러면 너 그러면 친구 있간디?' 그렇게 말해요."

(6) 그러나 이 화자의 경우 아직도 일상적이지 않은 말은 잘 알아듣지를 못해, 특히 말이 빠르면 전화를 잘 받을 수 없다고 한다. 그럴 때면 전화를 받은 후, "미안해요. 저 필리핀에서 왔어요. 잘 모르겠어요. 이따 다시 전화하세요." 라고 말하고 부득불 끊을 수밖에 없다고 한다.

7. 기타 특징

(1) 이 화자의 경우 이야기를 진행하는 데서 간접 인용 형태의 서술은 잘 못하고 대신 직접 인용 형태의 서술을 주로 하였다. 부족한 한국어 지식으로 나름대로의 의사전달을 하기 위한 전략적 방안의 한 예가 될 것이다.

(2) 이 화자가 보여 주는 발화상의 또 다른 특색은 상대적으로 이곳 지역 방언 형태를 많이 쓰는 것이었다. 아마도 노인들과의 접촉이 많은 데서 자연스레 생겨난 결과일 것이다.

"뭐라 한당가요?"
"맨날 빨래 빨았응게요."
"필리핀서 왔응게요."
"그러면 너 그러면 친구 있간디?"

8. 종 합

이 화자는 존댓말 사용에 대한 인식이 강하고 또 문장의 종결을 제대로 끝맺는, 언어 학습상의 긍정적인 측면들을 보여 준다. 그러나 어휘 구사력이 상대적으로 떨어지고 또 체재 기간에 비해 상대방의 말을 알아듣는 청취력도 문제가 있어 보인다. 심지어는 한글 읽기도 부분적으로 부정확함을 보여 주었다.

전문대 졸업의 학력과 5년이 넘는 한국 체재 기간 그리고 한국어 공부를 시작한 시점이 20대 중반임을 감안하면, 한국어 학습의 성취도가 상대적으로 낮은 것으로 보인다. 왜 그럴까? 성격은 내성적 성격임에 틀림없어 보인다. 그러나 내적 동기의 강도 여부는 연구자로서는 판별하기가 어렵다. 또 사는 곳이 바깥과의 접촉이 그리 쉽지 않은 좀 외진 곳이고, 또 가족생활에서 의존적인 성향임이 관찰된다. 어쨌든 한국어 학습의 초기 단계에서 좀더 집중적인 노력과 실습의 시간을 스스로 갖지 못한 것으로 보인다.

이 화자의 경우 안타깝게도, 앞으로 체계적인 학습의 기회가 주어진다고 하더라도, 현재의 언어 사용 능력에서 그리 큰 발전을 이루기는 어려울 것으로 예상된다.

⑥ 연구 대상자 ⑩-J

◆ 한국어 학습 ◆

Ⅰ. 언어 학습의 배경

1. 연령 : 35세
2. 학력 : 필리핀에서 대학교 졸업
3. 모어 : 비사야어(Bisayan)
4. 혼인 주선의 형태 : 친지(혼인이주여성) 소개로 결혼
5. 혼인 시점 : 1997년 11월 필리핀에서 결혼
   한국 입국 시점 : 1998년 2월 한국 입국
   한국 체재 기간 : 7년 5개월간 한국 체재
6. 시부모 동거 여부 : 시부모 없음
7. 자녀 : 아들(4세) 1명
8. 거주지의 구분 : 면 소재지 거주

Ⅱ. 언어 학습 과정

(1) 결혼 후 필리핀에서 약 2달간 한국인과 결혼한 필리핀인 친구에게서 한국어를 배웠다. 한글과 인사말, 기타 간단한 표현 등을 배웠지만, 한글 자모 정도만 익혔지 한글을 읽는 수준까지는 가지 못하였다고 한다.

(2) 한국 입국 후로는

① 남편에게 모르는 단어와 표현 등을 물어보고

② 주로 혼자서 영한사전을 이용하여 한국어 공부를 하였는데, 약 1년 뒤부터 한글 읽기가 되고 개략적인 의미 파악이 가능해졌다고 한다.

③ 또 텔레비전과 라디오를 많이 이용하였는데, 집에 다른 식구가 없어 텔레비전을 오랜 시간 시청하는 것이 가능하였다. 주로 시청한 텔레비전 프로는 연속극, 뉴스 등이었다. 초기에는 하루 8시간가량 텔레비전을 보면서 한국어를 공부하였다고 한다.

④ 한글 읽기가 된 후로는 주로 아이들 동화책을 많이 보았다.

⑤ 남편의 의견으로도 입국 후 약 1년이 지난 뒤부터 한글 해독이 되고 말을 하기 시작한 것으로 말한다.

(3) 그러나 이 화자는 자신이 배운 한국어가 표준어가 아닌 지역 방언인 것으로 인지하였다. 즉 남편이나 주위 사람들과의 접촉에서 서울말이 아닌 임실말을 주로 배운 것으로 인지하였다.

(사전, 테레비로 한국말 배웠는데, 지금 배운 말이 서울말 같습니까? 임실말 같습니까?)
"임실말요, 전라도말요."
(테레비 보고, 사전 보고 배웠는데 왜 전라도말 배웠어요?)
"아니요, 막 사뚜[투]리... 〈웃음〉 사람들이 막 전라도 사뚜리..."

또 한글 지문에 대한 읽기에서도 자신의 말은 사투리라면서 읽기 전에 부끄러워하는 모습을 보였다.

◆ 한국어 능력 ◆

1. 몸짓언어와 한글의 해독

(1) 주어진 몸짓언어는 모두 이해하였다.

(2) 한글은 잘 읽고 또 내용을 거의 파악하면서 읽는 것으로 보인다. 단 '이

주'를 〔이추〕로 읽었다.

2. 발음의 정확성

이곳 지역 방언의 영향이 매우 커서, 전라 방언을 기준으로 놓고 볼 때에는 발음이 대체로 정확한 편이다. 특히 모음은 전라 방언의 영향을 매우 많이 받은 것으로 보인다. 그러나 최대한 서울말 식으로 정확하게 발음하고자 하는 의지가 엿보인다.

1) 자 음

(1) 예사소리, 된소리, 거센소리의 의미 변별 기능을 잘 인식하지 못한다.

① /ㄸ/를 〔ㄷ〕으로 발음한다.

따로 : 〔따로〕 → 〔다로〕
따라 : 〔따라〕 → 〔다라〕
딸 : 〔딸〕 → 〔달〕
똥 : 〔똥〕 → 〔동〕

② /ㅌ/를 〔ㄸ〕으로 발음한다.

사투리 : 〔사투리〕 → 〔사뚜리〕
타다 : 〔타다〕 → 〔따다〕

③ /ㅈ/와 /ㅉ/를 〔ㅊ〕으로 발음한다.

지내다 : 〔지내다〕 → 〔치내다〕
집 : 〔집〕 → 〔칩〕
찌다 : 〔찌다〕 → 〔치다〕

(2) 받침 /ㄷ/을 탈락시킨다.

고생했지만 : 〔고생핻찌만〕 → 〔고생해지만〕
배웠구요 : 〔배원꾸요〕 → 〔배워구요〕

2) 모 음

(1) /ㅖ/를 〔ㅣ〕로 발음한다. 이는 대체로 이곳 지역 방언의 영향인 것 같다.

계산 : 〔계산〕 → 〔기산〕
계속 : 〔계속〕 → 〔기속〕

(2) /ㅕ/를 〔ㅓ, ㅡ, ㅣ〕로 발음한다. 이도 대체로 지역 방언의 영향일 가능성이 높아 보인다.

아니면 : 〔아니면〕 → 〔아니먼/아니믄〕
하면은요 : 〔하며느뇨〕 → 〔허머느뇨〕
남으면은 : 〔나므며는〕 → 〔나므머는〕
몇 번 : 〔멷뻔〕 → 〔믿뻔〕
며칠 : 〔며칠〕 → 〔미칠〕

(3) /ㅣ/를 첨가한다.

밤까지 : 〔밤까지〕 → 〔바미까지〕

3. 문법적 표현 정도

1) 문장 구성 방식

거의 SOV식으로 문장을 구성한다.

2) 조사 사용과 어미 활용

대체로 잘하지만 구체적인 조사 사용과 어미 활용에서 아직 완전치는 못하다.

“목사님가〔이〕... 돌아가 가지고 안 했어요.”
“집이서〔에〕 없는 거.”
“집안으르〔이〕 힘드르니까.”
“한국분이랑〔이〕 가르치시고...”
“운전기사테〔한테〕”

“코리아 어디에서 살아야고〔사느냐고〕 해요.”
“아니〔아는〕 동생하고 놀러가서”
“그 담에 조금 보아고〔보고〕”
“만나〔기〕 전에”
“그냥 그런 생각하면 슬프하고〔슬프고〕”

3) 복문 구성

복문을 대체로 능숙하게 구성할 수 있다.

“아니 그래도 친구들도 많이 있는데요. 근디 가끔은 막 내가 뭐가 뭐 살라고 뭐가…”
“내가 말을 아직 못해 가지고 그냥 넘어갔어요, 그렇게.”
“처음에 와서 많이 했는데요, 근디 오래 있으니까 잘 안 해요.”
“말하고 싶어도 말 안 나와 가지고 그냥 가만 있어요.”
“그냥... 내가 몰른 말 허먼은요 내가 물어봤고요 이게 무슨 뜻이냐고...”

4) 주요 문법 범주의 실현

(1) 존댓말

인터뷰 내내 연구자에게 제대로 상대존대법을 쓰며 말하였다. 전반적으로 존댓말에 대한 지식은 제대로 갖추고 있는 것으로 보인다. 또한 높임의 특수 어휘에 대한 지식도 가지고 있는 것으로 보인다.

“위곡〔외국〕 보면은 잘 살고... 잘 살아보자고... 이런 거 있잖아? 나는 돈만 많이 보고 아니구요, 그냥 조고만... 편이 살아먼 괜찮다고 그렇게 생각했는데요.”
“(친정어머니를) 많이 안 도와 드렸어요.”
“(친정 형제는) 여덟 명 있는데요, 하나 돌아갔어요... 나까지 여덟.”

(2) 시제와 상

시간 표현은 대체로 능숙하게 하는 편이다. 그러나 때로 긴 이야기 중에는 다음과 같은 실수를 하기도 하였다.

(요즘 연락 있습니까?)
"예, 가끔 통화했어요."

"다른 분 먼저 하고요, 그런데 누가 문지〔문제〕 있어 가지고 그 여자 안… 안 했나 봐요. 그때 우리 동니〔동네〕 와가지고, 그때 또 거기 또 나는 그때 생각 없어요. 근디 …"
"그렇게 생각했고요. 그냥 해보자, 그냥 아무나〔아무거나〕 그냥… 아무나 무슨 일나〔이나〕 마 그냥 해보자… 그냥 정신 없어요 그냥…"
"그래 갖고 그때 한 4개월만〔에〕 임신 했어요… 근디 그것도 뭐 인제… 했는데요, 임신해 가지고는 힘들어요. 것도 한… 7개월만에 양수 덜어졌어요〔터졌어요〕."

(3) 부정법

부정 표현에는 상대적으로 능숙하다. 대신 면접 상황이어서 그런지 장형 부정문은 구사하지 않았다. 단, 다음의 한 사례에서 '못' 부정이 아니라 '안' 부정을 사용하는 실수를 하였다.

"(친정어머니를) 많이 안 도와 드렸어요."

4. 어휘 구사력

(1) 교통 신호등의 세 가지 색깔을 '빨강', '주황', '녹색'으로 답하였다. 여기서 상당한 수준의 한국어 구사 능력을 보여 주는 이 화자가 '노랑' 대신 '주황'으로 답한 것은 맞고 틀리고의 문제이기보다는, 이 화자가 체계적인 한국어 교육을 받지 못하고 사전과 텔레비전 시청만으로 우리말을 혼자서 배운 측면과 관련될 것이다. 실제의 색깔이 '주황'에 가깝더라도 교통 신호등의 색깔을 '노랑'이라고 부르는 것을 이 화자에게 아무도 가르쳐 준 사람이 없었기 때문에,

아마도 이 화자는 '주황'으로 답하였을 것이다.

(2) '장'의 종류는 알지만 상위 범주로서의 '장'의 개념은 모른다. 또 '소금'의 분류법은 잘 알지만 '장아찌'에 대해서는 전혀 모른다.

(3) 가까운 가족, 친척이 많지 않아 친척용어를 잘 쓰지는 않는 것 같다. 그러나 일상적인 친척호칭 및 친척지칭에 대한 지식에서 별 문제는 없는 것으로 보인다.

대신 이웃들을 부르는 의사친척호칭으로는 '할머니', '할아버지', '아줌마', '아저씨', '언니' 또는 '형님'을 씀으로써, 정확한 호칭 형태들을 사용하는 것으로 보인다.

이 화자가 사용한 친척용어 중 특이한 것 하나는 '시아들'이라는 표현이다. 전실(前室)의 아들을 일컬어 '시아들'이라고 말하였는데, 아마도 남편이 조어하여 가르쳐준 말은 아닌 것 같고 화자 자신의 조어 같다. 짐작컨대 '시(媤)-'라는 접두어를 '아들' 앞에 붙이면 '남편의 아들'(Hu. So.)을 가리킬 수 있는 것으로 생각한 것 같다.

(4) 전체적으로 이 화자의 어휘 구사력은 상당한 수준이다. '외국인 사람'과 같은 잘못된 표현도 썼지만, '예금', '환갑', '양수(羊水)' 같은 표현도 썼다. 또 발음이 좀 부정확하였지만 '영제간'〔형제간〕, '문하'〔문화〕, '자연붐'〔자연분만〕과 같은 말도 썼다. 또 감정의 상태를 나타내는 말로 '쑥스럽다', '속상하다', '부끄럽다', '기분 안 좋다'와 같은 말도 썼다.

그런데 이 화자가 가지고 있는 어휘력의 범위를 잘 보여 주는 인터뷰 부분은 아마도 제사 음식의 종류에 대한 다음 부분일 것이다.

(제사할 때 장은 직접 보시죠? 제사 지낼 때 물건 사는 거.)
"에, 에, 에."

(제사할 때 어떤 걸 장에 가서 사세요? 얘기를 해 보세요 한 번.)
"그때... 그... 거... 생선..."
(생선.)
"생선하고..."
(생선 어떤 거 준비하는지 기억나세요?)
"조구... 조, 조기..."
(조기.)
"그 다음에... 야치〔야채〕 같은 거나... 나물... 나물 같은 거... 콩나물... 도라지... 고사리... 시... 시금치... 이렇게... 다 올리고. 그 담에 과일..."
(과일은 어떤 거 준비하세요?)
"배, 사과, 오렌지. 음 참외 같은 거 있으면 참외고... 수박 있으면 수박도 있고요... 이렇게... 그 담에... 음... 척 같은 거 있잖아 적... 부침개..."
(적. 예, 예.)
"여러 가지 만들아구요. 그 담에 여러 가지 반잔〔찬〕〔하〕구요. 그리고... 그것도 있고요... 그 담이... 국... 어... 밤... 알, 알밤... 대추... 같은 거... 그런 거... 그 담에 떡."
(떡, 떡, 어떤 떡 하세요?)
"어... 떡... 어... 한 가지만 했어요. 제사 지낼 때...???"
(그러면 이제 음식은 준비하시고. 제사상은 민성이 아버님이 이렇게 상에 받쳐 올리시고...)
"네."
(제사할 때 부엌에 계세요 아니면 같이 이렇게 절도 하고 그러세요?)
"같이 있어요."
(같이 계세요? 네... 그럼 술은 어떤 거 준비해요?)
"예?"
(술, 제사상에 올라가는 술.)
"에... 술... 소주도 있고요, 어... 그... 그 무슨 술지 그 진으로..."
(기억은 안 나시고요?)
"죵주. 충주?"
(아, 청주. 맞아요.)
"그고 그것도 올리고요..."

5. 대화 능력 및 담화 구성 능력

(1) 이 화자의 대화 능력은 상당히 높은 수준이다. 면접의 전 과정을 통역의 도움 없이 행하였는데, 가령 다음 예는 면접의 첫머리에서 연구자와 서로 주고받은 자연스런 대화의 예이다.

(임실에 시집오신 분들 중에서 (말) 제일 잘하시는 것 같아요.)
"아닙니다… 아니에요."
(몽골 아주머니는 발음이 분명하지 않아요. 그 앞에 앉았던 분, 읍에 사시는 분.)
"거그 십년?…"
(그 분도 제법 됐어요. 그런데 발음이 분명하지 않아요. 오늘 두 번째 만났거든요.)
"아, 그러세요? 나도 두 번 만났어요."

그러나 인터뷰 과정에서 두 번 가량 연구자의 말을 못 알아듣거나 잘못 알아들은 경우가 있었는데 바로 다음의 예이다.

(주로 시장 어디로 가십니까?)
"임실시장."
(물건 사러 가서 어떻게 하십니까? 무엇을 많이 사십니까?)
"반찬 같은 거."
(뭐 팔러도 가십니까?)
"한국말… 〈남편에게 무슨 말인지 물음〉"

(친척 집 잔치에 가서는 뭐라고 하세요?)
"그냥 지미〔재미〕 노라〔노래〕 하고 막… 지미 노라하고요. 지미 노라. 못 알아들으세요? 그냥… 술 먹고 막…"

또 이 화자의 말을 연구자가 분석적으로 이해하기 힘든 부분은 전 인터뷰 과정에서 한 문장 정도가 있었는데 바로 다음의 대화에서이다.

(못 알아듣는 말은 있어요?)

"못 알아듣는 말도 있어요. 처음 들은 말 그런 거. 근디... 그것도 들었으먼은 물어봤어요. 그거 무슨 뜻이냐고 그렇게. 근디 아직 많이 들은, 들은 말 아직 많이 같애요."

위에서 "근디 아직 많이 들은, 들은 말 아직 많이 같애요."는 문맥상으로는 아마도 '근데 처음 듣는 말 (그래서 말뜻을 모르는 말) 아직 많은 거 같애요.'로 추정된다. 만일 이러한 뜻으로 이 말을 했다면, 앞의 '많이'는 '처음'이라는 단어의 단순히 잘못된 발화 즉 실수(mistake)가 될 것이다.

(2) TAT 카드에 대한 응답은 비교적 단순하였다. 긴 이야기를 만들지 않는 것은 아마도 이 화자의 내성적인 성격 때문인 듯한데, 앞의 것은 6BM번 카드에 대한 응답이고 뒤의 것은 1번 카드에 대한 응답이다.

"아저씨가 어머니한테 할 말이 있을 거 같은데요. 큰 부탁을 했는데 어머니가 안된다고..."
(그래서 될 것 같아요?)
"안될 거 같아요."

"아이가 뭐 생각하잖아요. 피아노... 아니, 바이올린 좋아하나 봐요. 근디 어떻게 하나, 안 헐라고 하나... 문지〔문제〕 같은 게 있는 거 같아요. 하고 싶어도 돈이 없응가 못해요."

위의 TAT 반응처럼 비교적 논리적인 담화 구성의 또 다른 예로 다음 발화를 들 수 있다. 이 이야기는 자신의 아들에게 자신의 언어를 앞으로 가르칠 계획에 관한 것이다.

"우리 언니 선생님, 우리 언니가 선생님이거든 필리핀서. 지금부터 갈치라고 갈치라고. 그러니까 쪼끔 쪼끔... 네 가지 있는데요... 타갈로그말(Tagalog)부터 배와라고요. 비사야(Bisayan) 아니고요. 타갈로그말. 타갈로그말은 필리핀 가믄은 어디나 가믄은 타갈로그... 필리핀 universal language잖아요. 그러니까 왜냐면 마닐라 있으믄 비사야말 허먼은 마닐라 사람 못 알아들으잖아요. 그러니까 타갈로그... 근디 비사야서 가믄은 타갈로그말 허믄은 알아들어요. 그니까 타갈로그부터... 배와야..."

한편 화자 자신의 감정이 깊이 투영된 담화로는 아마도 다음 예를 들 수 있을 것이다. 이 이야기는 한국에 시집온 후 느낀 경제적인 면에서의 실망에 관한 자신의 솔직한 고백이다.

"위곡〔외국〕 보면은 잘 살고... 잘 살아 보자고... 이런 거 있잖아? 나는 돈만 많이 보고 아니구요, 그냥 조고만... 편이 살아먼〔면〕 괜찮다고 그렇게 생각했는데요... 근디 여기 한국 처음 와 가지〔고〕 조금... 놀랬어요. 〈작은 목소리로〉 이렇게... 친구 집이도... 너무... 가난하고... 그런게... 이럴 수가 없어요... 그냥... 여기 우리 신랑 조금 낫아... 낫아지만〔낫지만〕... 근디... 나도 조금 조금 불편해요. 근디 그냥 이애, 이개, 이해하고 있어요..."

6. 상황에 따른 언어 사용 능력

(1) 남편과의 일상적인 대화에서 불편함은 없는 단계이다. 그러나 아직도 못 알아듣는 말이 있고 또 하고 싶은 말이 있는데 표현을 하지 못해서 그냥 넘어가는 경우도 있다고 한다.

(2) 시댁 식구들이나 동네 사람들과의 상호작용에서도 큰 불편은 없는 단계이다. 그러나 이 화자의 경우 이들과 그리 많은 이야기를 나누지는 않는다고 말한다.

(동네 사람들과 만나 이야기를 잘하지 않습니까?)
"네, 잘 안 해요."
(나가기가 싫어요?)
"네, 나가 잘... 안 해요... 가끔은..."
(만나면 주로 누구를 만납니까?)
"아니 그래도 친구들도 많이 있는데요. 근디 가끔은 막 내가 뭐가 뭐 살라고 뭐가 뭐가 있으믄 필이슨〔필요한〕 거믄 밖에 있으믄 그거만 나가고요. 그냥 나가고 그냥 놀아 거기 잘 안 나가요. 필요한 거만 저 밖에 있으믄은 수퍼 같은 거 어디 같은 거 필요한 거만 나가고요. 그냥 필요 없는 거면 안 나가요."

실제 조사 과정에서 이 화자와 함께 집 밖을 나갔는데 마을 사람들과 마주쳤을 때 이 화자는 말 대신 고개만 숙이는 인사를 하였다. 한마디로 내성적인 성격의 소유자라 필요한 경우를 제외하고는 남들과 많은 이야기를 주고받는 것 같지는 않았다.

(3) 면접 도중 4살 먹은 아들에게 이야기하는 것이 몇 차례 목격되었다. 다음과 같은 비교적 단순한 발화의 예이다.

"〈자다 깬 아들이 칭얼대자〉 민성아, 일로 와."
"이리 와, 아가."
"'안녕하세요?' 그래야지. 잘 잤어? 왜? 뭐 주까? 오렌지 쥬스 주까?"

(4) 시장이나 가게를 이용하는 데 지금은 거의 불편한 점이 없다.

(시장, 가게 가시죠?)
"에."
(임실 시장하고 강진 시장하고? 수퍼는 요 뒤에 수퍼 가십니까?)
"있어요. 근디 시장 같은 거는 가끔만 나가고요. 집이서 없는 거 인자 그냥 여기서 밖에서 수퍼하고나 채소집이나 거기서 사고... 그냥 시장 같은 거는 많이 안 나갔어요."
(물건 사러 가서 불편한 점 없습니까?)
"처음에는 불편 많이 했어요 처음에는. 근디 지금은 없어〔없는 것〕 같애요."
(처음에는 어떤 게 불편했습니까?)
"말 잘 몰라〔모르〕니까 그냥 가게 주인들이, 시장 사람들이 못 알아들으니까 무슨 말... 그니까 불편했죠."
(지금은 수퍼에 가서 불편한 점 없습니까?)
"지금은... 많이 없어요."

(5) 버스나 열차를 타고 어디를 가는 데도 별다른 문제는 없다. 이 화자는 임

실읍의 버스 터미널과 기차역을 이용해서 목적지까지 가는 방법을 정확하게 설명하였다. 다음은 군내 버스를 탈 때 운전기사와의 상호작용에 대한 응답이다.

"그냥… 올라가지고, 버스 올라때믄은〔타면은〕 그냥 자리 비우면은 그냥 앉아서… 앉아 갔어요… 그 다음에 내렬〔내릴〕… 때믄은 인사할 때도 있고요…"
(누구한테 인사합니까?)
"운전기사테."
(뭐라고 합니까?)
"안녕히세요. 안녕해세요."
(〈농담조로〉 아, 안녕하세요…)
"〈연구자의 지적에 곧 교정하며〉 안녕히 계십시오, 잘 가세요… 그렇게…"
(내릴 때는 인사를 하고, 올라갈 때 인사는 안 하신다…)
"네… 잘 안 해요."

(6) 주부로서 편지나 소포를 보내고 또 각종 공과금을 내기 위해 우체국이나 은행을 자주 이용한다. 물론 현재의 단계에서 별다른 불편은 없다.

(전기요금은 우체국에서 냅니까?)
"우체국 아니면 농협."

(서울에 누가 있습니까?)
"달〔딸〕이요. 신랑 딸이요. 큰딸."
(뭘 주로 보냅니까?)
"여러 가지 해요. 김치 같은 거나 쌀 같은 거나 해서…"
(외국인 엄마가 한국 딸에게 김치를 담가 보낸다고요?)
"〈웃음〉 가끔 해요. 계속 아니구요."
(농협도 갑니까? 뭐 하러 갑니까?)
"돈 찾을라고. 아니먼 돈 예금도 하고… 여러 가지 해요."

(7) 관공서에 가 간단한 일을 보는 데도 별 문제가 없다고 한다. 가령 주민등록증을 재발급 받는 일 같은 것은 혼자서 했다고 한다.

"주민등록... 잊아〔잃어〕 먹었거든요... 하나 만들아... 이렇게 말했어요."

그러나 최근에 아이를 유치원에 보내면서 농업인에게 주는 혜택을 받기 위해 면사무소를 찾았을 때는, 담당자가 너무 많은 것을 물어 다 알아듣지를 못해 다음날 남편이 새로 가 일을 해결했다고 하였다.

(8) 결혼식을 다녀온 경험은 여러 번 있다. 그러나 '부조'라는 단어는 아직 익숙하지 않은 것 같다.

(예식장 가시면 처음에 어떻게 하십니까?)
"가면은... 부모님... 들이... 다 신부 부모님나... 어느 쪽... 나면은〔어느 쪽이든 만나면〕 인사하고요..."
(인사 어떻게 하십니까?)
"그냥... 축하해요... 〈웃음〉 그 담에... 봉투... 그 담에 조금 보아고〔보고〕... 그 담에 밥 먹고... 그냥 이렇게... 〈웃음〉"
(밥 먹을 때는 누구 옆에 앉아요?)
"같은 친구... 도 있고요, 여기 동니〔동네〕 친구도 있고요... 그냥 아니면 신랑 같이면 신랑 같이 하고... 친척 같은 거먼은 나하고 신랑하고 같이 있는데요, 그냥... 놈이〔남〕만 있으먼은 잘 안 간다고 해요."
(가기 싫다는 거죠? 왜 가기 싫어요?)
"부끄러워요... 〈웃음〉"
(축하해요 말고는, 신부가 예쁘다든가 하는 그런 인사는 안 하세요?)
"예, 했어요. 그런 말... 친척 같은 거믄은 하죠 신부가..."

또 가까운 친척의 환갑잔치에 가서는 "'환갑 축하합니다.' 그렇게 인사했어요."라고 답하였고, 상가(喪家)에 가서는 그냥 울었다고 하면서 상주에게 한 인사를 묻자 "삼가 삼가..."라고 하면서 말을 끝맺지를 못했다.

(9) 전화 통화 시에는 아직도 못 알아듣는 말이 있어 불편하다고 하였다.

(전화 벨이 울리면, 받을 때는 어떻게 하세요?)

"여보세요… 막… 전화 건… 누가 누가 찾아면은… 누가 찾아세요… 이러면은… 우리 신랑, 신랑 바꿔주세요… 이러면은 그냥… 알아세요 잠깐만 기다리세요… 그렇게만 했어요… 아니면 내가 친구 같은 거면 전화하면은 그냥 또 같은 필리핀 사람이면은 그냥… 안녕하세요, 아니 여보세요… 그냥, 영어로… 가끔 영어도 있고… 필리핀 말로도 있고… 그냥… 이야기 했어요 그냥… 그렇게 인사하고 그런…"
(전화 끊을 때는 어떻게 하세요?)
"그냥 '끊을께요…' 아니면 영어로도 있고…"
(아니, 한국 사람한테는요.)
"한국 사람이요? … 그냥 안녕히세요… 〈웃음〉"

그러나 면접 도중에 걸려온 전화를 받는 데서는 별다른 불편이 없어 보였다. 가령 걸려온 전화를 받고는 "여보세요? 예, 맞아요. 예, 잠깐만요. 〈남편에게 전화를 건네며〉 우진이, 우진이 친구."라고 하였고, 또 자신을 찾는 전화를 남편이 받아 넘겨주려고 하자 "이따가 전화하라고 해요."라고 응답하였다.

(10) 또 아이가 다니는 유치원에 가서 선생님을 만나기도 하고 서로 전화를 주고받기도 하는데, 의사소통상의 별다른 어려움은 없어 보인다.

"(유치원) 선생님 하고 많이 통화했어요. 내가 뭐가 궁금 있으먼은 선생님한테 전화하고요. 그 담에 선생님도 우리 집으로 전화 와요. 무슨 일 있으믄 뭐가 있으므는 민성아 아플 때믄 아니면 막 차 내릴 때 담당 선생님 있으므느 막 물어봐고… 민성아 밥 많이 먹었냐고 잤냐고 그렇게 많이 했어요."

7. 기타 특징

(1) 인터뷰를 하러 이 집을 찾아 안방에 들어섰을 때 연구 대상자는 "우리 이렇게 살아요."라고 인사하였다. 이런 완벽한 인사와 함께, 또 이 화자는 '안녕히 가세요.' 또는 '안녕히 계세요.'라고 할 자리에 두 번씩이나 "안녕히세요."로 말하였다. 물론 내성적 성격이라 말끝을 명료히 맺지 않는 또는 들릴락 말락 말하는 특성 때문일 수도 있을 것이다.

(2) 이 화자는 자신의 잘못된 표현을 고쳐가면서 말하는 '자가 교정'(self-correction)의 말하기 방식을 부분적으로 보여 주었다. 또 담화상으로는 '울타리말'(hedge)로 이해될 수 있는 '그냥', '근디'와 같은 표현을 상당히 자주 쓰는 특징을 보여 주는데, 이러한 울타리말이 이 화자의 불충분한 표현력을 완화시켜 주는 담화상의 기능을 하는 것으로 생각된다.

8. 종 합

이 화자는 한국 체재 기간이 길고 또 외국어로서의 한국어를 제대로 배울 수 있는 지적 능력도 갖춘 것으로 생각된다. 실제로 높은 학력에 걸맞게 거의 사전만 가지고 혼자서 공부한 힘든 노력의 흔적도 곳곳에 보인다. 그리하여 이 화자의 한국어 사용 능력은 '능숙한' 수준은 아닐지라도 일상생활을 영위해 나가는 데 불편함이 없는 정도의 수준은 될 것이다. 그러나 이 화자의 성격은 대체로 내성적이고 또 결혼생활에 대한 심리적 만족도도 그리 높지는 않은 것으로 보인다. 물론 한국어를 제대로 배우고 싶은 심리적 동기는 가지고 있는 것 같다. 이 화자의 경우 좀더 일찍 체계적인 한국어 학습의 기회를 가졌더라면, 지금보다 훨씬 향상된 언어 사용 능력을 습득하였을 것으로 생각되어, 일면 안타까운 느낌이 든다.

마지막으로 언어 사용과 관련한 이 화자의 소극적이고 내성적인 성격은 다음 진술에서도 잘 드러날 것이다. 은행이나 면사무소 같은 곳에 일을 보러 갔다가 뜻대로 말이 잘 안될 때는 어떻게 하느냐는 질문에, 다음과 같이 응답하였다.

"말하고 싶어도 말 안 나와 가지고 그냥 가만 있어요."
(가만 있으면 하고 싶은 말 못하잖아요.)
"그러니까요. 〈한숨, 웃음〉 가만 있어요."

⑦ 연구 대상자 [8]-H

◆ 한국어 학습 ◆

Ⅰ. 언어 학습의 배경

1. 연령 : 28세
2. 학력 : 필리핀에서 대학교 중퇴
3. 모어 : 일로카노어(Ilocano 또는 Ilokano)
4. 혼인 주선의 형태 : 통일교의 주선으로 결혼
5. 혼인 시점 : 2000년 1월 필리핀에서 결혼
   한국 입국 시점 : 2000년 2월 한국 입국
   한국 체재 기간 : 5년 5개월간 한국 체재
6. 시부모 동거 여부 : 시아버지 · 시어머니와 동거
7. 사녀 : 아들(4세, 2세, 4개월) 3명
8. 거주지의 구분 : 읍 소재지 거주

Ⅱ. 언어 학습 과정

(1) 필리핀에서는 한국어를 전혀 배우지 않았다.

(2) 한국 입국 후에는
① 교회에서 약 1달간 한국어 공부를 하였고
② 집에 와서는 남편으로부터 한글과 한국어를 조금씩 배웠다. 그런데 남편은 처음에 한글 읽기와 함께 돈의 구분법, 인사말, 호칭과 존댓말, 생활 어휘 등을 가르쳐줬다고 한다. 또 이 시기에 남편은 "이것이 수저믄 수저다, 냄비믄 냄비다, 밥주걱이믄 밥주걱이다, 딱 들고 댕김선... 이게 찌개믄 찌개는 이렇게 끓이

는 거다, 저는 이렇게..." 하는 식으로 주요 생활 어휘를 가르쳤다고 하였다.

③ 본인이 본격적인 언어 학습을 위해 주로 이용한 것은 영어사전인데, 이 연구 대상자는 3권의 사전을 보여 주었다. 한 권은 외국인용 영한사전이고, 또 한 권은 일반 영어사전이고, 그리고 또 한 권은 어린이용 영어사전이었다.

이 시기에 본인의 표현에 의하면 사전 속의 단어를 찾아 최소한의 의사소통을 다음과 같이 억지로 하였다고 한다.

(말이 안 통하면 어떻게 하셨어요? 처음에.)
"그때는요, 막 사... 사전 보여 주고요."
(사전?)
"사전을 보여 주고..."
(누가? 신랑이?)
"에. 뭣을 하고 주면〔하고 싶으면?〕 살, 사전 찾아 갖고 보여 주고... 그래요."
(그럼 뭘 모를 때 남편이 사전 찾아서 리마이엘 보여 주고... 리마이엘도 사전 찾아서 보여 줘요? 이게 뭐냐고?)
"에, 에."

④ 약 5~6개월 후 한글 학습(읽기와 쓰기)이 이루어지고 난 뒤에는 어린이 책(가령 『둘리의 배낭여행』 등)을 읽었고, 또 물론 텔레비전의 뉴스와 드라마를 보고 그리고 라디오 방송(영어방송과 팝음악방송)을 계속해서 들었다.

⑤ 그런데 정작 본인의 의견으로는, 자신이 말을 알아듣고 좀 하게 된 시점은 입국 후 2년쯤 지난 뒤였다고 말하였다.

◆ 한국어 능력 ◆

1. 몸짓언어와 한글의 해독

(1) 주어진 몸짓언어는 모두 이해하였다.

(2) 한글을 잘 읽고 주어진 텍스트의 내용도 거의 이해하는 것으로 보인다. 그러나 모음, 특히 이중모음을 발음하는 데에 약간 문제가 있는 것으로 나타난다.

2. 발음의 정확성

1) 자 음

(1) 예사소리와 된소리, 거센소리를 잘 변별하지 못한다.

진짜 : 〔진짜〕 → 〔진자〕
사촌 : 〔사촌〕 → 〔사존〕
집 : 〔집〕 → 〔칩〕
때 : 〔때〕 → 〔대〕
콩 : 〔콩〕 → 〔꽁〕

(2) 받침 /ㄱ/을 잘 발음하지 못한다.

학교 : 〔학꾜〕 → 〔하교〕
떡국 : 〔떡꾹〕 → 〔떠국〕

2) 모 음

(1) 이중모음 발음을 힘들어한다. 부분적으로 지역 방언의 영향일 수도 있다.

유관 : 〔유관〕 → 〔유간〕
기관 : 〔기관〕 → 〔기간〕
과정 : 〔과정〕 → 〔가정〕
외국 : 〔외국〕 → 〔애국〕
왜간장 : 〔왜간장〕 → 〔애간장〕

(2) /ㅡ/ 또는 /ㅜ/를 〔ㅣ〕로, /ㅔ/를 〔ㅔ〕로 발음하는데 이는 이 지역 방언의 영향인 것 같다.

깨끗해 : 〔깨끋태〕 → 〔깨낃태〕
때문에 : 〔때무네〕 → 〔때미네〕
날씨예요 : 〔날씨예요〕 → 〔날씨에요〕
음식예요 : 〔음식예요〕 → 〔음식에요〕

3. 문법적 표현 정도

전반적으로 문법적 표현 수준이 높아 정교한 문법적 표현에 상당히 다가가 있는 것으로 볼 수 있다.

1) 문장 구성 방식

SOV 방식으로 문장을 구성한다.

2) 조사 사용과 어미 활용

조사와 어미 사용을 능숙하게 하는 편이다. 그러나 상대적으로 조사 사용은 아직 미숙한 것으로 볼 수 있다.

"애국〔외국〕 국적 포기 확인서가〔를〕 잃어버려서 갖구요."
"필리핀 필리핀도〔에서도〕 했어요."
"군민회관에〔에서〕요."
"만약에 그 이름은〔이〕 마음에 든다 그러므는 할 수 있어요?"
"그런 생각을〔이〕 들어요."
"아버님가〔이, 께서〕 못 드시게 할라고 그래요."
"오수 사매(마을이름) 거기서〔에〕 언니가 있거든요."
"사촌오빠는요 일본 일본 사람이서〔이랑, 하고〕 결혼했거든요."

3) 복문 구성

복문을 상대적으로 매우 능숙하게 구사한다. 안은 문장, 이어진 문장을 모두 잘 구사하고, 또 접속 부사를 이용하여 두 문장을 이어서 표현할 수도 있다.

"바쁜 시간인데 애기도 있고... 일도 많고 빨리 할라고요."
"김치 잘 먹고 고추도 잘 먹고 그래요."
"딸 날라고 했는데 또 아들 나서 갖고요."
"우체국 가서 편지 보내고, 돈 찾으러 가고 그래요."
"그때는 하교〔학교〕 다녔을 때 그 오빠가 많이 도와줘, 도이해〔도와줘〕 가지고요."
"그런데 애기 아빠는 내 말을 못 알아듣겠다는데요."

4) 주요 문법 범주의 실현

(1) 존댓말

존댓말에 대한 문법적 지식뿐 아니라 존대 사용의 적절한 상황에 대한 문화적 지식도 풍부하여, 그 지식을 거의 체화한 것으로 보인다. 존대 표현에 대해 뚜렷이 의식하고 있을 뿐만 아니라 높임의 특수 어휘에 대한 지식까지도 확실하게 가지고 있다.

"우리는 둘인데요, 여동생은 죽었어요."
"근디 날마다 그냥 어머니는 안 하세요, 저만 해요."
"죄송, 죄송하다는 맘 들어요, 아버지 할려면. 아버님 해요."
"아무도 안 계신데요, 그 집에는."
"아저씨 장화 혹시 있으세요?"
"식사하세요 말은요, 그냥... 언니 같으면 그냥 식사하세요 그래요. 어른들한테는 진지 잡수세요."

(2) 시제와 상

시간 표현도 매우 능숙하게 하는 편이다. 그러나 조사의 사용에서 약간 오류를 범했듯이, 시제와 상의 표현에서도 특히 과거를 표시하는 데서 조금 오류를 범한다.

(아... 그러세요. 결혼하실 때... 그... 필리핀에서 뭐 하고 있었어요? 결혼하실 무렵...)
"학생이에요〔이었어요〕."

(그건(한국 음식) 처음에 어떠셨어요?)
"그때는 아이구... 냄새 나 못 먹겠다... 그런 생각을〔이〕 들어요〔들었어요〕. 근데 지금은요 나지도 안 한... 해요. 〈모두 웃음〉"

"그때는 하교〔학교〕 다녔을 때 그 오빠가 많이 도와줘, 도이해〔도와줘〕 가지고요, 실단〔싫단〕 말도 못해요〔못했어요〕."

(큰애는 어디 갔습니까?)
"캠핑 갔었거든요〔갔어요, 갔거든요〕."

(3) 부정법

'못' 부정문과 '안' 부정문, 그리고 장형 부정문과 단형 부정문을 거의 완전하게 구사할 수 있다.

"예, 바쁘지는 않아요."
"그런데 지금은 그냥 김치 없으면 못 살 것 같아요."
"그런데 애기 아빠는 내 말을 못 알아듣겠다는데요."
"졸업 못했어요. 1년밖에 안 다녔어요."

(4) 서 법

직설법과 회상법을 표지하는 '-느'와 '-더' 등을 활용하여 생각과 느낌을 보다 정교하게 표현할 수 있다.

"한국을 좋다더라구요."

"어른들한테 쓰는 말가〔이〕 다 있다던데요."
"그런데 애기 아빠는 내 말을 못 알아듣겠다는데요."

물론 때로 실수를 하기도 한다.

"사촌 오빠가요, 그냥 축복 받으라고 그러네〔데〕요."

(5) 사동법

이 화자는 연구 대상자들 중에서 드물게 사동 표현을 할 수 있는 화자로 보인다.

(요새 애기들 때문에 리마이엘 밥 제대로 먹기는 해요?)
"아뇨. 먼저 얘네들 믹이고〔먹이고〕... 그래요."
(그렇죠? 애기들 밥 먹어야 먹을 수 있죠?)
"멕이고... 바빠요..."
(바쁘죠... 그렇죠.)

"아버님가〔이〕 못 드시게 할라고 그래요."

4. 어휘 구사력

(1) 교통 신호등의 세 가지 색깔을 '초록색', '빨간색', '노란색'으로 정확히 답하였다.

(2) '장'이라는 상위 범주의 개념뿐만 아니라 장의 여러 종류에 대해 정확한 지식을 갖고 있었다. 심지어 '조선간장'과 '애〔왜〕간장'의 구분까지도 하였다. 그러나 '소금'의 종류로는 '왕소금', '맛소금'과 함께 '깨소금'을 드는 오류를 범하였고, '짱아치'에 대해서는 전혀 몰랐다.

(3) 친척용어에 대해서는 거의 완벽한 지식을 갖고 있는 것으로 보인다. '시

아버지', '시어머니'와 함께 '시아즈버님', '시언니'('손위 시누이'를 가리킴), '도련님'이라는 친척지칭을 사용하고, 이웃에 사는 '시고모'에 대해서는 '시아버님 여동생'이라는 서술적 표현까지 썼다. 친척호칭도 거의 완벽한데, '손위 시누이'는 '언니'로, '손위 동서'는 '형님'으로, 그리고 '손아래 동서'는 '동서'로 부른다는데, 이는 아마도 스스로 혼동을 피하기 위해 '언니'와 '형님'을 구분지어 부르는 것 같다. 여기서 나아가 '시부모'의 호칭에 대한 이 화자의 답변에서 이 화자의 친척호칭에 대한 지식은 거의 완벽한 수준에 가 있음을 알게 된다.

(시어머니 부를 때는 어떻게 부르세요?)
"어머니 해요."
(어머니 해요? 어머님 해요?)
"어머님 하고, 어머니 하고 그래요."
(시아버지 부를 때는 어떻게 해요?)
"아버님 해요."
(아버님…)
"딱 아버님 해요."
(아버지 안 하고요?)
"하이고, 참 죄송할…〈웃음〉 죄송, 죄송하다는 맘 들어요, 아버지 할려면. 아버님 해요."

(4) 이 화자는 인터뷰를 통해 그리 많은 양의 발화를 산출하지는 않았지만, 상당히 높은 수준의 어휘 구사력을 가지고 있는 것으로 보인다. 가령 '연인'(戀人), '자장면', '고사리', '호박', '장화'(長靴), '이유(理由)', '대장암', '신청'(申請)과 같은 단어를 썼고, 또 발음은 조금 틀렸지만 '무처다〔무치다〕'라는 말도 썼으며, 심지어는 '쭉쭉빵빵'이라는 유행어도 안다고 하였다.

5. 대화 능력 및 담화 구성 능력

(1) 이 화자의 대화 능력은 매우 높은 수준이다. 통역의 도움 없이 면접 조사 과정을 모두 마쳤는데, 다음의 예는 이 화자가 얼마나 능숙하게 한국어로 적절

한 대답을 하면서 대화를 이어가는지를 보여 줄 것이다.

(남편이 7시에 집에 온다고 했는데 그때쯤 오냐고 묻자)
"아뇨 고거는 마, 마음대로가 안되니까, 고거는 끝날 때까지."

(아기는 어떻게 돼요? 아들, 딸?)
"아들이예요 다."
(연구자 일동이 놀라는 반응을 보이자)
"예, 딸 날라고〔낳으려고〕 했는데 또 아들 나서 갖고요."

(연구자가 발음이 명료하다고 칭찬하자)
"그런데 애기 아빠는 내 말을 못 알아듣겠다는데요."

그러나 단 한 번 연구자의 질문을 잘못 알아들은 경우도 있었다.

(그래서 한국에 몇 년도에 들어오셨어요?)
"지금요? 5년에요."
(5년... 2000년에 들어오셨어요?)
"에."

(2) TAT 카드에 대한 응답은 의외로 단순하였다. 아마도 응답을 하기 싫었던 것 같은데, 다음은 6BM번 카드에 대한 간략한 반응이다.

"둘이서 그냥 misunderstanding 같은데요. 연인인가 봐요. 하나는 나갈 거 같아요, 남자는. 여자는 그냥..."

6. 상황에 따른 언어 사용 능력

(1) 남편과의 의사소통에 대해

"어려움 없어요. 하고 싶은 말 다 할 수 있어요. (빨리 말해도) 다 알아들어요."

라고 답하였다. 아마도 사실인 것 같다. 다른 식구들이나 이웃 사람들하고도 마찬가지인 것으로 답하였다.

(2) 시장이나 가게에 가서 물건을 사는 데는 아무런 불편이 없는 것으로 보인다. 다음의 대화 예에서 보면, 시장에서의 마지막 인사로 "많이 파세요."를 쓴다고 답함으로써 오히려 연구자를 놀라게 하고 있다.

(시장 가서 어떻게 하는지 한 번 해 보세요.)
"만약에 신발 살 때요. 어제… 아 언제가… 어제 장날 장화 샀거든요, 우리 애기 아빠 장화요. 그래 가꼬 그냥 '아저씨 장화 혹시 있으세요?' 그랬어요. '있어요.' '얼마예요?' '만 원이예요.' 그러는데요. '8천 원 하면 안될까요?' 그랬어요. '그래요, 가져가세요.' 그랬어요."
(8천 원 주고 사오셨어요?)
"네, 8천 원 주고…"
(그럼 사고 나서 그냥 돌아오세요?)
"네."
('고맙습니다.', '안녕히 계세요.' 이런 거 안 하세요?)
"아뇨, '많이 파세요.' 그랬어요."

(3) 다음은 우체국과 은행을 이용하는 이야기이다.

(우체국은 혼자 가느냐고 묻자)
"우체국 가서 편지 보내고, 돈 찾으러 가고 그래요."
(저금도 해요?)
"해요. 입금도 하구요, 기계에다가. 찾을 때도 해도 돼요, 기계에다가."
(계좌이체도 할 수 있어요?)
"네."
(은행은 안 가시겠네요?)
"가요, 기계에다가."
(왜 기계로 해요?)
"사람도 많으니까요. 바쁜 시간인데 애기도 있고… 일도 많고 빨리 할라고요."

(4) 이 화자는 우리가 인터뷰하기 2, 3일 전 혼자서 전주의 출입국관리사무소를 다녀왔다. 혼자서 해당 관공서를 찾아 호적등본도 떼고, 주민등록증도 신청하고, 여권도 발급 받고, 그리고 외국인등록증도 반납하였다고 하였다. 한마디로 다른 사람의 도움 없이 혼자서 해당 관공서를 찾아 필요한 일을 모두 해낼 수 있는 언어적·문화적 지식을 이미 갖고 있는 것으로 보아야 할 것이다.

7. 기타 특징

(1) 이 화자는 상당히 높은 수준의 한국어 표현력을 구사한다. 지금까지 든 예를 제외하고도 다음과 같은 표현 용례가 눈에 띈다.

"당연하죠."
"다 똑같애요."
"만약에 하고 싶으면"
"저는요 집에만 있어요."
"근데 맨날 안 해요. 맨날 전화 안 해요."
"아뇨… 그건 한 번도 안 해 봤거든요?"
"저는 그래서 아이구 싫다 그런 말도 못하고 그래요."
"그런데 지금은 그냥… 김치 없으면 못 살 것 같아요."
"말 때문에 도망가고 싶었어요. 말 때문에요."

아마도 압권(壓卷)은 아이들에게 자신의 모어인 일로카노어(Ilocano)를 언제 쓰느냐는 질문에 대한 다음의 답변일 것이다.

"똥 싸갖고요, 기저귀 갈 때 오줌 싸서 놀래 갖고요. 〈일로카노어로〉 아이고 다 닦았는데 오줌 싸면 어떡해. 왜 똥을 주무럭 주무럭 했냐?"

(2) 또 이 화자는 자신이 잘 이해하지 못하거나 쉽게 답하기 어려운 질문에 대해서는 질문을 반복하여 되묻거나 또는 다시 묻는 방식을 흔히 썼다. 물론

이러한 반문(反問)이 자연스러운 대화의 방식이기도 하겠지만, 이 화자의 경우에는 외국어로서의 한국어를 쓰는 데서 채택한 나름대로의 의사소통의 전략인 측면도 부정할 수 없을 것이다.

(한국에 와서 생활하면서 가장 힘들었던 것은 뭐예요?)
"생활이요?"

(한국으로 시집 와서 좋은 점이 뭔 것 같아요?)
"좋은 것이요? 〈한참 동안 대답이 없음〉"
(〈웃음〉 좋은 거 모르겠어요?)
"모르겠어요. 〈웃음〉"
(그럼 힘든 점.)
"힘든 점이요? 식구들... 식구들가〔이〕 보고 시브고〔싶고〕... 에... 보고 싶을 때... 눈물 나고... 그래구... 그래요."

(혹시 추석에 먹는 특별한 떡 아세요?)
"특별한 떡이요? ..."
(송편.)
"송편이요? 꽁〔콩〕하고 깨... 썩어서요〔섞어서요〕."

(요즘 연속극 뭐 좋아하세요?)
"드라마요?"
(네.)
"〈웃음〉 많아요. 아주. 지금은요..."

(3) 이 화자는 또 상당히 능숙한 한국말을 구사하면서도 일방 자신이 잘못 말한 것을 재빨리 교정하는 '자가 교정'의 말하기를 보여 주고 있다. 다음과 같은 예에서이다.

(어디에 있어요?)
"여기 아랫 집에요. 근데 아무도 없어, 아무도 안 계신데요, 그 집에는. 일 다 나갔고."

(어떻게 하는 게 어른들한테 예절을 지키는 거예요? 어른들을 공경, polite하게.)
"아이, 저, 하, 식사할 때는요, 밥... 밥, 밥은요, 아버님 먼저 드시고... 아이〔아니〕 갖다 드리고... 어머니하고, 남편하고 갖다 드리고... 그래요."

(아는 사람도 없다. 그럼 가령 어제 한글학당에서... 왜 일본 사람도 있고 중국 사람도 있고 그랬잖아요. 그럼 말 어떻게 하세요?)
"그냥 한글로 해요. 한글말, 한국말로."

8. 종 합

이 화자는 한국어를 제대로 배울 수 있는 지적 능력을 가지고 있고 또 한국 체재 기간도 상대적으로 긴 편이다. 상당히 자립적인 성향을 가진 것으로 보이고, 또 나름대로 집 밖의 세계와 그런대로 접촉을 해온 것으로 보인다. 물론 한국어를 제대로 배우려는 내적 동기도 강한 것으로 짐작된다.

전체적으로 이 화자의 한국어 사용 능력은 거의 '능숙한' 수준에 도달한 것 같다. 아마도 뒤에 기술할 일본인 화자 및 예외적인 중국인 화자를 제외하면, 외국인 부인들 중에서 한국어를 가장 잘 쓰는 편에 속할 것이다. 특히 이 화자는 비교적 발음도 정확하고 또 문장을 짧게 만들어 그것의 의미를 비교적 명료하게 전달하는 특징을 가지고 있다. 만일 이 화자가 학교와 같은 체계적인 한국어 학습의 기회를 이전에 가졌더라면, 현재보다 훨씬 수준 높은 한국어를 구사할 수 있을 것으로 생각되어, 일면 안타까운 느낌이 듦을 숨길 수가 없다.

5. 몽골 출신 연구 대상자

⑧ 연구 대상자 ⑯-P

◆ 한국어 학습 ◆

Ⅰ. 언어 학습의 배경

1. 연령 : 43세
2. 학력 : 몽골에서 대학교 졸업
3. 모어 : 몽골어
   출신 지역 : 몽골의 울란바토르 출신
4. 혼인 주선의 형태 : 친지(이 경우는 시가의 친척) 소개로 결혼
5. 한국 입국 시점 : 1997년 9월 한국 입국(1년간 인천에서 일함)
   혼인 시점 : 1998년 12월 결혼
   한국 체재 기간 : 7년 10개월간 한국 체재
6. 시부모 동거 여부 : 시어머니가 계시나 함께 살지 않음
7. 자녀 : 몽골인과의 첫 결혼에서 낳은 아들(초등학교 5학년) 1명이 있는데, 이 아들은 5세 때 몽골에서 한국으로 데려왔음
8. 거주지의 구분 : 읍 소재지 거주

Ⅱ. 언어 학습 과정

(1) 몽골에서 한국말을 배운 적은 없다.

(2) 한국 입국 이후 한국어는 주위 사람들과 접촉하면서 자연스럽게 배우기 시작한 것으로 보인다. 그리고 한글은 1998년 아들이 유치원에서 한글을 배울

때 같이 배웠다고 한다. 그런데 몽골에서 데려 온 아들과는 지금까지 계속 몽골어로 대화해 왔다고 하고, 연구자들 앞에서도 그러하였다. 또 뉴스를 한국 방송보다는 인터넷을 통한 몽골 텔레비전 방송을 통해 본다고 하였다.

◆ 한국어 능력 ◆

1. 몸짓언어와 한글의 해독

(1) 주어진 몸짓언어는 모두 이해하였다.

(2) 한글을 읽는 것이 매우 서툰 단계이다. 대학 학력의 소지자로 7년 이상을 한국에서 산 사람으로는 전혀 어울리지 않는 수준의 서툼이다. 몇 예를 들면, '교실'을 〔고실〕로, '교육'을 〔과육〕으로, '여성'을 〔에선〕으로, '입학식'을 〔이팍석〕 또는 〔이팍숙〕으로, '많은'을 〔맏긴〕으로, '오셔서'를 〔요셔서〕로, '기관'을 〔개과〕로 읽었다.

2. 발음의 정확성

전체적으로 발음이 그리 정확한 편이 아닌데, 대체적인 경향을 정리하면 다음과 같다.

1) 자 음

(1) 받침 /ㅇ/을 제대로 발음하지 못하거나 탈락시키는 경우가 잦다.

공장 : 〔공장〕 → 〔곤쟝〕
쌍둥이 : 〔쌍둥이〕 → 〔산두이〕
동생 : 〔동생〕 → 〔동새〕

(2) 음절을 줄이거나 아예 없애고 발음한다.

사무실 : 〔사무실〕 → 〔삼실〕
미용실 : 〔미용실〕 → 〔미실〕

(3) 받침 /ㅁ/을 탈락시킨다.

이모님 : 〔이모님〕 → 〔이모니〕

2) 모 음

(1) /ㅔ/와 /ㅡ/를 〔ㅣ〕로 발음한다. 아마도 지역 방언의 영향인 것 같다.

네 명 : 〔네 명〕 → 〔니 명〕
큰언니 : 〔크넌니〕 → 〔키넌니〕

(2) /ㅏ/를 〔ㅑ〕로 발음한다.

공장 : 〔공장〕 → 〔곤쟝〕
차 : 〔차〕 → 〔챠〕

3. 문법적 표현 정도

1) 문장 구성 방식

SOV식 문장을 구성하는 데는 거의 문제가 없어 보인다. 단, 다음의 예는 부분적으로 불완전함을 보여 주는 예일 것이다.

"돈 벌어 엄마 도와주고 안 공부했어 사람이."

2) 조사 사용과 어미 활용

그러나 조사를 붙이거나 동사와 형용사의 어미를 활용하는 데서는 불완전한 구사 능력을 보인다. 특히 조사를 제대로 사용하지 못하는 것으로 보인다.

"난 속이〔에〕 산두이〔쌍둥이〕 있었어."
"난 여기서〔여기〕 와서 가만 안 앉았어."
"남편〔이〕 난〔나한테는〕 돈 안 줘요."
"정우야〔와〕 전주시〔서〕 둘이 쇼핑해."
"아들은〔이〕 좋아했으면〔좋아하면〕 저기 열심히 계속 살아."
"임실〔에서〕 했었어요."
"진짜 건강〔한〕 사람이예요."
"공부해〔할〕 시간 엄청 작아."
"난 어디로 가면〔든〕 다 혼자 가요."
"엄청 많아〔이〕 갔어요."
"저기 친구들은 술 먹고〔으러〕 오라오라 해요."

3) 복문 구성

단문 위주로 주로 문장을 만들지만, 안은 문장과 이어진 문장을 구성할 수 있는 능력이 어느 정도 있다. 또 접속 부사를 이용하여 두 문장을 의미상으로 연결할 수도 있다. 그러나 능숙한 수준에는 아직 이르지 못한 것으로 보인다.

"왜면 지금부터 살아서 바흐레토 어떤 사람인지 잘 알아."
"여기서 가만 바흐레토 가만 있음〔있을〕 사람이 아니에요."
"난 미용실 했고 매니저... 미실〔미용실〕 만들었어."
"그리고 나 없을 때 밥 어떻게 해라 알려주면, 그게 다 돼요."
"그러면 지금 정우야 다 됐어."

4) 주요 문법 범주의 실현

(1) 존댓말

청자존대법을 알고 그런대로 쓰긴 하지만 아직 그 쓰임새가 완전하지는 못하다.

(동네에 친구 많아요?)

"난 여기서〔여기〕 와서 가만 안 앉았어. 98년부터 2004년 10월 달까지 돈 벌었어. 왜면 그러면 여기서 우유 곤장〔공장〕, 여기 임실에서 치즈 곤쟝, 만두 곤쟝 다 회사 일 다녔어. 안 쉬고 계속 다녔어. 계속 다녀서 여기서 친구들 엄청 많아요."

주체존대법의 사용은 상대존대법보다 더 못한 것으로 나타난다. 정확한 사용 예가 매우 드물게 나타난다.

(시어머니 같이 사세요?)
"시어머니 같이 안 살아. 시어머니 저기 신길. 여기서 10분 버스로 가면 시골에 살아요. 제사, 추석, 설날, 제삿날 때 계속 오세요. 우리 집 큰집이요."

(친정 가족 소개를 해주세요.)
"우리 여덟 명이요. 아버지, 어머니에서 여덟 명 나왔어. 여덟 명. 여기서 두 면〔명〕 있어요. 두 면〔명〕. 아버지, 어머니 일찍 돌아갔어요."

"아, 엄마 말 안 들어요. 아빠 말 잘 들어요. 난 왜면 몽골 계속 갔다 오시면 아빠 따라 있을 땐 말 잘 듣고 엄마가 오시면 그때부터 말 안 들어요." ('엄마'가 화자 자신임)

"정우야 학원에서 오실 때, 아이스크림 사고 맛있는 거 엄청 많이 사고 오세요. 왜 나난 아침에 용돈 안 줬는데 왜 그 맛있는 거 있어 그러면 난 가방 데리고 갖고 와. 여기 친구 있어. 또 맛있는 거 사 주고 사람, 친구 있어 그런 말소리 있어." ('정우'가 화자의 아들임)

(2) 시제와 상

상대적으로 능숙하게 시제와 상을 문장에서 표현해낸다.

"그래 나 한국 왔을 때 난 임신했어."
"몽고 있을 때 난 매니저, 엔지니어로 있었어."

(3) 부정법

부정법을 사용하여 부정문을 만들 수 있지만 오류도 많이 나타난다.

"바흐레토 한국말 못해."
"한국말 잘 안 배워서 미안합니다."
"엄마도 도와 없어요."
('엄마도 도와주지 않아요.'의 뜻)
"왜면 남편이 몽골에 갈 때 한 번도 서울에 데꼬 안 줬어."
('데려다 주지 않았어.'의 뜻)

(4) 기 타

1인칭 대명사로 '나'를 주로 쓰지만('저'는 거의 안 쓰는 것 같음), 때로는 자신의 이름으로 1인칭 대명사를 대신하기도 한다.

"왜면 지금부터 살아서 바흐레토 어떤 사람인지 잘 알아. 난 앨범에서 바흐레토 어떻게 살았는지 알아. 왜면 바흐레토 어떤 아파트로 어떻게 살았는지 알았다고 말소리 진짜 없어."

"시어머니 계속 바흐레토, 계속 이렇고 잘 배웠으면 엄청 잘 배웠어. 왜면 티비 보면 미국 사람들 엄청 너무 한국말 해. 바흐레토 못했다고 지금 바호레토 늘상 한국말 안 배웠어. 계속 난 말소리 들어요."

4. 어휘 구사력

이 화자는 한국 체재 기간이 상대적으로 길어서인지 그런대로 일상적인 어휘 구사는 하는 것으로 나타난다. 그러나 의미 영역에 따라 일정하지 않은 어휘 지식을 가진 것으로 보이고, 또 부정확한 어휘 사용의 예도 자주 발견된다.

(1) 교통 신호등의 세 가지 색깔을 '녹색깔', '노란 색깔', '빨간색'으로 답하였다.

(2) 음식의 분류체계에 대해서는 부분적인 지식만을 보여 준다. 특히 소금의 종류에 대해 '꽃소금', '굵은 소금', '맛소금'의 대답을 하였으나, 여기에 다시 '미원'을 넣음으로써 자신의 지식이 아직 불완전함을 노정하였다.

(3) 친척호칭에 대해서는 '친동생', '친남자동생', '사돈'이라는 표현까지 사용하였다. 그러나 '시동생'을 그냥 이름으로 부르거나 또는 '동새〔동생〕'로 부름으로써 친척호칭에 대한 제대로 된 지식의 학습과는 아직 거리가 있음을 보여 주었다.

(4) 부정확한 단어 사용

'호주'(濠洲)나 '십자수'(十字繡) 같은 말을 한편으로는 쓰지만, 또 한편 많은 부정확한 단어를 사용한다.

초등학교 → 초다꾜
우리은행 → 워리방, 우리방 ('우리뱅크'의 뜻인 듯)

또 도시의 뜻으로 '시내'를 쓰고, '어떻게'의 뜻으로 '어디'를 쓴다.

"나 시내 사람이에요."
"시내 사람이 임실 살아요. 시골 살아요."
"정우 엄마요, 정우 엄마. 정우 어디 공부해요?"

(5) 자신의 모자라는 한국어 어휘 지식을 때로 영어 단어를 사용하여 메우기도 한다. 이 화자가 많이 쓰는 영어 단어에는 '매니저', '엔지니어', '코스메틱', '비지니스', '방크(bank)' 등이 있었다. 또 '교사' 또는 '학교 선생님'이라는 표현을 모르는 듯, '선생님 사람들'이라는 개인적 조어를 사용하기도 하였다.

"우리 어머니, 아버지, 선생님 사람들이예요."

5. 대화 능력 및 담화 구성 능력

(1) 물론 통역의 도움이 부분적으로 필요하였지만 그런대로 대화 능력을 가진 것으로 보였다. 특히 자신에게 친숙한 주제에 대해서는 이야기를 잘하는 편이었다. 그러나 다음의 예는 질문을 잘못 알아들은 경우일 것이다.

(남자 동생 둘. 여자 동생 하나. 남한테 소개할 때 남편의 남자 동생을 뭐라고 해요?)
"서울에서 다 살아요."

(군청에도 혼자 가시죠?)
((통역))
"안 가요. 임실 어디, 어디 있어 난 모르겠어요. 왜면 임실에서 난 옷 안 사요. 계속 전주로 가면 옷 사고, 맛있는 거 좋은 거 보면. 전주시 아니면 남원으로... 남편도 같이 가요. 시간 있을 때 일요일 쉬었을 때 우리 남편 화나요. 지금 좋은 거 봐요. 바흐레토 할머니 아니예요. 지금 바흐레토 어디 좋은 거, 어디 있어 말하면 남편한테 배웠어요."

앞의 예는 질문이 길어 잘못 알아들은 것 같지만, 뒤의 예는 통역까지 통했는데도 '군청'이 뭐하는 곳인지에 대한 배경 지식이 부족한 데서 엉뚱한 대답이 나온 것 같다.

(2) TAT 카드에 대한 반응에서 이 화자는 제법 긴 이야기를 만들었다. 앞의 것은 6BM번 카드에 대한 반응이고, 뒤의 것은 1번 카드에 대한 반응이다. 단, 6BM번 카드에 대한 반응의 앞부분에서 먼저 화자 자신의 능숙하지 않은 한국어 능력에 대해 사과를 하고, 1번 카드에 대한 반응에서는 뒷부분에서 자신의 일상생활에 대한 이야기를 덧붙이고 있다.

"처음에 나 말하면, 한국말 잘 안 배워서 미안합니다. 왜면 8년 살았어요. 여기 가족에 안 좋은 일 나왔어. 일 나왔을 때 여기 어머니 남자 애 아들 저기 나쁜 일 어떻게 만들었어. 왜 나왔어. 맘은 아팠다고. 들어가요. 어떡해요. 생겨 나왔어. 엄마는 괜찮아. 다 돼요. 이렇게 생각하고 있었어요."

"여기 미국 아들, 바이올린 보고 여기 어떻게 잘 배우면 저기 심포니 오케스트라를 들어요. 집에서 계속 심포니 오케스트라 잘 들어요. 왜면 저기 리처드 클레이드만, 오케스트라 잘 보고 있을 때, 바이올린 잘 들어가고 여기 잘 배우면 저기 킹 앉아서, 오케스트라 잘 배울 생각했고 앉아 있어요. 집에서 너무 답답하고 계속 집에서 노래 들어요. 피아니노 젤 좋은 거 들어요. 파우 마틴, 리차드 클레이드만 알아요?"

6. 상황에 따른 언어 사용 능력

(1) 부부 사이에 최소한의 의사소통은 하는 것으로 보인다. 그러나 남편과 대화를 많이 하는 것은 아니라고 답하였다. 한 가지 남편에 대한 이야기를 하면서 "술 먹어서 개소리해요."라는 말을 했는데, 이는 이 화자가 어느 정도 한국어로 욕도 할 줄 안다는 사실을 반영하는 자료일 것이다.

(2) 시댁 식구들, 이웃 사람들과도 자신의 언어능력 내에서 필요한 대화를 하는 것으로 보인다.

(3) 시장이나 가게, 버스나 열차, 우체국이나 은행의 이용도 혼자서 할 수 있는 것으로 보인다. 또 필요시 결혼식이나 상가도 다니고 아들의 학교도 방문하는 등 최소한의 사회생활을 자신의 제한된 언어능력으로 그런대로 수행하는 것으로 보인다.

그러나 전화 통화 및 텔레비전 시청에 대한 다음 대답은 이 화자의 일상생활이 부족한 언어능력 때문에 아직도 크게 제한받고 있음을 말해 줄 것이다.

(다른 사람 말 잘 알아들어요?)
"아, 힘들어요. 전화 힘들어. 또 티비 보면, 뉴스 보면. 티비 안 보고 살아. 무슨 말인지 진짜 몰라. 왜면 난 인터넷에서 뉴스 봐요. 세계 나라 뉴스 봐요."
(어느 언어로 봐요?)
"왜면... 몽고 티비 나와요."
((통역: 인터넷 몽골 사이트에서 세계 뉴스 봐요.))

7. 기타 특징

자신의 부족한 한국어 능력을 보완하기 위한 의사소통 전략으로 이 화자의 경우 몇몇 영어 단어나 개인적 조어의 사용 외에, 또 어려운 간접 인용 형태의 담화 구성보다는 보다 쉬운 직접 인용 형태의 담화 구성을 채택하는 것으로 보인다. 물론 이러한 담화 구성 방식이 이 화자만의 특징은 아닐 것이다.

(남편의 동생들과는 무슨 얘기해요?)
"현선 동새〔생〕, 막내 동새〔생〕요. 비지니스 잘해 사람이." ('현선'은 시동생 이름임)
(아니 만나면 무슨 얘기해요?)
"만해〔나〕면 답답하고. 여기서 가만 바흐레토 가만히 있음〔있을〕 사람이 아니예요. 어떻게 우리 이렇게 살아요. 어떻게 우리 이렇게 놀러 가면 차 없어 우리 어떻게 살아. 나 이렇게 살아〔살〕 사람 아니에요. 잘 같이 배워. 비즈니스 같이 해요. 비지니스 같이 해요. 바흐레토 한국말 못해. 조끔〔조금〕 기다려."

또 이 화자의 경우 적절한 부사 또는 부사구를 사용함으로써(가령 '진짜', '엄청', '한 번도', '젤〔제일〕', '조끔〔조금〕' 등), 자신의 말을 수식하거나 강조하여 표현할 수 있는 언어능력도 제법 가지고 있는 것으로 보인다.

8. 종 합

한국 내 체재 기간이 상대적으로 긴 데 비해 한국어 사용 능력은 그리 우수하지 못하다. 한국어 학습을 시작한 시기가 30대 중반인데, 아마도 이 화자의 부정확한 발음의 면은 이 연령 요인과 연관될 수 있을 듯 하다. 이 화자의 경우 한국어 학습을 위한 동기가 그리 커 보이지 않고, 또 가족 내에서의 언어 입력이나 언어 학습을 위한 우호적 분위기도 별반 없어 보인다. 발음이나 문법, 어휘의 면에 비해 대화 능력, 상황에 따른 언어 사용 능력은 좋아, 자신이 하고 싶은 말을 그런대로 잘하는 것으로 보인다. 그러나 앞으로 노력하여 한국어 능력을 크게 신장시킬 것 같지는 않은데, 그 이유는 한마디로 한국어를 잘 배우려는 의지 자체가 없어 보이기 때문이다. 비유적으로 표현하면, '한국 사회 내에서 홀로 딴 세계에 사는' 듯한 느낌을 강하게 주는 사람이었다.

⑨ 연구 대상자 ⑮-0

◆ 한국어 학습 ◆

Ⅰ. 언어 학습의 배경

1. 연령 : 25세
2. 학력 : 몽골에서 전문대학 졸업
3. 모어 : 몽골어
   출신 지역 : 몽골의 울란바토르 출신
4. 혼인 주선의 형태 : 중개업체의 소개로 결혼
5. 혼인 시점 : 2003년 12월 초순 몽골에서 결혼
   한국 입국 시점 : 2003년 12월 말 한국 입국
   한국 체재 기간 : 1년 7개월간 한국 체재
6. 시부모 동거 여부 : 시아버지·시어머니와 동거
7. 자녀 : 아들(8개월) 1명
8. 거주지의 구분 : 자연 촌락 거주

Ⅱ. 언어 학습 과정

(1) 한국에 오기 전 1주일 동안 몽골에서 한글 공부를 하였다. 그러나 시간이 짧아 한글 읽기도 채 배우지 못하였다. 이때 이후 한글 공부를 하는 주 교재, 참고서는 『한국어 기초교본』과 『몽-한 사전』이었다.

그림 7. 몽-한 사전과 회화 책자

(2) 한국 입국 후로는

① 가족과의 접촉 그리고 남편에게 모르는 것을 물어보는 방식으로 말을 배우고

② 텔레비전(주로 연속극)을 보고 또 어린이용 책을 읽음으로써 말과 글을 배웠다.

③ 그러나 이 화자의 경우 인터넷을 통한 체계적 언어 학습의 기회를 가진 화자이다. 입국 6개월 후부터 서강대학교의 인터넷 한글 교육 프로그램에 등록하여 공부를 해 왔는데, 배운 내용 중 중요한 것(가령 '동사 어미 활용표')을 출력하여 화장실 벽면에 붙여 놓고 외울 정도로 열심히 공부하는 모습을 연구자에게 보여 주었다.

또한 이 화자가 혼자서 공부한 한국어 학습 노트도 매우 인상적이었는데, 여러 권의 노트에 그간 공부한 것들이 빽빽이 적혀 있었다. 전체 연구 대상자들 중에서 현재 공부하고 있는 학습 노트를 자신 있게 보여 준 경우는 이 화자가 유일하였다.

④ 이 연구 대상자의 남편은 아내의 빠른 한국어 학습을 위해 자신은 "(바깥) 사람들과 보대끼도록" 집 밖을 많이 나가도록 하였다고 말했다. 즉 아내로 하여금 농협이나 옷가게, 병원, 미장원, 화장품 가게 등을 수시로 혼자서 찾아가 물건도 사고 그곳 사람들과 많은 이야기를 나누게 한 것이 아내의 언어 학습에

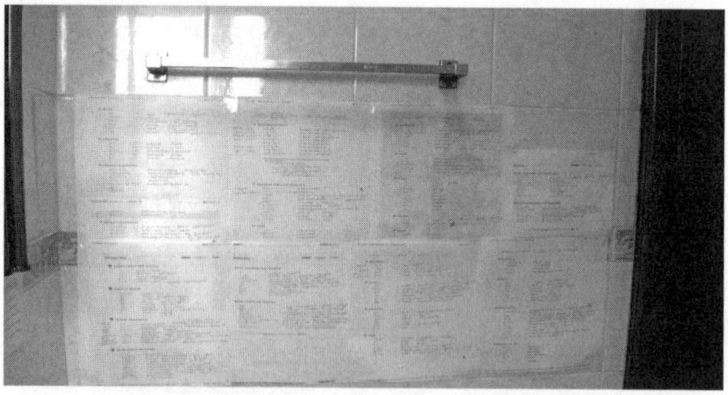

그림 8. ⑮-O의 화장실 벽 한국어 학습 자료

서 매우 중요하였다고 보았다. 이 남편분의 표현에 의하면 "국제결혼의 제일 큰 문제가, (도망에 대한 불안 때문에) 와이프를 개방 안 해 주는 것이 내가 생각하기에 제일 큰 문제"이고, 따라서 "(말을 배우는 데에) 제일 빠른 것이, 개방만 해 주면 빠른데 거의가 집에서 밖에 안 나온께" 여러 해가 지나도 말을 잘 못 배운다고 하였다.

물론 이러한 생각은 이 남편분만 하는 것은 아닐 것이다. 그러나 이 분의 경우 바깥과의 접촉이 외국인 아내의 빠른 한국어 습득에 매우 중요함을 보다 명시적으로 인식하는 것이 될 것이고, 또 이러한 생각을 적극적으로 실천에 옮긴 사례가 될 것이다.

(3) 이 화자는 자신의 비교적 빠른 한국어 학습 경위에 대해 다음과 같이 스스로 말한다. 여기서는 주로 우호적인 가정환경에 진술의 초점을 맞추지만, 인터넷을 통한 체계적인 교육의 효과, 화자 자신의 높은 성취동기와 적극적 태도, 그리고 외부와의 빈번한 접촉 등이 복합적인 상승 작용을 일으켰을 것으로 짐작된다.

> "근데 이것은… 제가 이렇게 잘 배우는 이유는 우리 시어머니랑 시아버지랑 같이 사니까 맨날 얘기하잖아요. 집에서 혼자 애기 키우고〔는〕 몽골 사람들도 있어요. 거기는 저보다 몽골에 있을 때 한 1년 배웠어요, 한국에, 한국말. 근데 한국말 1년 배우고, 여기 나, 저보다 먼저 왔어요. 2년 됐어요. 그리고 3년 동안 배웠잖아. 근데 저보다, 첨엔 제가 '안녕하세요.'도 몰랐어요. 저보다 좀 잘하시는 거 같아서, 제가 모르는 거 있으면 이렇게 '어머님한테 이런 말씀 하고 싶은데 어떻게 말하면 돼요? 좀 가르쳐 주세요.' 그러면, 그때는 좀 가르쳐 줬어요. 그리고 기〔그〕 여자한테 내가 좀 배웠어. 지금은 초급도 말 못해요. 거기 이유는 컴퓨터 지금 샀어요. 그리고 혼자 아파트에서 남편은 말 안 해요. 혼자 임〔음〕악 듣고, 밤에 집에 오면 와이프랑 조금씩 이야기하고, 그렇게 얘기 잘 안 해. '이렇게, 이렇게 하면 돼. 이거 안돼요. 테레비에서 이런 뉴스 나와요. 오늘 테레비 뉴스에서 몇 명 죽었대. 뭣 때문에 죽었다고', 그런 말씀 안 해요. 우리 남편 그런 말 마해〔많이 해〕. '유나(연구 대상자의 한국 이름) 이리와, 테레비에서 오늘 여덟 명 죽었대', '왜 죽었어? 무슨 일 있었어?' 그러면, '그런 때문에 이렇게 이렇게 죽었대, 가스렌지 잘 이렇게 잘해. 애기 이렇게 봐, 애기 이렇게 하면

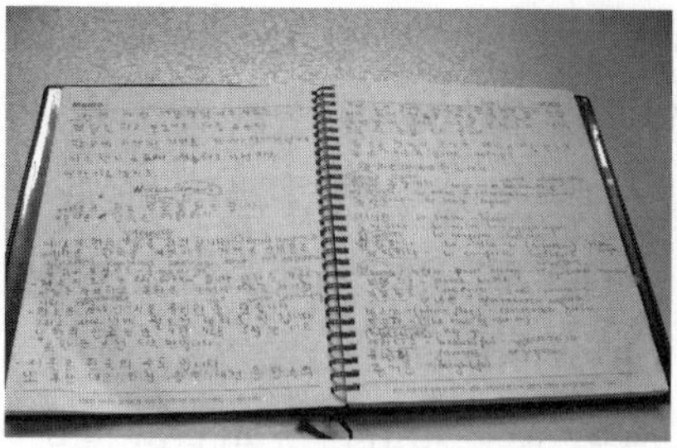

그림 9. ⑮-O의 한국어 학습 노트(1)

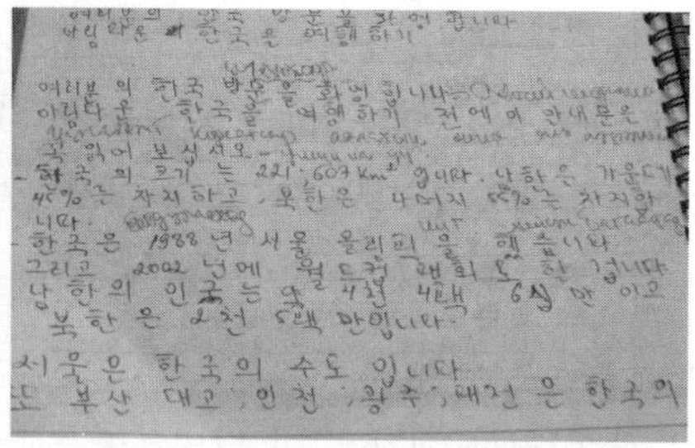

그림 10. ⑮-O의 한국어 학습 노트(2)

안댜〔안돼〕, 아토피… 테레비 잘 봐요.' 내가 잘 얘기 해 줘, 남편한테서 뉴스 봤다고. '이렇게 하면 안되는구나 이렇게 하면 되는구나', 그렇게 생각했거든. 필요하잖아. 이렇게 말 배우는 것은 남편이 잘해 주지만〔주면〕, 잘 배워요. 기〔그〕 남편은 나쁜 말 안 하거든. 와이프한테 말 잘 안 해주고, 기〔그〕냥 혼자 음악 듣고 와이프는 혼자 집에서 과로(?)해. 애기 키우고 애기 자면 또 자 같이. 애기 일어나면 같이 일어나고, 집에 좀 청소하면 청소하고. 아무것도 아무 사람한테도 이야기 안 해〔하〕잖아. 그러니까 얘기 못해요. 어머니한테도 '어머니, 이거 갖다 줘요. 뭐가 필요해요. 이거 이렇게 하면 돼요, 안돼요.' 사〔싸〕우는 거 있는데, 그리고 잘못한 것도 있고… 좀 말… 배워요. 보르는 것 많이 있어요. 또 배우고 싶고, 앞으로 계속 공부하고 애기 잘 키우고… 그럭 하고 싶어요."

◆ 한국어 사용 능력 ◆

1. 몸짓언어와 한글의 해독

(1) 주어진 몸짓언어는 모두 이해하였다.

(2) 한글은 대체로 잘 읽는다. 본인은 "읽을 줄 알아요. 무슨 뜻인진 잘 몰라요."라고 하지만, 대체적인 의미는 파악하면서 읽는 것으로 보인다. 그러나 모음의 읽기에서 약간 문제가 있다. 즉 '교육'을 〔구육〕 또는 〔고육〕으로, '으로'를 〔이로〕로, '위한'을 〔외한〕으로 읽었다.

2. 발음의 정확성

부정확한 발음이 의사소통에 지장을 줄 정도는 아니지만, 모음과 자음 중 상당수 음운을 정확한 음가대로 발음하지 못한다.

1) 자 음

(1) 받침 /ㅇ/을 〔ㄴ〕으로 발음한다.

형제 : 〔형제〕 → 〔현제〕
형님 : 〔형님〕 → 〔현님〕
명 : 〔명〕 → 〔면〕

(2) 예사소리, 된소리, 거센소리의 변별적 자질을 잘 인식하지 못한다.

출발 : 〔출발〕 → 〔출빨〕
벌어 : 〔버러〕 → 〔뻘어〕
빨라요 : 〔빨라요〕 → 〔발라요〕
싸우다 : 〔싸우다〕 → 〔사우다〕
따라가고 : 〔따라가고〕 → 〔타라가고〕
돈 : 〔돈〕 → 〔톤〕
도시 : 〔도시〕 → 〔토시〕
선택 : 〔선택〕 → 〔선땍〕
기다렸고 : 〔기다렫꼬〕 → 〔키따렫꼬〕
소감 : 〔소감〕 → 〔소깜〕

(3) 받침 /ㅁ/을 탈락시킨다.

이모님 : 〔이모님〕 → 〔이모니〕

2) 모 음

(1) 모음은 전반적으로 전설모음을 제외하고는 중설모음과 후설모음에서 약

간의 음가 혼란을 겪고 있는 것으로 보인다.

① /ㅓ/를 〔ㅗ〕로 발음한다.

어렸을 : 〔어렫쓸〕 → 〔오렫쓸〕

② /ㅜ/를 〔ㅗ〕로 발음한다.

누나 : 〔누나〕 → 〔노나〕
너무 : 〔너무〕 → 〔너모〕
아무 : 〔아무〕 → 〔아모〕
만두 : 〔만두〕 → 〔만도〕

③ /ㅓ/를 〔ㅡ〕로 발음한다.

여성 : 〔여성〕→ 〔여승〕
어떻게 : 〔어떠케〕 → 〔어뜨케〕

④ /ㅡ/를 〔ㅣ〕로 발음한다. 부분적으로 이곳 지역 방언의 영향일 것이다.

그냥 : 〔그냥〕 → 〔기냥〕
음악 : 〔으막〕 → 〔이막〕
음식 : 〔음식〕 → 〔임식〕
받아쓰기 : 〔바다쓰기〕 → 〔바다씨기〕
듣다 : 〔듣따〕 → 〔딛따〕
모르디 : 〔모르다〕 → 〔모리다〕
슬프다 : 〔슬프다〕 → 〔실프다〕
그림 : 〔그림〕 → 〔기림〕
그렸어요 : 〔그렫써요〕 → 〔기렫써요〕

(2) 또 음운의 임의적 탈락과 첨가가 보이기도 한다.

가족들이랑 : 〔가족뜨리랑〕 → 〔가족뜰랑〕
글구 : 〔글구〕 → 〔그르구〕
돈 버는 : 〔돈버는〕 → 〔돈벌으는〕
싶지 : 〔싶찌〕 → 〔시프지〕

3. 문법적 표현 정도

1) 문장 구성 방식

한국어의 SOV식 문장을 완전하게 구성할 수 있는 것으로 보인다.

2) 조사 사용과 어미 활용

이 화자의 경우 말을 빠르게 하고 또 말을 많이 한다. 따라서 조사를 붙이거나 동사와 형용사의 어미를 활용하는 데서 다소간 불완전한 구사 능력을 보인다. 상대적으로 어미 활용에는 능해 보이지만 조사의 활용에서는 약간 오류를 범한다.

"우리 친집〔친정집〕에는〔은〕 아파트 울란바트로 시내, 시내에 있고. 내 친집에〔은〕 아파트에 있어."
"아냐, 내가〔나는〕 사진 찍을〔찍기〕 싫어요."
"그러고 내가〔나를〕 불렀어요."
"이거 마실 것 이거 마셔서〔마시고〕 그 담 계속 하면 안돼요?"
"집에서 혼자 애기 키우고〔키우는〕 몽골 사람들도 있어요."

3) 복문 구성

이 화자의 언어능력에서 가장 큰 특징은 뛰어난 복문 구성 능력을 가지고 있고, 실제의 발화에서 많은 복문을 생성한다는 점이다. 접속 부사를 이용하여 두 문장을 의미상 연결하는 것뿐만 아니라, 이어진 문장과 안은 문장을 거의 능숙하게 구성할 수 있다.

"아니면 벌써 배웠어요. 근데 하기 싫어요."
"근데 지금은... 옛날에는 좀 힘들었는데 지금은 괜찮아요."

“주변 사람들이 좀 내가 외국 사람〔인 것〕 아니까 도와주고, 제가 또 하고 싶은 말 좀 하니까.”

다음 예는 인터뷰 첫머리에서 연구자가 물은 질문에 대한 응답인데, 여기서부터 이미 복문을 자유롭게 사용하고 있다.

(친정이라는 말 아시죠? 친정. 몽골에 있는 가족들 소개 좀 해주세요.)
“몽골에 있는 가족들은 제가 오〔어〕렸을 때 아버지 돌아가시고, 거기 열, 열여섯 살 때 어머니가 돌아가셨어요. 그러니까 이모니〔님〕 집에서 이모니〔님〕 가족들이랑 같이 살았어요. 친여동생도 있고, 친오빠도 있었는데, 여기가, 내가 음… 여기 한국에 있을 때 오빠가 돌아가셨어요. 갑자기 거기 아팠는 거 아닌데… 갑자기 아파서… 〈울음〉 그리고 그 뒤 몽골에 가고 싶었는데 갈려고 했었는데 근데 애기 때문에 못 갔어요.”

4) 주요 문법 범주의 실현

(1) 존댓말

상대존대법에 대한 지식은 비교적 명료한 것 같다. 겸양의 1인칭대명사 ‘저’도 자주 사용한다. 그러나 인터뷰에서 연구자에게 말을 잘 높이다가도, 중간 중간에 이야기가 진행되면 어느새 말을 낮추어 하는 경향을 보였다.

(언니 남편은 뭐라고 불러요?)
“남편은 안 불러 봤어. 남편 못 봤어.”

선어말어미 ‘-시-’에 의한 주체존대법을 그런대로 잘 사용하지만, 때로 오류를 범하기도 한다.

“어머니, 아버님, 어디 갔는가, 계시면 계시고, 안 계시면 어디로 갔는지 말해주고.”
“사람들… 음… 이렇게 한국 사람들이고… 오시고… 오셔 가지고… 마음에 들면 한국에 간다고 말 들었거든?”

(결혼하신 지 1년 되어서 이렇게 말씀 잘하시는 분 한 분도 없었어요.)
"제가... 말... 말 잘하신다고 말 많이 들었거든. 근데, 내가... 사실 아닌 것 같애..."

(2) 시제와 상

시제와 상을 상대적으로 매우 능숙하게 문장에서 실현할 수 있다.

"영화 사진, 옛날에 영화 사진 같아요."
"아들은 미안해하는 거 같애."
"여기 있는 동안 애기 아빠도 가르쳐줬어요."

그러나 때로 다음과 같이 오류를 범하기도 한다.

"어떻게 배웠는지(배우는지) 알고 싶어서 생각하고 있어요. 아니면 벌써 배웠어요."
"임신할(했을) 때 사(싸)우고 전주 갔다 왔어요."
"시장 거기 옷 살 때 다른 거 많이 샀잖아요(사잖아요)."

(3) 부정법

부정문을 능숙하게 구성할 수 있다.

"적극적이어서 한국말 못해도 안 무서워요."
"지금은 초급도 말 못해요."
"안 해요. 한 번(도) 안 불러 봤어요."

그러나 '못' 부정의 사용에서 다음과 같은 오류를 범하기도 한다.

(누나 부를 때 어떻게 부르십니까?)
"나 부를 때 제가 아직 잘 안 배웠어요."

(4) 서 법

'-고 싶다'와 같은 의향법을 실현시키는 서법 표현이 또한 발견된다.

"난 이거 안 사고 싶어, 이거 사고 싶어."

4. 어휘 구사력

(1) 교통 신호등의 세 가지 색깔을 '빨강색', '노란색', '파란색'으로 정확하게 답하였다.

(2) '장'과 '소금'의 분류법에 대해서는 부분적 지식을 가지고 있으나, '장아찌'는 집에서 잘 먹지 않아 모르는 것으로 나타난다.

(3) 친척용어는 호칭 및 지칭 모두에서 거의 정확한 용어를 쓴다. 호칭의 경우 '시아버지'는 '아버지' 또는 '아버님', '시어머니'는 '어머니' 또는 '엄마', 남편은 '애기 아빠' 또는 '자기', '시숙'은 '시숙님', '손위 동서'는 '형님', '손위 시누이'는 '언니'로 부르고, '시매부'는 아직 불러 보지 않았다고 한다.

그런데 이 화자의 경우 가족 호칭의 변이형들(variants)이 갖는 '사회적 의미'(social meaning)의 차이를 이미 알고, 따라서 상황에 따라 그리고 상대에 따라 그것을 적절히 사용하는 능력까지도 배운 것 같다. 다음 예를 보자.

(시아버지는 어떻게 부르세요?)
"시아버지, 그냥 아버지."
(아버님이라고 합니까? 아버지라고 합니까?)
"어쩔 때는 아버지하고, 아버님."
(어떤 때는 아버지하고, 어떤 때는 아버님 합니까?)
"사람들 좀 많이 있으면 아버님 하고, 가족들끼리만 있으면 아버지라고…"
(시어머니는 어떻게 부르세요?)
"그냥 어머니."
(어머님이라고는 안 하세요?)
"어머님은 잘…"
(안 해요?)
"응."

(시아버지는 아버님 하는데 시어머니에게는 안 한단 말이죠?)
"까까워라고 생각하고 좀 어머니라고..."
(엄마라고는 안 합니까?)
"가끔 좀... 가끔 바쁘면 엄마라고 가끔 해요. 바쁠 때, 애기 좀 봐주세요."
(남편은 뭐라고 부릅니까?)
"그냥 자기."
(애기 아빠도 씁니까?)
"어쩔 때는 애기 아빠라고 해요. 다른 사람들 말씀하실 때 애기 아빠라고 하는데, 애기 아빠 어디로 집에 안 계셔, 어디로 저리저리 갔을 때는. 둘이 있을 때는 자기라고 불러요. 근데 애기 낳아서 좀 자기라고 불르면, 애기 아빠 좀 싫어하는 거 같아요."

그러나 '친정집'을 '친집'이라고 하였고, 또 친정 가족의 소개에서 '친할머니'와 '외할머니'를 혼동하는 실수를 하기도 하였다.

(4) 숫자를 말하고 뒤에 필요한 분류사를 붙이는 지식도 꽤 발달한 것으로 나타난다.

((애기가) 몇 살이예요?)
"이제 좀 있으면, 25일날 8개월 딱 돼요."

"작년 십월 달에 하고 싶었는데..."

그러나 때로 실수를 하기도 하였는데, 가령 나이를 묻는 답으로 '육십오 살', '여섯 달 후에'를 '육 달 다음에', '세 번'을 '세 명'으로 잘못 말하기도 하였다.

(5) 이 화자의 어휘 구사력은 전체적으로 상당한 수준이다. 가령 '소감', '선택', '동료'와 같은 한자어 어휘를 자연스레 썼고(그러나 '관광'이라는 단어는 빨리 떠올리지 못함), '또딱 또딱', '딱딱'과 같은 의성어, 의태어를 썼으며, '외국인등록증'을 '가짜 주민등록증'이라고 불렀는데, 이 표현이 자신의 창안인지 남편의 창안인지는 불분명하다. 그러나 '게'를 '벌레'라고 상당한 감정적 반응과

함께 부름으로써, 생물체의 범주 구분에 관한 지식상의 오류를 또한 보여 주었다.

5. 대화 능력 및 담화 구성 능력

(1) 이 화자의 대화 진행 능력은 상당하다. 물론 어려운 질문이나 답변의 경우 통역의 도움을 받았지만, 많은 경우 자신이 연구자의 질문을 듣고 답을 하였다. 그러나 때로 말을 잘못 알아듣는 경우도 있었는데 다음과 같은 예에서이다.

(남편 형제가 몇이예요?)
"형제? 음... 서른... 마흔세 살. 마흔네 살?"
(아니, 남편 형제)
"현〔형〕제? 아, 현〔형〕제. 시숙님, 현〔형〕님, 음... 거기 노〔누〕나 두 명. 누나 무슨 말로 하는지 몰라. 남편의 누나 두 명. 남편은 막내."

(결혼식에 가보셨어요?)
"결혼식? 제가 임신했기 때문에 결혼식, 작년 십〔시〕월 달에 하고 싶었는데 근데 안 했어요. 지금 시월 달에. 이년〔금년〕 시월 달. 올해 결혼식은..."

또 부정의문문에 대한 대답에서도 때로 오류를 범하기도 하였다.

(혼자는 안 갔죠?)
"아니오."
(한국 국적 아직 취득 안 했죠?)
"아니오. 아직 안 했어요."

(상가는 안 가보셨죠?)
"아니오."

(2) TAT 카드에 대한 응답은 이 화자가 보여 주는 일반적인 대화 능력에 비해서는 다소간 평범하였다. 그런데 6BM번 카드에 대한 응답(앞의 것)보다는 1

번 카드에 대한 응답(뒤의 것)이 보다 자세하게 나타난다.

"영화 사진, 옛날에 영화 사진 같아요. 근데 기〔그〕림은 아냐. 사람, 사람 기〔그〕렸어요? 이거 사람 기렸는데, 이렇게 할 때 이 사진 찍었어요? 근데 이거 보면 이 사진 그릴 때, 이거 어머님하고 아들이요. 외국, 영국 영화 같애. 영화 아니면... 영화 아니면 그냥 가족 사진이요?"
(다른 이야기는 없습니까?)
"다른 얘기는? 이거, 이 사진 보면 엄마는 화난 거 같애, 아들은 미안해하는 거 같애. 뭐 잘못된 일을 만들어서..."

"음, 이거... 이거 좋아."
(바이올린.)
"아, 바이올린... 아니면 참 좋아해요, 이 아들. 아니면 이거 하고 싶어, 무슨 생각하는지, 좀 생각하고 있어요. 무슨 생각하고 있는지. 어떻게, 어떻게... 어떻게 배웠〔우〕는지 알고 싶어서 생각하고 있어요. 아니면 벌써 배웠어요, 근데 하기 싫어요. 근데 좀 이상해. 보면... 좀 보면 어떻게 하는지 몰라요. 무슨 생각하고 있는지..."
(네?)
"근데 이렇게 보면 이상해요."
(뭐가 이상해요?)
"음... 다른 말 없어요."

이 화자의 보다 진정한 담화 구성 능력은 위의 TAT 카드에 대한 응답보다 아래의 이야기(narrative)에서 보다 잘 드러나는 것으로 생각된다. 결혼 초기에 화가 나 집을 나갔던 에피소드를 나름대로 구성해 서술한 이 자료는, 이 화자의 생생한 개인 이야기(personal narrative) 자료가 될 것이다. (연구자의 질문은 원래 의사소통 오해(miscommunication)의 사례에 대한 것이었는데, 다소간 엉뚱한 답이 나왔다.)

"옛날에 있었어. 기〔그〕 때문에 사〔싸〕웠어. 임신할〔했을〕 때, 사우고 전주 갔다 왔어요."
(누구랑 싸웠어요?)
"남편이랑."

(남편하고 왜 싸웠어요?)
"하고 싶은 말도 못해〔하〕니까, 니가 바쁘니까. (남편이) 아니야, 김유나. 한국말 김유나거든. 김유나 좀 가만히 있어 봐. 저 지금 너무 발〔빨〕라요. 지가〔제가〕 지금 얘기하고 있는 거 돼요. 지금 1년도 안됐잖아. 이것보다 어떻게 이렇게 말 잘하고 싶어. 이것 말하는지 이것보다 너무 빨라요. 한글 읽을 줄 알았잖아. 한글 이거 받아씨〔쓰〕기도 나 알아요. 네 말 무슨 말인지 알아. 이것보다 어떻게 말하고 싶어요. 그것 땜에 우리 집에 이모 친구, 이모님 친구 왔다갔거든. 기 사람이 이야기 좀 해줬어요. 기 사람이 얘기 듣고... 옆사람들 이야기하면 내가 여기서 몽골어 하고 싶고, 왜 여기... 시골에 살고 있는지 생각하고 '이혼해요. 나가고 싶어요. 애기 수술해요.' 그리고 나갔어. 그리고 나갔는데, 아무 것도 돈도 없는데, 어디로... 친구 따라 집으로 같이 따라가고 싶어 나갔어요. 우리 애기 아빠 젊은 사람이니까 나오는데 그때 시아버지 돈 이렇게, 돈 받아가. 십이만 원, 조끔 내가 김유나 돈 가지고 가. 돈 필요해요. 잘 놀다가 들어 와. 나 돈 없는데 남편 집에서 나간다는 거 알았는데 안 나와, 안 가. 그러고... 맘 속에 걱정 많이 했는데 근데 전화도 안 하고, '가. 가.' 그리고 나 저기서 하루 잠자고 내일〔이튿날〕 전화해 갖고 '언제 와?' 해서 집에 또 들어왔어. 아버지 돈 주고. 전주 많이 빠른 거 전주. 전주 두 개 있잖아 전준, 전주. 전주 거기 갔다 왔어."
(한 번 갔다 왔어요? 두 번 갔다 왔어요?)
"한 번."

6. 상황에 따른 언어 사용 능력

(1) 남편과의 일상 대화는 별 문제가 없어 보인다. 화가 났을 때 남편에게 어떤 욕을 하느냐는 짓궂은 질문에 드라마에서 배운 '나쁜 놈'을 쓴다고 하였고, 때로는 몽골어 욕도 쓰는데 그 뜻은 '도둑놈' 정도로 번역된다고 한다.

(2) 시부모와 같은 시댁 식구들과의 의사소통도 별다른 문제는 없어 보인다. 그런데 이 화자의 시어머니는 재미있는 의견을 제시하였다. 즉 며느리가 한국말을 아직 제대로 못할 때는 존댓말을 쓰지 못하고 반말만 썼고, 또 마치 남자가 말하듯이 큰 목소리로 말을 하였는데, 말을 어느 정도 배운 후로는 존댓말을 쓰면서 매우 여성스런 말씨로 바뀌었다는 개인적 인상을 전하였다.

반면에 이 화자는 말을 어느 정도 배운 후 남편 및 시부모에게 자신 앞에서는 사투리를 쓰지 말고 표준어를 써 달라고 부탁하였다고 한다("어머니 말 조심해 주세요."라고 부탁했다고 함). 자신의 느낌으로는 "깨끗한 말"인 표준어부터 배우고 뒤에 사투리를 배우는 것이 옳은 것 같았고, 또 이러한 자신의 요청과 가족들의 노력으로 자신은 사투리를 덜 배웠고 또 덜 쓴다고 믿고 있었다.

(3) 동네 사람들과는 여러 가지 인사와 간단한 대화를 주고받는다는데, 이러한 정도의 의사소통을 하는 데에는 별다른 문제가 없어 보인다.

(4) 인터뷰 도중 곧 8개월이 되는 아기에게 하는 이 엄마의 말을 녹음할 수 있었는데 다음과 같은 표현들을 썼다.

"앉어. 앉어 봐."
"이롸〔이리 와〕. 엄마가 옆에 있으면 괜찮아."
"〈아기가 울자〉 미안해, 미안해. 알았어, 알았어. 응. 이거 책 보자." 등

(5) 집 밖의 일상생활을 하는 데서 언어상의 별다른 문제는 없는 것으로 보인다. 다음은 시장이나 가게를 가는 이야기이다.

(시장이나 가게 혼자 가십니까?)
"예, 여기 있는 동안에 애기 아빠도 가르쳐줬어요. 제가 시장에, 시장 장사하는 거, 장사 아니고 시장 거기 옷 살 때, 다른 거 많이 샀잖아요. 그러니까 통 애기 아빠 자기 알아서 해, 자기 알아서 해. 지금은 말 모르니까 아니야, 내가 무서워. 같이 가. 같이 가. 그리고 이렇게 말해줘, 나 이거 안 사고 싶어, 이거 사고 싶어. 자기가 알아서 해. 자기가 알아서 말해〔하〕고 사. 몇 살, 사이즈 얼마예요? 이거 좀 나 이거 안 어울리는 거 같애요. 그런 말 모르는데 처음에 애기 아빠 또 저기 혼자 있고, 빨리 서〔사〕, 빨리 서〔사〕. 나 혼자 또딱또딱 해 가지고 〈어눌한 말투로〉 여기 주세요.이거 얼마예요? 아니오, 이것 좀 긴 거 같애요. 말하고, 어디 사람이요? 외국 사람이예요? 아니오, 나 몽골 사람이예요. 그리고 집에 와서 왜 이렇게 같이 안 갔어요? 무서웠어요. 그 사람 왜 같이 외국 사람이냐고, 나한테 여러 가지 물어 봤어요. 왜 같이 안 갔어요. 그러면 아니오, 자기 혼자 가면 자기가 나 혼자 있으니까 자기가 할 수 있지, 옆에 사

람 있으면 저가 해, 저가 해 있으면 아무것도 못해. 그러니까 내가…"

(깎을 줄 알아요?)

"깎을 수 있어요. 사만오천 원이면 사만. 오천 원 좀 깍아… 내가 가면 말도 잘하고 이쁘다고 잘 깎아줘요. 이뻐요, 이뻐요 그러고. 아줌마랑 잘 말 잘해서. 그냥 몽골 사람이라고 안 하고, 성격이 적응적?"

(적극적.)

"적극적이어서 한국말 못해도 안 무서워요. 외국 사람이니까… 그 사람 아니까. 기냥 맘대로 해요. 그러니까 그 사람도 좋아하고…"

다음은 은행 이용에 관한 이야기이다.

(은행은 가십니까?)

"은행은 혼자 가요."

(혼자 가서 뭐 뭐 하세요?)

"혼자 가서 나 옛날에 거기 지갑도 다 잊어버리고, 그러니까 현금카드 혼자 만들었어요. 현금카드 거기 지갑에 다 있었어요. 그러니까 현금카드 혼자 만들고. 여기 이런 거를 쓰니까…"

(헌금키드로 돈 찾고 입금도 하고? 돈 부치는 거도 해요?)

"예, 따〔다〕 해요."

(적금도 넣을 줄도 알아요?)

"적금?"

((통역이 적금을 설명함))

(은행가서 불편한 거 없어요? 은행 어려운데.)

"몰라요. 근데 지금은… 옛날에는 좀 힘들었는데 지금은 괜찮아요. 주변 사람들이 좀 내가 외국 사람〔인 것〕 아니까 도와주고, 제가 또 하고 싶은 말 좀 하니까."

(6) 쉬운 전화 통화는 별문제가 없어 보인다. 연구진이 처음 전화로 접촉했을 때도 기본적인 의사 전달은 서로 간에 잘 되었다. 다음은 전화 통화에 대한 본인의 진술이다.

(집에 전화가 오면 전화 받는 데 문제가 없습니까?)

"저는… 아냐, 문제가… 어쩔 땐 괜찮아요. 어쩔 땐… 그냥… 근데 괜찮아요."

(알아듣는 게 들립니까?)
"어머니, 아버님 어디 갔는가, 계시면 계시고, 안 계시면 어디로 갔는지 말해 주고. 기리고 돌아오면, 집에 돌아오면 무슨 말 하〔했〕는지…"
(메모했다가 하고?)
"아니, 음… '들을〔드릴〕 말씀 있으면 저한테 말해주세요.' 그러면 돌아오면 말해주고요. '어… 저기 서울에서 기런 사람 전화 왔어요.' 그렇게 이렇게 말해주고."

그러나 텔레마케터나 자동응답기가 하는 말은 빠르고 낯설어 쉬이 알아듣지 못한다고 하였다.

7. 기타 특징

(1) 이 화자도 다른 연구 대상자들처럼 사례 수는 많지 않지만, 확실하지 않은 말은 그 말을 반복하여 확인하면서 자신의 말을 이어나갔다. 또 이 화자도 긴 이야기를 만들면서 자신의 시점(perspective)에서만 담화를 구성하는 것이 아니라 여러 화자의 시점을 이용하는 방식, 즉 직접 인용문을 사용하면서 주로 이야기를 만들어 나갔다.

(2) 이 화자도 대화 중에 상대방, 즉 연구자의 동의를 구하는 '확인 의문문'을 제법 많이 사용하는 편이다.

"그리고 3년 동안 배웠잖아."
"지금 1년 안됐잖아."
"아무 것도 아무 사람한테도 이야기 안 해〔했〕잖아."
"제가 시장에 시장 장사하는 거 장사 아니고 시장 거기 옷 살 때 다른 거 많이 샀잖아요."
"갑자기 이런 이런 일 내가 만들었잖아."
"그런 말 안 해니까 내가 할 말 없잖아."

(3) 물론 발음과 문법의 면에서 많은 오류를 범하지만, 이 화자는 거의 자유

롭게 복문을 구성하고 또 상당한 수준의 표현력을 구사한다. 다음 예문은 이 화자의 표현력의 정도를 잘 보여 주는데, 가령 “가면 가고”, “자면 자고”라든지 “내 몸 아닌 것 같애”와 같은 데서 그 실제의 모습을 볼 수 있을 것이다.

(어떤 것이 힘든가요?)

“우리… 부모님… 괜찮은데… 근데 가끔씩 우리 젊은 사람들이니까… 좀 밖으로 나 갔다가 늦으면 또 화 난다고… 늦었으면 미안하다고 하고… 몽골엔 좀 외국 같은 데 좀 상관없거든요. 기냥 마음 대로 가면 가고, 자기 친구들 놀다가 거기서 자면, 자면 자고, 우리는 좀 시어머니 아버지랑 같이 살고 있으니까, 그런 건 좀 힘들어요. 내 몸 아닌 것 같애… 어머님 아버님…”

(그럴 때는… 그런 상황에서는 어떻게 대처하세요?)

“그때는… 기냥 아무 말도 없고 나 늦었어요. 그래요. 내 잘못 아냐. 그러면 화나는 데, 그럼 내가, 내 방법은… 음… 어머니… 내가 오늘 많이 재밌게 놀았어요… 너무… 재밌게 놀고… 재미있는게〔재미있게〕 얘기하고… 좀 늦었어요… 무슨 시간 얼마나 걸렸는지 몰랐어요. 미안해요 좀 그러고… 내가 좀 화나면 어머니도 화나고, 옆 사람들도 힘들고, 그냥 내가 좀 음… 행복하고 좋아요, 좋아 그믄〔그러면〕… 음… 오늘 좀 가서, 이렇고 늦어서 좋았, 너무 잘 놀았으니까 기분이 좋아… 났으면 좋겠어요. 그냥.”

(그러면?)

“좀… 괜찮아요. 기분이 좋았으면 좋겠어요. 좋아, 그믄…”

8. 종 합

한마디로 이 화자는 체재 기간에 비해서는 놀라울 정도의 뛰어난 학습 성취를 이루었다. 물론 강한 학습 동기를 가지고 있고 스스로 엄청난 노력을 경주하였으며, 또 혼자서 공부할 수 있는 지적 배경과 적극적 성격을 소지하고 있다. 게다가 바깥 세계와의 빈번한 접촉을 지금껏 계속해 왔다. 그러나 이러한 일반적 배경을 넘어서서, 인터넷을 이용한 체계적인 한국어 학습이 이 화자의 빠른 한국어 학습의 결정적인 요인이 되었을 것으로 짐작된다. 체계적인 학습의 경험은 다른 무엇보다도, 이 화자로 하여금 거의 자유로이 복문을 구성할 수 있게끔 만든 것 같다. 말할 것도 없이 일정한 시간이 지나면, 이 화자는 다른 외국인 화자들에 비해, 아마도 가장 빨리 '능숙한' 한국어 사용 능력을 습득할 수 있을 것으로 기대된다.

6. 우즈베키스탄 출신 연구 대상자

⑩ 연구 대상자 19-S

◆ 한국어 학습 ◆

Ⅰ. 언어 학습의 배경

1. 연령 : 34세
2. 학력 : 우즈베키스탄에서 대학교 졸업
3. 모어 : 러시아어
   출신 지역 : 우즈베키스탄의 타슈켄트 출신
4. 혼인 주선의 형태 : 군의회 및 중개업체의 소개로 결혼
5. 한국 입국 및 혼인 시점 : 2003년 5월 한국 입국 및 결혼
   한국 체재 기간 : 2년 2개월간 한국 체재
6. 시부모 동거 여부 : 시아버지 · 시어머니와 동거
7. 자녀 : 딸(1세) 1명
8. 거주지의 구분 : 자연 촌락 거주

Ⅱ. 언어 학습 과정

(1) 어려서 5살 때까지 할머니, 할아버지와 함께 살았으므로 소위 '고려말'을 배웠고 러시아말은 잘 몰랐다. 그러나 이후 타슈켄트 지역으로 이사한 후 고려말을 다 잊었다. 그러나 부모는 고려말을 잘하는 것으로 보고하였다.

우즈베키스탄에서 2003년 초 남편과 처음 선을 보았을 때는, 한국어를 전혀 할 수 없었고 또 남편의 말도 알아들을 수 없었다. 결혼 약속 후 한국에 들어오기 전에 약 1달간 타슈켄트에서 그곳의 대학 한국어과 학생으로부터 한국어 과

외를 받았는데 주로 한글 읽기 공부를 하였다고 한다.

(2) 한국 입국 후로는

① 가족과의 대화

② 텔레비전(연속극이나 뉴스) 시청

③ 어린이용 동화책 읽기 등으로 한국말 공부를 하였다.

④ 남편에 의하면 아내의 한국어 공부를 "처음에는 많이" 도와주었고, 구체적으로 아이들 책을 함께 읽고 "발음"을 많이 고쳐 주었다고 했다. 또 한국으로 온 지 1년쯤 뒤부터 부부간의 의사소통이 어느 정도 가능해진 것으로 보고 하였다.

⑤ 그런데 이 연구 대상자가 한국으로 시집온 직후 우즈베키스탄에서 가져온 책으로 남편과 함께 한국어 공부를 시작하고자 하였으나, 그 책이 '조선어 교과서'(북한의 교과서?)였고 따라서 그 책을 본 남편이 "이건 전부 거짓말"이라고 하면서 책을 덮어버리는 바람에, 이후에 교과서를 가지고 하는 공부는 더 이상 하지 못하였다고 하였다. 인터뷰 당시 이 연구 대상자는 컴퓨터(러시아어 화자를 위한 온라인 한글교실)를 통한 한국어 학습을 강력히 희망하고 있었다.

◆ 한국어 능력 ◆

1. 몸짓언어와 한글의 해독

(1) 주어진 몸짓언어는 모두 이해하였다.

(2) 한글 읽기는 느리지만 대체로 읽을 수 있다. 단, 부정확한 발음의 문제가 많이 보인다.

2. 발음의 정확성

1) 자 음

(1) 예사소리, 된소리, 거센소리를 잘 변별하지 못한다.

따뜻한 : 〔따뜯탄〕 → 〔다튼탄〕
빨강 : 〔빨강〕 → 〔팔강〕
다른 : 〔다른〕 → 〔따른〕
쌍치시장 : 〔쌍치시장〕 → 〔상치시장〕

(2) 받침 /ㄹ/을 탈락시킨다.

불러 : 〔불러〕 → 〔부러〕

(3) 받침 /ㅇ/을 〔ㄴ〕으로 발음한다.

농민회 : 〔농민회〕 → 〔논민회〕
농사 : 〔농사〕 → 〔논사〕

2) 모 음

(1) 이중모음의 발음이 부정확하다.

외국인 : 〔외구긴〕 → 〔워구긴〕
위한 : 〔위한〕 → 〔우한〕
귀하 : 〔귀하〕 → 〔구이하〕

3) 동북(함북) 방언 또는 '고려말'의 영향

못 : 〔몯〕 → 〔모〕 (예: "모 알아들어요.")

4) 러시아어식 발음

이 화자는 때로 러시아어식 발음을 한다.

(말뜻은 어느 정도 알겠습니까?)
"나 통 모 알아들브스겐스다〔못 알아듣겠습니다〕."

"엄청 그란치아스키〔괜찮게〕 살아요."

3. 문법적 표현 정도

1) 문장 구성 방식

주로 SOV식 문장을 구사하지만, 아직 미숙함을 보이기도 한다.

"나 알아들었어 온다고 사람."
"중국 그 여자들이 엄청 잘 알아요 한국말."
"안 좋아해 전화 받는 거."

2) 조사 사용과 어미 활용

이 화자가 구사하는 한국어의 문법적 문제 중에서 가장 두드러지는 것은 적절한 조사를 제대로 사용하지 못하는 것이다.

"그 상치〔쌍치〕(지명임)여〔에〕 가세요."
"수퍼르〔수퍼〕 마켓 속에〔에〕"
"나 반찬 지금부터〔도〕 못해요."
"지금부터〔은〕 러시아말이 조금 시끄러워."
"한 번 시누〔가〕 왔어."
"나〔는〕 안 갔어요."

또 동사의 어간과 어미를 정확하게 활용하는 데서도 문제를 보이는데, 이는 '고려말'의 영향일 수도 있어 보인다.

"여기 사람 어째서 다 딸로〔따로, 다르게〕 딸로 말하〔말해〕. … 아버지 쪼끔 다른 말하. 어머니 쫌 다른 말하."
"일하요."

3) 복문 구성

주로 단문을 구사하기는 하지만, 복문을 구성할 수 없는 것은 아니다. 다음의 예는 이 화자가 복문 구성 능력을 가지고 있음을 보여 준다.

"이런 소금 먹지 말고 볶아 놓고 묵으라고."
"부모님들이 하라고 하는데 아이 앙〔안〕 안 하고 싶다고 앉아 있어요."
"청국장… 콩 삶아 넣고, 갈아 넣고, 된장국 먹어요."

4) 주요 문법 범주의 실현

(1) 존댓말

대체로 존대 표현을 하지만 능숙하게 잘하지는 못한다. 그래서 사용 장면에 따라 적절하게 표현을 바꿀 줄 모르는 예가 발견된다.

(남편하고? 두 분이서.)
"네, 두 분이서."

(간장 아세요?)
"예, 아세요."

(2) 시제와 상

아직 시제와 상을 이용하여 시간 표현을 정확하게 하는 데 어려움을 겪고 있다. 특히 과거 표현에 미숙함을 많이 보인다. 그러나 시간 부사어와 선어말어미에 의한 시간 표현의 방식에 대해서 전혀 모르는 것은 아니다.

"우리한테 이렇게 말해봐요〔말했어요〕. 한국 사람 갈찬케〔괜찮게〕 살아요."
"나 여기 2년 살아요〔살았어요〕."
"옛날에 나 안 물어봤어요."

(3) 부정법

'안' 부정문과 '못' 부정문을 구별하여 정확하게 말할 수 있다. 그러나 부정 표현을 완전하게 해낸다고 볼 수는 없다. 다음의 마지막 예에서 장형 부정 표현을 해야 할 상황에서, '-가/이 없다'의 형식을 쓰는 것을 볼 수가 있다.

"혼자서 안 가봤어요."
"남편 못해요."
"안 갔다 왔어요."
"학교 가는 거, 한국말 배와는 거 없어요."

4. 어휘 구사력

(1) 교통 신호등의 세 가지 색깔은 분명하게 답하였다.

(2) 장, 소금, 장아찌의 의미체계에 대해서는 부분적인 지식을 보여 준다.

(3) 친척호칭

대체로 적절한 친척용어를 쓰고 또 알고 있다. '시할머니'는 '할머니'로, '시아버지'는 '아버지'로, '시어머니'는 '어머니'로 호칭 및 지칭하는데, 단 '동서'라는 말은 아직 모르는 것으로 보인다.

(4) 이곳 지역 방언의 어휘 형태뿐 아니라 함북 방언의 형태도 부분적으로

사용함이 발견된다. 대표적으로는 '무스그'(무슨), '바쁘다'('어렵다'/'힘들다') 등이 그 예일 것이다.

(5) 부정확한 단어 사용

단순한 발음상의 오류를 넘어서서 단어의 어형 자체를 잘못 아는 듯한 예가 다수 발견된다.

남동생 → 나동산
많이 → 많아
버스 → 부스
군청 → 구창
광고 → 공고 등

또 단어의 의미를 잘못 알고 사용하는 예도 발견되는데, 다음의 '아가씨' 같은 경우가 대표적인 예일 것이다. 여기서 이 화자는 '아가씨'를 외국에서 시집온 젊은 부인들을 가리키는 말로 사용하고 있나.

(쌍치나 복흥에 가서 우즈베키스탄서 시집온 사람들 만납니까?)
"네, 만나요."
(만나면 러시아말 합니까?)
"러시아말 해요."
(한국말도 합니까?)
"안 해요... 나 잘 아요 한국말. 다른 아가씨 잘 몰라."
(누가? 레나?)
"아니오, 쓰웨따."
(우즈벡서 온 아줌마들과는 러시아어를 쓰고. 필리핀, 베트남에서 시집온 사람들은 없어요?)
"있어요. 한 번 만났어. 우리 병원에 같이 갔다 왔어요. 이거 이렇게 익스..."
(엑스레이.)
"엑스레이 같이 갔어요. 어떻게 이렇게 미〔외〕국... 아줌마들이 다 같이 갔어요. 다 봤어요."

(신체검사.)
"예, 중국, 필리핀 아가씨 있어요 여기 앞에."

5. 대화 능력 및 담화 구성 능력

(1) 어느 정도의 대화 능력은 가진 것으로 보인다. 물론 인터뷰를 계속 이어가는 데는 통역의 도움이 필요한 수준이었다.

다음의 예는 인터뷰에서 첫 질문은 알아듣고 바로 답했지만, 이후의 질문들에서는 잘못 이해하여 엉뚱한 답을 한 예이다.

(혼자서는 물건 안 사보셨어요?)
"예, 혼자서 안 가봤어요."
(혼자 가서 물건 값 깎을 줄도 모르겠네.)
"네, 너무 바빠요. 복분자 따, 우리 딸 너무 아팠어, 열 많아〔이〕 있었어. 병원에 빨리 갔다 와야돼 정읍. 남편 못해요. 남편 몰랐어. 만날 울었어. 〈이후 러시아어로 전환〉"

(혼자서 버스 타고 어디까지 가 봤어요?)
"한 번만 갔다 왔어요."
(어디 갔다 왔어요?)
"안 갔다 왔어요. 오면서 부〔버〕스 어디다 가는 거... 얼마짜리요? 나 몰라요. 저기 전주 얼마 나 몰라."

(2) TAT 카드에 대한 반응에서도 어느 정도의 이야기를 만들어내는 담화 구성 능력을 이 화자는 보여 주었다. 6BM번 카드에 대한 답에서 그렇게 자세한 것은 아니지만 그림 속에 나오는 두 사람의 관계, 두 사람 사이에 있었던 일, 그리고 현재의 상태에 대한 간략한 생각을 한국어로 표현하였다.

"할머니, 아저씨 무슨 말이 있었어요. 어떻게 말해요. 무슨... 무슨 말이 있었어. 머리 아파요."
(누가 머리 아파요?)
"아저씨."

(할머니랑 아저씨는 어떤 관계예요?)
"관계? 어머니, 아들이요."
(왜 골치 아파요?)
"몰라, 무슨 말이 있었어요."
(골치 아파요?)
"뭐요? 골치?"
(머리.)
"머리 아파요."
(뭣 좀 안 좋아요?)
"예."

6. 상황에 따른 언어 사용 능력

(1) 남편과는 최소한의 의사소통은 가능해 보인다. 그러나 본인의 표현으로는 시어머니 말보다 남편의 말을 잘 못 알아듣는다고 하였다.

그런데 이 연구 대상자의 언어능력과 관련하여 남편은 흥미로운 사실을 제보하였다. 즉, '어디 가자'는 의미로 '어디 가까?'로 말한다든지, '정읍에 가자'는 의미로 '정읍 나가까?'로 말하면, 아내는 흔히 단순한 의문문으로 오해한다는 것이다. 다시 말하여, 의문문과 청유문이란 문장의 형태(form)와 그 말이 실제로 갖는 기능(function) 간의 차이를 아직 제대로 구분하지 못하는 언어능력상의 한계를 제보하는 말이 될 것이다.

(2) 시부모와도 최소한의 의사소통은 일상적으로 행하는 것으로 보인다. 그런데 시아버지의 말보다 시어머니의 말을 조금 더 잘 알아듣는다면서, 다음과 같은 흥미로운 진술을 하였다.

"여기 사람 어째서 다 딸로〔따로, 다르게〕 딸로 말하〔말해〕. 한국말요. 아버지 쪼금 다른 말하. 어머니 쫌 다른 말하. 나에〔내〕 남편 조금 따른 말하. 나 그만〔이제〕 잘 알아들어요 시어머니. 아버지 나 잘 모 알아들어요."

아마도 이 말은 이 화자의 한국어 사용 능력이 아직 완전하지 않아, 가족 내의 개별 화자 간의 언어 차이가 실제보다 훨씬 더 커 보이는 느낌을 나름대로 표현한 것이 될 것이다.

한편 인터뷰 도중 이 화자의 시아버지는 또 다른 흥미로운 사실을 제보하였는데, 그것은 며느리가 존댓말을 배우는 데에 시간이 많이 걸렸다는 것이다. 즉, 한참 동안이나 시부(媤父)인 당신에게도 반말투의 말을 하다가 상당한 시간이 지난 뒤에야 존댓말을 쓰게 되었음을, 다음과 같이 서술하였다.

> "언어... 같은 것을 본다면, 거기는 경어라는 게 거의 없는 모양이에요. 여기서 우리가 '요'자를 붙이는 데 상당한 시일이 걸렸어요. 그게... 우리 며느리 흉을 가끔 봅니다, 이자 농담으로 얘기하면서, 이자 우리 며느리가 나한테 편애한다는 얘기를 하는데... 아버지 밥 먹어! 그러거든요. 밥 먹었어? 어디 갔다 오면... 그 쪽 문화가 그렇게 되어 있고 허니까 그럴 거다, 우리는 뭐 적은 것부터 큰 것까지 어른에 대한 예우가 이조 오백 년 사이에 쩌들어 있잖아요. 그런 것 때문에 그런 건지는 모르지만... 아무튼 우리는 그런데 거기서는 평소 생활이 그렇게 가는 모양이다... 그런 것을 조금씩 느끼고 그러죠."

(3) 그 외의 시댁 식구들이나 이웃 사람들과는 인사 정도를 일상적으로 교환하는 수준의 의사소통을 행한다.

> "아이 괜찮아? 예... 이렇게... 어머니 어디 가셨다고, 아버지 어디 가셨다고, 딸 잘 큰다고 이렇게 물어봐요."

그런데 여기서도 문맥상으로 보면 '-다고'는 '-냐고'의 오류가 될 것이다.

(4) 이 화자의 경우 시장이나 가게는 혼자서 가지 않고, 또 버스나 열차 같은 대중교통편도 혼자서는 타보지 않았다고 한다. 그러나 이러한 언어 사용의 상황에 직면했을 때 필요한 최소한의 의사소통능력은 가진 것으로 판단된다.

(5) 우체국이나 은행을 이용한 경험은 가지고 있다. 그러나 이용 그 자체보다

이에 대한 경험을 진술하는 다음의 대화 예가 더 흥미로울 것이다. 여기서 이 화자는 두 번의 질문을 잘못 알아듣고 있으며, 또 시간 부사와 격조사 사용에서 오류를 범하고 있음을 본다.

(우체국은 가 봤어요?)
"우체국, 예. 금방 남편 같이."
(혼자서는 못해요?)
"못해요."
(우체국에는 뭐 하러 가셨어요?)
"저기 핀〔편〕지 보냈어요, 우즈베키스탄 어머니한테. 한 번 돈 보내고."
(편지 얼마 만에 보내요?)
"빨리 가는 거 만오천 원 이렇게 물었어요."
(언제 보냈어요?)
"언제? 일년 넘었어요."
(요즘은 편지 안 보내요? 전화해요?)
"예, 안 보내요. 그냥 전화."
(은행에 가봤습니까? 은행, 뱅크.)
"한 번 안 가봤어요."
(돈은 남편이 다 알아서 하나요?)
"예, 남편... 돈 없어요."

(6) 면사무소나 군청 같은 관공서는 아직 가 보지 않았고, 가족의 결혼식에 참석한 경험은 가지고 있다. 그런데 이를 설명하는 언어적 표현은 대체로 위의 예문과 비슷한 수준이다.

(7) 전화 통화는 어느 정도 할 수 있는 것으로 보인다. 그런데 본인의 부족한 한국말 때문에 전화 받는 것이 상당히 부담스러운 것으로 보인다.

(전화는 잘 받으세요?)
"예, 전화 받았어요. 그 말 안 좋아해. 한국말 잘 모르잖아. 안 좋아해, 전화 받는 거."
(한국말로 전화합니까?)

"예."
(한국말로?)
"한국말로? 아뇨. 전화 받아. 어머니, 아버지 누구... 그냥 이렇게 복흥 레나 씨 있어요?"
(전화를 받으면 누구 바꿔 달라면 바꿔 주고. 그러면 군청의 장 선생 전화 왔었죠? 우리 간다고. 그 얘기 다 알아들었어요?)
"나 알아들었어 온다고 사람. 누구세요 구창〔군청〕 사람 잘 모르잖아. 누구 온다고."

그런데 인터뷰 도중 이 집으로 전화가 걸려 왔고 이를 화자가 받았다. 따라서 다행히 이 화자가 직접 전화 받는 모습을 녹음할 수 있었다.

"여보세요? 예. 어머니요, 없어요. 밭에 가셨어요. 〈전화를 끊고 나서 연구자들에게〉 누구 전화 하면 모 알아들어요. 그냥 말해요. 밭에 가셨다고."

즉 시어머니를 찾는 전화였는데, 시어머니가 안 계실 경우 자신의 언어능력의 한계 때문에 자세한 이야기를 하기보다는 시어머니께서 밭에 가셨다고 말하고는 흔히 끊어 버린다는 진술이었다.

7. 기타 특징

이 화자의 경우 통역의 도움과 함께 그런대로 인터뷰를 진행할 수 있었다. 그러나 때로는 이 화자가 하는 말의 뜻을 부분적으로 밖에 이해할 수 없는 발화도 접하였는데, 아마도 다음과 같은 예일 것이다.

(동네의 가게는 가시죠? 동네의 마트.)
"여기 슈퍼, 그 남편 친구 슈퍼나 중국, 금방 쪼끔씩 아줌마 같이... 쪼끔씩 금방 돈 얼마 얼마 나 몰라요. 그냥 다 사 놓고, 돈, 가요."

"우...리한테... 이렇게 말해 봐요. 고려 사람들 한국 사람들... 엄청 갈찬케〔괜찮게〕 살아요. 나 여기 들어와서, 엄청 많〔이〕 어려웠어."
(어려웠고...)

"네."
(더럽고...)
"금방... 지금 이렇게 볼래요? 여게 사람들 이렇게 살아요? 금방... 다른 난테〔나라서는?〕, 한국 사람 이렇게 안 살아요. 엄청 그란치아스키〔괜찮게〕 살아요."

8. 종 합

이 화자의 경우 어려서 고려인으로서 배운 한국어에 대한 잠재적인 지식을 가지고 있음에도 불구하고, 상대적으로 한국어의 발달이 느린 것으로 보인다. 면접 도중 관찰한 바로는 심리적 안정 및 결혼 생활에 대한 만족도가 상대적으로 낮고, 또 학습 동기도 그리 높지 않은 것으로 보였다. 구체적인 정황은 알 수 없지만 입국 후 지금까지 언어 학습을 위한 집중적인 노력도 그리 잘 이루어지지 않은 것으로 보인다. 뿐만 아니라 지리적인 면에서 바깥과의 접촉이 그리 용이하지 않은 주거 환경 속에서 살고 있음도 관찰되었다.

⑪ 연구 대상자 17-Q

◆ 한국어 학습 ◆

Ⅰ. 언어 학습의 배경

1. 연령 : 22세
2. 학력 : 우즈베키스탄에서 고등학교 졸업
3. 모어 : 러시아어
   출신 지역 : 우즈베키스탄의 타슈켄트 출신
4. 혼인 주선의 형태 : 군의회 및 중개업체의 소개로 결혼
5. 한국 입국 및 혼인 시점 : 2003년 5월 한국 입국 및 결혼
   한국 체재 기간 : 2년 2개월간 한국 체재
6. 시부모 동거 여부 : 혼인 초기에는 시아버지·시어머니와 동거하였으나 현재는 분가하여 따로 삶
7. 자녀 : 아들(10개월) 1명
8. 거주지의 구분 : 자연 촌락 거주

Ⅱ. 언어 학습 과정

(1) 어려서 할아버지, 할머니는 '고려말'을 사용하였지만 본인의 모어는 어디까지나 러시아어이다. 또 학교에서는 러시아어와 우즈벡어(Uzbek)를 배웠다.

우즈베키스탄에서 중학교 3학년 때 한국서 온 선생님으로부터 한국어를 2~3개월 배운 경험이 있지만, 한국에 처음 왔을 때는 한국말을 잘 알아들을 수 없었고, 또 간판의 글도 읽을 수 없는 단계였다고 한다.

(2) 한국 입국 후로는

① 텔레비전과 컴퓨터를 많이 이용하였는데, 특히 텔레비전 드라마를 많이 보았으며 출산 전에는 낮 시간부터 늦은 밤까지 텔레비전을 보았다고 한다.

② 또 『러시아 · 한국어 회화』 책을 가지고 혼자서 주로 공부하였고

③ 말이 조금 된 뒤로는 동네의 할머니들과 접촉하고 이야기를 많이 나누었다고 한다.

(3) 한국으로 시집온 직후 아직 말을 제대로 모를 때에 남편과의 의사소통은 어떻게 했느냐는 질문에, 다음과 같은 아주 사실적인 답을 하였다.

> "너무 힘들었어. 우리 신랑 조끔 러시아말 배웠어요."
> (어디서 배웠어요?)
> "여기, 책 봐서 배웠어. 그 담에 우리 어떻게 얘기했어. 책 앞에서 놨어요. 책 나 뭐 말하고 싶어 있어 책 봤어요."
> (말하고 싶은 게 있으면 책 찾아서.)
> "오〔어〕디, 몸이 오디 아파요. 책 빨리 빨리 칮아서..."
> (남편도 책 찾아서 답하고.)
> "한 달? 한 달 이렇게 했어요. 그 담에 한국말 빨리 빨리 노력했어요, 빨리 빨리 배웠어요."

◆ 한국어 능력 ◆

1. 몸짓언어와 한글의 해독

(1) 주어진 몸짓언어는 모두 이해하였다.

(2) 규칙적으로 나타나는 발음상의 오류(주로 이중모음의 발음 등)를 제외하면, 한글의 읽기에서는 '에'와 '애'를 〔여〕로 읽는 오류를 범한다. 그러나 이 화자

의 경우 주어진 지문을 읽는 데서 형태소 단위로 끊어 읽는 것이 가능해 보이는데, 이 점은 이 화자가 대체적인 의미를 파악하면서 글을 읽는다는 뜻이 될 것이다.

2. 발음의 정확성

1) 자 음

(1) 예사소리와 거센소리를 변별하여 사용하지 못한다.

돈 : [돈] → [톤]
배 : [배] → [패]
조금 : [조금] → [조콤]
좋은 : [조은] → [초은]

(2) 받침 /ㅇ/을 [ㄴ]으로 발음한다.

된장 : [된장] → [된잔]
고추장 : [고추장] → [고추잔]
간장 : [간장] → [간잔]
당신 : [당신] → [단신]

(3) 받침 /ㄹ/을 탈락시킨다.

불렀어요 : [불럳써요] → [부럳써요]
몰라 : [몰라] → [모라]

(4) 지역 방언의 영향으로 연접해서 나타나는 거센소리를 예사소리로 발음한다.

욕해 : [요캐] → [요개]

2) 모 음

(1) 이중모음 발음에 능숙하지 못하다.

외국인 : 〔외구긴〕 → 〔오이구긴〕
유관 : 〔유관〕 → 〔유구안〕
기관 : 〔기관〕 → 〔기구안〕
회원 : 〔회원〕 → 〔호이원〕
문화 : 〔문화〕 → 〔문호아〕
지지와 : 〔지지와〕 → 〔지지오아〕

(2) /ㅓ/를 〔ㅗ〕로 발음한다.

언니 : 〔언니〕 → 〔온니〕
엄마 : 〔엄마〕 → 〔옴마〕

3. 문법적 표현 정도

1) 문장 구성 방식

기본적으로 SOV형 문장을 구사하나 미숙한 부분이 많다.

"처음 여기 배웠어 말."
"텔레비 드라마, 한국 드라마 많이 봤어 나."
"우리 저기 하나 친구 있어요."

2) 조사 사용과 어미 활용

대체적으로 조사 사용이나 어미 활용에 큰 어려움을 겪지는 않는 것 같다. 보조사도 어느 정도 적절하게 구사할 수 있다. 세부적인 오류를 보이지만, 전반적으로 조사 사용과 어미 활용에 대한 지식을 가지고 있는 것으로 보인다(단, 맨 아래의 두 예는 고려말의 영향일 수도 있을 것임).

"지금부터〔도〕 그냥 동사〔동생〕 불러요."
"우리… 신랑… 신랑도 지금 돈이도〔돈이〕 없어."

"열한시부터 봤어요. 밤에까지〔밤까지〕."
"우리 신랑 같이 싸울 때 나 뭐 말하고 싶어〔싶은 것이〕 있어요."
"그냥 뭐 물어보냐〔보면〕 대답하〔해〕요."
"우리 친정어머니도 얘기하〔해〕."

3) 복문 구성

단문을 주로 구사하기는 하지만 복문을 구사할 수 있는 능력이 없는 것은 아니다. 단문만 생산할 수 있는 단계에서 복문까지 생산할 수 있는 단계로 옮겨가고 있는 과도기로 보인다. 단, 복문을 생산하되 미숙한 수준이다. 연결 어미를 써서 문장을 잇거나 접속 부사어를 써서 복문을 생산한다.

"시어머니 줘, 우리 먹어요. 시어머니 안 줘, 우리 안 먹어요."
"여기 책 봐서 배웠어. 책 나 뭐 말하고 싶어 있어 책 봤어요."
"애기 이빨 한 3개월 나왔어요. 물었어. 나 막 물어서 너무 아팠어. 그래서 (젖먹이는 것) 끝났어."
"이번 겨울에 시간이 없어 애기 너무 어려워서〔어려서〕 못 갔어요."

4) 주요 문법 범주의 실현

(1) 존댓말

상대존대법에 대한 인식은 명료한 것으로 보이나, 실제의 사용에서는 높임말을 일관되게 쓰지 못한다. 연구자의 질문에 대한 대답으로는 '네'(또는 '예')와 '아니오'를 꼭 썼지만, 어말 어미는 높임의 표현보다 낮춤의 표현을 쓰는 경우가 더 많았다.

(이제 다닐 거란 말이죠? 복흥교회 한글반? 꼭 가야지.)
"예, 가야지. 한국말 빨리 배와〔워〕야지."

(신랑이 좀 가르쳐 줬어요?)

"아니오, 텔레비 드라마, 한국 드라마 많이 봤어 나."
(그러니 자연히 살아났어요 말이?)
"처음 왔을 때 여기 사람들 같이 안 만났어. 그냥 할아버지들 같이 그냥 테레비 많이 봤어 나. 한국 드라마 너무 많이 봤어."
(뭘 좋아해요?)
"나 이름 김삼순이도 좋아해… 여기 할 일이 없잖아 나. 그냥 애기 봐, 테리비 봐, 됐어요."
(애기 낳기 전에 테레비 얼마나 봤어요?)
"열한시부터 봤어요, 밤에까지. 열시, 열한시, 열두시, 한시, 그리고 밤."

또 '나'와 '우리'('우리 신랑', '우리 아들', '우리 집' 등)의 사용은 빈번하였으나, '저'와 '저희'의 사용은 한 번도 없는 것으로 보아, 겸양의 1인칭 대명사를 모르거나 거의 쓰지 않는 것으로 보인다.

그리고 주체존대법의 사용은 아직 제대로 발달하지 않은 것으로 보인다.

(시부모는 안 계세요?)
"있어 시아버지, 시어머니 있어."

"우리 이기… 시어머니 시아, 시아버지 잘 살아요."

(2) 시제와 상

시제와 상 범주를 이용한 시간 표현은 정확하게 하는 편이다.

"우리 너무 잘, 너무 잘 살았어요."
"우리 우즈베키스탄 돈 많이 못 벌어요. 그냥 블라디보스톡서 한 10년 일, 일 했어요."

(3) 부정법

약간 오류를 보이기는 하지만, '안' 부정문과 '못' 부정문을 능숙하게 구사한다.

"안 먹어."

"임신 안 가졌을 때."
"우리 집이 아니야."
"집에도 못 갔어."
"이번 겨울에 시간이 없어 애기 너무 어려워서〔어려서〕 못 갔어요."

4. 어휘 구사력

(1) 교통 신호등의 세 가지 색깔을 '노란색', '빨간색', '시퍼런색'으로 답하였다. 여기서 '시퍼런색'이라는 표현은 러시아어 기초색채어휘(basic color terms)의 blue와 light blue의 구분법의 영향일 가능성이 있어 보인다.

(2) '장'의 종류는 알지만 상위 범주로서의 '장'의 개념은 모른다. '소금'의 종류에 대해서는 부분적인 지식만을 가지고 있고, '장아찌'의 의미체계에 대해서는 전혀 모른다.

(3) 친척호칭

친척지칭으로는 '시아버지', '시어머니', '도련님', '동서', '아가씨'('손아래 시누이'를 지칭) 등 거의 정확한 용어를 쓰나, 친척호칭으로는 '도련님'을 '동사'〔동생〕, '시누이 남편'을 그냥 이름으로 부른다. 또 친정 가족 소개에서 '조카'라는 말은 알지만, '올케'라는 말은 모르고 대신 '오빠의 댁'을 '민느리'〔며느리〕로 불렀다. 전체적으로 아직은 친척용어의 사용법에서 불완전한 단계에 있는 것 같다.

(4) 현재 10개월 된 아기를 키우고 있어서인지 아기말 어휘를 제법 알고 있다. 이 화자가 사용하는 아기말 어휘에는 '섬마섬마', '걸음마 걸음마', '짝짜꿍', '잠잠', '송고송고', '도리도리', '쉬' 등이 있다.

(5) 숫자를 말하는 데는 매우 능숙하여, '두 번 세 번', '오 개월', '일 년', '이

(2) 주' 등으로 말하였으나, 사람을 헤아리는 분류사 '명'은 아직 모르는 듯, '하나'〔한 명〕, '하나 여자'〔여자 한 사람〕 등으로 표현하였다.

(6) 다음의 예는 발음상의 오류이기보다는 단어의 어형 자체를 잘못 알고 있는 예 같다. 아마도 함북 방언 또는 고려말의 영향인 것 같다.

돈 → 돈이
술 → 술이

또 '부재'〔부조〕, '설사', '깍두기' 같은 단어는 사용하지만, '은행'이라는 말은 알지 못하는 것으로 보인다.

5. 대화 능력 및 담화 구성 능력

(1) 면접 도중 물론 통역의 도움을 부분적으로 받았지만, 이 화자는 상당한 대화 능력 특히 한국말을 그런대로 잘 알아듣는 청취 능력을 가지고 있었다. 그러나 다음 예는 연구자의 질문을 잘못 알아들은 경우가 될 것이다.

(아가씨 손위예요, 손아래예요?)
"인천서 살어."

(우체국 혼자 가나요?)
"예, 팬〔편〕지 보내요."
(혼자 가서 다 보내나요? 우표 사는 데 문제없어요?)
"한글?"
(아니, 우표...)
"네, 없어요. 그냥 도와줘요, 여기 아가씨들이."

그러나 이 화자는 자신의 부족한 한국어 표현 능력으로도 인터뷰 도중, 다음과 같이 연구진을 웃기는 여유를 부릴 줄 알았다.

(그러면은 말이 이상하고 하니까 다른 사람이 쳐다보고 말 안 걸어요?)
"물어 봤어요. 어디서 왔어요? 말 너무 이상해요. 어디서 왔어요? 여기 한국 할머니들, 할아버지들 우즈베키스탄 아직 잘 몰라요. 그냥 러시아만 알아요."
(러시아말 알아요? 할머니들이?)
"아니, 그냥 있어. 알아요. 다른 사람들 몰라요. 러시안도 몰라. 그냥 여기서 아는 할아버지 물어봤어. 어디서 왔어? 우즈베키스탄. 몰랐어. 그 담에, 러시아 이야기 했어. 그 담에, 몰랐어. 할아버지 미국 알아요? 미국 알아. 나 미국서 왔어요."

(2) TAT 카드로 이야기를 만드는 담화 구성 능력은 면접 과정에 참여하여 적절한 응답을 해내는 대화 능력보다는 못한 인상을 준다. 앞의 것은 6BM번 카드에 대한 반응이고, 뒤의 것은 1번 카드에 대한 반응이다.

"그냥 내 생각 여기 할무〔머〕니, 여기 할무니 아들. 그 다음에 아들 잘못된 게 있었어요, 그냥 할머니, 어머니한테. 그냥 이렇게. 그냥 아들이 잘못된 게 있어요. 어머니 잘못했어요. 그냥 이렇게 해요."
(결과는?)
"그냥 어머니... 너무 힘들어요. 나 한국말 잘 몰라요."
(어머니가 힘들어요? 김레나 씨가 힘들어요?)
"김레나 씨 힘들어요."
(결과는 어떻게 될 것 같아요?)
"그냥 어머니 힘들어요. 용서 못 받아요."
(뭘 받아요?)
"어... 어떻게 말해야 되지? 몰라요."

"그냥 학생? 아니, 학생 아니지? 여(?)학생?"
(오빠?)
"아니, 오빠 아니지. 지금 한 열두 살? 그냥..."
((통역))
"바올린〔바이올린〕 여기 잘 못해요. 그냥 지금 앉아서 그냥 생각하고 있어요. 바올린 잘 못해 어떡해 생각하고 있어요. 어떻게 잘하〔해〕야 돼 이렇게 생각해요."

(잘하는 거 같아요?)
"잘하요, 잘 가요."
(잘할 것 같아요?)
"잘할 것 같아요."

6. 상황에 따른 언어 사용 능력

(1) 현재의 단계에서 남편과의 의사소통에는 별문제가 없는 것으로 말한다. 그런데 다음 대화 예는 남편과 싸우는 장면을 이 화자가 서술하는 부분이다.

(오해 없었어요?)
"오해?"
((통역))
"예, 있었어요. 나 뭐, 뭐, 우리 신랑 같이 싸울 때 나 뭐 말하고 싶어 있어요. 우리 신랑 잘 모〔못〕 알아들어요. 같이 싸워요."
(어떻게 싸워요?)
"막 소리 질러요. 우리 신랑 자 앉아 기요(?)."
(어떻게 소리 질러요?)
"어떻게 소리 질러요? 우리 신랑, 사람이 너무 착해 소리도 못 질러요."
(시집은 잘 오셨네.)
"아뇨, 시집 잘 모〔못〕 왔어요."
(싸울 때 소리를 어떻게 질러요? 러시안으로 해요?)
"아니오, 한국말."
(어떻게 해요?)
"그냥 요개〔욕해〕... 나, 처음 왔을 때, 여기 한국. 처음 여기 배웠어 말. 욕 배웠어."
(욕을 배우기가 힘든데?)
"뭣이 힘..."
(어디서 배웠어요?)
"우리 저기 하나 친구 있어요. 친구 남편 너무 요개〔욕해〕. 핸드폰도 전화 받아요, 요개. 우리 다 들었어요."

(2) 시부모, 시댁 식구들, 그리고 동네 사람들과는 간단한 인사를 주고받는

정도이다. 그런데 시부모와의 관계에서, 연구 대상자는 시부모의 말을 거의 다 알아듣는데 반해, 시부모는 이 며느리의 말을 아직 잘 알아듣지 못한다고 한다. 아마도 이 화자의 '고려말' 말투 때문인 듯하다.

(3) 면접 도중 아기와의 상호 작용 모습을 관찰할 수 있었다. 한 번은 안고 있던 아기가 울자 "왜 그래~"라며 아기를 달래었고, 또 한 번은 밖에서 아기를 보고 있던 사람이 아기를 안고 방 안으로 들어오자, "내 새끼, 〈웃으며〉 이리 와"라며 아기를 받아 안았다. 그런데 자신이 화가 나면, 아기에게 "야, 이 자식아 가만있어!"라고 한다고 하였다.

(4) 동네의 가게에 가 물건을 사거나 가까운 곳에 가기 위해 버스를 타는 데는, 언어적 불편이 별반 없어 보인다. 또 우체국은 가 보았지만, 은행이나 관공서는 가 보지 않았다.

(5) 상가는 아직 가 보지 않았지만 결혼식에는 가 보았는데, 다음은 남편과 함께 남편 친구의 결혼식에 참석한 이야기이다.

"베트남 아가씨, 여기 우리 몰〔모〕르잖아. 우리 신랑 와이프, 우리 신랑 친구 와이프, 몰르잖아. 그냥 난, 남편 친구 인사했어. '안녕하세요, 축하합니다.' 됐어요?"
(다른 인사는 안 하고? 봉투는? 봉투 하는 걸 한국말로 뭐라고 해요?)
"나 알았어."
(까먹었어요? 부조.)
"네, 까먹었어요. 아, 부조. 우리나라도 부조, 부재. 우리나라 부재."
(신랑 친구에게도 말 많이 해요?)
"아뇨."
(말 자꾸 해야 말이 느는데, 한국 색시가 돼서 말을 안 하고 이렇게 가만히...)
"이렇게 가만히 안 있어요. 그냥 뭐 물어 보냐〔보면〕 대답하〔해〕요."
(뭘 물어봐요?)
"잘 있었어요? 네, 잘 있었어. 우리 집에도 놀러 와요. 예."
('네'만 해요?)

"네, 가께요."

(6) 집으로 걸려오는 전화는 그런대로 받는 것으로 말하였다. 걸려온 전화를 받을 때는 "여보세요, 누구세요?"라고 하고, 잘못 걸려온 전화에 대해서는 "여기 아니예요, 죄송합니다. 그러면 끊어요."라고 응답하였다.

7. 기타 특징

(1) 이 화자는 어려서 배운, 그러나 본인의 의견에 의하면, 성인이 되어서는 다 잊어버린 고려말의 영향이 아직 많이 남아 있다. 발화의 곳곳에 고려말 투의 발음이나 어휘가 부분적으로라도 나타나고 있음을 본다. 그리고 바로 이 요인 때문에 이 화자가 다른 사람들의 말을 알아듣는 만큼 주위의 사람들은 이 화자의 말을 잘 알아듣지 못하는 것으로 보인다.

(2) 이 화자의 경우에도 주로 단문 위주의 발화를 하기 때문에 어떤 사건에 대한 서술에서 화자 자신의 시점으로부터 이야기를 구성하여 전달하는 것이 아니라, 등장하는 여러 사람의 시점을 나열하는 식, 즉 직접 인용문 형태의 서술 방식을 주로 취한다.

"우리 신랑… 어머니 같이 둘이 못 살아서 우리 나왔어… 나도 나도."
(싸우는 게, 누가 누구랑 싸웠어요?)
"나, 나, 시어머니."
(많이 싸웠죠?)
"네."
(왜 싸웠어요?)
"그냔〔냥〕… 여기 설거지할 때… 이기 너무 물 비싸, 조금씩 써, 그 담 사울〔샤워〕할 때도… 사〔샤〕워하지 마, 돈 여기… 너무 비싸… 이렇게 너무… 이렇게 밖에 나가지 마, 돈이 쓰지 마… 이렇게… 너무… 그 담에… 내 살기도(??) 안 좋잖아… 그냥… 따로 나가 살아."

8. 종 합

이 화자는 한국 체재 기간에 비해서는 빠른 수준의 한국어 학습 정도를 보여준다. 가장 기본적 요인으로는 어려서 배운 고려말이라는 한국어 방언의 습득이 잠재되어 있다가 한국에 온 후 되살아나는 것이 될 것이다. 또 비교적 젊은 연령대이고 외향적 성격을 가진 점도 긍정적 요인이 될 것이다. 결혼 생활의 어려움에도 불구하고 첫 아이를 출산한 뒤부터는 심리적 안정을 찾으며 한국인이 되고자 하는 강한 동기를 가지는 것도, 언어 학습의 또 다른 긍정적 요인이 될 것이다. 이 화자의 경우 지금 빠른 속도로 말이 느는 단계에 있는 것으로 보이고, 따라서 조금 시간이 지나면 상당한 수준의 학습 성취를 이룰 것으로 짐작된다.

그러나 현재의 단계는 남의 말을 알아듣는 것만큼 표현을 잘하지 못하는 단계이다. 본인의 표현을 빌리면 '한국말을 알아듣기는 하는데 말하는 것이 어려운' 단계이다. 연구진이 이 화자의 집을 찾아 방 안으로 들어갔을 때, 이 화자는 "우리 이렇게 살아요."라고 인사하였다. 그 말을 어디서 배웠느냐는 질문에, "여기 와서 배웠어요. 우리, 여기 시골의 사람들 다 이렇게 이야기 하니까."라고 답하였다. 그러나 또 한편 다음과 같은 단순한 표현에서 이 화자는 문법에 맞지 않는 말을 하고 있었다.

"우리 여기서 시장 이렇게 버스 앉아 가야 돼." ('타고'의 오류)
"임신 안 가졌을 때" ('애기 안 가졌을 때' 또는 '임신 안 했을 때'의 오류)
"톤〔돈〕이… 필으〔요〕… 필요해서 그냥 왔으. 사랑해 이렇게 없었어." ((사랑하는 거) '이런 게'의 오류)

⑫ 연구 대상자 ⑱-R

◆ 한국어 학습 ◆

Ⅰ. 언어 학습의 배경

1. 연령 : 33세
2. 학력 : 러시아에서 대학교(6년제 의과대학) 졸업
3. 모어 : 러시아어
   출신 지역 : 우즈베키스탄의 타슈켄트 출신
4. 혼인 주선의 형태 : 친지(혼인이주여성)의 소개로 결혼
5. 한국 입국 시점 : 2000년 6월 관광차 한국 입국
   혼인 시점 : 2000년 7월 결혼
   한국 체재 기간 : 5년 0개월간 한국 체재
6. 시부모 동거 여부 : 시어머니와 동거
7. 자녀 : 아들(4세, 2세) 2명
8. 거주지의 구분 : 자연 촌락 거주

Ⅱ. 언어 학습 과정

(1) 어려서 우즈베키스탄에서 조부모와 같이 살지 않아 집에서 '고려말'을 쓰지 않았다고 한다. 또 부모님도 러시아어를 주로 사용하였다고 한다. 따라서 한국에 처음 왔을 때 한국말로는 인사도 못할 정도의 언어 수준이었다.

(2) 결혼 후 한국어를 배우기 시작하였는데

① 『독학 러시아어 첫걸음』이라는 책으로 주로 자습을 하였다. 이 책은 한국어-러시아어의 대조 방식으로 기술된 것인데 이를 거꾸로 뒤집어, 러시아어 표

현을 먼저 읽고 거기에 해당하는 한국어 표현을 익히는 방식으로 공부하였다고 한다. 또 한글 읽기도 이 책으로 배웠는데, 남편이 옆에서 가르쳐 주었다고 한다. 그런데 남편에 의하면 한글 공부를 위해 초등학교 저학년 교과서와 어린이용 책들도 이용하였다고 한다.

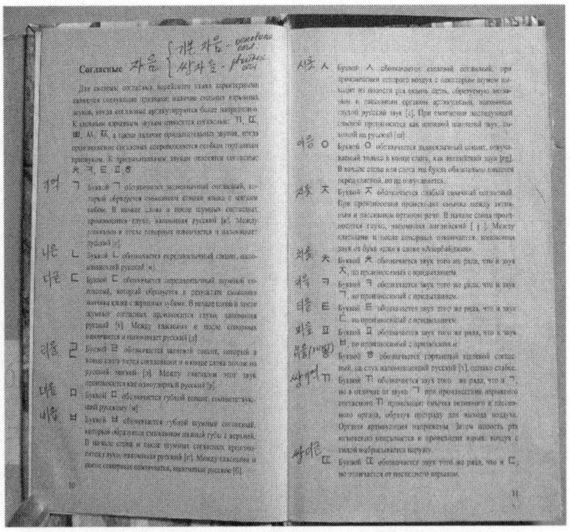

그림 11. ⑱-R의 한국어 학습 교재(1)

② 말과 글을 배우는 과정에서 모르는 것을 수시로 남편에게 묻고

③ 또 텔레비전 연속극과 뉴스를 많이 시청하였다.

④ 이렇게 혼자서 배운 한국어가 듣기 및 말하기에서 좀 되기 시작한 것은 약 2년이 지난 뒤부터였다. 현재는 텔레비전 드라마는 약 절반가량 알아듣지만 뉴스는 별반 알아듣지 못한다고 하였다. 현재의 한국어 구사 능력은 본인 표현에 의하면, "듣기만 좀 알아요. 말 잘, 잘 못해. 그냥 밥 먹고..." 이렇게 혼자서 한국말을 배우는 과정에서 가족이 아닌 다른 사람들과 대화할 기회가 적어, 말을 잘 못 배운 것에 대해 이 화자는 아쉬운 느낌을 갖고 있었다.

◆ 한국어 능력 ◆

1. 몸짓언어와 한글의 해독

(1) 주어진 몸짓언어는 모두 이해하였다.

(2) 주어진 지문을 읽는 데서 '유관'과 '기관'의 '관'을 〔구안〕으로 읽는 것

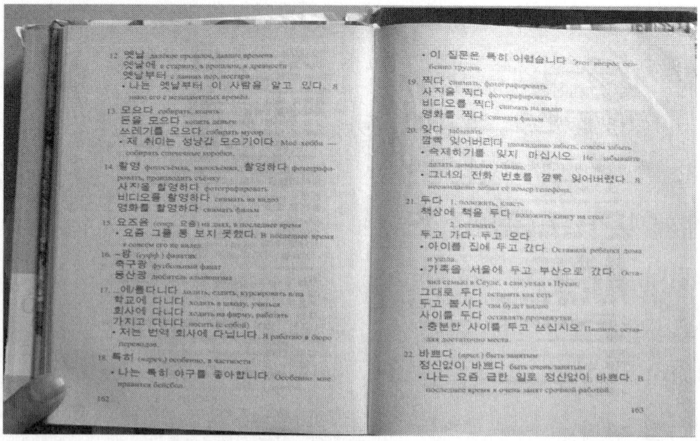

그림 12. ⑱-R의 한국어 학습 교재(2)

말고는, 발음상의 별다른 문제는 없다. 또 속도가 느리지만 띄워 읽기가 거의 정확한 것으로 보아 글의 의미를 파악하고 읽는 것으로 보인다.

2. 발음의 정확성

대체로 발음은 정확한 편이지만, 면접 후반에 가서는 자음 발음에서 부분적 오류를 보였다.

1) 자 음

(1) 예사소리와 된소리, 거센소리를 변별적으로 잘 구분하여 사용하지 못한다.

꿈 : 〔꿈〕 → 〔쿰〕
둘째 : 〔둘째〕 → 〔툴째〕
돈 : 〔돈〕 → 〔똔〕
준비 : 〔준비〕 → 〔춘비〕
추석 : 〔추석〕 → 〔주석〕

2) 모 음

(1) 이중모음 발음을 느리게 하거나 제대로 하지 못한다.

유관 : 〔유관〕 → 〔유구안〕
기관 : 〔기관〕 → 〔기구안〕
관광 : 〔관광〕 → 〔구안구앙〕

(2) /ㅡ/를 〔ㅣ〕로 발음하는데, 이는 아마도 어려서 접한 방언('고려말')의 영향인 듯하다.

발음 : 〔바름〕 → 〔바림〕
음식 : 〔음식〕 → 〔임식〕
마음 : 〔마음〕 → 〔마임〕

(3) /ㅓ/를 〔ㅗ〕로 발음한다.

엄마 : 〔엄마〕 → 〔옴마〕

3. 문법적 표현 정도

1) 문장 구성 방식

대화 중에 간혹 실수를 하기는 하였지만, 별 문제없이 SOV식 문형으로 문장을 만든다.

2) 조사 사용과 어미 활용

어미의 활용에는 매우 능숙하다. 조사도 보조사까지 잘 사용하는 수준이다. 그러나 주격조사 '이/가'와 접속 부사 '과/와'의 사용에서 한 번씩 오류를 범하였다.

(서로 한국말로 대화하는 데 불편하지는 않고요?)
"아니오. 많이... 어... 저 발임〔음〕이 안 좋아요. 저 여자도 발임이..."

"예. 임식부토〔음식부터〕... 맛...부터... 어... 이 애기 키우기까지 다."
(다 힘드셨어요?)

"책 보고 남편가〔이〕 좀 가르쳐 줬어요. 됐어요."
"즉 젊은 남자과〔와〕 어머니인 것 같아요."

3) 복문 구성

주로 단문을 구사한다. 그러나 실제 사례 수는 많지 않지만, 복문을 구사할 수 있는 능력을 가지고 있는 것으로 생각된다.

"시어머니 일하고 있으면 나 어떻게... 그냥 쉬고 있어요. 안돼..."
"부끄럽고 화가 났어요."

4) 주요 문법 범주의 실현

(1) 존댓말

존댓말에 대한 지식을 제대로 갖고 있어, 연구자와의 인터뷰에서 반말투의 응답은 거의 하지 않았다. 주체존대법과 관련해서는 '분', '계시다'와 같은 제대로 된 표현을 쓰면서도, 또 한편 순간적인 실수를 하는 것도 관찰되었다.

"이 그림에 두 분이 계세요. … 그 분들이 집 안에 계세요."

('시어머니가 일하고 있을 때 나는 쉬고 있으면 안된다.'라는 생각은, 한국에 와서 배우신 거예요, 아니면 우즈베키스탄에서 있을 때부터 그랬어요?)
"배우실 때 아니구, 이거 내 마임〔음〕에."

(시어머니에 대한 진술에서) "겨울에만 놀아요."

(2) 시제와 상

시제와 상을 이용한 시간 표현에 상대적으로 능숙하다. 시간 부사와 동사 어미를 활용하여 정확한 시제를 표현할 수도 있고, 진행상 등 동작주의 시간적 양태 역시 자유롭게 표현할 수 있는 편이다.

"그 분들이 맨날 일하고 있어요."
"오닐〔늘〕, 에, 김치찌개 오닐 잘 만들 수 있어. 만들었어. 어제 맛이 좀."

그러나 다음과 같은 동작상의 표현에서는 오류를 범함으로써, 아직까지 시제와 상에 대한 표현 능력이 완전하지는 않음을 보여 준다.

(혼자서 전주 가시고 그런데 불편이 없겠죠. 기차 타고 어디까지 가 보셨습니까?)
"기차? 여기서 안 탔는데... 안 타봤었어요."

(3) 부정법

단형 부정문인 '안' 부정문과 '못' 부정문은 자유롭게 구사할 수 있다.

"아무 것〔데〕도 안 갔어요."
"한국말 모〔못〕 알아들어요."
"한국말 아직까지 못해."

그러나 장형 부정문에서는 '아니고'를 붙이는 특수한 부정문을 자주 만든다.

(우즈베키스탄에 있을 때 일하는 게 많이 힘드셨어요?)
"아뇨, 힘들 게 아니고... 돈 없어요."

('시어머니가 일하고 있을 때 나는 쉬고 있으면 안된다.'라는 생각은, 한국에 와서 배우신 거예요, 아니면 우즈베키스탄에서 있을 때부터 그랬어요?)
"배우실 때 아니구, 이거 내 마임〔음〕에."

(4) 기 타

인칭대명사의 사용에서 '나'와 '저'를 쓰는 데는 아무 문제가 없다. 그러나 그것을 수식 성분으로 바꾸어서 '내'와 '우리'를 쓰는 데서는, 특히 단수적 상황에서 '우리'를 쓰는 데서는, 아직도 학습이 덜 이루어진 것으로 보인다. 아래 예에서 '내 아들', '내 남편'은 말할 것도 없이 러시아어식 표현일 것이다.

(만나서 인사도 하고 그럽니까?)
"네, 내 아들 다니는 유치원에서 필리핀에서 오신 분 있어요. 그 사람한테 좀 인사하고, 말하고..."

"내 남편이 많이 좋았, 좋아졌어, 좋았어요."

(그러면 어머니는 고려말 하시고요?)
"아뇨, 어머니 우리 한국말, 사투리말 그 말 알아요. 한국말 모〔못〕 알아들어요."

"내 친구 친구, 내 친구의 친구."

4. 어휘 구사력

(1) 교통 신호등의 세 가지 색깔은 '빨간색', '노란색', '초록색' 또는 '녹색'으로 정확히 답하였다.

(2) 친척호칭

친척호칭은 대체로 적절히 쓰는 것으로 보인다. '시어머니'는 '어머니'로, '시고모'는 '고모님'으로, '시숙'은 '아주버님' 또는 '시숙님'으로, '손위 동서'는 '형님'으로, '손위 시누이'는 '형님' 또는 '고모님'으로, '손아래 시누이'는 '고모'로, 그리고 '시매부'는 '고모부'로 부른다고 하였다. 모두 오늘날의 상황에서는 용인 가능하고 적절한 친척호칭의 사용법이 될 것이다. 또 이웃 어른들에게는 '아주머니', '아저씨'로 거개 부른다고 답하였다.

(3) 아기에게는 주로 러시아말을 쓰며 키웠다고 답하였는데, 한국어 아기말로는 '쉬'와 '뽀뽀' 정도를 사용하는 것 같다.

5. 대화 능력 및 담화 구성 능력

(1) 인터뷰의 진행에서 물론 통역에게 기대려는 경향은 있었지만, 연구자의 질문을 잘못 알아듣는 경우는 거의 없었다. 가령 다음 질문은 제법 긴 형태의 질문인데도 정확한 응답이 나왔다.

(혹시 클 적에 애가 자기도 모르게 러시아말 하던 적 없습니까? 엄마에게 러시아말 안 합니까?)
"안 해요."
(혹시 엄마가 러시아말을 하니까 애가 한국말을 더디게 배울까봐 걱정은 안 하셨습니까?)
"그런 얘기 많이 들어요."

그러나 이 화자의 경우 부정의문문에 대한 대답에서는 인도-유럽어식(즉 영어의 'yes/no'로 대답하는 식)의 거꾸로 된 대답이 여러 번 나와, 아직 이 부분에 대한 숙달이 이루어지지 않았음을 보여 준다.

(혼자서 가신단 말이죠? 지금 시장 가서 물건 사는 데는 말이 불편이 없으세요?)
"아뇨. 얼마예요? 이만큼. 불편한 거 없어요."

(그러니까 우즈베키스탄에서 오실 때는 전혀 남편 분 만날 생각이 없으셨고.)
"아뇨, 없었어요. 그, 그냥 남자, 남자... 〈이후 러시아어로 이야기〉"

(남편은 어떻게 타띠안 씨가 이렇게 직장을 가지고 밖에서 활동하는 것에 대해서 반대는 안 하세요?)
"아뇨, 안 하세..."
(반대는 안 하시고...)
"네."

(2) 담화 구성 능력을 알아보기 위한 TAT 카드의 사용은 이 화자에 의해 사실상 거부되었는데, 6BM번 카드에 대한 응답은 사실적인 그림 설명만 하다가 중단하였고, 1번 카드에 대한 반응은 아예 거절하였다.

"이 그림에 두 분이 계세요. 즉 젊은 남자과〔와〕 어머니인 것 같아요. 그 분들이 집안에 계세요. 창문 옆에 있어요."
(하기 싫으세요?)
"네, 좀 쑥스러워요. 한국말 잘 못하고..."

이 화자의 경우 자신의 개인적 이야기나 감정의 세계를 드러내는 이야기는 일절 하지 않으려고 하였고, 또 이에 대해 다소간 예민하게 반응하는 것으로 보였다. 그런데 언어 태도에 관한 첫 번째 문항에서 자신이 한국말을 할 때 다른 사람이 웃으면 창피해진다면서 다음과 같이 덧붙였다. 아마도 긴 인터뷰 과정에서 이 부분이 이 화자가 자신의 감정 세계를 드러낸 유일한 부분이 될 것이다.

"부끄럽고 화가 났어요."
(화가 났어요?)
"아니오, 다른 사람들이 나한테 아, 바보 한국말 아직까지 못해."

6. 상황에 따른 언어 사용 능력

(1) 가족과의 일상적인 대화에는 별문제가 없는 것으로 보인다. 그런데 통역을 통해 말하기를 남편과 '일상적인 이야기는 되는데 마음 속 깊은 이야기를 못한다.'고 털어 놓았다. 이웃들과의 언어적 상호 작용도 대체로 유사한 수준에서 이루어지는 것으로 짐작된다.

(2) 두 아들에게는 한국어보다 러시아어를 더 많이 사용하는 것으로 보였다. 그런데 한국 사람 앞에서는 한국어를 쓰려고 노력한다고 하였다. 마침 면접 도

중 어린 아들에게 하는 짧은 말을 녹음할 수 있었다.

(〈연구 대상자의 아들이 자다 일어나〉 '엄마... 쉬...')
"어, 쉬... 이제 쉬, 화장실 가서 해, 빨리. 〈이후 러시아어로 계속 이야기하는데 '쉬' 라는 단어를 중간에 넣어서 씀〉"

(3) 여러 언어 상황에서의 말하는 모습을 묻는 질문에, 이 화자는 대체로 간단하게만 대답하고 자신의 이야기는 애써 언급하지 않으려고 하였다. 시장이나 가게를 어떻게 보느냐는 질문에 대한 답도 마찬가지였다.

(시장 가는 건 어떡하세요?)
"언제요? 지금? 지금이야, 지금 혼자 시장하고 쇼핑하고..."
(지금은 혼자 장 가고, 쇼핑하고 하는데...)
"옛날에 남편이랑."
(언제부터 혼자서 시장 보고 했습니까?)
"2년."
(쇼핑은 전주 갑니까?)
"예, 전주, 관촌."
(가서 살 것이 있나요?)
"장날 때."
(이 집은 농사 지으니까 다 있겠네요.)
"아뇨, 다 없어요."
(어떤 거 사십니까?)
"생선. 야채도, 과일도 사고."

(4) 우체국 이용에 대한 답변도 다음과 같이 간략하게만 하였다.

(우체국은 어디로 가십니까? 관촌 가야 됩니까? 종종 가십니까?)
"네."
(우체국 가서 뭐 하세요?)
"편지. 엔날에 편지 보내고, 소포 보냈어요."
(친정으로요?)

"네."
(우체국 가서 불편 없으시죠?)
"혼자 안 갔었어요, 남편이랑."
(혼자 가셔야지...)
"아니오, 요즘에 안 가요."

(5) 면사무소나 군청 같은 관공서 이용에 관한 답변도 마찬가지이다.

(면사무소는 가보신 일이 없겠네요?)
"네."
(군청에도 안 가셨을 테고.)
"혼자 안 갔어요."
(의료보험증 갱신하러 안 가셨어요?)
"남편이."
(전주의 출입국관리사무소는 안 가셨어요?)
"혼자 안 갔어요."
(그럼 가서 예, 아니오만 하고, 서명만 하고 오셨어요?)
"...다 같이 갔어요."

(6) 결혼식에는 물론 여러 번 가본 경험이 있고 또 상가에도 가본 경험이 있다. 다음은 상가에 가본 이야기이다.

(상가집에 가보셨어요? 장례식장?)
"..."
(사람 죽은 집에.)
"아, 한 번."
(어떤 사람 집에 가셨어요?)
"아는 사람 시아버지 돌아가셨을 때 가봤어요."
(아는 사람의 시아버지가 돌아가셨을 적에... 인사는 하셨습니까? 남편과 같이 가셨습니까?)
"아뇨, 아는 사람 따라 갔어요."
(애기 아빠한테 상가에 문상을 가면 어떻게 하는 거라고 배우고 가셨습니까?)
"아뇨. 〈이후 러시아어로 이야기〉 거기 가서 그냥 밥 채리고..."

(도와주셨구나.)
"인사 안 했어요."

(7) 전화 통화에 대한 질문도 다음과 같이 간략하게만 답하였다. 그러나 연구자와의 통화에서 연구자의 말을 거의 다 알아듣는 것으로 보아, 통상 전화 통화에서 큰 불편은 없는 것으로 보인다.

(아직 전화 받는 데 불편한 게 있습니까?)
"네, 있어요."
(빨리 하면 못 알아듣습니까?)
"예."
(저랑 통화할 때는 다 알아들으시는 거 같던데... 다 알아들으셨어요?)
"네."
(거의 못 알아듣는 말이 없을 거 같은데...)
"아뇨."
(못 알아듣는 말이 있습니까?)
"예."

7. 기타 특징

이 화자의 경우에도 어떤 사건에 대한 서술에서 자신의 시점을 유지하는 표현보다는, 여러 사람의 시점을 나열하는 직접 인용문 형태의 서술 방식을 주로 취하였다.

그런데 이 화자의 발화에서 두드러지게 나타나는 특징 한 가지는, 자신이 말하는 것을 스스로 유의 깊게 지켜보면서 잘못된 부분을 곧 고쳐나가는, '세밀한 자가 교정 방식'의 말하기이다. 이는 물론 이 화자의 성격적 측면, 즉 스스로를 완벽하게 내보이려는 심리적 특성과도 관련되겠지만, 동시에 외국어로서의 한국어를 말해야 하는 화자의 의사소통상의 전략도 될 수 있을 것이다.

(어떤 얘기를 주로 하십니까? 뭐에 대해서 이야기하세요?)
"애기 아파요? 안 아파요? 요즘에 뭐하고 놀아요? 뭐, 어떻게 살림 한다고요, 하냐고요 물어봐요."

(그냥 아는 사람, 한국말로 조금 더 구체적으로 이야기하면... 그냥 아는 사람이라는 건 어떻게 아는 사람? 직장 동료 아니면 학교에서 알았던 사이?)
"아~ 아뇨. 아뇨. 어... 내 친구 친구, 내 친구의 친구."
(아, 친구의 친구...)
"네."

"네, 그때 결혼하고 싶었고, 애기 낳고 싶어 싶었어요, 그때"
(아... 그때.)
"의사 해봤어요. 엄마, 안 해봤어. 엄마라고... 하고 싶었어요. 애기... 넘〔너무〕 좋아요."

"〈통역과 러시아어로 이야기하다가〉 결혼하고 싶었어. 애기까〔가〕 낳고 싶었어요."
(그냥 결혼하고 싶고 애기가 낳고 싶어서.)
"아니야, 내 남편이 많이 좋았, 좋아졌어, 좋았어요."

8. 종 합

이 화자는 높은 학력과 지적 배경, 그리고 상대적으로 긴 한국 체재 기간과 고려 사람이라는 문화적 배경을 가지고 있다. 그러나 이러한 긍정적이고 유리한 요인들에 비해서는 한국말을 능숙하게 잘 배우지는 못한 것 같다. 아마도 가족 외의 다른 한국 사람들과 주위에서 일상적으로 접촉할 기회를 많이 갖지 못한 환경, 그리고 내성적이고 실수를 하지 않으려는 성격적 요인도 영향을 미쳤을 것이다. 특히 이 화자는 말을 하는 데서 너무 조심스러워, 틀린 말을 하느니 아예 말 자체를 않으려는 극단적인 완벽성 내지는 높은 자존심을 가지고 있는 것처럼 보였다.

이 화자의 한국어 능력도 물론 체계적인 학습의 기회가 주어지면 서서히 증가하겠지만, 현재로서는 언어 학습 과정이 대체로 마무리 되어가고, 따라서 현재의 수행 능력 정도에서 굳어져가는 듯한 인상을 강하게 주었다.

7. 중국 한족 출신 연구 대상자

⑬ 연구 대상자 [3]-C

◆ 한국어 학습 ◆

Ⅰ. 언어 학습의 배경

1. 연령 : 23세
2. 학력 : 중국에서 중학교 졸업
3. 모어 : 중국어
   출신 지역 : 중국의 흑룡강성 하얼빈 출신
4. 혼인 주선의 형태 : 친지(혼인이주여성)의 소개로 결혼
5. 혼인 시점 : 2004년 2월 중국에서 결혼
   한국 입국 시점 : 2004년 9월 한국 입국
   한국 체재 기간 : 0년 10개월간 한국 체재
6. 시부모 동거 여부 : 시부모 없음
7. 자녀 : 딸(태어난 지 보름가량) 1명
8. 거주지의 구분 : 자연 촌락 거주

Ⅱ. 언어 학습 과정

(1) 혼인 후 중국에서 약 7개월간의 수속 기간 동안 한글 공부를 하였는데, 한 번에 2시간 씩 10번 정도 과외를 받았다. 주로 한글 읽기만을 공부하였고, 쓰기는 하지 않았다고 한다.

(2) 한국 입국 후로는

① 『포켓 중국어 여행 회화』, 『즉각 즉용 한국어』, 『속성 한국어』 등의 간단한 책을 교재로 하여

② 그리고 텔레비전 드라마를 시청함으로써 한국어 공부를 해왔다.

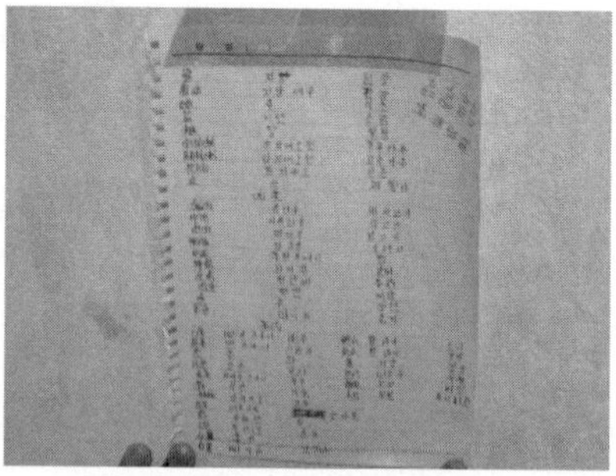

그림 13. ③-C의 부엌 벽 한국어 학습 자료

(3) 일상생활에서의 특이점

① 이 연구 대상자는 부엌살림을 매우 깔끔하게 정돈해 두고 있었는데, 특히 부엌 벽에 부엌에서 필요한 재료와 맛에 대한 표현들을 중국어-한국어의 순으로 적어 붙여 놓았다. 바로 다음과 같은 목록이다.

- 된장, 간장, 식초, 소금, 설탕, 후춧가루, 고춧가루, 산초, 채 썰다
- 돼지고기, 쇠고기, 닭고기, 소시지, 햄, 갈비, 통닭, 계란, 생선, 갈치
- 배추, 시금치, 파, 양파, 부추, 마늘, 고추, 콩나물, 무, 감자, 고구마, 오이, 호박, 생강, 두부, 버섯, 목이버섯(중국에서 가져온 것)
- 맵다, 달다, 짜다, 시다 ('쓰다'는 빠짐)

② 또 집안의 가구나 물긴의 명칭을 해당 가구나 물건 위에 써 붙여 놓았는데, 그것은 '소파', '문', '텔레비'. '밥통', '창문', '침대', '냉장고' 등이었다. 그러나 조사 당시 모두 떨어지고, 냉장고 위에만 '냉장고'라는 단어 카드가 붙어 있었다.

그림 14. ③-C의 냉장고의 단어 카드

③ 그런데 이러한 노력과는 달리, 이 연구 대상자는 매일 중국 텔레비전을 시청하고 또 중국의 부모들과 잦은 전화

통화를 한다고 하였다. 다음은 남편이 바라본 이 연구 대상자의 중국 텔레비전 시청과 중국으로의 전화 통화 모습이다.

'낮 시간은 집사람이 거의 혼자 있다. 집에서 뭐 했냐고 물어 보면 테레비를 봤다고 대답하고 그걸로 끝난다. 내용이나 이런 것은 물어보지 않는다. 테레비는 거의 중국 프로를 본다. 한국 프로를 보라고 하니까 처음에는 조금 보더니만 잘 안 보려고 한다. 한국 프로를 보기는 본다('굳세어라 금순아' 같은 것). 보면서 적(으면서 공부하)기도 한다.'(남편의 말)

"중국에 전화를 거의 매일, 기본 한 시간 한다."(남편의 말)

◆ 한국어 능력 ◆

1. 몸짓언어와 한글의 해독

(1) 주어진 몸짓언어는 모두 이해하였다.

(2) 한글의 자모는 대체로 이해하고 근사하게 읽는 것으로 보인다. 그러나 몇몇 이중모음을 읽는 데서는 문제를 보이는데, 가령 '외국인'을 〔위구인〕으로 그리고 '와'를 〔위〕로 읽는 것 등이다.

2. 발음의 정확성

1) 자 음

(1) 받침으로 오는 자음을 제대로 발음하지 못하는 경향이 있다.

① 자음을 탈락시킨다.

따뜻한 : 〔따뜯탄〕 → 〔따뜨한〕

외국인 : 〔외구긴〕 → 〔위구인〕
몇 시 : 〔멷씨〕 → 〔며시〕
몇 달 : 〔멷딸〕 → 〔며달〕
단체 : 〔단체〕 → 〔대체〕

② 자음을 변형시킨다.

할머니 : 〔할머니〕 → 〔한머니〕
밥 : 〔밥〕 → 〔밤〕

(2) 예사소리, 된소리, 거센소리를 변별하지 못한다.

처제 : 〔처제〕 → 〔처쩨〕
나가다 : 〔나가다〕 → 〔나카다〕

2) 모 음

(1) 이중모음의 발음이 부정확하다.

외국인 : 〔외구긴〕 → 〔이구인〕
형님 : 〔형님〕 → 〔행님〕

(2) /ㅡ/를 〔ㅓ〕로 발음한다.

여성을 : 〔여성을〕 → 〔여성얼〕
오늘 : 〔오늘〕 → 〔오널〕

3. 문법적 표현 정도

1) 문장 구성 방식

한국어가 미숙함에도 불구하고 어순에 맞는 SOV 방식으로 문장을 구성한다.

"저는 한국말 몰라요."
"할아버지 집에 없어요."

"어제 저녁 몇 시 왔어요?"
"이거 얼마에요?"

2) 조사 사용과 어미 활용

조사의 사용과 어미 활용은 그런대로 하는 편이다. 그러나 전체적인 언어능력이 매우 낮은 수준이므로, 이에 대한 체계적인 지식을 가지고 있는 것으로 보기는 어려울 것이다.

"형님, 중국말로 싸우저, 시숙님의 아내."

(금순이가 좋아요, 삼순이가 좋아요?)
((통역))
"금순이요. 〈수줍게 웃음〉 금순〔이가〕 좋아요."

3) 복문 구성

복문 구성 능력이 없다. 단문으로 대답하고 그것도 완전한 주술 관계를 이룬 문장이라기보다는 단어 나열 위주의 문장이다. TAT 카드 6BM번에 대한 다음 응답은 좋은 예가 될 것이다.

"밤〔밥〕 안 먹어? 왜 안 먹어? 맛이 없어요."
(누구누구예요?)
((통역))
"아들, 어머니."
(누가 밥 안 먹냐고 했어요?)
((통역))
"어머니가."

4) 주요 문법 범주의 실현

(1) 존댓말

존댓말에 대한 대략적인 지식 정도를 가지고 있는 수준이다. 인사말에서는 존대 표현을 그런대로 쓰지만, 실제의 대화에서는 제대로 구사하지 못하는 것으로 보인다.

(한국말이 어려워요?)
"어려워요?"
((통역))
(한국말이 어려워요?)
"네."
(아기 예뻐요?)
"이뻐요? 이뻐요."
(오빠 미워요?)
"아니."
(시숙님 좋아요?)
"응, 좋아요."
(형님 무서워요?)
"무서워요?"
((통역))
"아니."
(외숙모 무서워요?)
"아니."
(이 집 좋아요?)
"좋아요."

(2) 시제와 상

시제와 상에 대해서도 대략적인 지식 정도를 가지고 있는 수준이다.

(오늘 아침에 남편이랑 무슨 얘기 했어요?)
"어제 저녁 몇 시 왔어요? 몇 시 와요?"

(애기 아빠가 늦게 왔어요? 몇 시에 왔어요?)
"오널〔늘〕 네 시, 새벽."
((통역: 새벽 네 시.))
(어디 가서 늦게 왔어요?)
"친구 집에 가 술 먹어..."
(술 좋아해요?)
((통역))
"아니, 아니."

(3) 부정법
아주 간단한 부정문 정도를 구사하는 수준이다.

"밤〔밥〕 안 먹어? 왜 안 먹어? 맛이 없어요."

4. 어휘 구사력

이 화자는 매우 낮은 수준의 어휘 구사력을 보인다.

(1) 교통 신호등 색깔에 대해 전혀 모른다.

(2) 또 장, 소금, 장아찌의 의미체계에 대해서도 전혀 모르는 수준이다.

(3) 위의 존댓말의 예에서 보듯이, '어렵다', '무섭다'와 같은 기초적인 어휘도 제대로 이해하지 못하는 것으로 보인다.

(4) 친척호칭

(이 집에 식구들이 누구누구 있는지 한국말로 소개해 보세요.)
((통역))
"시숙님, 동생, 여동생, 행〔형〕님, 할아버지, 한〔할〕머니, 여보."

(또?)
"오빠."
(친척 언니: '조카.')
"조카?"
(아기는? 영은이는?)
"딸."

위의 가족 소개에서 '동생'은 '시동생'을, '여동생'은 '(손아래) 시누이'를, '행님'은 '(손위) 동서'를, '할아버지'는 '시외삼촌'을, '한머니'는 '시외숙모'를, 그리고 '여보' 또는 '오빠'는 '남편'을 각기 가리킨다. 화자가 사용하고 있는 친척용어는 또 호칭과 지칭의 명확한 구분이 없다(그런데 다음 질문에서 '여동생'에 대한 호칭은 '고모'인 것으로 대답함). 따라서 이 화자의 친척용어에 대한 지식은 문화적으로 허용 가능한 범위의 경계선 정도에 머물러 있는 것으로 볼 수 있겠다. 위의 예에서 '조카'라는 어휘는 모르는 것으로 보이고(여기서 '조카'는 고종사촌 언니의 아이들을 가리킴), 또 다른 대화에서 '처제'라는 말(고종 사촌 형부가 연구 대상자를 부르는 말)도 잘 모르는 것으로 나타났다.

(5) 기 타

'세 번', '스무 살', '네 시'와 같이 수사 관련 표현이 의외로 정확하였지만, 아직 수 분류사에 대한 학습이 잘 이루어진 것 같지는 않았다.

(남편이 좋아요, 애기가 좋아요?)
"두 개 다."

5. 대화 능력 및 담화 구성 능력

(1) 이 화자의 대화 능력에서 가장 모자라는 부분은 매우 낮은 청취 능력이다. 연구자의 단순한 질문도 알아듣는 것보다는 못 알아듣는 것이 훨씬 더 많았다. 다음 예에서 단순한 질문들도 통역을 통해야만 메시지가 전달됨을 볼 수

있다.

(시숙님한테 뭐라고 인사해요?)
((통역))
"시숙님."
(여동생한테는 인사할 때 뭐라고 합니까?)
"여동생? 고모."
(고모가 오면 뭐라고 인사하세요?)
"안녕하세요?"
('안녕하세요, 고모' 해요?)
"〈웃음〉"
(형님은 누구예요? 시숙님 부인?)
((통역))
"형님, 중국말로 싸우저, 시숙님의 아내."
(누가 할아버지예요?)
((통역))
"할아버지 집에 없어요."
...
(오빠는 누구예요?)
"신랑."
(딸은 뭐라고 불러요?)
((통역))
((통역: 중국어로 보불(보배)이라 불러요.))

아래의 예에서도 통역을 통해 근근이 계속된 대화가 마지막 질문에 대한 답에서 또 잘못되고 있음을 본다.

(혼자서 우체국 가봤어요?)
((통역: 혼자 가요.))
(우체국에 뭐 하러 갔어요?)
"〈한국말로 편지, 부치다가 무엇인지를 묻고 난 후〉 편지 부치다?"
(어디에 편지 부쳤어요?)

"중국."
(중국 어디에?)
"중국 하얼빈."
(중국 하얼빈에 누가 있어요?)
"집에."

(2) 이 화자가 보여 주는 담화 구성 능력의 정도는 다음 예에서 아주 잘 드러난다. TAT 6BM번 카드에 대한 답이다.

"밤〔밥〕 안 먹어? 왜 안 먹어? 맛이 없어요."
(누구누구예요?)
((통역))
"아들, 어머니."
(누가 밥 안 먹냐고 했어요?)
((통역))
"어머니가."

통역을 통해서 전해진 질문에, 그림 속의 두 인물이 아들과 어머니라는 설정을 하고 두 사람 간의 화제가 식사에 대한 것이라는 설정까지는 하였다. 그러나 이를 표현하는 데서 "밤〔밥〕 안 먹어? 왜 안 먹어?"라는 어머니의 질문과 "맛이 없어요."라는 아들의 대답만을 병렬적으로 나열하는 선에서 그치고 만다.

6. 상황에 따른 언어 사용 능력

(1) 남편하고는 손짓과 눈짓으로 최소한의 필요한 의사소통을 행하는 것 같다. 그런데 의외로 '마음으로 통해서 별 어려움이 없다.'라는 말을 통역을 통해 전하였다.

(2) 시댁 식구들과 동네 사람들과의 언어적 접촉도 마찬가지인 것으로 보이는데, 동네 아주머니들에게는 '아줌마'라는 호칭과 지칭을 사용하는 것으로 보

인다.

(3) 갓난아기에게 사용하는 한국말은 “배고파요?”, “자요. 빨리 자요.”, “울지 마.”, “맘마 먹어.” 정도인 것으로 대답하였다.

(4) 시장이나 가게에 물건을 사러 갔을 때 “이거 얼마에요?”라는 질문은 할 줄 안다. 물론 천원권과 만원권의 지폐 구분도 한다.

(5) 버스나 열차 같은 대중교통의 이용, 우체국이나 은행의 이용, 면사무소나 군청과 같은 관공서의 이용 등은 물론 혼자서 할 수 없으며, 또 잔칫집이나 상가를 방문한 경험도 없다.

(6) 다음은 통역을 개입시켜 어렵게 재현한 전화 통화의 예이다.

(여보세요?)
“여보세요.”
(중국 색시 좀 바꿔주세요.)
“〈웃음〉 죄송합니다. 저는 한국말 몰라요.”
(여보세요, 성연이 좀 바꿔주세요.)
“서〔성〕연이?”
((통역))
“〈남편 이름임을 알고〉 지금… 지금… 지금 집에 없어요.”
(지금 집에 있어요?)
“집에 없어요.”
(몇 시쯤 집에 있나요?)
“며〔몇〕 시?”
((통역))
“몰라요.”

7. 기타 특징

이 화자는 자신의 부족한 한국어 능력을 보완하기 위해 두 가지 정도의 의사소통 전략을 자주 이용하는 것 같다.

(1) 질문의 일부분을 다시 질문 억양으로 반복하여 묻는다.

(한국에 시집와서 한국말 공부를 어떻게 하고 있어요?)
"어떻게 하고 있어요?"

(한국말이 어려워요?)
"어려워요?"

(형님 무서워요?)
"무서워요?"

(시장에 가 보았어요?)
"시장?"

(2) 또 응답을 의문형으로 답함으로써 자신의 말이 적절한지 여부를 대화 상대방에게 확인하려고 한다.

(얼마만큼 좋아요?)
"많이?"

(중국 하얼빈 집에 몇 번 부쳤어요?)
((통역))
"세 번? 세 번."

(신랑하고 같이 은행가서 뭐했어요?)
"돈? 돈."

그러나 이 화자는 '예', '아니요'와 같은 매우 기본적인 응답도 거의 중국어인 '요', '메이요'를 사용하여 답함으로써, 한국어 학습을 위한 적극적인 태도가 부족한 것처럼 보였다.

8. 종 합

이 화자는 실제의 발화량은 많지 않았지만 그래도 상대적으로 정확한 발음과 우리말 어순을 지키는 문장을 생성하였다. 또 한글 읽기도 그런대로 잘하는 편이었다. 그러나 한국 체재 기간에 비해서는 한국어 학습 정도가 상당히 느린 것으로 판정된다. 말하기뿐만 아니라 듣기 능력이 특히 저발달되어 있는데, 대체로 보아 개인적 동기가 약하고 학습 노력도 부족한 것으로 보인다. 시부모는 안 계시고 부부만 사는데 남편이 말수가 적은 사람인 것으로 보아, 가족 내의 언어 입력이 많지 않은 것으로 보인다. 게다가 중국 텔레비전 시청을 많이 하고 또 중국 부모와의 전화 통화가 아주 잦은 것으로 보고된다.

전체적으로 이 화자는 내성적 성격에다 스스로 외부와의 접촉을 기피하는 경향을 강하게 갖고 있는 것으로 보인다. 남편에 의하면 집 밖을 잘 안 나가는 경향이 있어, '일부러 아이스크림도 사오라고 시키고 라면도 사오라고 시키는데 잘 안 나가려고 한다.'고 하였다. 다음은 남편과의 관련 대화이다.

(말이 안 통해서 답답하지 않으세요?)
"별로... 제가 알아서 그냥 해 버리니까요. (아내도) 원하는 거 있으면 얘기해요. 똑같애요. 만약에 말이 안되면은... 책(사전이나 회화책 같은 것) 보고라도, 글은 다 아니깐요. 뭐가 없으면은 '시장가라, 시장 가. 없어요, 없어요.' 하면 시장 갔다 오고..."
(시장은 같이 가세요?)
"혼자 가요. 안 갈라고 한당게요."
(자주 데리고 나가셔야 해요. 그래야 말도 빨리 늘어요.)
"저도 데리고 나갈려고 하걸랑요. … 안 갈라고 해요 일단. 부끄럼은 좀 타긴 하는데 별로 어딜 안 가려고 하더라고요. 차 타는 것 자체를 싫어해 버리더라고요. 멀미를 하니까... 잘 안 갈라고 해요. 그러니까 저도 잘 못 나가죠. 그런데 사람하고 많이 접촉하는 것을 좀 안 좋아하더라고요. (오자마자) 배부르고(임신하고) 그러다 보니까…"

또 이웃한 시숙 집에도 자주 가지 않고 1주일에 서너 번 정도 가는 편인데, 그것도 남편이 '갔다 오라고 하거나 먹을 것 가지러 오라'고 해야 가는 정도라고 하였다.

⑭ 연구 대상자 [4]-D

◆ 한국어 학습 ◆

Ⅰ. 언어 학습의 배경

1. 연령 : 29세
2. 학력 : 중국에서 중학교 졸업
3. 모어 : 중국어
   출신 지역 : 중국의 흑룡강성 하얼빈 출신
4. 혼인 주선의 형태 : 친지(혼인이주여성)의 소개로 결혼
5. 한국 입국 시점 : 1998년 10월 한국 입국
   혼인 시점 : 1998년 11월 한국에서 결혼식
   한국 체재 기간 : 6년 9개월간 한국 체재
6. 시부모 동거 여부 : 혼인 초기에는 시어머니와 동거하였으나 이후 돌아가심
7. 자녀 : 아들(6세), 딸(4세)의 2명
8. 거주지의 구분 : 자연 촌락 거주

Ⅱ. 언어 학습 과정

(1) 한국에 오기 전 한 달 동안 1주일에 한 번씩 총 4번 조선족 교사에게 한글 개인 교습을 받았다.

(2) 한국 입국 후로는

① 시어머니, 남편과의 대화와 텔레비전 드라마 시청으로 한국어 공부를 하였다. (그런데 본인의 의견으로는 돌아가신 시어머니는 말씀이 적은 분이라 시어머

니로부터는 말을 많이 배우지 못하였다고 하였다.)

② 한국에 온 지 6개월가량 지나서부터 말을 알아듣기 시작하였고, 1년쯤 지나서부터는 말을 조금씩 하기 시작하였다고 한다.

③ 2000년 11월부터 이웃한 군(郡)의 버스 터미널에 있는 가게에 나가 일을 하기 시작하여 지금까지 계속해 오고 있다. 가게에서 매일 여러 사람들을 만나고 그들과 접촉하는 것이 한국어 학습 증진에 크게 도움이 된 것으로 보고한다.

④ 또 읽기 학습의 경우에는 처음에는 아이들 동화책을 주로 읽었고, 가게 일을 시작한 뒤로는 『좋은 생각』, 『좋은 엄마』, 『건강 다이제스트』와 같은 책을 읽어 왔다고 한다. 또 3년 전부터는 신문도 읽기 시작하였는데, 그러나 아직은 그 뜻을 완전히 이해하지는 못하는 단계라고 하였다.

(3) 그런데 이 연구 대상자의 경우 남편으로부터 초기 언어 학습 과정에 대한 또 다른, 보다 생생한 증언을 들을 수 있었다. 즉,

① 처음에는 『한중사전』과 『중한사전』의 사전 2권을 사다 놓고, 서로 말문이 막히면 사전을 찾아 서로가 하고자 하는 말이 무엇인지를 확인하였다고 한다.

② 또 남편은 지나간 언어 학습 과정의 단면을 다음과 같이 기술하였다.

> '낮에 (일을) 갔다 오면 집사람은 어머니랑 이야기를 하다가 어머니가 한 말 중 생각나는 것을 물어본다. 그러면 또 사전 뒤져서 찾고... 그때 당시에는 노트 필기도 하고, 사전에다가도 찾은 것을 표시해서 자꾸 단어 하나하나를 많이 알게 했다. 그렇게 배운 단어가 생활 속에서 나오다보니 1년쯤 지났을 때 말이 어느 정도 되는 것 같더라.'

이러한 힘든 노력의 과정을 거쳐 이 연구 대상자는 (돌아가신 시어머니가 일을 갔다 온 아들에게 하루 종일 며느리와 둘이 있어도 말이 통하지 않는 어려움과 불편함을 토로한) "아유, 답답해 죽겠어야. 말이 통해야 뭐라고 하제."라는 단계를 서서히 벗어났다고 한다.

③ 그리고 이 남편분은 아내의 빠른 언어 학습을 위해, 지금껏 아내와 대화

할 때는 되도록이면 사투리보다 표준어를 사용하려고 노력해 왔다고 하였다.

◆ 한국어 능력 ◆

1. 능숙성의 정도

이 화자의 한국어 사용 능력은 외국인 화자로서는 최상의 수준이다. 연구 대상 화자들 중 중국 동포를 빼고는 이 화자의 말이 가장 '자연스러운' 느낌을 주었다. 아마도 4년이 넘게 가게에 나가 매일 다른 사람들과 접촉하는 데서 얻어진 언어 학습의 결과일 것이다.

다음은 인터뷰의 첫머리로 자신의 가족에 대한 소개 부분이다. 물론 쉬운 내용이지만 전혀 흠잡을 데 없는 대답을 하였다.

(시집 오셨을 때 시집에 누구누구 있었습니까?)
"그때는 시어머니만 계시고..."
(시어머니는 언제 돌아가셨습니까?)
"시어머니는 인저 2001년..."
(한 3년 같이 사셨네요. 그때는 집에 주로 계셨고, 애기 낳아서 키우셨을 때네요.)
"제가 한국 처음 올 때부터 인자... 제가 둘째 애기 낳고, 두 달 지나 돌아가셨어요."
(둘째 애기 놓고 손녀딸까지 보셨구나.)
"보셨는데, 얼마 안돼서..."
(남편 형제간은 어떻게 되십니까?)
"아들은 외아들이예요. 누님은 여섯 분 계시고."
(시누이들 무섭겠네...)
"제가 나이 어리니까... 나이 차이 많이 나거든요."
(다 어디 사세요?)
"큰누나는 전주 계시고, 두〔둘〕째, 셋째, 넷째, 다섯째는 다 서울에."
(잘 못 보겠네요?)
"자주는 못 보죠. 제사날이나 한 번 보고. 동네 친처〔척〕들이 무슨 일이 있으면 한 번 만나고..."

다음의 두 예는 이 화자가 말을 조금 길게 하는 부분이다. 앞 예에서는 '먹여야'라는 사동형을 그리고 뒤 예에서는 '있겠죠'라는 추측의 표현을 자연스레 쓴다. 인터뷰가 여기쯤 왔을 때 연구자의 입에서 '혀 짧은 한국 사람'이라는 말이 자연스레 나왔는데, 이 연구 대상자의 가게를 찾는 사람들도 실제로 그런 느낌을 갖는 모양이다.

(얘가 유치원 다닙니까?)
"다."
(둘 다? 어린이집입니까? 선생님과 이야기하는 데 불편함 없습니까? 어떤 이야기합니까?)
"선생님도 애들이 유치원에 있을 때는, 어쩔 때는 애가 아프고 그런 때가 있으면 저한테 전화하거든요. 그러면 제가 '알았습니다. 데리고 올게요.' 병원에 데려 가요. 다른 때는 대충... 어쩔 땐 애들 왜 안 보냈냐고 전화도 오고... 또 뭐... 엄마들이 무슨 회의 있어요. 언제 뭐, 정확히 시간은 없고요. 선생님이 다 전화상으로 공지를 하고 같이 모이고..."
(나가세요?)
"나가야 되는데, 가게도 때문에 못 나가요."
(나가셔야 되는데...)
"나가셔야, 나가야 되는데, 시간이 우리랑 시간이 안 맞아요. 낮에는 손님과 일하고, 저녁에 거의 7시 정도 그 시간은 제가 밥을 해야 되잖아요. 애들도 먹여야 되고, 애기 아빠도 식사해야 되니까. 우리는 시간이 식사, 밥 준비 시간 밥 먹을 시간을 8시 넘고, 그럼 못 가는 거죠."

(전주 출입국사무소는 갔죠?)
"출입국 몇 번 갔죠."
(거기서 남편과 같이 갔을 텐데... 남편과 같이 안 가도 할 수 있습니까?)
"혼자 지금도 갈 줄 알아요."
(혼자서 다 할 수 있어요?)
"지금요? 지금도 할 수 있겠죠. 왜냐면 물론... 제 지금도 오빠 와 있거든요. 오빠들 불편할 때는 같이 가잖아요. 뭐 제가 제 일... 이런 거 할 때는 저한테 물어봐야 되는데... 그래도 뭐 직원들이 다 알아듣고, 그 사람들도 전화상으로 조사해요. 그 사람들도 저하고는 다 통하니까 뭐 어려움은..."

(이 중국 아주머니 아니고 한국 아주머닌 줄 알겠다. 전화 해가지고 그런 이야기 안 합디까?)
"아니오. 왜냐면 그 서류상 다 써 있는데..."
(말을 이렇게 잘하는데 무슨 중국 아주머니라...)
"지금도 사람들은 제가 중국 사람이라 말 안 하면 아직도 한국 사람인 줄 알아요."
(그렇죠, 그럴 거 같아요. 길게 말하면 외국 사람이냐고 묻는데...)
"왜냐면 제가... 어떤 사람은 그냥 말씀 안 하시고, 약간 인자 말 좀 모자라는 사람이라고 그렇게 생각하는 사람이 많죠, 대충. 이야기하다 보니까 하고 싶은 말이 또 안 나올 때 있잖아요. 그때는 인저 제가 설명해요. '제가 한국 사람이 아니라 중국 사람이라 한국말 잘 못해요.' 아, 그렇게 이해해 주고..."

마지막 예는 마을 사람들이 이 화자를 어떻게 부르는가에 대한 질문과 답변인데, 여기서도 매우 자연스러운 대화가 이어지고 있다.

(하얼빈서 시집왔는데, 새댁한테 무슨 택호를 지어 줍디까? 택호 없어요?)
"택호가 무슨 뜻이예요?"
(무슨 댁, 무슨 댁 하는 거.)
"제가 인저 중국에서 하얼빈시 송포촌이예요, 송포촌. 애기 아빠는 자꾸 송포댁, 송포댁하고 불러요. 동네 사람들은 처음에는 몰랐어요. 송포댁이 누구냐고 물어 봐요. 애기 아빠는 애기 엄마 중국에 있는 촌 이름이... 근데 동네 사람들이 송포댁이라고 안 부르고 형규 엄마, 형규 엄마 이렇게 불러요."
(송포라고 한자로 어떻게 쓰나요? 소나무 松자에, 개 浦자를 쓰나요?)
"맞아요."
(시내가 흐르는 곳이다 위치가. 물이 있죠?)
"물이 있죠, 강..."
(아주머니 택호가 송포댁이구나.)

2. 대화 능력 및 담화 구성 능력

(1) 외국인 화자들이 면대면의 대화보다는 전화 통화를 어려워하고, 또 한국어에 능숙한 화자들도 텔레마케터 같은 전화 판촉의 경우는 알아듣기 어렵다고 하였다. 그런데 이 화자의 경우는 그러한 문제가 거의 극복된 단계로 보인다.

(외국 주부들이 가장 어려워하는 것이 전화 통환데, 송포댁은 전화 어려운거 없죠? 전화 받는 거... 사람들이 거는 것은 문제가 없는데, 받는 게 어렵죠?)
"지금은 받는 것이 다... 가게에서 홈쇼핑도 전화 오고. 그런 거는 전화 많이 오고, 많이 받고, 거의 거절하고."
(어떻게 거절해요?)
"보험 넣고 그런 거잖아요. 보험도 무슨 보험, 무슨 보험 다 들어 있고요. '무슨 얘긴지 알아들었어요. 전화 주셔서 고맙습니다만, 지금 보험 다 들어 있어요. 됐습니다.'"

그러나 인터뷰 과정에서 딱 한 번 연구자의 질문을 잘못 알아들은 것 같은 경우가 있었는데, 다음 사례에서이다. 그러나 이런 정도의 실수는 모국어 화자도 흔히 할 수 있는 실수일 것이다.

(결혼식 가보셨어요?)
"예, 많이 갔어요."
(남편하고 같이 갔죠? 혼자서 가서 다 인사하고 할 수 있겠어요?)
"지금 같은 경우는 다 됐죠. 여그〔기〕 우리는... 남원 시내에서도 예식장 다 찾아가고..."
(인사하는 것도 다 여기 예법을 배웠습니까?)
"예, 배웠어요."
(예식장 가서 어떤 인사해요?)
"아니, 축하합니다, 저 정도... 축하하는 말이라든지..."

(2) TAT 카드를 이용한 이 화자의 담화 구성 능력의 예는 다음과 같다. 앞의 것이 6BM번 카드에 대한 응답이고 뒤의 것이 1번 카드에 대한 응답이다. 그러나 이야기 구성 자체보다 '모녀, 모자 사이'라든지 '모친', '아들애', '작곡', '원리'와 같은 단어의 사용과 '자녀 이기는 부모 없다'라는 표현의 예 등이 눈에 띈다.

"모녀 아니... 모자 사이로... 이런 거는 잘 못하는데..."
(아니, 얘기는 얼마든지 만들 수 있어요. 사람마다 다른 이야기를 만들어요.)
"어, 이렇게 만들게요. 인저 어머님인데, 아들이예요. 아들이... 요즘 텔레비전에서 많이 보잖아요. 결혼 얘기 때문에... 인저 모친은 반대죠, 반대예요. 아들애는 인저 어머님의 반대에 대해서 좀 어떻게... 음... 잘 모르겠어요."
(다른 이야기 만드셔도 되요.)
"이런 거는 좀 어려운데... 그니까 이렇게 쉽게 이야기할게요. 어머님이 반대하더라도 결혼하겠습니다."
(그래서요?)
"그래서요, 요즘 뭐... 자녀 이기는 부모 어업〔없〕다는 듯이 결국엔... 그거는 뭐... 아들이 뭐 모친이, 어머님이 뭐 반대하더라도 결혼해야죠 뭐."

"이거 뭘 만드는... 저 이거..."
(뭐 같습니까?)
(악기예요.)
((통역))
"이거 아, 바이올린이요? 바이올린 대회 어떻게 만드는지 생각하고 있으〔을〕까? 종이도 있고... 자곡〔작곡〕에 대해 생각하고 있을까요?"
(네?)
"작곡?"
(작곡에 대해 생각하고 있다고요? 그 밖에 없어요?)
"아니면, 바이올린 어떻게... 원리 어떻게 하는가 생각하고 있을까요? 그런 생각 드는데요."

3. 언어 사용상의 특징

1) 존댓말의 사용

이 화자는 한국어를 배우는 데서 존댓말의 영역이 가장 어려웠다고 말했다. 처음에는 존댓말을 몰라 가령 시어머니에게도 '밥 먹어'와 같은 "반말"의 표현을 썼는데, 뒤에 존대 표현을 배운 뒤 동일한 지시적 의미(referential meaning)를 전달하는 말로 가령 '식사하세요', '밥 먹어요', '진지 드세요', '진지 잡수세요'와 같은 "존경어"가 있음을 알고 이를 배워 썼다고 하였다.

이 화자의 경우 청자존대어와 주체존대어를 쓰는 데서 거의 문제가 없어 보인다. 지금까지 든 예문에서도 잘 드러났지만, 한 예만 더 들면 다음과 같이 자연스레 말한다.

"친전〔정〕에는 할아버님 계시구요, 친전 부모님, 인저 오빠 둘하고, 올케 언니는 원래 두 분인데 한 분만 계세요."

그러나 존댓말이 없는 모어(중국어)의 영향인지 주체존대법의 사용에서는 때로 실수를 하기도 하는데, 다음과 같은 예에서이다.

(이웃 사람들 만나면 어떻게 부릅니까?)
"거의는 동네 사람들은… 무슨… 할머니들이 무슨 댁, 무슨 댁 이렇게 부르잖아요? 저희는 그냥, 저는 안 부르시고 하고 싶은 말은 해요."

"어떻게 부러야〔불러야〕 하는지 잘 모르겠어요. 애기 아빠한테 몇 번 물어봤는데, 정확히는 저… 어떻게 불러야 하는가. 아, 친형님은 아니잖아요. 솔직히 친형님은 아주머〔버〕님, 아주버님이라 부르잖아요. 근데 친형님은 아니〔기〕 때문에 어떻게 부르셔야〔불러야〕 하는지 아직 정확히 답이 없이요."

2) 친척호칭의 사용

이 화자는 집성촌(集姓村)으로 시집을 왔고 따라서 집안 간의 예법에 대해서도 어느 정도 문화화(enculturation)가 된 것으로 보인다. 가령 다음의 응답을 보면, 일상적인 친족생활에 어느 정도 능동적인 참여를 해 온 것으로 짐작된다.

(상가에 문상 갔을 때 어떻게 하는 것인지 배웠어요?)
"우리는 동서끼리는 절 같이 하고, 그런 거는 하고… 음식 하는 것이 도와주고."
(근데 시골이라서 남자들만 문상하고 여자들은 안 하겠구나.)
"저 친척끼리 아니면 다 애기 아빠 혼자 가죠."

이 화자의 경우 특히 친척호칭의 사용에서는 상당히 우수한 언어적·문화적 지식을 가지고 있는 것으로 보인다. 가령 다음 예에서 보면 동일 친척형(kin type)을 가리키는 호칭의 변이형들(variants)이 갖는 사회적·심리적 의미(social and psychological meaning)에 대해서도 이미 잘 알고 또 그렇게 써온 것으로 짐작된다.

(시누이들 부를 때 어떻게 부르세요?)
"처음에는 인저... 저도 인저... 한국은 솔직히 이렇게 부르는 것이 헷갈리거든요. 원래 정식적으로는 형님이라 불러야 되잖아요. 근데 제가 나이 어리니까 고모들은 그냥 언니, 언니라고... 제가 지금은 언니라고... 형님이라 안 불러요."
(말이 요즘 언니가 더 듣기 좋다고 그렇게 바뀌는 거 같아요.)
"그리고 저는 처음에는 중국에서는 어머님이 부르라고 배웠는데요. 한국에 왔는데 제가 어머니라 부르니까 어머니가 이렇게 부르지 말라고, 그냥 엄마라고 친절하게 부르라고. 어머니 돌아가실 때까지 엄마라고 불렀어요."

보다 흥미로운 사례는 '사촌 시숙'(Hu. Fa. Br. el. So.)을 어떻게 불러야 하는지에 대한 아래의 대화에서 나타난다. 이 화자는 '시누이'를 '형님'으로 그리고 '시어머니'를 '어머님'으로 부르는 것이 바른 호칭법인 것처럼, '사촌 시숙'도 '시숙(님)'말고 어떤 적절한 호칭어가 있다는 사실을 안다. 그러나 그것이 무엇인지 아직 아무도 가르쳐 주지 않았기 때문에 지금껏 못 부르고 있는 것이다. 또 이 화자는 한국의 친척용어에는 친척지칭(kinship terms of reference)과 친척호칭(kinship terms of address)이 엄연히 구분되어 사용된다는 사실도 자세히는 아니지만 대체적으로는 알고 있다.

(사촌 시숙들은 어떻게 부르세요?)
"솔직히 지금도 헷갈려요. 그냥 거의 안 부[불]러요."
(어떻게, 왜 헷갈려요?)
"어떻게 부러야[불러야] 하는지 잘 모르겠어요. 애기 아빠한테 몇 번 물어봤는데, 정확히는 저... 어떻게 불러야 하는가. 아, 친형님은 아니잖아요. 솔직히 친형님은 아주머[버]님, 아주버님이라 부르잖아요. 근데 친형님은 아니[기] 때문에 어떻게 부르셔야[불러야] 하는지 아직 정확히 답이 없어요."
(누가 답이 없어요?)
"저한테 가르쳐 준 사람이 없어요."
(아주버님.)

"아주버님 맞아요? 근데 친형님이 아니더라도..."
(사촌도 아주버님 맞아요.)
"근데 저렇게 불러야 하는데..."
(시어머니가 안 가르쳐 주셨어요?)
"아니오. 다 뭐 시숙, 시숙이라고 저렇게 저한테 얘기해 주셨어요. 근데 저는 시숙이라고 부르면 안되잖아요. 그래서 아직... 정확히는 답이 없으니까 저도 그냥, 그냥 아주버님한테 그냥 말하는데... 하고 싶은 말이..."
(시숙이라 불러서는 안되는데, 어떻게 불러야 할지 몰라서? 아주버님 맞아요.)
"그냥 눈만 보고 얘기 하는데... 아, 아주버님."
(팔촌까지는 아주버님 맞아요.)

3) 발음 및 문법적 문제

(1) 발 음

이 화자는 한국어 발음을 상당히 정확하게 하는 편이다. 모음의 발음에서는 별다른 문제가 없어 보인다. 자음의 경우에는 대체로 매우 정확하지만 받침을 제대로 발음하지 못하는 경향을 보인다.

친정 : 〔친정〕 → 〔친전〕
친척 : 〔친척〕 → 〔친처〕
외국인 : 〔외구긴〕 → 〔외구인〕
작곡 : 〔작꼭〕 → 〔자곡〕
청국장 : 〔청국짱〕 → 〔청구장〕
불러야 : 〔불러야〕 → 〔부러야〕
필리핀 : 〔필리핀〕 → 〔피리핀〕
솔직히 : 〔솔찌키〕 → 〔소지키〕
한국 : 〔한국〕 → 〔한구〕
풍습 : 〔풍습〕 → 〔풍스〕
믿기 : 〔믿끼〕 → 〔미기〕

(2) 문 법

문법의 측면에서는 주로 조사 사용과 어미 활용의 영역에서 오류를 범한다.

조사의 경우 보조사를 적절하게 사용할 정도로 능숙하지만 몇몇 사례에서 아직도 미숙함을 보이고, 또 서술어 활용에서도 오류를 보인다.

"일이는〔은〕 몇 가지 했어요."
"한국 사람이는〔이〕 중국에 장가 갈려면"
"택배 부치는 것이〔을〕 인저 알죠."
"제가는〔가〕 애기 아빠보다는 많이 못해 줘요."
"이거 존경말이고 반말 해〔하〕고"
"나 한나 소개, 소개〔해〕 주고"

어휘의 영역에서는 일상생활에 사용되는 단어 및 표현에는 꽤 친숙한 것 같다. 그러나 인터뷰에서 의외로 '손아래'나 '택호'같은 말을 알지 못하였다.

이 화자의 담화에서 특징적인 말 하나는 '인저' 또는 '인자'의 빈번한 사용이다. 지금까지 든 예문에서 이미 많은 사례가 나왔지만, 몇 예를 더 들면 다음과 같다.

"은행은 제가 인저... 왜냐면... 우리 집안 일 이런 거는... 애기 아빠가 거의 다 알아서 해요."
"처음에는 말이 많이 안 통했기 때문에... 인저 애기 아빠도 많이 이해해 주고..."
"거기 가면 인제 시골이라, 좀 아저씨들 술 치힐〔취할〕 정도..."
"아유 제가 인제... 아유, 집에서 가만 있는 거다는〔것보다는〕, 제가 나가서도 벌어야지 인제 애기 아빠 혼자만 버는 것보다... 두 사람이 버는 것이 훨씬 나... 낫죠."

이 화자가 사용하는 '인저'(또는 '인자')는 '이제'라는 시간 부사로도 쓰이지만, 많은 경우 자신의 말을 담화 속에서 부드럽게 이어주는 울타리말(hedge)의 기능을 하는 것으로 보인다. 물론 이 지역의 토박이 화자들이 이 말을 많이 쓰는 것으로 보이지만, 이 화자의 경우에는 특히 개인적 담화 특질을 이룰 만큼 빈번히 사용하는 것으로 관찰된다.

4. 기타 특징

(1) 인터뷰의 많은 부분은 혼인 과정과 가족생활에 대한 것이었는데, 이 중 시어머니와 남편에 대한 부분 중 화자 자신의 감정 세계가 잘 드러나는 부분을 간단히 소개하기로 하겠다.

((혼인 결정과 관련하여) 그리고 또 시어머니 계시구요. 그것도 문제가 안되셨어요?)
"겨믄 제가 테레비 연속〔연속극〕 봐도, 또 지금도 사람들도 아주머니 만나서 진짜... 보통이 아니잖아요. 그 시어머니가 인저 며느리 그렇게 막 야단치는 것이... 다른 사람이 이나〔있나〕 없나... 야단칠 때는 그냥 그게〔그렇게〕 하잖아요. 근데 우리 어머니네는 어머니 원래 좀 말씀 별로 어 없으시구요. 또 제가 나이 어리니까 저한테 뭐 야단치는 것도 없어요. 케서〔그렇게 해서〕 어머님하고 뭐... 어머님이 안... 어머님 싫다... 한 번도 그런 느김〔낌〕이 없어요. 아, 어머니하고 별로 같이... 많이 안 지냈어요."
(별로 안 친했어요?)
"아니, 안 친했던 게 아니라... 같이 얼마 안 살았어요. 어머니가 또 갑자기 돌아가시기... 〈우물거림〉 솔직히 얘기해서... 어머니가 돌아가시고는 제가 더 많이 서운했죠. 이제 정이 들어가고 있는데..."

(그런데 아까 우리가 결혼 전 얘기 하다가 이쪽으로 넘어왔거든요? 남편 분 어디가 그렇게 마음에 드셔서 결혼하셨어요?)
"아유 처음에는 뭐... 맘이 들을 정도는... 그거는 거짓말이고. 그냥 어짜피 한구〔국〕에 온... 그어... 오고 싶으면, 또 제가 왜 그렇게 〈우물거림〉 생각하냐면... 지금도 저도 솔직히 거짓말도 못하고요, 한국 사람이는 중국에 장가갈라면, 솔직히 뭐 젊고느 능력이 있고... 그런 사람들은 중국 장가를 안 가잖아요. 다 뭐 한국 사람끼리 결혼 하죠... 중국에 장가간 사람은 이제 야〔약〕간 좀 능력이 없고 또 어렵고, 그런 사람이는 인저 이렇게 국제결혼 하잖아요. 그래서 뭐 크게는 뭐 부자 이런 거 저런 거는 안 따지구... 또 뭐 잘생겨 〈우물거림〉 잘생긴 사람은 한국에서 뭐 다 뭐 한국 사람끼리 결혼하는거요〔하는걸요〕... 그냥 사람... 만 좋아〔으〕...면 사람만 좋... 또 저 언니는 다 같이... 언니 그 남편하고 우리 애기 아빠는 친구잖아요. 잘 알기 대〔때〕문에... 이제 사람이 좋고 좋안〔은〕데, 키 좀 짝〔작〕고 인저... 나이는 좀 있지만 진짜 사람이 좋아 착해, 이렇게 저한테 얘기 하니까... 그래요 그냥 돼요. 사진 보고 아주 뭐 못 생긴 사람도 아니고... 저런 거는... 특별한 거는 안 따지니까... 사람, 저도 뭐 지금 애기 아빠도... 한테도... 저도 크(거)짓말 안 하고, 살다 보니까 진자(짜) 좋은 사람이고 착한 사람이고... 그리구 저도 이제 또 한국 가만(?) 남자들 한 번 많이 만나 봤고... 당신도 다 저런 남자들처럼 저렇게야, 난 당신하고 못 살겠어. 이렇게 뭐 얘기는 다 해요... 그(거)짓말 안 하고."

다음은 성급한 혼인 결정으로 남편을 잘못 만났을 때의 가정적 상황에 대한 일반적 우려인데, 화자 자신의 내면적 세계가 외국어인 한국어로 어떻게 표현되는지에 대한 좋은 예가 될 것이다.

"만약에 저런 남편이(을) 만나면 내가 어떻게 했어야, 해야 될까... 지금은 늘... 가끔 그렇게 생각들어요. 근데 처음에는 너무나 몰랐어요. 급했어요. 진짜 그렇게 좋은 사람이 아니면은 내가 어떻게 해야 될까... 어떻게 살아야 되냐... 지금은 그러, 생각이 그러죠. 처음에는 저런 생각 전혀 없어요(없었어요)... 무조건 내가 파... 하고 싶으 내가 해야 되겠어, 그런 생각만 있어. 지금은 그걸 좀 후회할 때는 있었어요. 만약에 진짜 내가 한국에 와서 신랑이 그런 분이면, 내가 어떻게 살아, 누가 이제 이 누구한테 누가 도와줄 수도 없잖아요. 그럼 나는 평생 이렇게 살아야 되냐구... 그런 생각도 들고..."

(2) 이 화자의 경우 한국어를 배우면서 지역 방언에 대한 부정적 태도도 함께 배운 것으로 보인다. 인터뷰 앞부분에서 다음과 같은 대화를 연구자와 주고받았다.

(지금은 여기 말 잘하시죠? 전라도 말 잘하세요?)
"전라도 말... 거시기..."
(여기서 장사하려면 '그란디~'하고 해야 하는 것 아닌가요?)
"손님들한테는 반말하면 안되잖아요."
(어떻게 하세요? 표준 발음? 아, 여기 말보다? 장사를 할 적에는... 그건 왜 그렇습니까?)
"그는 거 손님한테는 정성이죠."
(꼭 손님한테 표준말 하면 좋지만은, 사투리 쓰면 어떻습니까?)
"젊은 사람이 사투리 쓰면 별로 안 좋은 것 같은데요. 잘 아는 사람들은 가끔씩 농담을 하면 사투리도 하고, 어쩔 때는 막 반말도 쓰고, 재미로…"
((통역: (중국에서는) 보통 젊은 사람이 사투리를 쓰면 촌스럽다고 생각해요.))

그런데 인터뷰 뒷부분에서 이 화자는 단순히 사투리를 세련되지 못한 말 정도로 인식하는 선을 넘어서서, 이곳 지역 방언은 반말투의 말이고 화자 자신의 표현으로는 '존경어'가 아닌 것으로 인식한다는 사실이 드러났다.

(왜 전라도 사투리 배우는 게 우스워요? 전라도 시집왔으니까 전라도 사투리 알아야지.)
"처음에는 인저 어머니랑 있을 때는 사투리 많이 배웠어요."
(그런디~, 그라지요, 여기는 그렇당게는 안 합니까?)
"그렇당게는 뭐, 뭐글랑요. 여기 동네에서는 뭐 존댓말을 안 쓰고 아주머니, 할머니들은… 저한테 하고 싶은 말을 하잖아요. 옷 갖고 와, 어이, 그랴 이렇게 하잖아요. 그래서 인저 저도 처음에는 당연히 저도 이렇게 배웠죠. 〈정색을 하며〉 근데 이렇게 배우면 안되는 거잖아요. 모르는 사람한테도 이리 와, 젊은 사람이 왜 이렇게 반말 햐, 이거 이러거든요. 처음에는 이렇게 배울 수밖에 없어요, 다 이거 도〔동〕네서 사니까. 애기 아빠 친구들 만났을 때는 아, 이렇게 하면 또 안되는구나. 왜냐면 제가 그렇게 하면 다 웃음이 나와 불… 〈'웃음이 나와 부니까'라고 말하려다가〉 웃음이 나오잖아요. 제가 이렇게 눈치 보고도 아, 이 말 못하는구나. 제가 애기 아빠한테 물어요. 이거 맞아요? 애기 아빠는 모르는 사람한테 시골이 아니라도 이렇게 해야 해. 이리 와, 이런 게 아니고 이리 오세요, 이렇게 표준말도 가르쳐주고… 텔레비전서는 거의 다 표준말을 하잖아요. 텔레비전을 많이 보기 때문에 표준말 많이 배워요."
(그러다가 서울 색시 되겠다.)

이 작은 예는 외국인 화자가 한국에 와서 한국어를 배우면서 접하게 되는 두 변이어(varieties) 즉 서울말과 지역 방언을, 존댓말과 반말이라는 축에 따라서도 정형화(stereotype)할 수 있음을 보여 주는 흥미로운 자료가 될 것이다.

5. 종 합

이 화자는 발음이 좀 불명확한 것을 제외하면, 그야말로 '혀 짧은 한국 사람'

정도로 느낄 수 있는 유창한 한국어를 구사한다. 7년 가까운 체재 기간을 고려하더라도 모어가 일본어가 아닌 중국어임을 생각하면, 일단은 놀라운 사례가 될 것이다. 물론 20대 초반에 한국어를 배우기 시작한 연령상의 유리한 요인도 있겠지만, 기본적으로는 강한 학습 동기와 개인적 노력이 만들어낸 산물일 것이다. 이 화자의 경우는 특히 바깥에서 일을 함으로써 많은 한국인들과 일상적으로 접촉을 해 온 요인이 아마도 성공적인 언어 학습의 가장 중요한 변수가 되었을 것으로 짐작된다.

8. 일본 출신 연구 대상자

⑮ 연구 대상자 ⑦-G

◆ 한국어 학습 ◆

Ⅰ. 언어 학습의 배경

1. 연령 : 44세
2. 학력 : 일본에서 고등학교 졸업
3. 모어 : 일본어
   출신 지역 : 일본의 서북 지역 출신
4. 혼인 주선의 형태 : 통일교의 주선으로 결혼
5. 한국 입국 시점 : 1998년 11월 한국 입국
   혼인 시점 : 1998년 12월 소위 '가성출발'
   한국 체재 기간 : 6년 8개월간 한국 체재
6. 시부모 동거 여부 : 시부모 없음
7. 자녀 : 아들(4세) 1명
8. 거주지의 구분 : 읍 소재지 거주

Ⅱ. 언어 학습 과정

(1) 이 연구 대상자는 1994~1995년경부터 여러 차례 한국을 관광차 방문한 경험을 갖고 있다. 그렇지만 일본에서 한국어를 배우지는 않았다고 한다.

(2) 한국 입국 후

① 약 1달간 교회에 체재하며 교회에서 한국어를 간단히 배웠다.

② '가정출발' 후로는 한글 읽기는 주로 남편에게서 배웠고, 쓰기는 혼자서 베껴 쓰는 방식으로 스스로 익혔다. 그리고 1주일에 3~4일가량 교회에 나갔는데 교회에서 말을 많이 배웠다고 한다.

③ 이후 한국어 공부는 텔레비전 시청과, 교회 책 그리고 아이들 동화책 읽기를 주로 하며 공부해 왔다.

④ 본인의 기억으로는 약 3~4개월 지난 뒤부터 말을 알아듣고 조금씩 하기 시작하였다는데, 그러나 정작 본인의 의견으로는 정식으로 학교 교육을 받아 배운 말이 아니어서 기본이 안되어 있고 또 자신 없는 부분이 많다고 하였다. 특히 할아버지, 할머니들의 말을 잘 못 알아듣는다고 진술하였다.

◆ 한국어 능력 ◆

1. 능숙성의 정도

이 화자의 한국어 사용 능력은 외국인 화자로서는 최상의 수준이다. 물론 발음상의 문제가 좀 있고 문법적 표현에서 약간 미숙한 부분이 있지만, 연구자와의 인터뷰에서 아무런 문제없이 서로의 생각을 주고받는 것이 가능하였다.

먼저 이 화자가 구사하는 한국어의 능숙성 정도를 보여 주는 대화의 몇 부분을 예시하겠다.

(애기 아빠랑 이야기할 땐 한국말도 쓰십니까? 애기 아빠가 일본말도 좀 하십니까?)
"안 해요."
(한국말만? 근데 불편은 없으십니까?)
"아… 이야기가… 생활할 때는 불편하는 거 없어요. 없는데요, 기쁜〔깊은〕 이야기 되면 좀 하고 싶은데 말이 안 나와요."
(한국말로 못하시죠. 저 쪽에선 일본말을 못하고.)
"예, 또 더 기프게〔깊게〕 이야기하고 싶은데 단어가〔를〕 모르니까, 단어가〔를〕 모르고 말이 잘 안 나와요."

(그때는 불편하시겠네.)
"너무 답다배요〔답답해요〕."
(어떡하죠 그때는?)
"그때요? 그때... 그냥 지나가죠. 그냥 지나가고, 할 수 있을 때는 책 보고 할 때도 있는데요, 근데 뭐 답답하죠 뭐."

(전화 받는 것에 문제 없죠? 아직 못 알아듣는 경우도 있습니까?)
"대충 알아듣고 있어요."
(어떤 얘기 못 알아들으십니까?)
"가끔씩 회사에서 전화 올 때 있잖아요. 그리고 상품 같은 거 파는 거, 그런 데서 전화 올 때 가끔씩 모르는 게 있어요."
(아, 물건 사라고 오는 전화?)
"예, 일방적으로 다 이야기 해 버리니까, 또 물어 볼 수도 없고."

(요즘도 모르는 말 들으면 집에서 연습을 한 번 더 하십니까? 아니면 한 번 들으면 압니까?)
"모르는 것도 있죠. 모르는 것도 있긴 있는데요. 그냥 바쁘다 보니까 그냥 지나가고... 집에서 그런 거 공부해야 되는데요 책 보고. 그냥 지나가서 안되는 거 같아요."

다음의 두 예는 보다 깊이 있는 주제에 대한 대화이다. 앞의 것은 부부 싸움과 감정적 언어 표현에 대한 것이고, 뒤의 것은 반일감정과 아이들 교육에 대한 것이다.

(부부싸움 할 때 어떻게 하세요?)
"말로 하죠, 말로."
(한국말로 하세요? 일본말로 하세요?)
"한국말이죠."
(한국말로 할 때 어떻게 하세요?)
(다른 연구자: '한국말로 하면 지시잖아요.')
"아... 그러니까 큰소리치죠, 큰 소리로. 아니 일본 있을 때요, 안 그랬었는데요, 한국 와서 큰소리치는 게 습관이 된 거 같애요. 그런 거 조심해서... 아주 안 좋은 거 같아요, 안 좋아요. 저도 모르게 감정적으로..."
(그럼 남편은 더 큰소리쳐요?)

"남편은 더 큰 소리로 하는 게 아니고, 말로 여러 가지 한국말을 하니까 이길 수 없어 못 이겨요."
(어떤 일본 부인은 큰소리치니까 감정적으로 더 시원하다고 하던데요.)
"그런 거는 있는데요, 이야기 하다가 이런 말은 안 하는 게 좋겠다고, 얘기하고 나서... 그 후에 많이 후회하는 거 많아요. 나쁜 소리 하면 오래오래 가슴에다가 남아 있잖아요, 안 좋은 거 같애요."

((아이들 교육 문제에서 반일 감정 문제로 옮겨가) 독도 문제가 불거지면 조심이 되십니까?)
"예, 많이. 그때는 〈웃으면서〉 남편도 밖으로 나가지 말라고. 나쁜 사람이 없는데요. 그래도 일본 사람 보면 감정이 있으니까... 조심하고 행동하고요. 학교 다니고 있는 애기 엄마는 많이 걱정하고 있었던 거 같애요. 엄마가 일본 사람이니까 좀 이지메, 완〔왕〕따 이럴까 봐. 그러고 앞으로 우리 애기도 그렇지만, 그런 거 애기 엄마들 그런 거 있는 거 같애요. 콘〔공〕부시키는 것도 그렇고요. 한국에서 많이 공부 시키잖아요. 세계에서 남바 완(No. 1)이라 그러는데요. 학원도 많이 보내고, 학비도 많이, 학원비도 많이 들어가고..."
(앞으로 어떻게 하실 거예요?)
"그러니까 그런 거 보장해 주면 너무 좋겠어요. 그리고 애들이 공부시키는 거 너무 걱정이예요. 책 같은 거 보고 집에서 콘〔공〕부... 애기 엄마들이 집에서 공부시키잖아요. 그러고 한국 애기 엄마들보다 비교하면 못하는 거 많잖아요. 그게 제일 걱정이고요."
(그래서 한글학당에 열심히 나가시는 거예요?)
"콘부... 맨 먼저 우리가 공부하고 배워야죠."

2. 대화 능력 및 담화 구성 능력

(1) 물론 이 화자라고 해서 대화 진행상에 전혀 문제가 없었던 것은 아니다. 그러나 잘못 이해한 부분은 연구자의 추가적인 정보 제공으로 재빨리 원래의 질문에 대한 답으로 이어졌다.

(이웃에 남편 누나가 있다고 했죠? 남편 누나를 어떻게 부르십니까?)
"형님."

(형님 남편은 뭐라고 부르십니까?)
"고모라고."
(형님의 남편.)
"아, 고모부."

(남편 옷과 아주머니 옷 사러는 어디 가십니까?)
"그거는 오수 시장이나 뭐 남원... 옛날에는 전주도 자주 왔다갔다 했는데... 지금은 전주까지..."
(남원이 가깝겠네. 큰 시장 볼 때는 남원 시장 가시겠네요?)
"남원 큰 시장은 안 가요. 그냥... 옷 가게나 이마트..."
(옷 가게에 가면 값을 깎습니까?)
"옷 가게요? 비싸죠 좀."
(잘 깎습니까?)
"예. 제가요? 예."
(잘 못 깎을 것 같은데요.)
"아니, 남편이 잘 시키니까. 깎아줘요."

((면사무소를 잘 안 간다는 응답에 이어) 군청에도 안 가 보셨겠네요.)
"군청? 전주요?"
(군청.)
"아, 가 봤어요."
(뭐 하러 가셨어요?)
"파스포트(passport)? 그때도 남편 같이 가줬으니까 다 해주고."

그러나 다음 사례는 연구자의 질문이 다소간 모호하였던 것 같은데, 화자가 쉽게 연구자의 질문 의도를 파악하지 못한 사례가 될 것이다.

(결혼식 가보셨습니까?)
"예."
(자주 가십니까?)
"예."
(가실 땐 어떻게 하십니까?)
"어떻게?"

(가셔서...)
"아, 교통이요?"
(최근에 누구 결혼식 가셨습니까?)
"남편, 남편 친구 분하고... 조카나 여러 가지... 있죠."
(남편 친구... 그 잔칫집에...)
"친구 아니고, 친구 타〔딸〕래미나 아들이나 결혼..."
(남편하고 같이 가시겠죠. 가면 인사는 어떻게 하십니까?)
"아, 축하드립니다."
(그냥 축하란 말만 쓰십니까? 다른 인사도 하십니까?)
"아, 오래간만입니다."

이 화자의 경우 능숙한 대화 능력을 반영이라도 하듯 부정의문문에 대한 대답도 자연스럽게 이루어진다.

(장에 갈 때 무엇을 사십니까?)
"예? 반찬거리."
(반찬거리 무엇을 사십니까?)
"생선이나 야채나 다 농사 안 하니까, 다..."
(농사를 전연 안 하세요?)
"네, 안 해요."
(그러면 전부 다 장을 봐야겠네.)
"간단하게 집에서, 집 마당에다가 오이나 가지나 그런... 토마토나 그런 거는 심고 있지만 대충 사 먹어야 되니까, 시장..."

(2) TAT 카드를 이용한 이 화자의 담화 구성 능력은 다음 예와 같다. 대체로 평이한 이야기를 간단히 서술하였는데 앞의 것은 6BM번 카드에 대한 응답이고, 뒤의 것은 1번 카드에 대한 응답이다.

"이 아저씨가 이 할머니 아들이고, 음... 음... 어머님한테, 어머님한테 뭔가 잘모딴〔못한〕 것이 있어서 사과하고 있는 거 같이 보여요. 예, 그러는데 어머님이 화나시고, 밖으로 보고 보시고 있는 거같이 보이는데요."
(또 덧붙일 이야기 없어요?)

"아주 엔(옛)날 사람, 옛날 사람같이 보이는데요."

"이 애기가 바이오린 배우고 있는데..."
(크게 말씀하세요.)
"〈좀더 큰 소리로〉 바이오린 배우고 있는데 자르(잘) 못하니까 지금... 많이 겁이 나서 생각하는 있는 거 같습니다."
(또요?)
"또... 바이오린가(이) 어떻게 생겨 있는지 그것을 찾아보는 거 같습니다."

3. 언어 사용상의 특징

1) 존댓말의 사용

이 화자는 존댓말의 사용에서 한마디로 완벽한 모습을 보여 준다. 연구자와 주고받은 문답에서, 즉 청자존대법의 사용 양상에서는 항시 '-요'체의 어미로 끝나는, 적절한 존대 표현을 일관되게 유지하였다. 뿐만 아니라 겸양의 1인칭 대명사 '저'와 복수형인 '저희'까지도 능숙하게 사용하는 모습을 보여 주었다.

(누님 되시고, 부를 때 어떻게 부르십니까?)
"어떻게 불러... 그때... 그냥 누님이라고 부르고 있는 거 같애요."
(아니, 마스이 상이.)
"아, 제가요? 제가 그냥 고모라고."

(면사무소는 한 번씩 가십니까?)
"자주 안 가요."
(주민등록등본은 안 떼십니까?)
"그런 거는 저희 남편이 다 해줘요."

주체존대법의 사용에서도 그 모습은 마찬가지이다. 오히려 평균적인 한국인보다 주체존대법 사용이 이상적 규칙에 더 가까이 가 있는 인상을 강하게 주었다. 선어말어미 '-시-'뿐만 아니라 특수한 존대 어휘의 자유로운 사용 모습에서, 이 화자의 경우 주체존대법의 사용 지식이 거의 내재화되어 있는 단계인 것으로 보인다.

"어머님이 화나시고, 밖으로 보고 보시고 있는 거 같이 보이는데요."

(시아버지의 아들들이 없습니까?)
"아들들이 있… 계시는데요, 근데 서울 계시니까…"

(시고모의 남편도 있습니까?)
"돌아가셨어요."

"남편 친구 분하고…"
"교회 분이 돌아가시면…"

2) 공손의 말씨체

이 화자의 경우 특이한 '말씨체'(speech style)의 사용에 꽤 익숙해 있는 것으로 나타난다. 즉 자신의 의견이나 생각, 판단 등을 표현할 때 많은 경우 '-거 같아(애)요'라는 말를 사용한다. 지금까지 든 예문에서 나타나는 사례 외에 다음과 같은 사례들이 더 있다.

(다른 연구자: '남편이 알아들으세요?')
"예, 분위기 보고, 분위기 보고 대충 알아듣는 거 같애요."

(시댁 식구들과는 한국말만 하시겠네요?)
"네."
(불편은 없으십니까?)
"예, 별로 없는 거 같애요."

(아직도 한국말 잘 몰라서 고속버스 타고 멀리 가는 데 불편한 거 없으십니까?)
"별로 없는 거 같애요."

이 '-거 같아요'라는 말씨는 한마디로 자신의 생각이나 판단을 덜 직접적으로 드러냄으로써 청자에게 전달하는 언표내적 힘(illocutionary force)을 낮추는 표현이 될 것이다. 따라서 그것은 한국어에서 언어적 공손(linguistic politeness)을 전달하는 여러 전략 중 한 가지일 것이고, 또 상대적으로 여성들에 의해 보다 선호되는 여성어적인 특성을 갖는 것으로 생각된다. 어쨌든 이 화자는 한국어의 공손한 말씨(polite speech)를 구성하는 '-거 같아요'라는 특정한 말씨를 이미 배워 그것을 일상적으로 사용하는 수준에 와 있는 것으로 볼 수 있을 것이다. 그리고 아마도 이 화자가 일본인임을 고려하면, 이 '-거 같아요'라는 표현이 가지는 여성어적인 특성도, 이 화자가 한국어의 다양한 공손의 말씨 중 이 표현을 특히 좋아하는 또 다른 이유가 될 수 있을 것으로 여겨진다.

3) 발음 및 문법적 문제

이 화자는 발음에서는 아직 외국인 화자로서의 불완전성을 여러 곳에서 보여 준다. 그러나 이러한 발음상의 문제가 일상적인 대화나 의사소통 과정에서 장애가 되는 수준은 물론 아니다.

(1) 자 음

① 받침으로 오는 자음을 제대로 발음하지 못한다.

시숙님 : 〔시숙님〕 → 〔시수님〕
바이올린 : 〔바이올린〕 → 〔바이오린〕
몰랐어요 : 〔몰랃써요〕 → 〔모랃써요〕
놀러 : 〔놀러〕 → 〔노러〕

② 예사소리, 된소리, 거센소리를 미세하게 변별하지 못한다.

김 : 〔김〕 → 〔키무〕/〔킴〕
따라 : 〔따라〕 → 〔타라〕
꽃소금 : 〔꼳쏘금〕 → 〔코소금〕

깊은 : 〔기픈〕 → 〔기쁜〕
단점 : 〔단쩜〕 → 〔탄점〕
공부 : 〔공부〕 → 〔콘부〕
딸래미 : 〔딸래미〕 → 〔타래미〕
싸게 : 〔싸게〕 → 〔사게〕
싸우잖아요 : 〔싸우자나요〕 → 〔사우자나요〕

(2) 모 음

① 음절과 음절의 결합 시에 자음의 연접을 피하기 위하여 /ㅡ/ 모음을 인위적으로 첨가한다.

일찍 : 〔일찍〕 → 〔이르찍〕
건설 : 〔건설〕 → 〔콘소르〕
깊게 : 〔깁께〕 → 〔기프게〕

② 이중모음 발음을 잘하지 못한다.

유관 : 〔유관〕 → 〔유간〕
기관 : 〔기관〕 → 〔기간〕
관광 : 〔관광〕 → 〔강간〕
괜찮으니까 : 〔괜차느니까〕 → 〔갠차느니까〕

(3) 일본식 영어 발음

바이올린 → 바이오린
넘버원 → 남바완
스트레이트 → 스또레또
브랜드 → 브란도 등

(4) 문 법

문법의 측면에서는 거의 문제가 없어 보이는데, 조사의 사용에서는 특히 조사의 형태적 교체에 어려움을 겪는 것으로 나타난다.

병원이나 → 병원나
우체국이나 → 우체구그나
은행이나 → 은행나
두 번씩이나 → 두 번씩나
바이오린이 → 바이오린가
애들에게 → 애들이

마지막으로 단편적인 어휘 자료이기는 하지만, 이 화자는 자신이 잘하거나 좋아하는 음식으로 '만두', '잡채', '생선조림', '갈비', '양념숯불갈비', '매운탕', '감자탕', '육개장' 등을 들었다. 또 조사자가 "남편 분 회사는…"이라고 말하자, "회사가 아니라 가게죠."라고 정정하며 말을 받기도 하였고, 또 '운영'이나 '사상', '납득'과 같은 비교적 어려운 단어도 자연스레 썼다.

4. 종 합

일본어식 발음의 문제를 제외하면 전체적으로 한국어 사용 능력이 아주 능숙한 수준이다. 한국 체재 기간이 긴 편이지만 한국어 학습이 30대 중반 이후에 시작되었다는 점을 고려하면, 아무래도 모어가 일본어라는 사실이 언어 학습에서 매우 긍정적으로 작용하였을 것 같이 생각된다. 면접 조사 시의 인상으로는 상당한 심리적 안정감과 나름대로의 자신감을 일상생활에서 가지고 있는 것으로 짐작되었다.

⑯ 연구 대상자 [6]-F

◆ 한국어 학습 ◆

Ⅰ. 언어 학습의 배경

1. 연령 : 33세
2. 학력 : 일본에서 전문대학 졸업
3. 모어 : 일본어
   출신 지역 : 일본의 도쿄 출신
4. 혼인 주선의 형태 : 통일교의 주선으로 결혼
5. 한국 입국 시점 : 2000년 1월 한국 입국
   혼인 시점 : 2000년 3월 소위 '가정출발'
   한국 체재 기간 : 5년 6개월간 한국 체재
6. 시부모 동거 여부 : 혼인 초기에는 시어머니와 동거하였으나 이후 돌아가심
7. 자녀 : 딸(4세, 2세) 2명
8. 거주지의 구분 : 읍 소재지 거주

Ⅱ. 언어 학습 과정

(1) 이 화자는 2000년도의 한국 입국 이전에 일본에서 개인적으로 라디오 프로그램과 한글 공부 책을 이용하여 한국어 및 한글을 약 3개월가량 공부한 경험이 있다.

(2) 한국 입국 후에는

① '가정출발' 전에 약 50일가량 교회에 체재하면서 주로 목사님으로부터 한

국어와 한글을 배웠다.

② 가정출발 이후에는 가족 간의 대화, 텔레비전 시청 등으로 한국어를 배웠고, 또 한국어 여행 가이드 책의 대화 부분을 혼자서 공부하였다. 요즈음은 아이들 만화책을 많이 보는데, 여러 방법 중 가장 효과가 컸던 것은 텔레비전 시청이었다고 말하였다.

③ 한국 입국 이후 1~2년이 지난 뒤부터는 말을 알아듣고 또 말을 하기 시작한 것으로 보고하였다.

④ 그러나 자신이 한국말을 잘 못 배웠다면서 결혼한 직후의 상황을 다음과 같이 설명하였다.

> "처음에는 시어머니란〔랑〕 살아 있어 가지고 어머님이 농사... 지〔짓〕고 있어... 같이 논에 나가고 밭에 나가고 공부한〔할〕 시간이 없었어요. 그 다음에는 애기 낳고, 두채〔둘째〕 애기 낳고 애기 키우니라고... 〈웃음〉 … (남편이) 안 가르쳐줘요. 그때 어머님이 자꾸자꾸 말 하시니까 그것 듣고 배우고 드라마 보고... 에."

물론 이 말을 했을 때는 막 인터뷰를 시작한 시점이라 이 화자가 상당히 긴장을 했던 듯하고 따라서 말이 잘 나오지 않았던 것 같다.

⑤ (또 아래의 '1. 능숙성의 정도'에서 인용되는 언어 학습 과정에 대한 이 연구 대상자의 자성적 이야기도 참고가 될 것이다.)

◆ 한국어 능력 ◆

1. 능숙성의 정도

전체적으로 이 화자의 한국어 사용 능력은 외국인 화자로서는 최상의 수준인 것으로 보인다. 물론 문법적인 오류나 발음상의 문제가 부분적으로 있기는 하지만, 별다른 장애 없이 연구자와의 인터뷰를 진행할 수 있었고 또 가벼운 농담을 서로 주고받는 것도 가능한 수준이었다.

먼저 이 화자가 구사하는 한국어의 능숙성 정도를 보여 주는 대화의 몇 예들을 제시하기로 하겠다.

((자신이 한국말이 서툴러 남편과 자세한 이야기를 못 나눈다는 대화 뒤) 남편 일본말 못합니까?)
"예, 못해요."
(자세한 이야기를 못하고... 또요?)
"에~ 한국 문화 습관 모르니까 남편 이야기를 이해하기가 좀 힘들 때가 있어요."

(화날 때 한국말 하시고, 아주 기쁠 때는?)
"기쁠 때요? 기쁠 때가 별로 없어요."
(왜 기쁠 때가 별로 없어요?)
"(남편이) 새벽에 일찍 나가고 늦게 집에 들어오고 그러니까 대화한〔할〕 시간도 요즘에는 없어요."
(화가 나거나 아주 슬플 때는 일본말이 안 나옵니까?)
"안 나와요. 한 번도 안 나오네요."
(남편한테 안 나와요?)
"아 〈박수치며〉 그래도 한 번 정도 있었을 거 같애요. 아까 나오던 말, 빠가라고."
(〈농담조로〉 남편보고 개새끼라고는 안 해요?)
"개새끼요? 개새끼? 한국말로요? 그런 거 안 해요."
(왜 안 해요? 〈웃으며〉 해야 속이 시원하지...)
"개새끼... 개새끼는 너무 나쁜 거 같애서 잘 안 나오네요."

부부간의 감정적 언어 표현에 대한 농담조의 예를 넘어서서, 다음의 사례는 일상적 생활에서 관찰되는 문화적 차이와 본인의 한국어 학습 과정에 대한 자성적(自省的) 이야기이다.

(지금은 뭐 전화해서 힘들 때는 없죠?)
"힘들 때요? 근데 한국 남자 분들은 이름을 잘 이야기 안 해요."
(안 하죠?)
"예, 친구라고, 아는 사람이라고 그래 가지고 제가 기분이 나쁠 때가... 예."
(맞아요. 이름 얘기 잘 안 해요. 근데 그게...)

"근데 누구라고 알면 남편에게 전해줄 수가 있는데... 이름이 누구냐고 물어봐도 이야기 안 했다고 하면 남편, 이름까지 물어봐야지 왜 안 물어보냐고... 그래도 이야기 안 해(하)는데 어떡해요? 문제가 생겨요."

(일본에서는 자기 이름 누구라고 꼭꼭 이야기합니까?)

"... 〈작은 딸 수연이를 보느라 답을 못함〉"

((통역: 보통 상대방이 물으면 대답해요.))

(한국 사람들, '예, 여기 오순데요.', '여기 지산데요.')

"예, 그렇게... 지방 이름 말하고..."

(그렇죠? 이름 얘기 잘 안 해요. 〈농담조로〉 나는 이름 이야기 잘하죠?)

"예."

(그때 알아들었어요?)

"예, 근데... 저는 한 번도 못 보시고, 어떻게 저희 집 알아내셨는지 불안했어요."

(겁났어요?)

"〈웃음〉"

(선영이(큰딸 이름)한테 한글 가르칩니까?)

"한글요?"

(예. 아니면 어린이집에서 가르치도록 내버려둡니까?)

"선영이한테는 한국 노래, 동요 같은 거 제가 배와(워)요. 어린이집에서 배우고 왔는(온) 거 자꾸자꾸 하니까, 아, 그런 노래 있구나, 제가 배와요."

(얘기 잘하세요. 재미있게.)

"말 잘 안 나오니까 죄송해요."

(이 정도 한국말을 하시면 한국에 와서 사는 데 불편이 없죠?)

"불편요? 처음에는 너무 힘들었어요. 그래서 그 생각이 나면 말이 많이 나오는데 지금 생각이 안 나네요. 그때는 진짜 힘들어서 매일매일 우르(울)고 있었어요. 방에 들어가면 '아, 너무 힘들어...' 그렇게."

(한국말을 어떻게 하면 빨리 배울 수 있을까요?)

"마음이 중요하는 거 같애요. 배우고 싶고 빨리 말하고 싶으면 배울 수가 있는데, 그런 마음이 없으면 얼마나 갈쳐 줘도(가르쳐 줘도) 안되는 것 같애요."

(자기가 배우고 싶은 마음이 강해야 되고, 그리고 두 번째는 배우도록 옆에서 가족들이 도와줘야 해요.)

"예예예."

…

"가요코 언니는 남편이 잘 가르쳐 줘요. 그래서 언니가 말 여러 가지 알고 있는 거 같애요."

(마스이 상도 말 잘하고, 오카다 상도 말 잘해요.)

"전 별로예요. 오늘은 아까 질문 받는데 별로 말이 안 나오니까, '아, 나는 이 정도구나.' 그렇게 생각이 들었어요… '또 배와야 돼요.' 그런 생각…"

2. 대화 능력 및 담화 구성 능력

(1) 물론 이 화자도 어휘력의 부족으로 연구자가 한 질문을 못 알아듣고(가령 '토박이', 'miscommunication' 같은 말) 다시 묻는 경우가 있었다. 그러나 이 화자의 경우 보다 높은 수준의 대화 능력을 가지고 있었는데, 그것은 연구자와의 단순한 문답 교환이 아니라 연구자와 보다 '살아있는' 실제적인 언어적 상호작용을 해 나가는 모습이었다.

다음의 두 사례는 인터뷰 중에 연구자와 가벼운 농담을 주고받는 것인데, 앞의 것은 연구자가 먼저 농담을 하는 예이고, 뒤의 것은 화자가 먼저 과장된 표현으로 웃음을 유도하는 예이다.

(그럼 아주버님 집에는 무엇을 보냅니까?)

"지난번에 뭐 채소 보냈는데…"

(우체국 가서 보내는 데 어려운 것은 없습니까?)

"예, 근데 친절한 아가씨 있어 가지고… 에, 잘해 줘요."

(그럼 내처럼 불친절한 아저씨 있으면 못 부치겠네.)

"〈웃음〉 그때는 우체국 말고 택배 회사에 아마…"

((아기에게 기쁘거나 화날 때 모두 일본말보다는 한국말이 나온다는 이야기 뒤에) 화날 때도 한국말 나오고…)

"에~ 마지막에 한 말이 일본말 나올 때도 있고. 그래도 그것까지는… 나오기 전에 때려요 저는. 〈안고 있던 딸아이의 엉덩이를 찰싹 때리며〉 엉덩이를 이렇게. 말 안 들으니까."

(나는 일본 부인들은 애기 안 때리는 줄 알았는데.)

"아~ 그래요? 어떡해... 〈웃음〉"
(농담한 거예요.)

다음은 답하기 곤란한 질문을 다른 대답을 함으로써 피해 나가는 장면이다. 계속된 질문으로 종국에는 간접적인 시인을 하지만, 언어적 회피의 과정이 상당히 자연스러운 수준임을 본다.

(그 집 아가씨(시누이를 지칭)는 착해요?)
"네."
(한국의 시누이들이 못됐는데...)
"남자 친구 있어요. 있는데..."
(남자 친구가 있든 없든 시누이는 못됐는데... 괜찮아요?)
"괜찮아요."
(일본에는 시누이들이 착한가요? 일본에는 시누이와 올케가 문제 없어요?)
"있겠죠."
(일본에도 시어머니랑 며느리는 안 좋죠?)
"예."
(시누이하고 올케는?)
"시누이하고 올케가... 저하고 아가씨요?"
(네.)
"안 좋은 게 있을 거예요."

이 화자는 또 대화 중 불필요한 오해를 막기 위한 자신의 입장 설명도, 다음과 같이 공손하면서도 명료하게 할 수 있었다.

((시어머니 상을 당한 이야기에 뒤이어) 사람들이 일본 며느리에게 와서 뭐라고 하던가요?)
"뭐라고... 뭐... 모르겠어요. 생각이 안 나..."
(다 잊어버렸어요?)
"〈웃음〉 어떡해... (인터뷰를) 일찍 끝나〔내〕고 싶어서 그러는 것이 아니고요, 가요코 언니같이 말〔이〕 잘 안 나와요."

(2) TAT 카드를 이용한 이 화자의 담화 구성 능력은 다음 예와 같다. 일면 평이하지만 나름대로 원인과 결과의 양식으로 가상적인 사건을 설정하고 이야기를 서술하고 있다. 앞의 것은 6BM번 카드에 대한 응답이고, 뒤의 것은 1번 카드에 대한 응답이다.

"에~ 이야기 만들어야 돼요? 에~ 할머니가, 할머니가 가만히 서 있고. 에~ 이야기... 아들은 할머니 뒤에서 기분이 안 좋게 서 있어요."
(왜 기분이 안 좋은가요?)
"왜 기분이... 왜 안 좋은지... 모르겠어요."
(모르겠어요?)
"모르고요, 그냥 보고..."
(어머니하고 아들인데 안 좋은 일이 있었나요?)
"에~ 엄마한테 무슨 상담했는데, 엄마가 반대해서 아들은 기분이 안 좋게 뒤에서 서 있어요."
(어떻게 될까요?)
"아들은 엄마한테 자꾸 부탁했는데 엄마는 반대해서... 엄마가 화가 나서 여기서 나가실 거예요. 어려워요."

"엄마가 아들한테 바이올린 배울〔우〕라고 시키는데 아들은 하기 싫어서 바이올린 가만히 보고 할까 말까 하기 싫은데 그렇게 앉아 있어요."
(어떻게 될까요?)
"엄마 올 때까지 안고〔안 하고〕 있을 거예요."

3. 언어 사용상의 특징

1) 존댓말의 사용

이 화자도 존댓말의 사용에서는 거의 완벽한 모습을 보여 준다. 청자존대어뿐 아니라 주체존대어의 사용에서 평균적 한국인보다 나으면 나았지 못하지 않은, 거의 완벽한 모습을 보여 준다. 이 화자의 경우에도 존댓말의 사용 규범이 거의 내재화되어 있는 단계인 것으로 보인다. 다음은 이 화자가 실제 사용한 몇 예이다.

"간장요? 어머님(시어머니 지칭) 계실 때는 했어요."
"술 못 먹어요 저는."
"(연구자에게) 근데... 저는 한 번도 못 보시고 어떻게 저희 집 알아내셨는지 불안했어요."

2) 공손의 말씨체

이 화자의 경우에도 공손의 그리고 여성어적인 말씨체인 '-거 같아(애)요'를 매우 높은 빈도수로 사용한다. 앞서 든 예문에서 나타나는 사례 외에도 다음과 같은 예가 더 있다.

"일본말 나오는 분위기 아닌 거 같애요."
"처음에는 힘들어셨는데 몇 녀〔년〕 살다 보면〔니〕 재미있는 거 같아요."
"그러니까 스트레스 받는 때도 있었는데 이제는 그게 편안한 거 같애요."
"24시긴 자기 마음 솔직히 살 수 있는 거 같애요."
"근데 나쁜 사람 너무 나쁜 사람도 있는 거 같아요."
"일본에서는 그런 게 별로 없는 거 같아요."

한편 이 화자는 '-네요'라는 표현도 이따금씩 썼는데, 이 '-네요'라는 말씨의 기본 의미도 위의 '-거 같아요'처럼 공손함과 여성어적인 분위기를 전달하는 것으로 생각된다. 즉 '-네요'가 전달하는 기본 의미는 간접성과 비단언성(not affirmative)일 것이므로, 이 표현도 '-거 같아요'처럼 언표내적 힘을 낮추는 공손의 표현이 될 것이다. 그리고 아마도 이 '-네요'가 앞의 '-거 같아요'보다 한국어에서 더 여성어적인 표현인 것으로 생각된다.

"편하니까 그렇게 됐어 됐네요."
"그래서 그 생각이 나면 말이 많이 나오는데 지금 생각이 안 나네요."
"안 나와요. 한 번도 안 나오네요."

"개새끼는 너무 나쁜 거 같애서 잘 안 나오네요."

또 이 화자는 인터뷰 중에 "예쁘게" 말을 하고 싶은데 어떻게 해야 하는지를 잘 모른다고 하였다. 아마도 이 화자가 '예쁘게'라고 한 것은 공손의 말씨체 그리고 여성어적인 표현과 유사한 범주일 것으로 짐작되는데, 다음과 같이 말하였다.

(집에서 전화 받을 때 어려움은 없으세요?)
"어려울 때요?"
(어려움이 없느냐고...)
"예, 전화는 많이 있어요."
(어떤 어려움이 있습니까?)
"기다리라고 할 때, 에〔예〕쁘게 말할 때는 확실히 어떻게 해야 되는지, 누구냐고 물어볼 때도 에쁘게 마르느〔말은〕 어떻게 해야 하는지..."
(기다려 달라고 예쁘게 말할 때는 어떻게 해야 됩니까?)
"잠시만요? 모르겠어요. 저는 '잠깐만요.' 에~ 그거만 하고."
(누구냐고 물어볼 땐?)
"누구세요? 아니면, 어디세요? 어디예요? 또 에쁘게 할 수 있는 말이 있는 거 같은데... 잘 모르... 배우고 싶은데..."
(지금 하시는 게 젤 예쁜 거예요.)
"아, 그래요?"

3) 발음 및 문법적 문제

이 화자는 일본식 발음과 억양이 있기는 하지만, 상대적으로 발음이 정확한 편이고 또 지역 방언의 영향이 비교적 적게 나타난다. 말할 것도 없이 이러한 발음상의 문제가 이 화자의 일상적인 의사소통 과정에서 장애 요인이 되는 것은 물론 아닐 것이다.

(1) 자 음

① 받침 /ㅇ/을 〔ㄴ〕으로 발음한다.

장 : 〔장〕 → 〔잔〕
서방님 : 〔서방님〕 → 〔서반님〕
친정 : 〔친정〕 → 〔친전〕
공부 : 〔공부〕 → 〔곤부〕
냉정 : 〔냉정〕 → 〔낸전〕
장미꽃 : 〔장미꼳〕 → 〔잔미꼳〕

② 예사소리, 된소리, 거센소리의 변별을 잘하지 못한다.

돈 : 〔돈〕 → 〔톤〕
덥다 : 〔덥따〕 → 〔텁따〕
때부터 : 〔때부터〕 → 〔때부떠〕
대한통운 : 〔대한통운〕 → 〔대한똥운〕
김 : 〔김〕 → 〔키므〕
관심 : 〔관심〕 → 〔칸심〕

③ 받침소리를 탈락시킨다.

둘째 : 〔둘째〕 → 〔두채〕
불러요 : 〔불러요〕 → 〔부러요〕
짓고 : 〔짇고〕 → 〔지고〕

(2) 모 음

① 단어와 단어, 음절과 음절의 결합 시에 자음들 간의 연접을 피하기 위해 /ㅡ/ 또는 /ㅣ/ 모음을 첨가한다.

일 때문에 : 〔일때무네〕 → 〔이리때무네〕
술 : 〔술〕 → 〔수르〕
울지 : 〔울지〕 → 〔우르지〕
울고 : 〔울고〕 → 〔우르고〕
말 : 〔말〕 → 〔마르〕

열아홉 : 〔열아홉〕 → 〔여르아홉〕

(3) 문 법

문법의 측면에서는 거의 문제가 없어 보이는데 조사의 형태적 교체에서는 약간 어려움을 겪는 것으로 나타난다.

① 보조사 '-는/-은' 형태의 교체가 불안정하다.

남동생은 → 남동생는
여동생은 → 여동생는

② 주격 조사 '-이/-가' 형태의 교체가 불안정하다.

미스커뮤니케이션이 → 미스커뮤니케이션가
마음이 → 마음이가
맛이 → 맛이가

마지막으로 부분적인 관찰이기는 하지만, 어휘·의미 영역에서 의외로 제한된 지식을 보여 준다. 가령 '토박이'나 '부조'(扶助), '공통으로', '생년월일' 같은 단어를 몰랐으며, 시장에서 사는 '과일', '야채' 등의 상위 범주를 '음식'으로 말하였고, '시동생'을 '시누이'까지 포함하는 말인 것으로 잘못 알고 있었다. 또 '누님'의 어형을 '누나님'으로 표현하였다.

4. 기타 특징

(1) 이 화자는 인터뷰에서 짧게나마 자신의 내면적 가치관에 대한 이야기를 잠시 하였다. 추상적인 생각을 어떻게 외국어인 한국어로 표현하는지 자못 흥미로운 부분이다.

((종교에의 귀의에 대한 이야기 중에) 앙케이트 조사하더니 이제는 믿으십시오... 그

렇게 된 거예요?)
"아뇨 그 그… 내용이… 죽어〔으〕면 사람 죽으면… 어떻게… 되는가? 그 그런 것은 학생 때부떠〔터〕 어렸을 때부떠 나는 죽으면 어떻게 되는지, 몸은 다 어 없어지는데… 내 마음으〔은〕 어떻게 되는지… 그런 생각으〔을〕… 깊이… 생각하고 있었어요."
(아, 어렸을 때부터…)
"에, 나 죽으면, 어떻게 너무… 힘들어…지… 오〔어〕디 아픈지… 아니 편아는지〔편한지〕… 그런 거 생각하면 불안하고, 많이 생각… 하면… 하고 있었어요."

(결혼해서 행복한 가정을 꾸리고 싶다는 생각을 어려서부터 했었는데, 남편과 결혼한 것은 만 27세 때였어요. 왜 그렇게 생각보다 늦게 결혼하게 되었어요?)
"이 세상 보면 결혼해도 남편 있는데 다른 남자 만나서 찐하게 지내는 경우도 있고, 남뻔〔편〕도 다른 여자 댔고… 그런 사람들이 요새는 많잖아요. 그런 것이 너무 싫어요 싫다고. 너무 불랭?"
(불행.)
"불행해〔하〕잖아요. 그래도 자기만 생각하고 다 그렇게 사는 사람이 있는 게… 그게 절대로 싫다고… 그래서 저는… 남편 하나. …"

(2) 또 이 화자는 한국 문화를 객관적으로 바라보고 자신의 시각에서 일본 문화와 비교하는 진술을 구체적으로 하였는데, 이는 이 화자가 한국 문화에 상당 부분 긍정적으로 동화되어 가고 있음을 말해 줄 것이다.

"제사 같은 거 하기는 힘들어서 싫은데, 그런 문화, 습관은… 어른들이〔을〕 모시는 마음을 좋다고 생각해요."

(한국에서 사는 거 재밌습니까? 어떻습니까?)
"에~ 재미… 있어요."
(어떤 게 재미있어요?)
"어떤 게요? 시어머니랑 같이 모시고 살고 있을 때는 논에 농약 할 때나, 뭐 일이 혼자 하는 거 아니고, 돈〔동〕네 아줌마들 다 모여 가지고 서로 도와주고 밥도 같이 먹고. 그런 거는 일본에서는 없어 가지고…"
(예전 일본에도 그랬죠. 산업화가 빨리 되어서 그래요.)
"예, 그런 게 그런 거는 좋아서… 처음에는 힘들어섰는데 몇 녀〔년〕 살다 보면〔니〕 재미있는 거 같애요."
(아, 같이 사는 게...)

((한국 사람이 친절하다는 말에) 한국 사람 별로 친절 안 해요.)
"아니예요. 애기, 애기가 텁〔덥〕게 보이면, 애기가 텁게 생겼다고, 땀 닦아주고."
(애기한테만 그렇죠.)
"신경 많이 써주잖아요 애기한테. 일본에서는 그런 게 별로 없는 거 같아요. 우르〔울〕면 시끄럽잖아요. 그래서 얼굴 이렇게 하고. 그래도 한국에서는 애기 울고 있으면 사탕도 주고 과자도 주고. 그런 게 엄마는 너무... 뭐라고... 저기... 좋아요 기분이. 애기 봐주니..."
(일본에서는 그렇게 안 하니까...)
"있는 사람도 있는데, 토〔도〕시에서 사니까 낸전〔냉정〕해요, 사람들이."

(3) 또 이 화자는 한국 사람들의 언어생활의 모습에 대해서도 약간은 자신의 의견을 표현하는 단계가 되었다. 먼저 처음 도착 시 한국 사람들의 말투와 억양에 대한 자신의 솔직한 청각적 인상이다.

(한국에 와서 일본과 다른 점 때문에 가장 힘들었던 것은 어떤 거예요?)
"처음에는 말 통화가 안되니까... 저기 한국에서는 발음이 세요? 목소리가 너무 크고..."
(목소리가 크죠?)
"〈강하게 긍정〉 예~! 일본에서는 없는 발음이니까, 맨날 싸우고 있는 있게 보여 보여요. 그래서 동네 아줌마들은 그냥 이야기하고 있는데, 저 느낌은 혼나고 있는지... 그래서 너무 곤란하죠."
(그러한 말들이 싸우거나 혼내는 게 아니라 원래 말들이 그렇다는 것을 알게 된 것은 언제쯤인가요?)
"1, 2년 지나서..."
(동네 분들이 아니라 테레비에서 나오는 한국말도 그렇게 들렸나요?)
"아니요, 테레비 봐도 사와〔싸워〕 보이는가 했는데 보통 같애요."

그러나 이제는 시간이 지나 한국 사람들의 또 다른 언어생활의 모습인 '감정의 직접적 표현'이 서서히 좋아지는 단계가 된 것 같다.

(한국 사람이 직접적으로 감정을 표현하는 것을 보니까 부러운 것도 있어요?)
"예, 있어요."
(한 면으로 그러면 안되는데 싶죠?)
"예, 첨에는... 직접 이야기하잖아요, 솔직히. 그러니까 스트레스 받는 때도 있었는데 이제는 그게 편안한 거 같애요, 마음적으로. 일본에 있으면 화가 나도 얼굴도 굳고... ?... 근데 여기서는 화가 나면 그대로 상대방한테 큰 소리로 이야기하고... 솔직..."
(속마음과 겉모습을 따로 가질 필요가 없죠?)
"네, 24시간 자기 마음 솔직히 살 수 있는 거 같애요."
(그게 좋기도 하고, 불편하기도 하고 그렇죠?)
"네, 그런 습관이 처음에는 모르니까 너무 힘들었어요..."

이러한 심리적·문화적 변화와 함께 이 화자는 '아이고 힘들어!', '짜증나네!'와 같은 직설적인 감정 표현의 말이, 이제는 혼잣말을 할 때도 자연스레 나온다고 덧붙였다.

5. 종 합

일본어식 발음의 문제를 제외하고는 이 화자도 한국어 사용 능력이 아주 능숙한 수준이다. 아마도 모어가 한국어와 구조적으로 매우 유사한 일본어라는 사실이, 이 화자의 한국어 학습에서 매우 중요한 긍정적 요인이었을 것으로 짐작된다. 한편 이 화자는 한국 생활이 그렇게 편하고 만족스럽기만 한 것 같지는 않았는데도, 한국인과 한국 문화에 대해 매우 긍정적인 시각을 갖고 있는 것 같은 인상을 강하게 주었다.

⑰ 연구 대상자 [5]-E

◈ 한국어 학습 ◆

Ⅰ. 언어 학습의 배경

1. 연령 : 27세
2. 학력 : 일본에서 고등학교 졸업
3. 모어 : 일본어
   출신 지역 : 일본의 동남 지역 출신
4. 혼인 주선의 형태 : 통일교의 주선으로 결혼
5. 한국 입국 시점 : 2001년 6월 한국 입국
   혼인 시점 : 2001년 11월 소위 '가정출발'
   한국 체재 기간 : 4년 1개월간 한국 체재
6. 시부모 동거 여부 : 시어머니와 동거
7. 자녀 : 아들(1세) 1명
8. 거주지의 구분 : 면 소재지 거주

Ⅱ. 언어 학습 과정

(1) 2001년 6월 이전에도 수차례 한국 방문을 한 경험이 있다. 그러나 그 전에 일본에서 한국어를 공부한 적은 없다.

(2) 한국 입국 후

① 약 5개월 동안 한국 내 세 곳의 교회에서 소위 '임지기간'의 수련 시기를 보냈다. 그 기간 동안 교회에서 한글 및 초보적인 한국어 학습을 시작하였는데, 연구 대상자는 특히 세 번째 교회에서 한국어를 많이 배웠다고 다음과 같이 술

회한다.

"근데 그때도 전주교구 때는 옆에 일본 사람이만 있어 가지고 그때도 한 말이도 못 했었어요. 그냥 한국 사람이란〔랑〕 이야기해는〔할〕 기회가 없었어요. 다 일본 사람이 있어서. 근데 순창교회 가면 우리 목사님, 사모님이하고 저이란〔랑〕 또 태극〔국〕 사람이 너이 같이 살았거든요. 그니까 한국말 쓰는 거 밖에 없잖아요. 그때 조금씩 배왔어요... 목사님하고, 사모님이하고, 태극 그 새론 그 부인이 있었어요. 몬〔먼〕저 그 태극 부인이 와 가지고, 제가 나중에 왔는데 근게 거기는 한국말 쓸 수밖에 없잖아요. 그니까 그때는 조금 많이 배왔어요 거기서."

② '가정출발' 당시만 해도, 본인의 표현으로는 '맛있다', '안녕하세요', '감사합니다', '모르겠습니다', '여기 있어요', '잘 먹겠습니다', '잘 먹었습니다' 정도의 말만 할 줄 알았다고 한다. 이후 시어머니와 남편이 하는 말을 듣고 그 표현들을 익히고, 또 사전을 찾아보고, 그리고 같은 지역에 사는 일본인 부인들에게 모르는 것을 물으며 말을 배웠다. 물론 책도 보았는데 주로 교회 책, 요리 책 등으로 공부하였다고 한다.

그런데 가장 효과적인 것은 역시 텔레비전 시청이었는데, 텔레비전 시청에 대해서는 다음과 같이 표현했다.

"테레비는 용〔영〕어 보면 밑에다 자막이 있잖아요. 보다가 아, 그 말은 이렇게 쓰구나."
(그러면 영어가 나오는 테레비를 보셨습니까?)
"그럴 수도 있고, 또 한국말도 그... 그냥 티비만 듣고 있으면 항상 공부 시간이에요. 하나 들으면, 아, 이 말 그렇게 쓸 때도 있구나, 그런 것도 많이 있어요. 그래 가지고 이런 콜라 저기 이런 병도, 변〔병〕도요 보다 보면, 밑에 명〔면〕에 그..."
(적는...)
"있다고 쓰고 있으면, 아 여기는 밑에 면구나〔이구나〕 그렇게. 하나하나가 다 배우는 거에요. 날마다 발견이에요."

뿐만 아니라 이 화자는 한국 사람들과의 많은 대화가 한국어 학습의 또 다른 지름길이었다고 말하면서, 자신은 시어머니의 가게에 나가 일을 도우면서 그런 기회를 가졌다고 하였다.

③ 대체로 1년 정도 지난 시점부터 일상적인 언어 사용이 가능해졌고, 그때쯤 이제 "조금 동화가 됐구나." 하는 생각이 들었다고 했다. 이후 말이 점진적으로 늘었다고 덧붙였다.

◆ 한국어 능력 ◆

1. 능숙성의 정도

이 화자의 한국어 사용 능력은 매우 뛰어난 수준으로 평가할 수 있다. 외국인 화자로서는 최상의 수준일 것이다. 물론 발음과 문법에서는 제법 많은 문제점을 보여 주지만, 어휘의 면에서는 어느 연구 대상자보다 뛰어난 어휘 구사력을 보여 준다. 전체적으로 한국어 표현력이 뛰어나고 추상적인 주제에 대해서도 막힘없이 응답하는 등 수준 높은 한국어 구사 능력을 가지고 있다. 이 화자의 경우 아마도 개인적인 언어 재능을 가지고 있는 화자로 보아야 할 것 같다.

앞에서 든 예에서 이미 "그냥 티비만 듣고 있으면 항상 공부 시간이에요."라든지 "날마다 발견이에요."와 같은, 외국인으로서는 쉽게 하기 힘든 표현의 예들을 보았다. 이제 이 화자가 구사하는 한국어의 능숙성 정도를 보여 주는 예를 좀더 들기로 하겠다.

먼저 다음의 두 예는 자신의 생각을 논리적으로 상당히 명료하게 표현하는 예일 것이다.

> (요새 여름철에 반찬은 뭐해서 먹습니까?)
> "저는요 어머님 식단〔당〕에서 날마다 밥 먹어요. 근데요 우리 시어머님은 별로 저한테 일 안 시키거든요. 그니까 저는 별로 음식도 못 배와〔워〕가지고 반찬도 잘 못 만들어요 아직. 간단하게 뭐 된잔궁〔된장국〕이나 김치찌개나 뭐 나물 같은 거는 만들 수가 있는데 그래도 김치는 아직 못해요."

(한국 사람도 전화상으로 나오는 메시지를 한 번에 못 받아 적어요.)
"여기(시어머니의 식당을 지칭) 오면, 간단한 계산도 못해요. 손님이 가격이 얼마냐고 물어보시는데, 머릿속에서 일본말로 계산하다가 한국말로 말해야 되잖아요. 그래서 헷갈려 가지고 계산해도 잊어버리고 그래서 손님도 계산도 못하느냐고 말하시고..."
(계산은 해도 빨리 말하기가 힘든 거죠?)
"한국말로 말하기가... 어려워요."

다음 예는 친척호칭이라는 비교적 단순한 언어 사용법에 관한 대화이다. 그런데 이 화자는 자신의 의도적인 동기에서 '아주버님' 대신 '시아주버님'이라는 말을 쓰고, 또 '아가씨'라는 말의 의미상의 문제점을 반농담조로 제기하고 있다.

(시아주버님이 계시네요.)
"네."
(거기는 부를 때 어떻게 부르세요?)
"그냥 '시아주버님'라고〔이라고〕 불러요. 시아주버님라고."
(아주버님 안 하고?)
"예, 제가 '아주버님'라면요, '아주머님'같이 들을 수 있을 거 같애서 그래서..."
(아, 아주버님과 아주머니가 혼동될까 봐.)

(시누이가 둘이네요. 시누이는 어떻게 부릅니까?)
"아가씨."
(시집 다 갔습니까?)
"에."
(시집갔는데 아가씨라 부릅니까?)
"에, 그런 거 아녜요? 좀... 그건 저도 궁금한데... 60살, 70살 넘어도 계속 아가씨라고 부르는가... 그런가요?"
(여기서 그렇게 합디까?)
"아 그러면 어쩔라고... 저도 그거 알고 싶어서. 60살, 70살 노인이 돼도 계속 시누이는 아가씨라 부르야〔불러야〕 된가, 그런 생각이 나요〔들어요〕."

다음 예는 자신의 일상생활과 관련하여 쉽게 이야기를 해나가는 모습을 보여 준다. 물론 뒤의 응답은 내면적인 걱정을 전하는 것이므로 조금 심각한 분위기이다.

(가게에서 값 깎는 것을 일본 부인한테 배웠어요?)
"네, 진짜 쪼끔 분위기가 나쁜 가게 주인이한테도 좋게 말해 가지고요, 재밌게 이야기하다가요, 깎아부러요. 그 언니랑 같이 가면 저도 그 혜택을 받을 수 있죠."
(어디서 그랬어요? 순창읍에?)
"순창도 있지만은, 관〔광〕주에 시장에 가거나 그 저기… 옷, 옷 가게 있잖아요. 한국 사람이가 못 쓰는 그거 옷 가게 있잖아요, 중고! 그거 살 때는 언니가 기분 좋게 이야기하니까, 물견〔건〕으로 줄 때도 있어요. 바지랑 하나. 요것도 요거 사니까 요것 하나 주더라고요, 기분 좋아 가지고. 기분 좋을 땐 깎아줄 때도 있고…"

(자녀에게 일본어를 가르치지 않느냐는 질문에)
"지금 그 전〔정〕도 여유가 없네요. 어차피 거기 나라에서 안 살아면은 못 배우는 거 같애서… 그니까 그래도 일본말로 갈차〔가르쳐〕 줄 수 있으면 좋겠다고 생각이… 근데 그것보다 제가 걱정하는 것은 쪼끔 그… 엄마가 외국 사람, 사람이 된 애기들은 발음이 쪼끔 틀린 거 같애요. 그것 듣고 저도 걱정해요. 제가 제 한국말, 역시 엄마 말 배우잖아요. 그러니까 애기가 잘못하는 발음이를 배우는가 그런 생각해 가지고. 지금부터 조금 심각해요. 제가 진짜로 노력해야 되는데…"

다음 예는 이 화자의 한국어 사용 능력이 이미 언어의 유희적(遊戱的) 사용 영역으로 근접하고 있음을 보여 주는, 자못 흥미로운 '살아있는' 예가 될 것이다.

((한글을 배운 이야기와 관련하여) 아니에요. 한글은 쉬워요.)
"어메… 한국말 진짜 어려워 가지고 백년 살아도 못 배우겠어요. 세계적으로도 가장 어려운 거 같애요."

((일본 여성들이 욘사마에 열광하는 이야기를 하다가) 막 그 욘사마 얘기 나오면 한국 여자들 얼마나 화를 내는데, 일본 분들이 한국 남자 정체를 몰라서 그런다고.)
"요새 그런 느낌 있어요. 〈모두 웃음〉 아이구, 한국에 시집오면 얼마나 고생하냐고… 〈모두 웃음〉 그것도 모르고 무슨 욘사마냐고… 너희들이 한 번 여기 시집도 와 봐라. 〈모두 웃음〉"

(여동생 있으시다고 그랬죠?)
"네."
(여동생은 어떠세요? 여동생도 그런 생각(보수적인 결혼관을 의미함) 가지고 계세요?)
"여동생 안 해요."
(아니 그런 생각을 이렇게 얘기하셨어요?)
"안 했어요. 근데 지금 뭐 보면 남자 친구도 여러 가지 있고… 〈웃음〉 뭐야… 어떻게 똑같은 형젠데 왜 이렇게 돼 부렀는가…"

(처음 오셔서 음식 때문에 굉장히 고생하셨었죠?)
"처음에는 제가 위가 약해 가지구… 매운 거 먹으면 위가 아파 가지구… 그런데 그거, 한국 사람 위가 아픈 걸 모르시는 거. 위가 아프다고 했어도, 그믄 또 밥 먹으라고 그래요. 일본 사람이 아프면 조금 안 먹고, 그냥 저욘게〔조용하게〕 있어야 된다고 그러는데… 위가 아프다고 못 먹다고〔는 다고〕 하면 시어머니가 상에 여러 가지 챙겨 가지고 먹으라고 가져 오세요… 그러니까 어메… 위가 아픈데 왜 더 먹어야 되나… 그런 거…"

2. 대화 능력 및 담화 구성 능력

(1) 이 화자는 자신의 생각을 쉽게 그리고 많이 말하는 다변(多辯)의 화자다. 그러나 때로는 연구자의 말에 최소한의 적절한 반응만 하면서 두 사람 간의 대화를 협력적으로 계속 이끌어 나가는 진지한 대화 상대자로서의 모습도 보여 주었다.

(요새는 필리핀 분들도 한국말 못해도 한국 국적을 다 따세요.)
"예? 그래요?"
(예, 옛날 같지 않아요.)
"한국 국적 그렇게 쉽게 얻을 수 있어요?"
(결혼한 분들 이제 쉽게 딸 수 있게 했어요.)
"어찌까…"
(2년만 시간만 지나면…)

"아, 그래요?"

이 화자는 물론 표현 능력에 있어서는 매우 뛰어난 화자이다. 그러나 외국인으로서 잘못 알아듣거나 해당 단어를 모름으로써 엉뚱한 대답을 하는 경우도 서너 번 있었는데, 다음과 같은 예에서이다.

(남편은 뭐라고 부릅니까?)
"'오빠'라고 부를 수도 있고, '여보'라고 부를 수도 있고. 사람이 앞에는〔에서는〕 그냥 이름이로〔으로〕 부르요."
(어떻게?)
"'정욱 씨'라고 이름으로..."
(병철이 아빠란 말은 안 쓰세요 요새?)
"근데 요새 바쁘니깐... 저를 부를 때요? 그냥 여보랑..."

(동네에 아주머니 또래의 한국 새댁은 없습니까?)
"한국 새대〔댁〕요?"
(네, 한국 며느리는 없습니까?)
"근데 저보다 이년 정도 먼저 빨리 왔는데 시집을. 근데 일본에다 몇 번 왔다갔다 하니까 아직 말으〔이〕 안되는..."
(일본 사람 말고 한국 사람.)
"아, 있어요."
(친하게 지내는 한국 사람 있습니까?)
"에, 있어요."

(2) TAT 카드를 이용한 이 화자의 담화 구성 능력의 예는 다음과 같다. 그런데 이 화자의 경우 이야기를 만드는 상상력에서 확실히 다른 연구 대상자들보다 뛰어남을 본다. 앞의 6BM번 카드에 대한 응답에서는 '치매 환자'를 상정하고, 또 뒤의 1번 카드에 대한 응답에서는 '부잣집'과 '형제들 간의 능력 차이'를 상정하고 있다.

"어머님, 그 아저씨 어머님이 치매 돼 가지고 내 이름이를〔을〕 잊어버리셨어요. 오래

간만에 아들이 어머니한테 왔는데 치매하시니까 저 이름이도〔도〕, 얼굴도 잊어버리싰냐고 슬퍼, 쓸쓸한 그런 그림같이…"

(어떻게 되나요?)

"그… 아들이 그… 어머님이한테 잘해 드리지 않고 그냥 자기 마음대로 하니까 그 죄송스럽다고 그런 말… 〈웃음〉"

(고향에서 치매 걸린 사람 보셨어요?)

"아니오, 안 봤는데요."

"그냥 저 학〔악〕기가…"

(악기.)

"예, 배이오린 그거가 잘 안돼 가지고 어찌까 그러고…"

(얘가 누굽니까?)

"얘요? 부모님이 부자, 부잣집이고 근데 형제들이 다 는〔능〕력도 많았는데 그 속에다 한 사람이만 못하니까 자신감도 없고 마음이 아픈… 그런 게 보여요."

또 이 화자는 인터뷰에서 개인적 이야기(personal narrative)에 속하는 흥미로운 담화의 예를 보여 주었다. 원래의 질문은 의사소통 오해(miscommunication)에 대한 것이있는데, 사신의 유산과 관련한 시어머니와의 관계에 대한 이야기를 차분하게 전해 주었다.

"요즘에 있었던 거는, 제가 얘 나 가지고 또 한 번 임신했는데 그 출혈해 가지고 결국 유산했어요. 근데 그때 시어머니한테 출현으〔이〕 있었으니까 병원에 갔다오니까〔올테니까〕 애기를 조금 봐주세요 라고 말을 했는데, 어머니는 그거 모탈아〔못 알아〕 들으시고, 그 출혈 모탈아 들으시는 거 같애요. 그리서 그냥 애기 생겼다면은 그냥 집에만 있으면 되다고, 되지 그렇게 말하시고 애가〔를〕 안 보셨어요. 허리가 아프니까 못 봔다고. 그때는 '아이고, 뭐 며느리라고 출혈 나 가지고 유산했는지도 모르겠는데 애기도 못 보시냐.'고 그런 생각났는데〔했는데〕, 남편한테 나중에 물어 보면은〔보니까〕 어머니가 제가 피난 거, 그거 모탈아 들으션〔신〕 거 같애요. 어머니니까 그냥 애기가 생기는 거 알았으면은 그냥 집에서 기다리면 되는데 왜 일부러 병원에 가냐고 그렇게 생각하신 거 같애요."

3. 언어 사용상의 특징

1) 존댓말의 사용

이 화자의 경우에도 존댓말의 사용에서는 거의 완벽한 것으로 보인다. 특히 주체존대어의 사용 예에서 이 화자가 이미 터득하고 있는 존댓말 지식의 수준이 거의 모국어 화자 수준임을 볼 수 있다.

(시어머니나 시아주버님과는 말하는 데 불편한 거 없어요?)
"시어머니랑 할 때 쪼끔. 어머님이 역시 나이가 드시니까 제 말 못 알아들으세요. 귀도 쪼끔 울리시는가 못 알아들으시고요, 사투리가 조끔 특별하게 틀리는 거 같아서... 쪼끔... 틀리요. 쪼끔 어렵죠."

(남편의 형제들은 어디에 삽니까?)
"형, 형 아니, 저 시아주버님 서울에 사시고, 그 밑에 동생, 여동생 순창 거기 사시고, 막내 시누이 인천에 사시, 살아요."

그런데 위의 두 번째 예에서, 이 화자는 연구자에게 자신의 막내 시누이를 높여 표현하려다가 자신의 실수를 깨닫고는 재빨리 고쳐 말하는 모습을 볼 수 있다. 이 뿐만 아니라 이 화자는 사회적 지위 관계의 모호함에서 연유하는 존댓말 사용의 갈등 사례를, 다음과 같이 자가 보고할 정도로, 이미 한국어의 존댓말 체계에 대해 깊이 있는 지식을 가지고 있다.

(아가씨라고 하면 저쪽에서는 뭐라고 해요?)
"언니라고. 근데 둘이요, 저, 제보다 나이가 위거든요."
(나이가 많아도 언니라고 해야죠.)
"에, 그러니까 그래도 제가 언니니까 그래도, 그러니까 반말로 이야기해도 되는데도 역시 못해요. 반말로 못하니까 그냥 좋은 말(존댓말의 의미일 것임)로 했는데도, 근데 그래도 시누이들은 언니들이한테는 좋은 말로 해야 되는데 반말로 이야기 하니까, 가끔씩 왜 반말이냐고 그런 생각날 때가 있어요."

(누가 반말을 한다고요?)
"시누이가. 네, 내가 언니라면은 좋은 말로 해야 될 거 아니야. 그런 생각나는데..."

2) 공손의 말씨체

이 화자도 공손의 그리고 여성어적인 말씨체인 '-거 같아(애)요'와 '-네요'라는 표현을 즐겨 사용한다. 아마도 빈도 면에서는 다른 일본인 화자보다 더 많이 사용하는 느낌을 준다. 그런데 지금까지 든 이 화자의 발화 예에서는 주로 '-거 같아요'라는 표현이 많이 나왔지만, 이 화자의 전체 발화 자료를 놓고 보면 '-거 같아요'와 '-네요'가 거의 비슷한 빈도수로 나타난다. 따라서 이 화자의 경우 다른 화자들보다 이 공손의 그리고 여성어적인 말씨체를 더 많이 쓸 뿐만 아니라, 상대적으로 '-네요'라는 표현을 더 많이 쓰는 개인적 특징을 가지고 있을 것이다.

다음의 예는 이 화자가 사용한 이 두 가지 표현 양식의 부분적인 예이다.

(서로가 못 알아듣는 게 있죠?)
"에... 첨에는 (남편이) 그냥 잘 갈챠(가르쳐) 줬는데, 요새는 그냥... 각시한테 별로 관심이 없는거 같애요."

(어떻게 다릅디까?)
"일본에는 별로... 그냥 동생, 동생 부인 별로... 그냥 동생 부인이죠. 한국에는 역시 식구라... 일본보다 가까운 존재라고 보시는 거 같애요. 한국에는 여러 가지 이름이 있잖아요. 형님이랑, 작은 아버지, 큰아버지. 그 이름이 각각 거기에 갖는 심정이 틀리는 거 같애요."
(한국서도 시아주버님과 제수 아주 어려운데...)
"어려워요? 저는 그런 거 별로 안 느끼네요. 우리 시아주버님 저희한테도요, 시골에서 시어머니 가까이 살고 고생해도, 열심히 사시라고, 재밌게 살아라고 항상 좋게 말해 줘요."
(이야기야 좋게 하죠.)
"예, 그러니까 시아주버님한테 별로 나쁜 감정 없네요."

(동네 사람들과 대화하는 데는 불편한 거 없습니까?)
"별로 없네요. 너무 이야기 해〔하〕는 것도 아니라... 그냥 어디 가냐고 물어보시니까 저기 간다고..."

(은행 이용하는 데는 불편 없으세요?)
"에, 저도 비밀으 통장 많이 있어요."
(은행 아가씨와 상담하는 데도 불편 없으시죠?)
"은행 갈 일도 없으니까 그런 것도 없네요 별로."
(비밀 통장은 한 번 만들고 나면 갈 일이 없었나 보네.)
"근데 만들어다가 들어가는 돈이 없으니까... 그때 저금한 내는〔낸〕 돈이 아까워서 지금 어찌까 하고 그런 생각나네요."

(군청에는 가보셨습니까?)
"군청요? 그것도 안 갔네요."

(자주 이야기합니까?)
"요새는 안 만났네요."

3) 발음 및 문법적 문제

이 화자는 일본어식 발음 및 억양의 문제에다가, 또 이곳 지역 방언의 영향을 비교적 많이 받은 것으로 나타난다. 그러나 이러한 발음상의 문제가 이 화자와의 대화에서 장애 요인으로 작용하는 것은 물론 아니다.

(1) 자 음

① 받침 /ㅇ/을 〔ㄴ〕으로 발음한다.

여성 : 〔여성〕 → 〔여선〕
간장 : 〔간장〕 → 〔간잔〕
식당 : 〔식땅〕 → 〔식딴〕
형님 : 〔형님〕 → 〔현님〕
능력 : 〔능녁〕 → 〔는녁〕

공장 : 〔공장〕 → 〔곤장〕

② 받침인 음절말 자음의 발음을 정확하게 하지 못한다.

불러야 : 〔불러야〕 → 〔부르야〕
새댁 : 〔새댁〕 → 〔새대〕
바이올린 : 〔바이올린〕 → 〔배이오린〕

(2) 모 음

① 〈명사+조사〉 구성에서 명사의 마지막 음운과 조사의 맨 처음 음운이 모두 자음일 때, 자음끼리의 충돌을 피하기 위하여 /ㅣ/ 모음을 삽입한다.

부인한테 : 〔부인한테〕 → 〔부이니한테〕
이름까지 : 〔이름까지〕 → 〔이르미까지〕
이름을 : 〔이르믈〕 → 〔이르미를〕
일본 사람만 : 〔일본사람만〕 → 〔일본사라미만〕
욕도 : 〔욕또〕 → 〔요기도〕
사모님하고 : 〔사모님하고〕 → 〔사모니미하고〕
언니들한테는 : 〔언니들한테는〕 → 〔언니드리한테는〕
부모님은 : 〔부모니믄〕 → 〔부모니미는〕

② 동사 또는 형용사 어간의 마지막 음운이 자음이고, 어미의 첫 음운이 자음일 때 자음끼리의 충돌을 피하기 위하여 /ㅡ/ 모음을 삽입한다.

먹는 : 〔멍는〕 → 〔머그는〕
읽는 : 〔익는〕 → 〔일그는〕
읽다가 : 〔익다가〕 → 〔일그다가〕

(3) 문 법

문법의 측면에서도 약간의 문제를 보이는데, 주로 조사 사용과 어미 활용의 영역에서 다음과 같은 거의 규칙적인 오류를 범한다.

① '-라고/-이라고' 형태의 교체가 불안정하다.

② 활용 시에 어간의 형태가 변하는 동사나 형용사의 사용에서, 어간의 형태를 바꾸지 않고 어미만 활용한다.

힘든 → 힘들은
만든 → 만들은
친한 → 친하는
불러요 → 부르요
불러야 → 부르야

③ 주격 조사 '-이/-가' 형태의 교체가 불안정하다.

책이 → 책이가
발음이 → 발음이가
한국 사람이 → 한국 사람이가
느낌이 → 느낌이가
뜻이 → 뜻이가

그러나 이 화자의 경우 매우 수준 높은 어휘 구사력을 보여 준다. 다른 연구 대상자들과 비교하였을 때, 다음과 같은 주로 한자어인 추상적인 단어들을 자유로이 사용하는 모습을 보여 준다.

치매, 악기, 능력, 동화(同化), 출혈, 유산(流産), 비밀통장, 감정적, 팔등신, 팔방미인, 재능, 파견 사원, 유혹, 순결, 핵심적, 개인주의, 남녀관계, 행복감, 유교, 가족중심, 기름기, 세제(洗劑), 관리하다, 가족주의, 개인주의, 고집, 포기, 혜택, 장애자 등

4. 기타 특징

(1) 이 화자는 긴 면접 과정에서 자신의 내면세계에 대한 이야기도 연구자와 주고받았는데, 다음은 그것의 일부분이다. 앞의 것은 자신의 보수적인 결혼관

에 관한 것이고, 뒤의 것은 자신의 종교 생활의 긍정적 측면에 관한 것이다.

"역시 그... 저도 왜 그런 생각 있는지, 역시 여자는 평생 동안 한 사람이만 만나고 같이 산다고, 그런 생각 있으니까... 어차피 학생 때 만났어도, 헤어지잖아요. 그러니까 만나서는 의미가 없다고 생각해 가지고... 진짜 거 한 사람의 분인〔한 사람뿐?〕하고, 그... 결혼하고 싶다고... 그런 생각 있었어요."

"그래도 역시 제가 신안〔앙〕쪽으로 보면은 좋게 성장했다고 생각해요. 옛날에 같으면 자기들이, 자기만 생각 못해 가지고, 항상 나쁜 생각 했었는데도... 여기 있으니까 자기보다 다른 사람이를 생각하고, 항상 다른 사람이를 도와주는 생각도 들고... 그렇게... 부모님, 어른들이한테도 잘해 줘야 한다고 그런 생각도 맞고... 바르게 사는 게 있으니까 좋은 것 같애요."

(2) 또 이 화자는 한국 문화와 일본 문화의 차이점을 비교하면서 처음에는 잘 이해되지 않았던 한국 문화의 특성들을 이제는 긍정적으로 바라보는 시각을 제시한다. 이는 물론 자신이 상당 부분 자신의 표현으로는 한국 문화에 "동화" 되어감을 반영한 것이다. 그런데 그 표현이 매우 간결하면서도 추상적이어서 연구자를 놀라게 하였다.

"역시... 그... 여기는 유교 나라니까, 부모님을... 아, 가족 중심 나라잖아요. 그런... 느낌... 그래 가지고... 역시 시어머니 있으면, 어른들이〔을〕 중심 삼고... 삼, 삼고... 일본 같으면은 별로 부모님이는... 그냥... 조금 심하게 말하면 무시하고 살고... 그런데 여기는 진짜 시어머니랑 어른들이 중심 삼고 사는 것 같애서..."

"(시누이의 '간섭적' 행동에 대해) 처음에는 여기 딱 와 가지고 청소해 가지고... 이거는 왜 여기에 있냐고, 다 간섭하시니까... 처음에는 놀래 가지고... 무슨, 뭐야... 조금 스트레스 받았는데... 지금은, 아, 그것이 좋은 문화라고 생각 들어요. 항상 다른 사람이를 생각하는 민족이구나. 일본 사람이는 그... 상대방 사람이를 관심이 없어요. 그러니까 아, 한국에는 그런 문화가 있어, 남아 가지고 좋구나... 그렇게..."

"(한국 사람들의 프라이버시를 뛰어넘는 질문이나 제안에 대해 이야기하다가) 관심 주는 것을 예의라고..."

(예, 맞아요. 관심을 두는 것이 예의라고…)
"그리고 생각해도, 말 안 하는 것을 차라리 실례라고… 말핸, 말핸 것을 차라리 예의가 있다고… 그래 가지고… 저도 처음에는 어머니한테 부탁이 있어도, 말 못했었어요. 그런데 그게 차라리 실례라고 들어 가지고… 그렇구나 하고."

(지금 이렇게 지나고 나니까, 가장 크게 한국 문화와 일본 문화가 다른 게 어떤 거예요?)
"한국에는 가정주의고, 가족주의고… 일본에는 개인주의고."

(3) 당연히 이 화자는 한국과 일본 두 사회의 언어생활상의 차이에 대해서도 분석적으로 설명할 수 있는 단계의 언어적·문화적 지식을 가지고 있다. 먼저 한 예는 어떠한 표현이 욕이 되는가에 대해 두 사회가 서로 다르다는 점을 지적하는 것이다.

(화가 나면 남편에게 한국말로 하세요? 일본말로 하세요?)
"한국말로 해요."
(일본말이 안 나옵디까?)
"에, 일본말로 해도, 일본말 조금 욕이 별로… 상대방 모르면 욕이〔을〕 해도…"
(소용이 없으니까.)
"에."
(일본말엔 욕이 많지 않을 텐데…)
"한국처럼 강하지 안애요. 그리고 뭐… 일본하고 한국이 욕이도 내용 틀리잖아요. 우리 같으면 개새끼가 뭐, 뭐, 뭐더게, 욕인가… 그것도 몰라요. 개, 강아지가 무슨 욕이냐, 처음에는 그런… 들어요. 일본 같으면 그냥 바보라고 말해〔하〕는데… 여기는 바보라고 해도 별로 욕이도 아니죠잉? 그러니까 역시 남편 욕을 그대로 배어부러 가지고…"
(욕할 때 어떤 거 하세요?)
"남편 듣는 말 그대로."
(어떤 거 하세요?)
"개새끼랑, 산놈으〔상놈의〕 새끼랑, 싸가지 없는 새끼랑…"

또 한국말은 일본말에 비해 감정을 직접적으로 표현하는 말이고, 자신도 어느 새 거기에 익숙해져 감정 표출과 함께 '시원함'을 느낀다고 하였다.

(어떤 말 할 때 한국말이 나옵니까?)
"한국밖... 일본에서 없고 한국밖에 없는 말도 있잖아요. 그리고..."
(어떤 겁니까?)
"여기 농사에서 해〔하〕는 말도... 못자리란〔랑〕, '못자리 끝났어요?'라고 그런 것도 있고 …"
(못자리라든지...)
"그래 가지고 역시 한국말은 감전〔정〕적인 이야기를 할 때 너무 시원해요."
(어떤 게 시원합니까?)
"예를 들어서 '시원한다'고 말을 해〔하〕는 것도 일본말 하는 것보다 시원하니까 시원하다고 할 때도 있고... 화날 때도 '열 받았어.' 그케 말할 때도 일본말로 하는 것보다, 역시 언니들이 더 어떤 감정... 잘 쉽게 알 수 있는 거 같애요, 일본말보다."
(또? 남편 욕할 때도 더 시원하고 좋습디까?)
"남편 저한테, 뭐 개새끼라고 그랬는데 진짜 미치겠더라 그렇게 말할 때도 있어요. 특히 감정적으로 이야기할 때는... 언니들이도 일본말 잊어버려쓴가〔잊어버려서 그런가〕 한국말로 얘기, 한국말하고 일본말 섞어서 할 때도 있고. 저도 그렇고…"

직설적인 감정의 표현에서 상당 부분 한국화된 이 화자는 혼잣말을 할 때도 감정과 관련되는 표현, 예를 들어 "아이고 덥다", "미치겠다", "열 받는다" 등은 모두 한국말로 하고, 또 생각을 할 때도 '특히 감정적인 생각할 때는' 모두 한국말로 하게 된다고 하였다.

인터뷰 말미에서 강한 감정의 표출이 들어가 있는 다음과 같은 발화가 있었는데, 여기서의 이러한 강한 감정 표현이 정말 남편의 것이었는지, 아니면 이 말을 전한 화자 자신의 것이었는지는 알 수가 없다.

(도시에 나가서 살고 싶고 그러세요?)
"아... 나가고 싶어요."
(그런데 왜 안 나가세요?)
"남편 분 원하는 대로... 남편은 도시에 살면은 미쳐 버린다고, 죽어 버린다고... 못 살겠다고... 둘째 아들니까〔이니까〕 걱정 없다고 생각했는데... 여기 명의(집 명의일 것임)도 저희 남편 거 돼 가지고... 못 나가겠다고... 저 거 그래도 아직 포기 안 해요. 앞으로 절대 나간다고, 저희만이라도 절대 나간다고... 그런 생각하고 있어요."

5. 종 합

이 화자는 일본인 화자 중에서도 한국 체재 기간에 비해서는 한국어를 빨리 그리고 능숙하게 배운 화자가 될 것이다. 발음이나 문법적 표현에서는 조금 문제가 있지만 폭넓은 어휘 지식을 가지고 있고, 또 표현 능력에서는 탁월한 측면을 보여 준다. 아마도 개인적으로 언어 사용의 재능, 재치가 있는 화자일 것이다. 달리 말하여, 언어 사용의 층위에서 가장 높은 수준의 영역인 언어의 예술적(art) 또는 유희적(play) 사용의 싹을, 우리는 이 화자의 한국어 사용 모습에서 찾아볼 수가 있었다.

이 화자는 인터뷰 도중 자신이 하는 한국어에 몰입한 나머지 옆에 있던 일본인 통역에게도 한국어를, 그것도 전라도 사투리로 사용하는 장면을 다음과 같이 연출하였다.

(재래시장에선 값을 깎는데, 할 줄 아세요?)
"못해요, 아직. 그니까 시장에 갈 때는 어머니랑, 다른 사람이랑 같이 가요. 혼자 가면 비싸게 살 때도 있으니까."
(일본에는 깎는 게 없습니까? 일본에도 깎죠?)
"아마 없을 거예요. 〈일본인 통역에게 한국말로〉 없죠잉?"

(붙임)

다른 연구 대상 외국인 부인들에 비해 3명의 일본인 연구 대상자는 한국어의 학습 및 사용면에서 몇 가지 공통된 특성을 보여 준다. 먼저 지적할 수 있는 것은 이들 3명의 화자가 모두 한국어를 능숙하게 구사한다는 점이다. 이는 다른 나라 출신 연구 대상자들과 분명히 구분되는 현상일 것인데, 아마도 으뜸 원인은 한국어와 일본어의 구조적 유사성에서 찾아야 할 것이다. 두 언어 간의 문법적 · 어휘적 유사성 때문에 일본인 화자들의 경우 그만큼 한국어를 배우는 것이 쉬웠을 것으로 짐작된다. 여기에다가 교회에서의 공식적 · 비공식적 언어 학습의 경험도 약간의 영향을 미쳤을 것 같은데, 그 실상은 정확히 알 수가 없다.[8)]

뿐만 아니라 앞의 기술에서 나타나듯이 일본인 화자 3명은 모두 거의 완벽한 존댓말의 사용 모습을 보인다. 청자존대어는 물론이고 주체존대어의 사용에서 평균적 한국인보다 더 교과서적인 존대 표현을 쓴다. (그러나 객체존대어의 사용 예는 이 화자들의 발화 자료에서 거의 나타나지 않으므로, 이에 대한 정확한 판단은 어려울 것이다. 그러나 짐작컨대 이 화자들의 경우 객체존대어도 잘 쓸 것으로 보인다.)

실제로 보통의 한국인들이 소위 '말단계'(speech levels)로 불리는 청자존대어보다 선어말 어미 '-시-'를 붙이는 주체존대어의 사용에서 상대적으로 덜 엄격한 것이 언어 사용의 실제 모습인데, 이들 일본인 화자의 경우는 보통의 한국인들보다 훨씬 더 엄격하게, 규범적으로 '-시-'를 사용하는 모습을 앞에서 볼 수 있었다. 이는 아마도 일본어에서 청자존대법인 teinei-go(丁寧語)뿐만 아니라 주체존대법인 sonkei-go(尊敬語)도 문법적으로 중요하게 발달해 있기 때문일 것이다. 다른 말로 하면, 한국어라는 목표 언어(target language)를 배우는 데서 그들의 모어인 일본어의 문법적 · 사회언어적 지식이 '긍정적 전이'(positive transfer)를 일으킨 것으로 이해할 수 있을 것이다. 즉, 자신들의 모어에서의 문법 범주, 사회언어적 규칙에 대한 지식을 한국어에 부분적으로 바꾸어 적용시킴으로써 상대적으로 쉽게 그리고 정확하게 한국어의 존댓말(물론 주체존대어를 포함하여)을 배우고 사용하게 된 것으로 생각된다. 존댓말의 습득, 사용과 관련한 이 일본인 화

8) 이 책의 초고 작성이 이루어진 뒤에 이 부분과 관련되는 부분적인 경험적 보고를 접할 수 있었다. 즉 현재 준비 중인 한 연구(강나영 2006)에 의하면, 일본인 부인들의 교회 예배 참석 그리고 여타의 교회 활동은 이들의 한국어 학습에 매우 긍정적인 영향을 미치는 것으로 보인다. 가령 이들 일본인 부인들은 다양한 호칭어(교회 내의 직함과 관련되는 여러 호칭 형태들)와 특수한 존대 표현(가령 '-ㅂ니다'체의 격식의 높임말과 초자연적 존재에게 사용하는 고투의 '-나이다'체 등) 등을 교회 활동을 통해 배우는 것으로 나타난다. (물론 교회를 다니지 않는 다른 나라 출신 외국인 부인들에게서는 잘 나타나지 않는 언어 학습의 내용이다.) 아마도 정례적인 신앙 및 사교 활동이 이들 일본인 부인들의 일반적인 한국어 학습에도 상당한 긍정적인 영향을 미치는 것으로 짐작할 수 있겠다.

자들의 모습은, 이들과 유사한 수준의 한국어 구사력을 보이는 중국 한족 출신의 연구 대상자 [4]-D와 분명한 대조를 이룰 것이다. 존댓말이 발달하지 않은 중국어가 모어인 [4]-D의 경우 한국어를 배우는 데서 존댓말의 영역이 가장 어려웠다고 술회했을 뿐만 아니라, 아직도 주체존대법의 사용에서는 때로 실수를 하기도 함을 앞에서 볼 수 있었기 때문이다.

또 한 가지 이들 일본인 화자에게서 흥미로운 부분은 공손의 그리고 여성어적인 말씨체, '-거 같아(애)요'와 '-네요'의 빈번한 사용일 것이다. 이것도 역시 일반적으로는 모어의 '긍적적 전이' 현상으로 이해할 수 있을 터인데, 잘 알려진 대로 일본어에서는 정교한 공손의 말씨(polite speech)뿐만 아니라 여성어(women's speech 또는 female speech register)(Shibamoto 1985, 1987 등)도 크게 발달해 있다. 그런데 이 경우는 존댓말의 학습, 사용과는 전이의 과정이 조금 다를 것으로 생각된다. 즉, 일본인 화자들이 이 두 표현을 즐겨 사용하는 것은, 특히나 한국 여성들도 그렇게 많이는 쓰지 않는 '-네요' 표현까지도 빈번하게 사용하는 것은, 일본어의 화용적·사회언어적 규범(공손의 표현과 여성어 사용)을 한국어의 사용에도 그대로 적용한 것으로 보이기 때문이다. 다시 말하여, 아마도 자신들이 문화적으로 강조하여 표현하고자 하는 공손함과 여성스러움의 사회적 의미가 한국어에서는 이 두 표현을 통해 가장 잘 전달될 수 있는 것으로 무의식적으로 판단하고, 이 두 표현을 한국어 사용에서 자신들의 특이한 말씨체로 발달시켜 온 것으로 짐작된다. 어쨌든 특정 모어 사용자들이 제2언어인 한국어의 사용에서 특정한 말씨체(speech style)를 선호, 발달시켰다는 사실은 제2언어 습득과 관련한 사회언어학적 연구에서 매우 흥미로운 사례가 될 것이다.

9. 중국 조선족 출신 연구 대상자

⑱ 연구 대상자 [2]-B

◆ 한국어 습득의 배경 ◆

Ⅰ. 언어 학습의 배경

1. 연령 : 28세
2. 학력 : 중국에서 전문대학 졸업
3. 모어 : 중국어와 한국어
   출신 지역 : 중국 요령성 출신
4. 혼인 주선의 형태 : 친지(혼인이주여성)의 소개로 결혼
5. 혼인 시점 : 2002년 5월 중국에서 결혼
   한국 입국 시점 : 2002년 8월 한국 입국
   한국 체재 기간 : 2년 11개월간 한국 체재
6. 시부모 동거 여부 : 시부모 없음
7. 자녀 : 딸(10개월) 1명
8. 거주지의 구분 : 읍 소재지 거주

Ⅱ. 언어 학습 과정

(1) 중국 요령성(遼寧省) 환인현(桓仁縣) 출신이다. 그러나 조선족 집거(集居) 지역이 아닌 한족촌(漢族村)에서 성장하였고, 학교는 고등학교까지는 민족학교(民族學校) 즉 조선족 학교를 나왔다. 대학은 물론 중국 대학(3년제 전문대)을 나왔다.

(2) 집에서 부모님은 '조선말'을 사용하였으나, 화자 자신은 집에서 조선말을 사용하지 않았다고 한다. 초등학교서부터 '조선어'(朝鮮語), '한어'(漢語) 둘 다를 배웠으나, 이 화자의 경우 한어를 먼저 배웠다. 따라서 한국에 오기 전까지 조선말을 알아듣기는 했지만 말을 잘 안 하여 말이 서툴렀다고 한다. 즉 이 화자는 중국어, 한국어를 함께 쓰는 이중언어사용자(bilingual)이지만, 제1언어(first language)는 어디까지나 중국어였다.

(기본이 되는 언어는요?)
"중국어죠."

◆ 한국 입국 시의 의사소통 정도 ◆

(1) 이 부부는 2002년 1월 심양(瀋陽)에서 처음 선을 보았는데, 방언 차이로 서로 원활한 대화는 힘들었던 것 같다.

(심양에서 처음 만났을 때 말이 통했습니까?)
"저는 다 알아들어요."
(발음이 그때 지금보다 못했습니까?)
"에."
(애기 아빠가 알아들었습니까?)
"잘 모 알아들었다고 그래서... 떠듬떠듬 알죠."

그러나 한국 입국 시까지 별다른 한국어 준비는 하지 않았다.

(2) 한국 입국 당시 한국말을 다 알아듣지는 못했다. 특히 영어 단어가 들어가는 말을 잘 못 알아들었다고 한다. 마찬가지로 다른 사람들도 이 화자의 한국어를 잘 알아듣지 못했는데, 본인의 표현으로는 "제 생각에는 발음이 제대로 했는데 모 알아듣는다."고 하였다. 그러나 한국 입국 이후 (한국의) 한국어를 배우기 위한 특별한 노력은 하지 않았다.

(여기 한국말 배우려고 노력한 것 있나요?)
"없어요. 그냥 여기서 다들 한국말 해(하)니까 자주 말이 그렇게 자꾸 해니까 그렇게 됐어요 이렇게. 처음엔 이렇게 주루루리 못 나왔어요. 하다가 갑자기 생각이 또 안 나 가지고... 그렇게..."

◆ 현재의 한국어 능력과 언어적·문화적 적응 ◆

(1) 현재의 단계는 부부 사이나 친척들하고 이야기할 때 서로 못 알아듣는 말은 없다. 그러나 이 화자의 입장에서는 아직도 영어 단어가 들어간 말은 잘 모르는 경우가 많다. 이는 학교 시절에 외국어로 영어가 아닌 일본어를 공부한 사실과도 연관될 것이다.

또 밖에 나가 모르는 사람들하고 접촉할 때에는 상대방에 따라 이 화자의 말을 얼른 알아듣지 못하여 했던 말을 반복해야 하는 경우도 있다고 한다. 현재 이 화자가 하는 말을 다른 사람들이 인식하는 눈은 대략 다음과 같다.

(다른 사람이 뭐라고 합니까? 얼굴은 같은데 발음이 좀 다를 텐데...)
"어디서 오셨냐구요. 한국에서도 지방 따라 다 다르잖아요 발음이. 어디서 오셨나구... 제가 외국에서 오셨다구 하면 아, 그래서..."
(말하는 것 듣고 중국 교포인 거 아는 사람도 있나요?)
"있어요 가끔씩."

연구자가 듣기로는 현재 이 화자가 하는 말은 연변(延邊) 지역에서 쉽게 듣는 함경북도식 말투도 아니고, 요령성의 평안북도식 말투도 아니다. 또 이곳 지역 방언의 영향을 많이 받은 단계도 아닌 것 같다. 그러나 본인은 자신이 서울말에 근사(近似)한 말을 하는 것으로 생각하고 있다.

"··· 저는 테레비 말이 나하고 똑같은 생각이 들어요. 근데 제가 말하믄 따른 사람이 듣기에는 다르잖아요. 제 생각에는 테레비 똑같은 말해(하)는데..."

현재 이 화자는 일상생활을 하는 데서 언어 때문에 겪는 어려움은 없다. 물론 방언의 차이가 있겠지만, 이 화자의 경우 아픈 아기를 데리고 혼자서 서울의 대학병원을 여러 번 다녀올 정도로 일상적인 언어생활에서 겪는 어려움은 없는 단계이다.

(병원에 가서 의사가 하는 말 다 이해합니까? 병명 같은 거 서툴지 않나요?)
"병명 그냥 한 번 물으 봐... 모 알아들으믄 한 번 더 말씀하시라고 그래요. 그렇게 자세하게 알려 드려요〔알려 주세요〕."
(조선말하고 병명이 다른 게 있던데요?)
"달라요, 다 달라요. …"

또 인터넷을 이용해 필요한 정보를 얻는 첨단 언어생활도 하고 있다.

(인터넷 마음대로 하세요?)
"네."
(여기 와서 배웠어요, 중국에서부터 했어요?)
"중국에서는 그냥 콤퓨타를 배웠는데, 근데 여기 와서 쪼끔 다르더라구요. 그래 가지구 여기 와서... 쪼끔 배워... 그렇게 썩 잘하지는 못해요. 안돼요."
...
(혼자서 인터넷으로 무엇을 찾아가세요?)
"그냥 이것 저것... 애기 거, 거기 한 싸이트에 애기 심장병에 관한 싸이트 있어요. 거기도 올라가 보구〔들어가 보고〕 그랬어요."

(2) 이 화자는 외국인 화자라기보다는 중국에서 태어나 중국어가 제1언어인, 중국어와 한국어를 함께 배운 이중언어사용자이다. 그러나 현재는 한국으로 시집와 한국어의 특정 방언(중국 조선족의 '방언')에 보다 친숙한, 그렇지만 일반적 의미에서의 한국어 화자로 보아야 할 것이다.

그러나 이 화자의 한국어는 아직 조금 서툰 측면이 있으며, 또 통상적인 한국인 화자의 말과는 발음 및 문법의 면에서 약간 다른 모습을 보인다. 대체로 보아 발음상의 문제는 이 화자가 배운 방언의 음운적 특성을 반영하는 것으로 생각된다.

그러나 그것을 어떤 규칙적인 오류로 보는 것은 잘못된 시각일 것이다.

문법의 측면에서는 세 가지 정도의 문제를 지적할 수 있는데, 한 가지는 주체존대의 선어말어미 '-시-'를 자신을 높이는 데서도 때로 사용하는 것이고, 다른 두 가지는 과거시제 표현과 조사 사용에서의 불안정성이다.

"한국에서도 지방 따라 다 다르잖아요 발음이. 어디서 오셨나구… 제가 외국에서 오셨다구 하면 아, 그래서…"
"네, 단… 마음 먹구 무조건 (화자 자신이) 오신다고 그래 가지구."
"지금은 (제가) 한국에 사시는데 (말이) 나오잖아요."

"그때부터 제가 서류를 해 가지고 한국에 올 준비를 하고 있어요〔있었어요〕."
"또박또박 허믄 벌써 장가가겠죠〔갔겠죠〕."
"그리구 또 제가 오기 전에도 빚도 쪼꼼 있어요〔있었어요〕."

"아니면 못 와요. 올려믄 돈을〔이〕 엄청 많이 들거든요."
"단 것을 좋아하나 봐요 여기서는. 신 것이〔은〕 아에 다 포기해버리구…"
"식당에는〔에서는〕 안 히〔하〕구요."
"그것이〔을〕 '상받는다'고 그러거든요 중국에서는."
"제가〔저한테〕 맡겨도 되는데…"

(3) 다음은 이 화자의 발화 중 언어적·문화적 적응과 관련하여 흥미로운 부분을 발췌한 예이다. 먼저 다음의 대화 예는 혼인과 관련한, 특히 자신의 혼인 결정 배경과 그것에 대한 내면적 술회 부분이다.

(중국에서도 조선족 처녀들이 농촌에 사는 조선족 남자에게 시집을 안 가려고 해요?)
"에, 글죠. 누가 농촌에 가서 농사짓고… 시집갈라고 안 해요. 싫어해요. 지금두 중국에서두 돈만, 돈이 없으믄 무조건 시집 안 가요. 누가 돈 없는 집에 시집가요. 너무 사랑한다믄 몰라두 그냥 소개시키는 건 절대로 안 가요."
(신랑의 경제력이 첫째인가요?)
"〈강하게 긍정〉 예! 그 다음에 무슨 사람을 보구 글죠. 소개시키는 데, 소개팅에는 그렇게 돼요 지금두. …"

(결혼 결정을 하는 데 부모님의 상황이 얼마나 작용했습니까?)
"저요? 저는 무조건 부모님 땜. 제가 중국에 있을 때 큰딸이잖아요. 큰딸이구... 그때 오실 때 둘째...가 대학 중이에요. 대학교 댕길 때 돈이 엄청 많이 들어가요. 그리구 또 제가 오기 전에도 빚도 쪼끔 있어요. 제가 학교 댕길 때 그 돈도 있구. 그리구 지금 막내가 있는데 대학 금방 갈라고... 가야 돼잖아요 또. 또 엄청 많이 들어가야 되는데 이거 어디서 돈을. 저희 부모님도 나이도 많아요. 근데 벌 데가 없잖아요. 아버님은 그때 중국에서 노가대 쪼금 다녔어요. 퇴직했는데두 노가대 댕기면서 힘든 거 많이 봤어요. 그리고 공부할 때 필요한 돈을 구한다고 따른 집에 가서 그것을 빌레다구, 빌려달라고 그때 많이 생각했고 너무 속상해 가지구 그래서... 무조건 한국에 와서... 그때두 따른 사람들두 있어요. 그냥 한국에 시집와 가지고 부모님들 초청해서 한국에서 돈 많이 벌고 가고 그런 거 있어요. 많아요. 그래 가지고... 무조건 그냥."

(한국에 시집올 생각은 언제 했어요?)
"… 대학교 졸업하고 부모님들이 나이도 많으고 일 다니는 거 보구, 그리구 이런 생각 저런 생각하면서... 〈혀를 참〉 한국에 시집오자. 어차피 다 시집은 가는데 뭐. 중국에 시집가는 것도 그냥 그렇죠... 그냥 한국에 왔어요. 잘되믄 자기 운이구 잘 안되믄 자기 팔자구 그래요."
(박성화 씨 생각에는 지금 운이에요, 팔자에요?)
"다 아니에요. 그냥 중간이에요... 신랑은 말이 쪼금 떠듬떠듬 해요. 그렇게... 따른 사람처럼 똑똑 허든 못해요. 또박또박 허믄 벌써 장가가겠죠."

다음 대화의 예는 아기의 발병에 대한 엄마로서의 내면적 반응과, 국적 취득 절차에 대한 진술이다.

(애기가 아픈 이야기로 화제가 옮겨감)
"구멍이 있어 가지구, 왔다갔다 피가 엇갈려 가지구..."
(애기 아픈 것은 어떻게 알았어요?)
"애기 보건소에 가서 애기 예방주사 맞을 때 청진기 있잖아요. 그거 들으니까 소리가 대개 크데요. 그래 가지구 병원에, 큰 병원에 한 번 가서 초음파 해시라고. 그래 가지구 전주 대학병원에 갔었어요."
(혼자 갔어요, 애기 아빠랑 갔어요?)
"저 혼자 갔었어요, 언제나."
"그래 가지구 애기가 구멍이, 심장이 아프다고, 수술 가능성이 많다구. 그때 제가 많이 울었어요. 대개 속상해구. 애기를, 여기다가 수술을 해야, 이 담에 큰 담에 수술 자국 때문에 또 고생이구. 어떻게 해야는가. 얼마나 속상해구 울었는데요. 그때는 나가서 얘기도 많이 들었어요. 애기들 심장병 수술하는 것도 괜찮다고. 전주 병원에도 자주 다녔으니까 그런 애기도 많이 보구 그래 가지구 지금은 쪼꼼 괜찮아졌어요. 그 때 얼마나 속상했는데... 따른 병 아니고 심장병인데..."

(의사가 천 명에 몇 명 정도 된다고 합니까?)

"그런 말은 모르구요. 텔레, 텔레비 아니구, 콤퓨타에 인터넷...에 있던데... 써 놨더라구요. 몇 명에서 그런 병이 발병이 난다고. 원인도 몰루구..."

(국적 취득은 언제 했어요?)

"올해요. 올해... 칠월달, 아, 유월달쯤에요. 금방 했어요. 그 위에 날짜가 있잖아요."

(국적 취득 과정에 대해)

"그냥 가서 서류, 서류를 다 챙겨 가지구는 내주믄 기다리래요. 기다리구. 통지서가 와요. 통지서가 온 다음에 서울에 가서 중국 출입... 중국 대사관에 가서 국적 포기해야 돼요. 중국 국적. 중국 국적을 포기한 다음에... 그 다음에 내려 온 다음에... 중국 포기 화(확)인서를 갖구 와서 여기 사무실에 읍 사무실에 갖다 주믄 거기서 올려요. 주민등록부를 만들어 가지구."

마지막으로 다음 대화 예는 문화적 차이에 대한 그리고 그것이 가정생활에 실제로 투영되는 모습에 대한, 비교적 수준 높은 의견 진술이 될 것이다.

(사회주의 하에서 남녀평등 교육을 받았는데 여기서는 어떻게 다른가요?)

"그냥... 크게 느끼지는 않았구요. 저희 신랑이 자기더러 저버러, 저더러 존댓말 해라구 그랬거든요? 처음에. 제가 안, 안 했, 안 핼라구 그니까 지금은 안 해요."

(신랑이 말을 높이라고 했단 말인가요?)

"네."

(그래서 말을 높였어요?)

"아뇨, 제가 왜요? 아니, 남자하구 여자가 평등한데 무엇 때문에 존댓말을 해요 제가?"

(그래서 서로 반말을 해요?)

"에, 지금 그냥..."

(그것에 대해 남편이 뭐라고 하나요?)

"아무 말 안 해요."
(그런 것은 중국에서 배운 교육인가요?)
"에, 쪼꼼 그런 가 봐요. 근데 딱 한마디는 안돼요. 애기 아빠라고, 너는 안되구요, 딱 당신이라구 불르라구."
(애기 아빠는 너라고 하나요?)
"아니요, 저〔제〕 이름 불러요."
(왜 말을 안 높이는가 이유를 설명했어요?)
"말했죠 제가. 말했어요. 남자허구 여자허구 다 똑같은데 뭣 때문에 나는 존댓말을 해구, 당신은 안 해구 그런 법이 어딨어? 우리 집은 없다구 그랬죠."
…
(아직도 한국 사회에서 여성의 지위가 낮다고 생각하나요?)
"느껴요. 그냥 남자들이 집에 와서 아무 것도 안 해구 그냥… 아니 밖에서 돈 벌었다구 집에 와서 아무 것도 안 해구 그런 면에선 쪼꼼 이해가 안 가요. 중국에서는 집에 와서두 여자들 더해〔도와〕 가지구 이것두 해구 저것두 해요. 어떤 집에서는 무조건 다 남자들이 다 해는데요. 다 해요. 남자들이 설거지 해구 빨래 해구."
(한족이 그런가요, 조선족이 그런가요?)
"한족. 조선족은, 중국의 조선족은 〈피식 웃음〉 안돼요. 못해요. 아무래도 한국의 전통이라서 그런지 본 빧〔받〕아 가지구 안될 것 같애요."

(중국에서 교육받은 젊은 현대 여성으로서 한국 사람들을 이해하기 어려운 점이 있다면 무엇인가요?)
"남자하고 여자가… 여자는 맨날 꼬박꼬박 존댓말을 해야 되는데 남자는 왜 안 해는가. 다 그렇지는 않은데 그래도 많아요."
(테레비 연속극에 많이 나와요.)
"이해가 안되는 거는 남자들이 꼬박꼬박 힘들게 일하는 거요. 거그 뭐라고… 음… 자식, 마누라를 먹여 살리기 위해서 바깥에서 그렇게 힘들게 일, 그면 한국 사회가 그렇게 힘들게 사는 거에요. 너무 진짜 안쓰러워 보이구. 그리구 스트레스, 밖에서도 그렇게 스트레스도 받구. 중국에서는 스트레스 법이 없어요. 그런… 그런 말을 들어본 적이 없어요. 여유가 아니구요, 에, 그냥 마음이 그렇게… 뭐라 그까? 너무 그렇게… 아이구… 〈적절한 표현을 찾다가〉 긴장감인가요? 그런 뜻이에요. 그냥 사람이 사는 것이 막… 스트레스 말은 여기 와서 알았어요."

⑲ 연구 대상자 ①-A

◆ 한국어 습득의 배경 ◆

Ⅰ. 언어 학습의 배경

1. 연령 : 23세
2. 학력 : 중국에서 고등학교 졸업
3. 모어 : 한국어와 중국어
   출신 지역 : 중국 길림성 연길시 출신
4. 혼인 주선의 형태 : 친지(혼인이주여성)의 소개로 결혼
5. 혼인 시점 : 2003년 12월 중국에서 결혼
   한국 입국 시점 : 2004년 3월 한국 입국
   한국 체재 기간 : 1년 4개월간 한국 체재
6. 시부모 동거 여부 : 시아버지・시어머니와 동거
7. 자녀 : 딸(3개월) 1명
8. 거주지의 구분 : 자연 촌락 거주

Ⅱ. 언어 학습 과정

(1) 중국 길림성(吉林省) 연길시(延吉市) 출신이다. 학교는 고등학교까지 민족학교 즉 조선족 학교를 나왔고, 고교 졸업 후는 연길 시내 백화점의 한국 상품 전문점에서 약 3년간 근무하였다고 한다.

(2) 이 화자는 중국 내의 대표적인 조선족 집거 지역인 연길 시내에서 성장한 사람이다. 즉 중국에서 교육 받고 생활한 사람이다. 따라서 당연히 중국어와 한국어를 둘 다 배우고 쓴 이중언어사용자(bilingual)이다. 그러나 이 화자의 제1

언어(first language)는 한국어인 것으로 보인다.

(중국에서 살 때 한어와 조선말 중 어느 것이 더 쉬웠어요?)
"조선말이 쉬웠죠."
(한어도 잘하시죠?)
"에, 백화점에서 그냥... 손님들 한족"

◆ 한국 입국 시의 의사소통 정도 ◆

(1) 이 부부는 친지의 소개로 먼저 사진과 편지를 교환하고 서로의 호감을 확인한 후 약 한 달 넘게 국제 전화 통화를 하였다. 그러다가 2003년 10월 신랑이 선을 보러 중국을 방문하였고, 같은 해 12월에는 중국에서 결혼식을 올리고 부부가 되었다. 선을 본 뒤 결혼식을 올릴 때까지 그리고 결혼식을 올린 뒤 부인이 한국으로 입국할 때까지, 이 부부의 전화 데이트는 계속 되었다고 한다.

그런데 연길에서 처음으로 만나기 전의 약 한 달간의 전화 통화에서 서로 간의 대화는 그리 잘 이루어지지 않았다고 하는데, 주 이유는 말할 것도 없이 방언 차이 때문이었다.

(남편과 전화 통화할 때 말이 통했습니까?)
"처음엔 알아 못 듣는 것도 많죠. 그냥 간단한 것만 알아들었어요 그때는. 간단하게 그냥 뭔 말 하면 그렇겠다 그 정도로. 그 정도로 알아들었어요."
(명성이 아빠는?)
"더 모〔못〕 알아들었죠. 저보다 더 모 알아들었어요. 그냥 감으로..."
(못 알아들은 애기 아빠의 말은?)
"거시기 어쩌고 뭐... 〈웃음〉 그런 말 뭔 뜻인가 하나도 몰랐어요. 이빠이 어쩌고 뭐... 그런 거 다 못 알아들었어요. 밥 먹었냐, 뭐 했냐 이런 말만 알아듣고요."

그러나 약 한 달 뒤 신랑이 선을 보러 왔을 때는 신랑의 말을 그런대로 이해할 수 있었다고 한다. 그러나 처음 만난 신랑과 신부 부모님과는 서로 말이 잘 통하지 않는 상태였다.

(신랑과 부모님이 서로 말을 알아들었어요?)
"모 알아들어요. 〈웃음〉 어머니가 사투리 많이 써 가지고... (서로) 눈치만 보고 있죠. 〈웃음〉"

선을 보고 약 두 달 뒤 신랑이 결혼식을 올리러 재차 중국을 방문하였을 때는, 이 부부 사이에 대화하는 데 큰 어려움이 없었던 듯 하다.

(8일 체류하는 동안 남편과 이야기할 때 말은 잘 통했어요?)
"예."
(그때는 서로 못 알아듣는 말이 없고?)
"그때는 삼 개월 정도, 사 개월 정도 통화했으니깐. 사 개월 정도."
(그때 거시기 이런 것도 알았어요?)
"예, 그때는 알았어요."
(처음 통화했을 때에 못 알아듣는 말이 뭐가 있었어요? 거시기?)
"그냥... 여기서 쓰는 말 다, 거의 모 알아들었어요."

이 화자는 결혼 후 한국 입국 시까지 특별히 한국어 공부나 다른 언어 준비를 하지는 않았다고 한다.

(2) 이 연구 대상자는 한국 입국 당시 언어 소통과 관련한 특별한 문제는 없었던 듯하다. 단, 이 지역의 사투리가 장애였는데, 특히 시어머니와 같은 노인들의 말이나 일상적인 생활 어휘가 달라 그것들을 알아듣는 데에 문제가 좀 있었다고 한다.

(처음에 시집왔을 때 어떤 말이 다르던가요?)
"어머니가 하시는 말요. 잘 모 알아듣겠어요. 사투리가 예전 사투리라서. 어머니가 연세가 있으셔 가지고."
(시아버지랑은 어땠어요?)
"시아버지는 말씀도 별로 안 하세요. 〈웃음〉"

(남편은 젊은 사람이니까... 시아즈반님이들은 어땠습니까?)
"그건 괜찮았어요."

(여기 와서 시집 식구들과 만나서 못 알아듣는 말 없었어요?)
"그때는 별로 없었어요. 어머님... 어머님 심부름 시킬 때..."
(어머님이 심부름 어떤 거 시키셨어요?)
"밭에 가서 부추, 부추 베어 오라고..."
(여기 사람들이 솔이라고 할 텐데...)
"예, 부추이라고도〔라고도〕 하고 솔라고도〔이라고도〕 하고... 우리는 여기... 염지잖아요, 염지. 그런 것도 모 알아듣고... 〈한참 생각하다가〉 뭐... 몰라... 이젠 다 까먹었어요. … 솥단지 그런 거랑..."

(가정 용구들 어휘도 많이 변했고... 솔, 염지처럼 채소들 이름은 다르지 않았어요?)
"많이 틀렸어요. 다 틀렸어요. 지금도 전 이름 잘 몰라요."
(아직도 채소 이름 잘 몰라요?)
"잘 몰라요. 산나물이랑 이런 거 다 틀렸어요."
(연변에서는 산나물을 잘 안 먹으니까... 보통 쓰는 채소 이름은 어땠습니까?)
"아, 보통 그런 거는... 평소에 먹는 거는 비슷했어요. 산나물이..."

(장독 가면 어떻습디까? 말이 다르잖아요.)
"똑같아요."
(장의 이름은 똑같아요? 먹는 장이요.)
"예, 장이요? 예, 된장, 고추장..."
(장 안에 넣는 반찬은? 여기 말로 짱아치 같은 거요.)
"짱아치요? 거의 비슷했는데요. 마늘쫑, 고추... 있잖아요"
(밭에 있는 채소들 이름은 솔 말고는 괜찮았어요?)
"예, 다 같았어요. 감자, 가지, 오이..."

(시어머니 말씀 말고, 그 밖에 알아듣기 어려운 것은 뭡니까? 차이 많이 나는 거...)
"농사 지니까... 그런..."
(농사짓는 도구 이름?)
"예."
(여기 다 기계로 되어 있죠?)

"네."
(집에서 쓰는 도구들이 있습니까?)
"아니 그냥… 저 지금도 하나도 몰라요. 〈웃음〉 낫하고 호미 밖에 몰라요. 그건 같으니까. 논하고 밭이도 잘 모르것어요."
(요새 지게 쓰는 것도 아니니까…)
"지게도 써요."
(퇴비가 있어서 그런가요?)
"지게… 아니 저… 논, 논에서 써요."
(여기 와서 그런 소소한 게 달라서 신경이 쓰였을 텐데…)
"예, 몇몇씩 들어도 아직도 몰라요. 아직도 모르는 게 많아요."

시어머니의 말을 재차 물었을 때도, "사투리는 모〔못〕 알아듣겠어요. 〈웃음〉 사투리 써 가지고 모 알아듣겠어요. 지금도 모르는 거 있기는 해요."라고 하였고, 또 이 지역의 사투리가 심하다는 인식을 보여 주었다.

(강진장 가면은 할머니들 다 알아듣습니까?)
"여기 사투리 심해요. 있당게, 없당게… 〈웃음〉"

◆ 현재의 한국어 능력과 언어적·문화적 적응 ◆

(1) 현재의 단계에서 이 화자가 일상적인 언어생활을 하는 데서, 적어도 이해(comprehension)의 면에서는 별다른 문제가 없는 것으로 여겨진다.

(한국 드라마 볼 때 못 알아듣는 말이 있습니까?)
"없어요. 다 알아들어요."
(뉴스는요?)
"거의 다 알아들어요. … 그냥 영어 같은 거 한국 발음으로 한 거는 모〔못〕 알아들어요."
(여기 오니까 영어를 많이 쓰죠?)
"예, 저도 일어 배웠거든요."
(근데 못 알아듣는 영어는 어떤 게 있습니까?)

"여기 분들은 영어 별로 안 써요. 뉴스에서나 테레비에서 쓰죠."
(OK 이런 거 많이 쓰잖아요.)
"에이, 그런 기본적인 거는 다 알아듣죠."
(강진 시장가면 그런 거 씁니까?)
"〈웃음〉 할머니들이니까..."
(전주나 서울 가면요? 불편한 거 없습니까?)
"예, … 말을 별로 안 해서 잘 모르겠어요."

(애기 때문에 병원에 가서 의사가 하는 말 다 이해해요?)
"예, 애기 아빠보다 더 잘 알아들어요. 애기 아빠가..."
(애들 병이름 같은 게 잘 들립디까?)
"몰라요, 애기 아빠는. 책을 자주 보고 하니까... 신경 써서 저는 책을 보거든요. 애기 예방 접종 그런 거"
(임신해서 병원 갔을 때도 다 알아들었어요?)
"예, 제가 그 전에 책을 많이 봤어요, 임신하기 전에."

그러나 녹음된 전화 메시지 같은 것은 아직도 알아듣기 힘들다고 보고하였다.

(전화 왔을 때 기계음으로 하는 말을 이해할 수 있습니까?)
"못 알아들어요. 그건 모 알아들어요. 뭐라고 하는지..."
(114에 전화해 봤어요?)
"예, 그런 건 괜찮은데 사기 전화 같은 거 있잖아요. 그런 건 못 알아듣겠어요. 〈웃음〉"

(2) 그러나 이 화자는 현재 자신은 다른 사람들 말을 잘 알아듣지만, 자신의 말을 다른 사람들이 잘못 알아듣는 경우가 종종 있다고 한다. 따라서 말을 할 때 아직도 의식적인 노력을 행하는 것으로, 다음과 같이 말한다.

(한국인 새댁 만나 사귀었어요? 이야기할 때 불편한 것은 없어요?)
"한두 명 정도..."
(어디 사는...)
"신덕, 신덕하고, 상운암... 그냥 저 편의점에서 만났어요."

(그 사람들하고 이야기할 때 불편한 거 없었습니까?)
"괜찮았어요."
(다른 거는 없습디까?)
"다른 거요? 제가 신경 써서 많이 말을 하려고 하죠. 알아듣게 말하려고 노력하죠."
(지금처럼 해요? 아니면 지금보다 훨씬 더 신경 써서 말해요?)
"지금처럼 해요."
(그럼 지금 매우 신경 써서 말하는 것인가요?)
"좀 신경 써서 하는 편이죠. 〈웃음〉"
(신경 덜 쓰고 한 번 말해 보세요.)
"신경 덜 쓰가… 덜 쓸 수가 없어요. 그나저나 항상 신경 쓰고 있어요. 〈웃음〉"

(말을 하기 전에 속으로 한 번 거르는 것이 있어요?)
"가끔 있어요. 조심할 때 속으로 거르는 것 많아요. 간단한 말은 괜찮은데 길게 말할 적에는 속으로 반복하고 다시 말해요. … 한국에 시집왔고, 국적도 나오게 되면 여기에 맞춰 살아야 하니까."

(3) 그런데 정작 이 화자가 신경을 쓰는 것은 상대방이 잘 알아들을 수 있도록 정확한 발음이나 표현을 하는 것이기보다는, '중국에서 온 새댁'이라는 자신의 정체성(identity)이 다른 사람들에게 노출되는 점인 것 같다. 따라서 이 화자는 자신의 모어인 '연변말'이라는 한국어의 방언에 대해 매우 부정적인 태도를 가지고 있다.

(신정숙 씨 말투가 다른 것을 사람들이 알아채던가요?)
"예, 어떤 분은 중국에서 왔냐고 묻기도 하고, 어떤 분들은 경상도에서 왔냐고 물어요."
('모 알아듣는다' 그런 말이 경상도 말과 비슷하거든요.)
…
(전주 가면은 어떻습니까? 그때는 말 많이 해요?)
"언니하고는 말을 많이 해요."
(누구…)
"같이 간 언니…"
(아, 그 언니랑은 상관없고…)

"물건 살 때 말을 많이 하는데..."
(불편한 점은 없습니까?)
"예, 근데 여기 분이 아니냐고 물어보기는 해요."

(편의점에서 여기 사람들을 만나서 말을 할 때 문제는 없었습니까?)
"인사 정도 하고 말은 안 해요."
(왜? 중국에서 시집왔기 때문에? 아니면 말 때문이예요?)
"말 땜에 좀 그런 거 있죠."
(위축됩니까?)
"예, 그런 거 좀 있죠."
(말 때문에 위축된다는 것은 뭡니까? 이쪽 말이 아니라 연변 말투가 나오기 때문에 그게 부끄러운거예요?)
"예, 좀 그러죠."

(여기 사람들과 이야기할 때 어떤 것에 대해 신경을 많이 씁니까?)
"연변말 하고 여기 말 하고 끝부분이 차이가 나잖아요."
(어떤?)
"그랬습니까, 저랬습니까 연변에서는요. 여기에서는 그랬어요, 저랬어요 이케 하고. 그리고 말하는 톤이가 틀리더라고요. 그거..."
(다 배우려면 아직 멀은 거 같아요?)
"예."
(큰일 났네. 빨리 서울 사람 되고 싶은데...)
"아니~ 그런 건 아니고요. 그냥... 밖에 나가면 중국 분 아니냐고 그런 말 안 들을려고."
(듣기 싫은가요? 왜?)
"예, 그죠. 첨에는 괜찮았는데 자주 들으니까 싫어요. 첨에는 내가 중국에서 왔는데... 들어도 괜찮다고 했는데 자주 들으니까 싫어요."

(4) 뿐만 아니라 이 화자는 자신이 현재 살고 있는 이 지역의 방언에 대해서도 부정적인 태도를 가지고 있고, 따라서 하루 빨리 '서울말'을 배우고 싶다는 속내를 내비쳤다.

(사람들을 만나면 왜 신경을 써서 말해요?)

"빨리 말 배울려고 그하(러)죠."
(말 잘하는데요...)
"그래도 나가면 여기 분 아니냐고 물어보면 좀 그렇잖아요. 〈웃음〉"
(창피한가요?)
"창피하기보다는..."
(그건 안 고쳐질 거예요.)
"말투가요?"
(예.)
"제 친구는 배웠던데 전 못 배우겠더라고요."
(친구는 어디 사는데요?)
"서울에요. 걔는 이제 완전히..."
(서울 말투가 됐어요? 연변 말투가 없고?)
"예, 없어요 이젠. 한 마디도 그런 말투가 없어요."
(아주머니도 그렇게 배우고 싶다는 말인가요?)
"예."
(말투를 서울 말투로 하고 싶다는 말이죠?)
"예, 사투리 좀 없이 그냥..."
(전라도 사투리 없이요? 아니면 연변 사투리 없이요?)
"다요."
(연변 사투리는 없어진 것 같아요?)
"예, 없어졌죠. 연변 사투리는 이제 하나도 못하겠어요."
(그 자리에 전라도 사투리 안 들어갔어요?)
"예, 들어갔죠."
(별로 안 들어갔어요.)
"예? 안 들어갔어요? 〈웃음〉"
(전라도 사투리 들어간 것 없어요. 근데 연변말은 많이 없어졌어요. 젊은 새댁이니까 서울말을 배우고 싶다... 신경 써서 한다는 것은 연변 말투를 안 쓰려고 하는 것이죠?)
"예."
(연변 말투 쓰면 어떤가요?)
...
(재미가 없습니까? 촌스럽습니까?)
"촌스럽죠. 여기 와서는... 〈웃음〉"

(한국말이 예쁘다고 생각해요?)
"예, 그런 느낌 있어요."
(연변말은 덜 예뻐 보이고?)
"예, 이왕 시집왔으니까 이젠 한국 사람..."
(임실말을 배워야죠? 그런디...)
"어차피 하게 되어 있을 거예요. 여기서 사니까."

(서울말 배우려고 저녁에 혼자 연습합니까?)
"아니요, 그냥 테레비 보고..."

(텔레비전 드라마에 나오는 연변 색시나 아줌마 어떻습니까?)
"촌스러워요."

(딸 명성이에게 쓰는 말투는 연변말입니까?)
"한국말 나오죠. 애기한테는 연변말 하면 안되죠. 〈웃음〉"
(왜 안돼요?)
"애기가 그것 배울 것 아녜요. 따라서..."
(외갓집 가서 연변말 모르면 큰일 아닙니까?)
"〈웃음〉"

(5) 그러나 친정에 전화할 때는 아직도 연변말을 쓰고, 애기에게는 아니지만 남편에게는 때로 연변말을 하기도 한다.

(아버지와 통화할 때 연변말이 나옵니까?)
"연변말 많이 쓰죠."
(예예 합니까?)
"예, 그랬습니까, 저랬습니까 하고..."
(그랬슴두, 그랬수꾸마는 안 합니까?)
"그건 안 해요. 그건 그냥 친구들끼리 농담할 적에... 그런 말해요."
(할머니들한테는 하죠?)
"예, 할머니들한테, 잘 있었음두 이렇게... 〈웃음〉"

(혼잣말 할 때 연변말 나온 적 있습니까?)
"남편하곤 가끔 해요."
(어떤 말?)
"다 혼동되서 이젠 모르것어요. 어떤 것이 연변말이고… 그냥 단어 사용할 적에…"
(연변말 단어가 나온다?)
"예, 말할 적에 가끔 나와요."

뿐만 아니라 이 화자는 자신의 제2의 모어인 중국어도 심리적 상태에 따라 때로는 하기도 한다.

(여기에 시집와서 중국말 하고 싶을 때는 언제인가요?)
"남편 마땅치 않을 때 중국말 막 해요. 〈웃음〉 어차피 모 알아들으니까. 〈웃음〉"
(어떤 말?)
"좀 안 좋은 말해요. 〈웃음〉 (한국말로) 씨발 같은 거. 〈웃음〉 그럼 욕하는 거 알아요."

(6) 이 부부의 경우에도 당연히 문화적 차이에서 오는 오해와 갈등이 있을 것이다. 그런데 그 중 어떤 것은 일상적인 언어 사용의 습관과 바로 연관되기도 한다.

(남편하고는 어때요?)
"남편하고요? 아무래도 생활 습관 차이가 많아 가지고 많이 싸우죠."
(어떤 생활 습관 차이요?)
"거기는 남편, 남자들한테 막 그… 건방지다고 해도 아무런 말도 아니거든요. 건방지다고… 그런데 여기는 안되더라고요. 남편한테… 담배 피우는 것이 좀 건방져 보인다고 그랬더니〔그랬다가〕 혼났어요. 〈웃음〉 그런 점에서 많이 싸워요."
(그런 건 말 표현의 차이고… 또 어떤 것이 있어요?)
"남편도 제가 도망갈까 봐… 좀…"
(에이, 그런 게 있을까…)
"아니 좀 그래요. 친구들 만나는 것 좋아 안 해요… 친구들이랑 만나고 그러면은… 그런 것이 있는가 봐요. 불안한가 봐요."
(주위에서 실제로 본 것보다 소문 들은 것이 많아 그럴지도 모르죠.)
"그러신… 그런 것도 있고요. 애기 둘 낳고도 도망간 일이 있다고…"

(애를 둘이나 낳고 어떻게 도망을 가...)
"다른 남자 만나서 갔겠죠."
(연변에서 이혼이 흔한가요?)
"연변도 요즘은 이혼이 많은가 봐요. 많아졌어요."
(도망갈까 봐 남편이 불안한 마음이 있으면, 신정숙 씨는 큰소리 당당하게 치며 살겠네요?)
"아니요, 어떻게 그래요?"
(건방지다는 말 말고 다른 어떤 게 또 있어요?)
"그리고 농담 삼아 이렇게 말하면서 손 가리키면서 말하는 거랑..."
(그렇게 하면 싫어하죠.)
"한 번은 손가락으로 이렇게 했다가 맞을 뻔 했어요. 〈웃음〉 남편한테 그랬다고. 삿대질한다고..."

(부부 싸움은 언제 많이 해요?)
"자주 해요."
(왜 자주 해요?)
"서로 생각이 틀리니까."
(생활 습관에서 오는 차이가 어떤 게 있어요?)
"거기는 농담 삼아 '재수 없어' 이런 말도 잘하거든요..."
(여기서는 심각하게 받아들여서... 또?)
"그리고 저는 도시에서 살아 가지고 시골에서 사는 것이 많이 불편해요."
(집이 좋아서 별로 불편한 것은 없을 것 같은데...)
"네, 없어요. 그런데 필요한 것 있어도 나가지 못하니까요. 처음에 와서 필요한 것 많았는데 아무것도 사지 못하고 그랬어요. 많이 짜증나고... 도시에서는 바로 집 앞에 백화점도 있고 다 있잖아요."

(7) 마지막으로 이 화자가 바라보는 문화 적응상의 몇 가지 문제에 대한 대화 예를 소개하도록 하겠다. 주로 개인적 경험에 대한 구체적 진술이지만 연구 대상자의 가정생활 영역에서의 '살아있는' 이야기가 될 것이다.

(초기에는 조선족 동포가 시집와서 잘 살았는데, 근래에는 깨지는 경우가 많아졌는데, 왜 그런가요?)
"한국 분들이요, 거기 가서 돈도 왕창 쓰고 자기가 돈도 잘 벌고 그런다고 그렇게 거짓

말하거든요. 거기에 속아서 잘 살려고 왔다가... 집도 초라하고, 뭐 돈, 형편도 어렵고 그렇게 되면 갈 길 가겠죠 뭐. 그러니까 그 분들은 잘 살려고 왔는데 그 말 속아서..."

(최근에는 깨지는 사례가 많아요.)

"도망간 그런 것이 많더라고요. 그리고 여기 시집, 시부모도 사는 거 어려워요. 많이 어려워요. 거기는 시부모들이라도 며느리 눈치 보고 살아요, 거기는. 시부모들도 며느리 눈치보고 시집살이 안 시키고 그래요. 여긴 좀 시집살이가 좀 고생해요. 〈웃음〉"

(시집와서 생활 습관의 차이로 인한 갈등으로 언제까지 울었어요?)

"임신 5개월까지요. 근 1년 울었어요. 거의 2, 3일에 한 번씩 울었어요."

(어떤 것이 힘들어서 울었어요?)

"시어머니가 흉보는 것이 제일 힘들었어요. 방에 누워 있어도 동네 할머니들하고 흉을 봐요."

(흉보는 내용은 뭐예요? 흉보는 내용이 생활 습관의 차이인가요?)

"흉보는 내용이요? 중국에서 왔다고 흉을 보시고..."

(중국에서 왔다고 흉을 볼 수는 없는 거잖아요?)

"저보고... 뭐라고 그러시더라?"

(중국에서 와서 생활 습관이 달라서 그런 거거든요, 중국에서 왔다는 자체가 아니라...)

"아니 그거 가지고 무시하고 그러셨어요. 자기 아들은 잘났는데 왜 중국에서, 중국에 장가갔냐 그런 마땅치 않은, 그런 게 좀 있었어요."

(아니 그거는... 상관없는데...)

"제가 아파서 한 이틀 동안 누웠었거든요. 밥도 안 먹고 아무것도 못하고... 방에 누워 있었는데... 밖에서 그냥 시아버지랑 흉보시더라고요. 저도 들었거든요. 남편이 방에서 들었거든요. 자다가 깨 가지고 남편도 같이 들었거든요. 그래 가지고 시어머니한테 그렇게 마땅치 않으면 중국에 다시 보내라고 싸운 적도 있고..."

(무엇을 그렇게 마땅치 않게 여기시던가요?)

"저도 모르겄어요. 뭣이 마땅치 않은지. 중국에서 온 그 자체가 마땅치 않은가 봐요. 그리고 시어머니는 힘들게 사셨잖아요. 힘들게 사셔 가지고... 시어머니는 어떻게 자기는 어떻게 살려고 하는데 나는 또 요즘 세대 사람이니까, 또 자기 생각하고 틀리니까... 그 마음에서 차이가 나니까. 그러니까나, 그러니까 시어머니는 날 시어머니한테 맞출려고 하신단 말이예요, 자꾸. 자기처럼 살게끔 그렇게 맞출려고 하시니까."

(시어머니 입장에서는 한국 며느리보다 중국에서 시집왔기 때문에 자기 식으로 더 예전 식에 더 맞다고 기대했는지도 몰라요.)

"예, 그러니까… 그리고 같이 사니까, 어차피. 따〔다〕른 형님들은 아무렇게나 해도 뭐라 말도 안 하세요. 〈웃음〉 가끔씩 일년에 한두 번씩 얼굴 보시니까. 뭐라 하실 것도 없고."
(그런 걸로 1년 동안 우셨다는 거죠?)
"네, 얼마나 힘든데요. 이십 년 동안 남남으로 살다가… 혼자 된 기분이잖아요. 외롭고 곁에 돌봐 줄 사람도 없고."
(한국에 언니들이나… 아는 사람들 와 있지 않습니까?)
"멀어서 못 만나요. 전화로 가끔씩…"

(사회주의 교육을 통해 남녀평등 교육을 받았을 텐데, 여기는 아직도 남자 우월주의가 있는데 그런 데서 오는 갈등은 없었나요?)
"남편을 많이 바꾸려고 그러죠."
(어떻게 바꾸려고 해요?)
"냉장고 문 지나가면서도 내가 여기(소파)에 앉아 있는데도 물 떠달라고 그러시거든요. 어머니가 맨날 떠다 주고 그러니까. 어머니가 맨날 해주고 그러니까, 저한테도 그걸 강요하거든요. 전 안…못 그래요. 떠다 줄 수도 있는데… 냉장고 문 앞에 서서 물 떠다 달라고 하거든요. 저는 그거는 안된다고 생각해요."
(또요?)
"그리고 물도 상 위에 있는데… 밥 먹을 때 상 위에 컵과 물통이 있는데도 물을 따라 달라고 하거든요. 이해할 수 없어요."
(또?)
"그런 것들이 좀 많아요. 바깥일들이 많으시니까… 남자주의가 있어요. 애기 젖먹이고 있는데 나보고 물 떠달라, 라면 끓여 달라고 그러거든요. 그런 면에서 많이 얄밉고 그래요. 어머니 있을 때는 할 수 없이 해 주는데 어머니 없으면 제가 또 뭐 할 말 하고 그래요. 〈웃음〉"
(남편 설거지시키세요?)
"아니오, 임신했을 때 다섯 번인가 설거지해 줬다고 달력에 적어 놨어요. 다섯 번 했다고."

(8) 이 화자의 한국어는 거의 완벽하다. '연변말'이라는 특정 방언의 말투에서는 이미 멀리 벗어난 것 같고, 점차 서울 말투에 가까이 근접해 가고 있는 느낌을 준다. 연구자가 연변말도 아니고 서울말도 아니고 임실말도 아니라고 지적하자, "네, 짬뽕됐어요."라며 활짝 웃었다.

이 화자의 경우 연길 지역의 말이 이미 한국말의 영향을 많이 받기 시작한 시기에 그곳에서 성장하였고, 또 한국 상품을 파는 백화점에서 근 3년간 근무한 경력과 혼인을 전후하여 수 개월간 남편과 전화 통화를 주고받은 경험 등이 복합적으로 작용하여, 한국말의 학습을 오늘날처럼 촉진시켰을 것이다. 그러나 무엇보다도 한국 입국 이후 자신의 정체성을 드러내는 연변말 대신 서울 말투의 '한국말'을 배우려는 내적 동기와 숨겨진 노력이 이 화자의 현재의 언어 사용 모습을 만든 것으로 생각된다.

이 화자의 한국어에서 나타나는 부분적인 오류는 그것이 발음의 변이(variation)든 문법의 변이든, 대체로 모두 용인 가능한 범위 내의 것으로 판단된다. 그러나 한 가지, 연구자에게 자신의 남편을 때로 높여 말하는, 즉 연구자 앞에서 남편에게 주체존대법을 사용하는 언어 사용 규범은 연구자가 가진 사회언어적 규칙(sociolinguistic rules)으로는 쉽게 받아들이기 어려운 부분이었다. 몇 사례를 들면 다음과 같은 경우에서이다.

"애기 아빠가 시월 달에 한 번 오시고 십이월에 한 번 왔어요."
(12월에는 결혼식하러 온 거죠?)
"예, 예."
(혼자 왔어요?)
"혼자서 왔어요."

(결혼식 때 연변 친척들과 신랑이 이야기를 할 때 말이 통했습니까?)
"얘기 별로 안 하셨어요."

(남편은 중국에서 며칠 체류했어요? 뭐 했습니까?)
"팔일 정도... 집에서 잠만 잤어요. 애기 아빠는. 피곤하다고 집에서 잠만 잤어요."
(겨울이라 추워서 어딜 갈 수 없었겠죠?)
"안 갈려고 하시더라고요. 안 갈려고 그러시더라고요."

"냉장고 문 지나가면서도 내가 여기(소파)에 앉아 있는데도 물 떠달라고 그러시거든요."
"잠시만 기다리세요. (남편이) 배고프시다고 하시니까 뭐 갖다 드려야겠어요."

10. 한국어 사용 능력의 등급 구분

이상으로 19명의 연구 대상 화자들의 개별적인 한국어 학습 과정과, 그들의 한국어 사용 능력의 다양한 차원에서의 실제 모습을 기술하였다. (이들의 한국어 학습에 대한 보다 본격적인 논의는 다음 장에서 이루어질 것이다.) 이제 비교적 자세히 기술된 연구 대상 화자들의 한국어 사용 능력, 즉 그들이 습득하여 사용하는 한국어 의사소통능력의 수준 또는 정도를 상호 비교함으로써, 이들 외국인 부인들의 한국어 능력에 대한 종합적 검토가 가능할 것이다. 여기서 쉽게 채택할 수 있는 분석의 모형 한 가지는 바로 한국어 사용 능력의 등급 구분, 즉 습득한 의사소통능력의 정도를 상대적인 유사성과 상이성에 따라 일련의 위계적 등급으로 구분하는 모형일 것이다. 그런데 본격적인 등급 구분에 앞서 두 가지 정도의 논의가 필요할 것인데, 한 가지는 등급 구분의 기준이 될 것이고, 또 한 가지는 몇 개의 등급으로 구분할 것인가의 문제가 될 것이다.

먼저 등급 구분의 기준은 전체적인 언어 사용 능력으로 상정하는 것이 옳을 것이다. 물론 앞의 개별 기술에서 화자의 언어 사용 능력을 대체로 5가지의 분석적 범주, 즉 (1) 발음의 정확성, (2) 문법적 표현 정도, (3) 어휘 구사력, (4) 대화 능력 및 담화 구성 능력, (5) 상황에 따른 언어 사용 능력 등으로 나누어 기술하였다. 그런데 이 5가지 하위 범주의 능력을 가로지르는 개별 화자가 가진 전체적이고 종합적인 언어 사용 능력의 정도가 등급 구분의 기준이 되어야 할 것으로 생각된다.

다음으로 몇 개의 등급으로 한국어 사용 능력을 구분할 것인가에 대한 마땅한 모형은 관련 영역에서 아직 발달하지 않은 것으로 보인다. 따라서 본 연구에서 관찰된 경험적인 사실 자체에 기반한, 다시 말하여 연구 대상 화자들 간의 언어 사용 능력상의 유사성과 상이성의 정도에 바탕한 등급 구분이 현재의 단계에서는 가능하고 또 바람직할 것으로 생각된다. 그런데 모두 19명의 연구 대상 화자들이 보여 주는 전체적인 언어 사용 능력의 수준은 대체로 4등급('등외'의 등급까지 치면 5등급)으로 나누는 것이 적절할 것으로 생각된다. 대체로 말하여, (1) 말을 거의 못하는 화자들과, (2) 말을 어느 정도 하는 화자들, 그리고 (3) 말을 그런대로 잘하는 화자들과, (4) 말을 능숙하게 하는 화자들의 4부류이다.

보다 구체적으로 말하면, 먼저 가장 낮은 단계인 'I등급'에 속하는 화자들은 한마디로 한국말을 거의 못하는 수준의 화자들이다. 이들은 달리 표현하면, 아직 '말문이 트이지' 않은 화자들로, 일상생활에서 필요한 최소한의 언어적 상호작용도 제대로 하지 못하는 단계의 화자들이다. 따라서 이들의 경우에는 실제의 면접 과정에서도 통역의 도움 없이는 아주 일상적이고 쉬운 화제(topic)에 대한 대화조차도 서로 주고받는 것이 사실상 불가능하였다.

다음 단계인 'II등급'에 속하는 화자들은 일단은 '말문이 트인', 그럼으로써 한국어를 약간은 할 수 있는 화자들이다. 그러나 이 단계의 화자들은 아직 한국어의 표현 능력이 떨어져 일상적 의사소통에서 비언어적 신호(또는 암시)(non-verbal cues)에 상당 부분 의존하는 화자들이다. (대표적인 경우는 연구대상자 ⑫−L의 사례가 된다.) 뿐만 아니라 이 등급에 속하는 화자들은 가족의 범위 내에서는 매일 일상적으로 반복되는 언어 상황 때문에 그런대로 무리 없이 의사소통을 행하지만, 가족 밖에서의 언어적 상호 작용에서는 상당한 어려움이 있는 것으로 보인다. 따라서 이 화자들의 경우 일상적이지 않은 새로운 화제에 대해서는 자신의 생각을 표현하는 데서 또는 담화를 구성하는 데서 상당한 어려움을 겪는다. (물론 이 화자들의 경우 면접 과정에서도 통역의 도움이 상당 부분 필요하였다.)

세 번째 단계인 'III등급'에 속하는 화자들은 그런대로 한국어를 잘하는 화자들이다. 이들은 'II등급'의 화자들과는 달리, 일상적 대화에서 비언어적 신호에 의존하는 정도가 그리 높지 않으며, 또 가족 내뿐만 아니라 가족 바깥에서의 언어적 상호 작용에서도 별다른 무리 없이 일상적인 의사소통을 행하는 사람들이다. 따라서 이 등급의 화자들은 친숙하지 않은 새로운 화제에 대해서도 나름대로의 담화를 구성하는 능력을 일반적으로 가지고 있다. (따라서 이 화자들의 경우 면접 과정에서도 통역의 도움이 부분적으로만 필요하였다.)

마지막 단계인 'IV등급'에 속하는 화자들은 대체로 능숙하게 한국어를 구사하는 화자들이다. 달리 말하여 나름대로 '완성된' 한국어의 사용 능력을 이미 가지고 있는 화자들이다. 이들의 한국어는 이른바 '유창한' 단계로 특징 지워질 수 있으며, 따라서 일상생활에서 별다른 장애 없이 또는 오해를 거의 유발하지 않은 채 한국어로의 의사소통이 가능한 수준이다. (따라서 이 화자들의 경우 통역의 도움이 별반 필요 없이 면접 조사를 하는 것이 일반적으로 가능하였다.)

위 4등급으로의 구분 외에 별도의 등급 즉 '등외의 등급'이 따로 설정될 필요가 있어 보인다. 위의 I등급에서 IV등급까지의 구분에 속하는 화자들은 모두 언어적으로 외국인 화자, 다시 말하여 모어가 한국어가 아닌 화자들이다. 이들은 혼인에 의해 한국으로 이주함으로써 외국어인 한국어를 배우게 되었고, 따라서 상당한 능숙성의 수준에 도달하였더라도 어디까지나 모어가 아닌 외국어로서의 한국어를 배워 사용하는 사람들이다. 그런데 이들과는 달리 모어로서의 한국어 또는 최소한 이중언어사용의 상황에서 사용되는 두 언어 중 하나로 한국어를 어려서부터 습득한 화자들이 있다. 바로 중국 조선족 출신의 화자들이 이에 해당할 것인데, 물론 이들의 한국어는 오늘날 서울 지역이나 조사 대상 지역에서 사용되는 한국어와는 약간 다른 모습을 보인다. 그렇지만 이들도 분명히 한국어의 한 변이어(variety) 즉, 방언 중 하나를 모어로 배워 사용해 온 화자들이므로, 순수 외국인 화자들과는 구분되는 별개의 범주 즉, '등외의 등급'으로 구분 짓는 것이 타당할 것이다.

마지막으로 여기서의 등급의 개념은 통상적인 외국어 학습 및 교육론에서의 '발달적 단계'의 개념과는 부분적으로 다른 것으로 이해되어야 할 것이다. 일반적으로 '발달적 단계'는 모든 학습자가 학습의 과정을 통해 밟아가는 일련의 단계들을 의미할 것이다. 그러나 여기서의 '등급'은 그야말로 현재 수행되는 언어 사용 능력의 수준을 의미하는 말이다. 따라서 어떤 화자는 I등급에서 출발하여 IV등급까지 학습의 성취를 진전시켜 나갈 수도 있지만, 또 어떤 화자는 II등급이나 III등급에서 머문 채 즉, 현재의 언어능력에서 '화석화'(fossilization)된 채, 더 이상 학습의 진전을 이루지 못할 수도 있을 것이다.

다음의 〈표 4-1〉은 연구 대상 화자들의 한국어 사용 능력을 위의 등급 구분에 따라 체계적으로 정리한 것이다. 그리고 동일 등급에 속하는 화자들은 언어 사용 능력이 상대적으로 못한 화자로부터 상대적으로 나은 화자의 순으로 배열하였다. 그러나 관찰자에 따라 부분적으로 다른 등급 구분도 가능할 것인데, 대체로 말하여, 등급 간의 구분보다는 등급 내의 구분에서 다소간 상이한 평가가 나올 수도 있을 것으로 생각된다.

〈표 4-1〉 연구 대상자의 한국어 사용 능력 등급 구분

등급	대상자
I등급 (3명)	13-M (베트남, 19세, 0년 3개월간 한국 체재, 고등학교 졸업) 3-C (중국 한족, 23세, 0년 10개월간 한국 체재, 중학교 졸업) 11-K (태국, 23세, 1년 0개월간 한국 체재, 중학교 졸업)
II등급 (5명)	14-N (베트남, 21세, 1년 7개월간 한국 체재, 고등학교 졸업) 12-L (태국, 42세, 6년 9개월간 한국 체재, 중학교 졸업) 19-S (우즈베키스탄, 34세, 2년 2개월간 한국 체재, 대학교 졸업) 16-P (몽골, 43세, 7년 10개월간 한국 체재, 대학교 졸업) 9-I (필리핀, 31세, 5년 4개월간 한국 체재, 전문대학 졸업)
III등급 (5명)	17-Q (우즈베키스탄, 22세, 2년 2개월간 한국 체재, 고등학교 졸업) 18-R (우즈베키스탄, 33세, 5년 0개월간 한국 체재, 대학교 졸업) 15-O (몽골, 25세, 1년 7개월간 한국 체재, 전문대학 졸업) 10-J (필리핀, 35세, 7년 5개월간 한국 체재, 대학교 졸업) 8-H (필리핀, 28세, 5년 5개월간 한국 체재, 대학교 중퇴)
IV등급 (4명)	7-G (일본, 44세, 6년 8개월간 한국 체재, 고등학교 졸업) 6-F (일본, 33세, 5년 6개월간 한국 체재, 전문대학 졸업) 5-E (일본, 27세, 4년 1개월간 한국 체재, 고등학교 졸업) 4-D (중국 한족, 29세, 6년 9개월간 한국 체재, 중학교 졸업)
등외 (2명)	2-B (중국 조선족, 28세, 2년 11개월간 한국 체재, 전문대학 졸업) 1-A (중국 조선족, 23세, 1년 4개월간 한국 체재, 고등학교 졸업)

위에서 정리한 한국어 사용 능력의 등급 구분은 개별 연구 대상자별로 파악한 '몸짓언어의 이해' 및 '한글 해독의 정도'와도 대체로 대응하는 것으로 나타난다. 물론 위의 두 질문이 모두 한국어 사용 능력의 수준이 그리 높지 않은 화자들에게 적용되는 질문 문항이었다.

먼저 '몸짓언어의 이해'와 관련하여, 거의 모든 연구 대상자들은 질문한 네 가지 몸짓언어의 의미를 아주 쉽게 이해하였다. 아마도 이 사실은 연구자가 쉬운 몸짓언어를 질문하였거나, 아니면 몸짓언어가 갖는 도상(icon)적 그리고 준보편적 속성 때문일 것으로 생각된다. 어쩌면 이 두 요인이 모두 작용하였을 수도 있겠다. 어쨌든 이 사실은 외국어의 학습에서 몸짓언어의 습득이 '말로 하는' 언어의 습득보다 쉽게 그리고 빨리 이루어진다는 일반적 사실을 지지해 주는 증거가 될 것으로 생각된다.

그런데 몸짓언어에 대한 질문에서 2명의 연구 대상자, 즉 ⑬-M과 ⑪-K가 세 번째 질문인 '자신을 가리키는' 몸짓을 이해하지 못하였다. 이 몸짓언어가 질문한 다른 몸짓언어보다 조금 더 어려웠을지는 모르겠지만, 어쨌든 결과적으로 이 2명의 화자가 한국어의 의사소통능력을 학습하는 데서 아직도 초보의 단계에 있다는 방증이 될 것이다. 그런데 이 두 화자는 모두 위의 〈표 4-1〉에서 'Ⅰ등급'에 속하는 3명의 화자들 중 두 사람이다. 따라서 위의 구분에서 'Ⅰ등급'에 속하는 화자들은 일반적으로 한국어의 몸짓언어에도 아직 제대로 친숙하지 않은 그야말로 초보적인 학습 단계에 있는 화자들인 것으로 말할 수 있다.

다음으로 '한글의 해독 정도'에 대한 질문은 한글 자모를 읽을 수 있는지 그리고 어느 정도로 의미를 파악하면서 읽는지 여부를 알아보고자 한 것이었다. 그런데 여기서 한국어의 사용 능력이 이미 '능숙성'의 수준에 도달한 화자들, 즉 'Ⅳ등급'에 속하는 화자들에게는 이 한글 읽기의 질문이 그렇게 적절한 것이 아니었다. 어쩌면 제시된 텍스트가 그들에게는 자신들을 '무시하는' 텍스트로 느껴질 수도 있었을 것이다.

나머지 연구 대상자들 중에서 주어진 텍스트를 읽으면서 대체적으로 또는 거의 의미 파악을 하면서 읽는 것이 명백하게 관찰된 화자는 모두 5명이었는데, 이들 모두는 위의 〈표 4-1〉에서 'Ⅲ등급'으로 분류된 화자들이었다. 따라서 이 'Ⅲ등급'으로 분류된 화자들은, 일반적으로 한글을 잘 읽을 수 있을 뿐만 아니라 주어진 텍스트 정도의 글은 대체로 또는 거의 내용 파악을 하면서 읽는 수준인 것으로, 그들의 한국어 사용 능력의 또 다른 특성을 규정할 수 있을 것이다.

나머지 연구 대상자들은 조금 모호하기는 하지만 대체로 두 부류로의 구분이 가능하였다. 한 부류는 한글의 자모는 대체로 아는 것 같지만 아직 한글 읽기 자체가 완전하지 않은 화자들이었고, 또 한 부류는 외형상 읽는 것은 그런대로 읽지만 아직 말뜻을 제대로 이해하며 읽는 단계에는 와 있지 않은 화자들이었다. 대체로 앞의 부류는 'Ⅰ등급' 화자들에 대응하고, 뒤의 부류는 'Ⅱ등급' 화자들에 대응하는 것으로 나타난다. 따라서 'Ⅰ등급' 및 'Ⅱ등급' 화자들의 한국어 사용 능력의 특성도 이 한글 읽기의 정도에 따라, 다시 말하여 한글 읽기 자체가 아직 완전하지 않은 수준과, 한글 읽기는 대체로 되지만 아직 의미 파악을 제대로 하며 읽는 단계가 아닌 수준으로, 다시 규정할 수가 있을 것이다.

제5장 한국어 학습의 전반적 상황

1. 몸짓과 눈치의 의사소통

앞의 제4장 '한국어 사용 능력의 실제 모습'에서 연구 대상이 된 19명의 외국인 부인들의 한국어 학습 과정에 대한 대강을 기술하였다. 이 장에서는 위에서 기술된 내용을 포함하여, 이들 연구 대상자들이 한국어를 학습하는 전반적 상황을 포괄적으로 기술하고자 한다. 단, 여기서는 한국어가 모어인 중국 조선족 출신 연구 대상자 2명을 제외한, 17명의 순수 외국인 부인들의 한국어 학습과 관련되는 여러 문제들을 다루게 될 것이다.

먼저 이들 외국인 부인들과 결혼한 남편 및 그 부모들은 국제결혼이라는 어렵고 힘든 혼인 결정을 하면서 언어가 서로 소통되지 않는 문제를 얼마나 진지하게 고려하였을까? 놀랍게도 긴 면접 조사 과정을 통해 남편이나 그 부모들은 이에 대한 언급을 거의 하지 않았다. 다음은 혼인 결정 전에 언어 문제를 걱정하였음을 진술하는 소수의 예이다.

> "처음에는 아닌 것이 아니라 (아들이 국제결혼하러) 간다고 헌게로 저 한아버지가 아이구매, 말도 못하는데 어치께 살거라고 그려. 근게 말이여잉 법자를 들여다 놓고 어치께 살어."
>
> (연구 대상자 ⑮-O의 시어머니)

> '… (중매를 한) 중국 부인은 집사람 친구의 언니로, 처음에 결혼 의사를 전하니 집사람 이야기를 하면서, 말이 통하지 않는데 어쩌냐고 물었다. 그러나 당시 많은 사람들

이 필리핀 등지의 여성들과도 결혼을 하고 있었는데, 말이야 와서 배우면 되는 것이라고 생각했다. … 여기 와서 처음에 어려운 점은 언어라고만 생각을 했었다. 문화적인 문제야 일단 서로 언어가 통한 다음에 … 서로 이렇게 알게 되면 할 수 있겠다고 생각했고 …'

(연구 대상자 [4]-D의 남편)

아마도 국제결혼을 한 이 가족들이 언어 문제를 전혀 걱정하지 않은 것은 아닐 테고, 대신에 의사소통이 되지 않는 어려움과 이후의 한국어 학습의 어려움을 그렇게 깊이 있게 생각하고 준비하지 않은 것은 맞는 것 같다. 어차피 이들의 입장에서는 국제결혼이 어쩔 수 없는 선택이었으므로, 언어 문제에 대한 깊이 있는 고려나 준비를 사실상 할 수도 없었을 것이다.

면접 과정을 통해 만난 모두 12명의 연구 대상자의 남편들 중에서 아내의 모어로 간단한 대화라도 할 수 있는 사람은 아무도 없었다. 물론 혼인 전에 아내가 될 사람의 언어를 공부한 사람은 전혀 없었고, 현재의 단계에서 모두가 아내의 언어를 전혀 모르거나 간단한 인사말 정도만 안다고 답하였다. (그중의 2명은 그래도 혼인 후 아내의 말을 배우려고 조금 노력을 하였으나 어려워서 또는 잘되지 않아서 그만 두었다고 하였다.)

결국은 부부 사이의 그리고 가족들 간의 의사소통은 한국으로 시집오는 외국인 아내가 한국어를 배워 한국어로써 할 수 밖에 없는 기본 틀이 이미 혼인 전부터 짜여져 있는 셈이 될 것이다. 달리 말하여, 이들 국제결혼을 한 부부 사이에 새로운 언어, 즉 배우자의 언어에 대한 학습 부담은 경제적 지위가 높은 한국인 남편에게는 없고, 경제적 지위가 낮은 외국인 아내(물론 종교적 교리에 따라 결혼한 3명의 일본인 부인은 예외일 것임)에게만 지워지는, 비유적으로 표현하면 여성 입장에서의 '언어적 앙혼'(linguistic hypergamy)의 구도가 이미 혼인 전부터 짜여져 있고, 또 이것이 서로 간에 암묵적으로 동의가 되는 상황에서 이들의 국제결혼이 이루어진 셈이 될 것이다.

따라서 이들 남편군과는 달리, 17명의 외국인 부인들은 거의 모두가 시집에서의 혼인 생활을 시작하기 전에 짧게나마 한국어 학습을 이미 시작한 것으로 나타난다. 본격적인 혼인 생활 이전에 한국어 공부를 전혀 하지 않은 사람은 3명뿐이고, 나머지 14명은 모두 자신의 모국이든 또는 한국 내의 교회에서 짧게나마 한국어 공부를 이미 시작한 것으로 보고한다. (물론 여기에는 혼인 전 국내에서 약 1년간 일한 경력을 가진 예외적인 1명도 포함된다.) 물론 개인에 따라 그 기간은 차이가 있지만, 가장 짧게는 (자신의 나라에서) 1주일가량, 가장 길게는 (한국 내의 교회에서) 5개월가량, 그리고 나머지는 최소한 1달 이상 한국어를 배우고 시집에서의 혼인 생활을 시작하였다.

그런데 연구자가 짐작하기로는, 시집에 와서 짧은 말이라도 간단히 할 수 있었던 사람은 한 사람(아마도 연구 대상자 5－E) 정도였던 것 같고, 나머지는 모두가 한국어를 전혀 또는 거의 못하는 상황에서 한국에서의 혼인 생활을 시작한 것 같다. 따라서 모든 연구 대상 외국인 부인들의 혼인 및 가족생활은 간단히 말해 '몸짓과 눈치의 의사소통'으로 시작하였을 것이다.

이들 외국인 부인들이 시집에 처음 도착한 후 말을 어느 정도 배우기까지의 어려움은 본인들뿐만 아니라 남편이나 시부모들에 의해서도 생생하게 진술된다. 먼저 한 시어머니는 외국서 온 며느리의 결혼 초기의 어려움, 즉 초기의 적응 과정을 한마디로 다음과 같이 눈물겹게 회상하였다.

> "지가 잘하면 이쁘지. 지가 잘하면 이쁘고... 안쓰럽고... 저도 여기 와서 고생하고, 부모도 보고 접을 거고... 고향 생각도 날 거고... 그럴 때면 안쓰럽고... 이쁘고... 처음에는 겁나게 애먹었어. 많이 울었어... 모든 것이 그냥, 밤에 화장실 가는 것까지... 음식 먹고 속이 안 좋으면 토하러 다니는 것까지 다 따라대녔어. 한 2년은 하튼 욕봤어. 저도 더 욕봤겠지. 얼마나 외롭고... 우리야 고향이고... 부모 형제간 새끼도 있고 한게로. 저는 얼마나 욕봤겠어. 그래서 그냥 냅둬버렸어요. 잘못해도 그냥 냅두고... 잘해도 암말도 안 하고 잘못해도 암말 안 하고... 오만 것이 겁나지 생전 모른게 저도... 얼매나 부모도 보고접고 타관에서... 내가 내 딸 같으면, 내 딸이 그런다면 안 보냈을 거지..."
>
> (연구 대상자 8－H의 시어머니)

당사자인 외국인 부인 중 한 명도 지나간 어려운 시절을 마찬가지 느낌으로,

즉 '울음'으로 술회하였다.

"처음에는 너무 힘들었어요. 그래서 그 생각이 나면 말이 많이 나오는데 지금 생각이 안 나네요. 그때는 진짜 힘들어서 매일매일 우르〔울〕고 있었어요. 방에 들어가면 '아, 너무 힘들어...' 그렇게."

(연구 대상자 6−F)

다음은 아직 이 어려운 시기의 한복판에 서 있는 나이 어린 외국인 며느리를 바라보는 시어머니의 안쓰러운 눈이다.

"(며느리를) 애기로 취급해야 혀. 나는 애기로 취급해도 저는 저대로 투정하면 답답허지. … 지가 성질낼 때. 하하하하〈웃음〉. 삐져가지고 울고 그럴 때 답답하지. 그래 갖고 근게 냅둬. 여기서 뭘허냐 안 허냐 그래서 삐진 것이 아니거든. 그냥 혼자 제 자신이 맥없이 삐쳐버리거든. 혼자 자신, 저도 뭔 생각이 있으니까 삐쳐버린거지. 그래 갖곤 인제 울면 냅둬버려. 냅두면 풀어져. 고럴 땐 답답하지, 성질나고... 나이 어리고 안적, 그래도 애가 똘똘한게..."

(연구 대상자 13−M의 시어머니)

이제 언어 소통이 전혀 되지 않는 이 '몸짓과 눈치의 의사소통' 시기에 대한 보다 본격적인 진술을 몇 사례 소개하기로 하겠다. 먼저 두 남편의 감정어린 회상이다.

"처음 왔을 때는 언어 교육 문제가 최고 심각한 거죠. 서로 언어만 통하면 이해할 수 있는 부분들도 많이 있을 텐데 서로 모르니까, 이해를 못하니까 서로 티격거리고. 그런 경우가 많지요. … 그 쪽 집 생각나서 울고 있을 때. 마음도 안 좋고, 말이라도 통하면 말이라도 해줬을 텐데 그것도 안되고... 몇 달 동안..."

(연구 대상자 9−I의 남편)

'(시어머니와 며느리 간에 말이) 거의 안 통했다. 어머님도 내가 (일을 갔다) 들어오면 '아유, 답답해 죽겠어야. 말이 통해야 뭐라고 허제.' 어머니 말씀이 그랬다. 어쩔 수가 없었다. 집사람도 마찬가지다. 어머니한테 뭔 말을 하고 싶어도 뭐 어떻게 하려고 해도 대화가 안되니까... 아닌 게 아니라 '수저 좀 놔라.' 했을 때 엉뚱한 것 갖다 놓고. 그때 당시에는 그런 일이 비일비재했다. 국자나 냄비나 솥뚜껑이나... 냉장고에서 뭣 좀 꺼내라 해도 뻥 하고 몰랐다. 그런 것 때문에 어머님이 처음에 많이 답답해 하시고...'

(연구 대상자 4-D의 남편)

다음 두 예는 시어머니의 진술이다. 앞의 예는 이 어려운 시기를 무사히 지난 며느리에 대한 이야기이고, 뒤의 예는 아직도 이 어렵고 안타까운 시기의 한가운데에 있는 며느리에 대한 이야기이다.

'처음 왔을 때는 한국말을 전혀 할 수 없었고, 몽골에서 배워 온 말은 '안녕하세요?'와 같은 간단한 인사말이었다. 석 달이 지나도 서로가 알아듣지를 못하고 눈치로 뜻을 주고받다가 1년이 지난 후부터는 말이 어느 정도 통하기 시작하였다. 이제는 아주 잘한다. 올 여름부터는 말이 더욱 늘기 시작하여 서로 의사 교환이 가능하게 되었다. 그러나 아직도 통하지 못하는 말이 많이 있다.'

(연구 대상자 15-O의 시어머니)

'서로 말을 못하여, 말을 하고서도 이해를 못하는 상황이 매우 많다. 어디 갈려고 그래서 '어디가?' 그러면 다른 소리하고, 답을 이해를 못해서 알고 싶어서 다시 물어도 잘 모르고, 전화가 와도 받지 못하여 또 몰라서, 서로 묻고 답하기가 곤란한 상황이다.'

(연구 대상자 11-K의 시어머니)

마지막으로 당사자인 두 외국인 부인의 말이다. 물론 이들은 한국말을 어느 정도 하니까 이렇게라도 지난 일을 떠올려 표현하지만, 현재 이 어려움의 한가운데 있는 부인들은 그 표현조차 하지 못하고 있을 것이다.

"(처음에 시집와서 힘들었던 것은) 이야기 못하기... 이야기, 이야기, 이야기하는 거... 말 때문에 도망가고 싶었어요. 말 때문에요."

(연구 대상자 8-H)

'한국말을 몰라 너무 힘들었다. 시집온 후 스트레스로 인해 갑상선을 2년 넘게 앓았다.'

(연구 대상자 [9]-I)

한국말을 못하는 외국인 부인이 이주 초기인 이 시기에 겪는 의사소통상의 어려움은 두 가지 방법으로 부분적이나마 해결된다. 한 가지는 '눈치'와 '몸짓', '손짓'에 의해 상대방의 의사를 알아차리는 간접적인 의사소통 방식이고, 또 한 가지는 사전이나 책을 찾아 해당 단어나 표현을 가리키면서 자신의 의사를 개략적이나마 전달하는 방식이다. 물론 대화의 상대인 남편이나 그 가족들도 마찬가지이다.

전자와 관련하여서는 거의 모든 연구 대상자 및 그 가족들이 이에 대한 언급을 하였다. '말은 못해도 눈치로 알아듣는다'든지, '말을 못하니까 눈치가 빠르다'든지, 또는 '말을 몰라 몸짓, 손짓 하며 뜻을 통했다'든지, '손짓, 발짓 다해가며 가르쳤다'든지 하는 표현들이다. 다음 예는 몸짓언어(gesture)의 사용에 대한 보다 구체적인 기술 예인데, 여기서 맥락 의존적인(context-dependent) 몸짓언어가 일상적인 화제를 넘어서면 금방 의사전달이 잘되지 않음을 또한 볼 수 있다.

'(시어머니가) 세수하는 시늉을 하며 '세수하고 가자.'고 손짓을 하면 '예, 알았어요.' 하고, '저 밭에 가자, 밭 매러 가자.'고 하면서 밭 매는 시늉을 하면 알아듣고 따라 나온다. 오늘 선생님들 만나러 (인터뷰 하러) 가자고 하니까 공부하러 가는 줄 알고 책을 챙겨 나왔다.'

(연구 대상자 [11]-K의 시어머니)

사전이나 책의 이용에 대해서는 약 절반가량의 연구 대상자들만이 언급을 하였지만, 짐작컨대 모든 연구 대상자들이 이주 초기에는 특히 남편과의 대화에서는 사전이나 책을 이용하였을 것으로 짐작된다. 다음은 사전 이용에 관한 대표적인 기술의 예들이다.

"너무 힘들었어. 우리 신랑 조끔 러시아말 배웠어요."
(어디서 배웠어요?)
"여기, 책 봐서 배웠어. 그 담에 우리 어떻게 얘기했어. 책 앞에서 놨어요. 책 나 뭐 말하고 싶어 있어 책 봤어요."
(말하고 싶은 게 있으면 책 찾아서.)
"오[어]디, 몸이 오디 아파요. 책 빨리빨리 찾아서..."
(남편도 책 찾아서 답하고.)
"한 달? 한 달 이렇게 했어요. 그 담에 한국말 빨리빨리 노력했어요, 빨리빨리 배웠어요."

(연구 대상자 ⑰-Q)

(말이 안 통하면 어떻게 하셨어요? 처음에.)
"그때는요, 막 사... 사전 보여 주고요."
(사전?)
"사전을 보여 주고..."
(누가? 신랑이?)
"에. 뭣을 하고 주면[하고 싶으면?] 살, 사전 찾아 갖고 보여 주고... 그래요."
(그럼 뭘 모를 때 남편이 사전 찾아서 리마이엘 보여 주고... 리마이엘도 사전 찾아서 보여 줘요? 이게 뭐냐고?)
"에, 에."

(연구 대상자 ⑧-H)

((중국에 장가들러 갔을 때) 말이 안돼서 어떻게 했어요?)
"그냥 막 가버렸죠... 책 보고... 가게 되면은 공부 안 할 수가 없잖아요. 저도 거기 가니까 공부하게 되더라구요. 제 자신이 깝깝한게... 거기서 책 보고 말 안되면 책으로 여그 보라고 알려주고... 그런 식으로 했죠."
...
((지금) 말이 안 통해서 답답하지 않으세요?)
"별로... 제가 알아서 그냥 해 버리니까요. (아내도) 원하는 거 있으면 얘기해요. 똑같애요. 만약에 말이 안되면은... 책 보고라도, 글은 다 아니깐요. 뭐가 없으면은 '시장 가라, 시장 가. 없어요, 없어요.' 하면 시장 갔다 오고..."

(연구 대상자 ③-C의 남편)

이러한 수준의 의사소통 과정에서는 쉬운 화제에 대한 의사 전달일지라도, 당연히 많은 오해(miscommunication)가 일상적으로 일어날 수밖에 없다. 연구 대상자들은 웃으며 가벼운 예들을 열거하였는데, 가령 '소금'을 가져오라고 했는데 '설탕'을 가져갔던 경우, '주방'에 가라고 했는데 '화장실'을 간 경우, '주걱'을 가져오라고 했는데 '그릇'을 가져갔던 경우, '대접'을 가져오라고 했는데 '냄비'를 가져갔던 경우, '쓰레기통'을 가져오라고 했는데 '빗자루'를 가져갔던 경우 등과 같은 많은 예를 들었다. 또 시어머니가 빨래 널어놓은 것을 비가 올 것 같아 가져오라고 했는데, 널어놓은 빨래가 아니라 세탁할 빨래를 갖다 준 경험도 이야기하였다.

아마도 이러한 예는 끝도 없이 많을 것이고, 이러한 의사소통 오해는 어느 정도의 언어 학습이 이루어질 때까지 매일을 반복하며 계속되었을 것이다. 뿐만 아니라 위의 예들은 이들 외국인 부인들이 겪은 수많은 의사소통 오해의 사례들 중에서 극히 사소한 것들에 지나지 않을 것이다. (보다 심각하게는 울음이나 싸움과 같은 부부간의 갈등으로 이어지는 오해들도 연구 대상자들은 당연히 보고하였다.)

2. 가정에서의 언어 학습

거개의 연구 대상 외국인 부인들은 시집에서의 혼인 생활을 시작하기 전에 자신의 나라에서나 또는 국내의 교회에서 일정 기간 한국어 교육을 받은 경험을 가지고 있다. 그런데 이들이 받은 교육의 내용에 대해서는 구체적으로 알 수가 없다. 그러나 짐작컨대 전문가에게서 한국어 교육을 받은 사람은 없는 것 같다. 단 한 사례, 연구 대상자 ⑬-M의 학습 노트를 보면 가르친 사람이 짧은 기간이나마 상당한 열정을 가지고 가르친 흔적이 역력하였는데, 그러나 정작 이 경우에는 학습자가 짧은 시간 내에 그것을 미처 소화할 수 없었던 것으로 보인다. 물론 학습 기간(짧게는 1주일가량 그리고 길게는 5개월가량)에 따라 차이는 있겠지만, 대체로 이들 외국인 부인들은 자신들의 고국이나 교회에서 한글 읽기, 인사말, 간단한 '일상적 표현'(routins) 또는 '관용 표현'(formulaic expressions) 정도를 접하고 배운 것으로 추측된다.

결혼 생활을 시작한 이후 이들 외국인 부인들의 길고도 힘든 한국어 학습의 주 조력자는 말할 것도 없이 남편이 된다. 모든 연구 대상자는 모르는 말을 수시로 남편에게 물으면서 언어 학습을 시작하였다고 응답하였으나, 구체적으로 어떤 것을 물었는지는 물론 오늘에 와서 알 수가 없다. 짐작컨대 간단하게는 모르는 단어에서부터 관용 표현에 이르기까지 언어 사용의 다양한 범위에 걸쳐 질문과 이에 대한 대답이 끊임없이 이루어졌을 것이다. 그러나 남편들의 이 질문에 대한 응답 내용을 정리하면, 대체로 혼인 생활의 초기에는 다음과 같은 항목들을 주로 가르친 것으로 보인다. 즉 한글 읽기, 여러 가지 생활 어휘, 인사말, 호칭어, 존댓말(어떤 제보자는 '어른에게 하는 말'이라는 표현도 사용하였음), 그리고 돈의 구분법 정도인 것 같다. 물론 남편들도 오늘에 와서 그 모든 것을 떠올릴 수는 없을 것이다.

그런데 남편들의 외국인 아내의 한국어 학습에 대한 관심과 노력의 정도는 개인에 따라 다양하였던 것 같다. 가령 가장 단순하게는 아내의 한국어 학습에 특별한, 의식적인 노력을 별반 기울이지 않은 것으로 보이는 사람들도 여럿 있었는데, 그런 사람들은 아내의 한국어 학습을 위한 구체적인 조력(助力)의 내용에 대해 거의 아무것도 언급하지 않았다. 한 남편은 아직 한국어를 거의 배우지 못한 아내의 언어능력에 대해, "한 2년이면 언어가 어느 정도 된다고들 한다."는 말만 연구자에게 전하였다. 이보다는 아내의 언어 학습에 좀더 많은 관심을 가졌던 것으로 보이는 남편은, 가령, '(자신의 교육적 배경 때문에) 계획을 세워 가르치지는 않았지만, 몰라 물어보는 것에 대해서는 아는 껏 성실히 답하였다.'고 하였다(연구 대상자 ⑩—J의 남편).

소수의 남편들은 아내의 한국어 학습에 보다 우호적인 태도를 지녔고 따라서 보다 적극적인 노력을 행한 것으로 짐작되었다. 가령 어떤 남편들은 외국인 아내의 언어 학습에서 일정 단계가 지나면 바깥 사람들과의 접촉이 보다 중요함을 깨닫고 이를 실행한 이야기를 연구자에게 전하였다. 즉 '외국에서 시집온 부인들에게 쉽게 한국말을 가르쳐 줄 수 있는 방법이 무엇이냐'는 질문에, 한 남편은 "한국 사람을 많이 접촉하는 것과 옆에 있는 사람이 가르쳐주는 것이지요. … 그런데 말은 사실상 여러 사람을 상대하는 것이 제일로 빨라요. 자꾸만 서로 말하고 그것이 빠르지."라고 답하였다(연구 대상자 ⑫-L의 남편). 또 다른 남편은 "(바깥) 사람들과 보대끼도록" 자신은 아내를 밖으로 많이 나가게 하였다면서, "국제결혼의 제일 큰 문제가 (도망에 대한 불안 때문에) 와이프를 개방 안 해 주는 것"이고, "(말을 배우는 데에) 제일 빠른 것이, 개방만 해 주면 빠른데 거의가 집에서 밖에 안 나온께" 여러 해가 지나도 말을 잘 못 배운다는 자신의 의견을 개진하였다(연구 대상자 ⑮-O의 남편). 또 어떤 남편들은 아내의 한국어 학습을 돕기 위해 되도록이면 아내에게 지역 방언보다 표준어를 쓰려고 노력하였다는 이야기도 전하였다. 가령 '남편으로서 아내의 한국어 학습을 돕기 위해 (아내에게는) 표준어를 쓰려고 노력하였다.'든지(연구 대상자 ⑱-R의 남편), 또는 '사람들을 많이 만나게끔 해 주고, 대화할 때 사투리를 사용하기보다는 표준어를 쓰려고 노력하였다.'는 대답(연구 대상자 ④-D의 남편)이 그 예가 될 것이다. 그리고 앞에서 이미 기술하였듯이, 한 남편(과 시아버지)은 인터넷을 이용한 아내의 체계적인 한국어 교육을 위해 컴퓨터와 프린터를 장만해 준 경우도 있었다.

그런데 연구자가 여기서 던지고 싶은 질문 한 가지는, 외국어 즉 제2언어의 학습을 촉진시키는 중요한 조건 중의 하나가 바로 학습자의 오류를 수정해 주는 원어민 대화자로부터의 '피드백'(feedback)일 터인데, 조사 지역의 남편들이 이 피드백의 역할을 얼마나 체계적이고 적절하게 해 주었을까 하는 의문이다. 물론 개별 남편에 따라 사정은 달랐겠지만, 일반적인 시각에서는, 이들 연구 대상자의 남편들이 아내의 언어 학습 촉진을 위한 적절한 피드백을 일상 대화에서 거의 해 주지 못한 것으로 짐작되었다. 그 이유는 이들 남편들이 언어 교육에 대한 기초적인 배경 지식을 거의 갖고 있지 못한 것으로 보였을 뿐만 아니라, 또 실제의 연구 과정에서도 이러한 적극적인 피드백의 사례를 제보해 준 남편이나 아내가 아무도 없었기 때문이다.

이제 이들 외국인 부인들이 이용해 온 한국어 학습 교재에 대해 간략히 정리해 보기로 하겠다. 앞서 연구 대상자별로 이미 기술하였듯이, 이들이 언어 학습을 위해 이용하는 교재는 사실상 없는 것이나 마찬가지이다.

먼저 한 종류의 학습 교재는 사전류이다. 그런데 소수의 학력 배경을 가진 연구 대상자들은 제대로 된 사전을 이용하지만, 나머지 다수는 정식 사전이 아닌 단어장 수준의 사전을 이용하는 것이 직접 관찰되었다.

다음으로 사전 외의 학습 교재로는 대다수가 여행자용 회화 소책자를 이용하고 있었다. 연구자가 살펴본 바로는 한 사람만이 『한국어 기초 교본』이라는 책을 가지고 공부하였고, 나머지는 거개 회화 소책자류를 이용해 온 것으로 보였다. 심지어는 고학력 배경의 우즈베키스탄 출신 부인은 『독학 러시아어 첫걸음』이라는 러시아어 입문 교재를 가지고, 거꾸로 한국어 공부를 해 왔음을 연구자에게 제보하였다. 이들 외국인 부인들이 제대로 된 교과서 하나 없이 한국어 학습에 임할 수밖에 없는 가장 큰 이유는, 물론 남편이나 가족들의 교육 배경의 요인도 있겠지만, 이들과 같은 외국인 이주자들을 위한 마땅한 한국어 교과서가 그동안 개발되지 않았고, 따라서 이들이나 그 가족들이 그러한 교과서를 시중 책방에서 쉽게 구할 수 없었기 때문인 것으로 생각된다.

언어 학습이 어느 정도 이루어진 뒤로는 여러 연구 대상자들이 어린이용 책이나 초등학교 교과서 등을 이용하여 한글 읽기 공부를 한 것으로 보고하였다. 그런데 그들이 읽은 개별적인 아동용 도서에 대해서는 구체적인 확인을 해 보지 못하였다.

또 이미 기술하였듯이 한 명의 부인, 즉 연구 대상자 ⑮-O만이, 비록 인터넷을 통한 한글 교육 프로그램이지만 체계적인 한국어 학습의 기회를 향유하고 있었다. 이 연구 대상자는 조사 시점을 기준으로 약 1년간 위의 교육 프로그램에 따른 한국어 공부를 해오고 있었다.

전체적으로 위와 같은 열악한, 어쩌면 참혹하다고 표현해야 할, 이 '학습 교재가 없는' 언어 학습의 상황에서 거의 모든 외국인 부인들이 즐겨 이용하고 또 가장 중요시하는 학습 교재는 바로 텔레비전 시청이었다. 텔레비전 프로그램 중에서 당연히 연속극이 이들에게 중심적인 '살아있는' 한국어 학습 교재인 것으로 모두들 보고하였다. 특히 시부모와 함께 살지 않는 부인들의 경우는 혼인 생활의 초기부터 거의 아침부터 밤까지 텔레비전을 보면서 말을 배웠다고 하였고, 한 재치 있는 연구 대상자(5-E)는 "그냥 티비만 듣고 있으면 항상 공부 시간이에요."라는 표현까지 하였다. 한마디로 텔레비전 시청은 힘들고 고달픈 이주 적응 과정에 있는 이들에게 거의 유일한 쉼터이자 언어 학습의 주 원천이 되었던 것으로 보인다.

그러면 이들 혼인이주여성들의 어려운 언어 학습 그리고 불완전한 언어 사용 능력에 대해 그 가족들은 어떻게 지각하고 있을까? 대체로는 자신들의 아내 또는 며느리의 언어 학습상의 어려움과 언어수행상의 불완전함을 제대로 파악하고 있는 것으로 보였다. 가령 앞 장에서 'Ⅱ등급'의 언어 사용 능력을 가진 것으로 평가된 연구 대상자(9-I)의 남편은, '집안 식구들과 이야기할 때는 괜찮은데, 남들과 이야기할 때 뜻을 잘 이해하지 못해 (아내가) 불편해 한다.'고 하였고, 또 'Ⅲ등급' 화자로 분류된 부인(연구 대상자 8-H)의 남편은, '아직도 의사소통에 좀 불편한 것이 있고 오해할 점도 있다. 애기 엄마의 말이 아와 어가 다르기 때문이다.'라고 진술하였다. 다음은 'Ⅲ등급' 화자로 분류된 며느리의 언어 학습 정도에 대한 시어머니의 평가인데, 부분적으로 희망 섞인 기대도 들어있지만 대체로는 현상을 정확히 바라보는 눈인 것으로 여겨진다.

> (말하는 것은 시집와서 얼마쯤 돼서 불편함을 더셨다고 생각하세요?)
> "한 2년 지냉게, 이제 좀 말하는 것이고. 한 3, 4년 지냉게… 저만 하면 여그 사람… 앞으로 한 2, 3년만 더 있으면 완전히 이제 다 잘해질 테고… 영리해요. 노력을 또 많이 하고 영리하고. 눈치도 빠르고. 처음엔 많이 했지요 고생. 처음엔 말이 안 통해도 그냥 시나브로 배우겠지 하고 그냥 기다렸어요. 그래도 같이 온 딴 사람에 비해서 잘해요. 공부도 많이 했는가 봐요."
>
> (연구 대상자 8-H의 시어머니)

그러나 어떤 가족들은 때로 다소간 과장된 평가를 내리기도 하였다. 대표적으로 시어머니들이 바깥에서 온 손님인 연구자에게 며느리의 언어능력에 대한 현실적인 평가보다는 모든 것을 다 잘한다고 애써 자신의 며느리를 감싸 안는 경우가 몇몇 있었다. 그러나 이러한 의례적인 응답을 제외하고도, 객관적인 판단과는 거리가 있어 보이는 경우가 있었는데, 가령 다음과 같은 사례에서이다.

'Ⅰ등급' 화자로 분류된 한 연구 대상자의 남편은 '지금은 (아내가) 웬만한 것은 다 알아듣기에 예전보다는 덜 불편하다.'고 하였으나, 정작 해당 부인은 '아직 말보다는 손짓과 몸짓을 더 많이 이용하여 자신의 의사를 전달한다.'고 통역을 통해 연구자에게 말하였다. 실제로 연구자가 보기에도 이 화자는 한국어 학습의 극히 초기 단계에 있어, 연구자가 묻는 쉬운 말도 거의 알아듣지를 못하였다. 또 동일한 연구 대상자의 시어머니도 며느리의 언어능력에 대해 "글 잘 읽는당께. 받아쓰기가 안돼서 그렇지. 빨리 배운당께."라든지, '… 한 번만 가르쳐 줬다 하면 다 외어버린다. 마을 어른들도 말 가르치면서 재미있어 하고 귀여워한다.'고 진술하였지만, 이는 명백히 과장된, 며느리에 대한 사랑과 기대가 들어간 평가인 것으로 보였다.

전체적으로 이들 외국인 부인들의 남편이나 시부모들이 아내나 며느리의 한국어 사용 능력에 대해 대체로 객관적인 관찰과 평가를 한다고 하더라도, 연구자가 보기로는 (1) 언어 습득의 소위 '결정적 시기'(critical period)를 넘긴 성인이 제2언어를 학습하는 것이 얼마나 어렵고 힘든 일인지, 그리고 (2) 상당한 시간이 지난다고 하더라도 어린이가 제1언어를 습득하듯이 제2언어의 습득이 자동적으로 이루어지는 것은 아님을, 이들 가족들은 그렇게 깊이 있게 인식하지는 못하는 것으로 보였다. 그 이유는 짐작컨대, 이들 가족들이 외국어 학습의 개인적 경험도 그렇게 잘 가져 보지 못했을 터이고, 또 언어현상에 대한 일반적 사실을 접해 볼 기회가 잘 없었기 때문일 것이다.

가령 다음의 예는 이러한 인식을 담고 있는 대표적인 예가 될 터인데, 앞의 것은 'Ⅰ등급'에 속하는 화자의 시아버지의 의견이고, 뒤의 것은 또 다른 'Ⅰ등급' 화자의 남편의 말이다.

"말은 (교회에서) 배웠다 그러는데 하나 배운 것도 없어유."

"(아내의 모국에서) 학원을 다녔지만 한국에 왔을 때 말이 늘어 있지는 않았고, 여기 와서 말이 늘었어요."

이들 외국인 부인들이 한국어를 배우는 과정에서 마주치는 난관은 구체적으로는 이루 말할 수 없이 많을 것이다. 그런데 앞에서 기술한 '몸짓과 눈치의 의사소통' 단계를 지나 한국어를 본격적으로 배워나가는 과정에서 특히 어려움과 혼란스러움의 주 원천이 되는 영역은, 당사자들 및 가족들의 의견에 의하면, 대체로 세 영역 정도인 것으로 보인다.

먼저 한 영역은 존댓말의 학습 부분이다. 자신들의 모어에서도 복잡한 존댓말의 체계가 발달해 있는 일본인 화자들을 제외하고는, 모든 연구 대상자들이 존댓말 학습의 어려움을 토로하였다. 대표적으로 한국어를 능숙하게 구사하는 'Ⅳ등급' 화자에 속하는 연구 대상자 ④-D는 자신의 한국어 학습 과정에서 존댓말을 익히는 것이 특히 어려웠다면서, 처음에는 '밥 먹어' 형태만을 배웠기 때문에 시어머니에게도 '밥 먹어'라고 하였는데, 한참 뒤에서야 '밥 먹어요', '식사하세요', '진지 드세요', '진지 잡수세요'와 같은 여러 변이형들을 배우고 이를 구분하여 사용할 수 있게 되었다고 말하였다. 존댓말(honorifics)이라는 문법 범주가 발달하지 않은 언어를 모어로 하는 외국인 화자들이 한국어를 배우면서 존댓말의 구조와 사용법을 익히는 것이 그리 간단치 않음은 너무나 자연스럽고 당연한 현상일 것이다.

그런데 이 존댓말을 비롯한 소위 '언어 예법'의 영역은 남편이나 시부모와 같은 한국인 가족들이 외국인 부인의 언어 학습에서 특히 중시하는 영역이다. 앞에서 이미 남편들에 의한 한국어 교육에서도 주요 항목으로 인사말이나 호칭어, 존댓말 등이 들어있음을 간략히 기술하였다. 존댓말 학습과 관련한 가족들의, 특히 시부모들의 반응을 몇 사례만 소개하면 대략 다음과 같다.

가령 아직 존댓말과 같은 언어 예법을 익히지 못한 'Ⅰ등급' 화자(연구 대상자 ⑬-M)의 시어머니는 "(며느리가 예법을) 배웠다고 해야 할까?"라고 반문하면서, "(예법을 아직 못 배운 며느리를) 애기로 취급해야 혀."라면서 크게 웃었다. 또 말을 조금 하는 'Ⅱ등급' 화자(연구 대상자 ⑭－N)의 시어머니도 언어 예법을 아직 제대로 배우지 못한 며느리를 가리켜, "내가 막둥이 딸 하나 키우듯 해요 시방."이라고 웃으며 말하였다.

또 다음의 두 예는 며느리의 한국어 학습 과정을 존댓말 학습의 축에 따라 중심적으로 이해하려는 시부모의 시각이 될 것이다.

'시집와서 처음 몇 달은 〈굵고 힘있는 목소리로 흉내내며〉 '아부지 묵어', '엄마 묵어' 라고 했는데, 이제는 말을 배워 〈가늘고 여성스러운 목소리로 흉내내며〉 '아버지 식사하세요', '어머니 식사하세요, 잡수세요, 드세요' 라는 말을 할 수 있게 되었다.'

(연구 대상자 ⑮－O의 시어머니)

"언어... 같은 것을 본다면, 거기는 경어라는 게 거의 없는 모양이에요. 여기서 우리가 '요'자를 붙이는 데 상당한 시일이 걸렸어요. 그게... 우리 며느리 흉을 가끔 봅니다, 이자 농담으로 얘기하면서, 이자 우리 며느리가 나한테 편애한다는 얘기를 하는데... 아버지 밥 먹어! 그러거든요. 밥 먹었어? 어디 갔다 오면... 그쪽 문화가 그렇게 되어 있고 허니까 그럴 거다, 우리는 뭐 적은 것부터 큰 것까지 어른에 대한 예우가 이조 오백 년 사이에 쩌들어 있잖아요. 그런 것 때문에 그런 건지는 모르지만... 아무튼 우리는 그런데 거기서는 평소 생활이 그렇게 가는 모양이다... 그런 것을 조금씩 느끼고 그러죠."

(연구 대상자 ⑲－S의 시아버지)

결국 한국인 가족들이 외국인 아내나 며느리의 언어 학습에서 존댓말과 같은 언어 예법의 영역을 중시하는 것은 그것이 한국 사회의 언어 사용에서 갖는 상대적 중요성 때문일 것이다. 달리 표현하면, 언어 사용의 지시적 기능(referential function)의 면보다는 언어 사용의 사회적 기능(social function)의 면을 보다 중시하는 한국 언어공동체의 언어 이념(language ideology)이 여기서도 투영되어 나타난 것으로 생각된다. 어쨌든 언어 예법에 대한 가족들의 '의식적인 관심'은 언어 학습자인 외국인 부인들의 한국어 학습에도 상당한 정도로 영향을 미칠 것으로 생각된다.

다음으로 이들 외국인 부인들이 한국어 학습에서 어렵거나 혼란스러워하는 또 다른 영역은 학습 언어의 변이(variation) 현상, 즉 대표적으로 방송이나 책을 통해 접하는 서울말 또는 표준어와, 일상생활 속에서 자연스럽게 접하게 되는 지역 방언의 차이인 것 같다. 다시 말하여, 이들 연구 대상자들은 한국어의 두 변이어(varieties)에 동시에 노출되고 또 두 변이어의 언어 자료가 동시에 입력되는 데서 오는 혼란을 언어 학습의 초기 단계에서는 모두가 경험하는 것으로 보인다. 그런데 표준어를 중심으로 언어 학습을 한 사람들은 이곳 지역 방언에 상대적으로 익숙하지 못해, 시부모와 같은 노인들의 말을 잘 알아듣지 못한다는 보고를 종종 하였다. 또 이들 외국인 부인들은 언어 학습 과정에서 지역 방언에 대한 부정적인 태도를 함께 학습하여, 자신이 배운 이곳 지역의 말을 '부끄럽게' 여긴다거나(연구 대상자 ⑩-J), 또는 표준말은 "깨끗한 말"인 데 반해 사투리는 그렇지 못하다거나(연구 대상자 ⑮-O), 심지어는 사투리는 '반말투'의 말이고 존댓말 표현은 표준어로만 가능하다는 인식(연구 대상자 ④-D)마저도 보여 주었다.

마지막으로 이들 외국인 부인들이 한국어 학습에서, 특히 초기 단계의 학습에서 어려워하는 또 다른 영역은 말과 글의 차이인 것 같다. 물론 이 점은 표준어와 지역 방언의 차이에 대한 또 다른 표현이 될 수도 있겠지만, 몇 연구 대상자들은 한글 쓰기에서의 받침 사용의 어려움을 토로하였다. 말과 글의 차이가 이러한 표기법상의 문제로 한정된다면, 아마도 그것은 형태음소(morphophonemic) 표기에 기초한 한국어 정서법의 기본 구조가 이들 외국인 부인들로 하여금 말과 글의 차이가 실제보다 크게 느껴지도록 만드는 것 같다. 그리고 이러한 인식은 또 이들 외국인 부인들이 초기 단계부터 체계적인 한국어 교육을 제대로 받지 못하는 현실 상황에 대한 반영이기도 할 것이다.

지금까지 연구 대상 외국인 부인들의 한국어 학습의 일반적 상황, 주로 가정에서의 언어 학습 상황에 대해 개괄적이나마 기술하였다. 그런데 이들이 처해 있는 전체적인 언어 학습의 상황에 대한 가장 적절한 비유는 소위 '학습'(learning)과 '습득'(acquisition)의 구분에서 찾아질 수 있을 것 같다. 물론 이 책에서는 지금까지 학습이라는 말과 습득이라는 말을 구분하지 않고, 관련 현상에 대해 주로 학습이라는 표현을 사용하여 왔다. 그러나 여기서 자연적 상황에서 이루어지는 비공식적(informal) 배움 그리고 무의식적인(unconscious) 배움의 과정을 보다 함의하는 말인 '습득'과, 교실 등지에서 이루어지는 공식적(formal) 배움 그리고 의식적인(conscious) 배움의 과정을 보다 함의하는 말인 '학습'을 구분한다면, 이들 외국인 부인들의 한국어 배움의 과정은 말할 것도 없이 '학습'이기보다는 오히려 '습득' 쪽에 가까운 것이 될 것이다. 달리 표현하면, 이들 국제결혼 이주여성들은 언어 습득의 결정적 시기가 지난 성인들인데도, 마치 모어를 배우는 어린이들처럼, 체계적인 교육이나 가족들의 적극적인 조력도 없이, 거의 혼자서 외국어인 한국어를 '습득'해야만 하는 어렵고도 힘든 상황에 일반적으로 처해 있는 것이 될 것이다.

3. 언어 학습 및 언어 적응에 관한 태도

이제 면접 조사의 질문 문항 중 한 부분('Ⅷ. 언어 학습 및 적응과 관련되는 태도')이었던 언어 학습 및 언어 적응에 관한 태도(attitude) 조사의 결과를 간략히 정리하기로 하겠다. 그런데 이 태도 조사는 중국 조선족 출신 연구 대상자 2명에게는 시행하지 않았으며, 또 연구 대상자 1명(⑭−N)의 경우에는 조사 자체가 불가능한 상황이어서 시행하지를 못하였다. 따라서 모두 16명의 연구 대상자들을 상대로 이 태도 조사를 하였는데, 그 결과는 이들 외국인 부인들이 언어 학습 및 적응에 대해 가지고 있는 '숨겨진' 심리적 태도의 대체적인 경향을 반영하는 것으로 생각된다. 아래에 기술의 편의를 위해 앞서 제3장에서 소개하였던 태도 조사 문항을 다시 제시하기로 하겠다.

Ⅷ. 언어 학습 및 적응과 관련되는 태도

	A	B	C	
(1) 한국말을 할 때 다른 사람들이 웃어도 나는 상관하지 않는다.	▦	▦	▦	한국말을 할 때 다른 사람들이 웃으면 창피해진다.
(2) 한국말을 잘 배울 수 있을 것 같은 자신감이 든다.	▦	▦	▦	한국말을 잘 배울 수 있을 것 같은 자신감이 들지 않는다.
(3) 한국 사람이 되어야 하기 때문에 한국말을 꼭 제대로 배우고 싶다.	▦	▦	▦	한국에 시집왔기 때문에 그저 한국말을 조금씩 배우고 있을 뿐이다.
(4) 한국말로 꿈을 자주 꾼다.	▦	▦	▦	한국말로 꿈을 전혀 꾸지 않는다.
(5) 나는 이제 시집 식구가 되었다고 생각한다.	▦	▦	▦	시집은 왔지만 아직 시집 식구라는 생각이 들지 않는다.
(6) 한국말은 듣기 좋고 아름다운 말이다.	▦	▦	▦	한국말은 어렵고 이상한 말이다.
(7) 한국 사람은 착하고 좋은 사람이다.	▦	▦	▦	한국 사람은 이해하기 어렵고 이상한 사람이다.
(8) 한국 풍속은 다르지만 가깝고 좋게 느껴진다.	▦	▦	▦	한국 풍속은 이해하기 어렵고 거부감이 든다.
(9) 한국 사람이 다 되어가는 느낌을 갖는다	▦	▦	▦	한국 사람이 되어가는 느낌이 전혀 들지 않는다.
(10) 아이들에게 나의 모어를 꼭 가르치고 싶다.	▦	▦	▦	아이들에게 나의 모어를 가르치고 싶지 않다.

그런데 실제의 분석 과정에서 4명의 응답은 다소간의 문제가 있는 것으로 나타났다. 즉 1명의 경우 질문 문항에 대한 응답에서 일관성이 없었으며, 또 면접 조사에서의 진술과 태도 조사의 응답이 서로 일치하지 않는 부분이 많았다. 나머지 3명은 모두 한국 체재 기간이 1년 이하의 'Ⅰ등급' 화자들이었는데, 이들의 응답 유형은 일관성도 다소간 떨어졌지만, 다른 연구 대상자들의 그것과 대체적인 경향에서 맞아 들어가지를 않았다. 아마도 통역을 통한 불완전한 질문·응답 과정과, 또 이들이 아직도 겪고 있는 극심한 심리적인 혼란의 상황과 연관될 것으로 믿어졌다. 따라서 아래의 분석에서는 이들 4명의 응답을 제외한, 나머지 12명의 응답에 대한 결과를 주로 검토하기로 하겠다.

먼저 (1)번 문항은 개인 화자의 '외향성의 정도'에 대한 질문인데, 이에 대한 응답은 대체로 개인의 성격적 측면을 반영하는 것으로 보인다. A로 응답한 사람은 5명, B는 전혀 없었고, C로 응답한 사람이 7명이었다. 그런데 한국어를 잘 배웠거나 잘 배우고 있는 사람들 중 절반가량만 A로 응답하였고, 특히 일본인 화자 3명은 모두 C로 응답하는 특성을 보여 주었다.

(2)번 문항은 '언어 학습의 자신감'에 대한 질문인데, A로 응답한 사람은 8명, B로 응답한 사람은 2명, 그리고 C로 응답한 사람이 2명이었다. 대체로 강한 자신감을 표명한 응답 내용이 될 것이다. 그런데 부분적으로 개인의 성격 요인과 현재의 가정생활의 상황도 반영된 것으로 보이는데, (1)번 문항에서 C로 답한 7명 중 4명이 여기서 B나 C로 응답하였고, 또 여기서 B나 C로 응답한 연구 대상자들은 대체로 현재의 가정생활에 대한 만족도가 그리 높지 않은 사람들로 보였다.

(3)번 문항은 '한국어 학습의 동기'에 대한 질문인데, 12명 모두가 A로 응답하였다. (뿐만 아니라 분석 대상에서 제외된 4명도 모두 A로 응답하였다.) 한마디로 혼인이주한 자신들은 궁극적으로 한국 사람이 되어야 하고, 그러기 위해서는 한국말을 꼭 잘 배우고 싶다는 강한 희망적 동기를 모두가 표명한 것으로 해석된다.

그런데 여기서 (2)번 문항과 (3)번 문항에 대한 응답을 함께 놓고 보면, 12명의 응답자 중 8명은 언어 학습에 대한 자신감과 강한 동기를 함께 가지고 있고, 4명은 자신감은 그렇게 강하지 않지만 동기만은 강하게 갖고 있는 것으로 볼 수 있을 것이다.

(4)번 문항은 '한국말로 꿈을 꾸는 정도'에 대한 질문인데, 연구자의 기대와는 다소간 다른 응답이 나왔다. A로 응답한 사람은 1명이고, B로 응답한 사람이 4명, 그리고 C로 응답한 사람이 7명이었다. 그런데 A로 응답한 1명은 한국어 사용 능력은 그리 높지 않으나 체재 기간이 근 7년이 다 되어가는 사람이고, B로 응답한 4명은 모두 'Ⅳ등급' 화자에 속하는 사람들이었다. 따라서 응답 결과만을 놓고 보면, 한국말로 꿈을 꾸는 경우는 대체로 한국어가 능숙한 사람들에게만 일어나는 현상이고, 따라서 그것은 한국어의 능숙성 정도에 대한 일종의 지표가 될 수 있는 것으로 보인다. 그런데 분석 대상에서 제외된 'Ⅰ등급' 화자 1명은 여기서 예외적으로 B로 응답하였다. 그 연구 대상자는 한국말 공부를 많이 한 날은 한국어로 꿈을 꾸기도 한다고 진술함으로써, 일반적인 외국어 학습 과정에서의 꿈꾸기 사례와 유사한 경험을 연구자에게 보고하였다.

(5)번 문항은 시집 식구, 즉 '가족 성원으로서의 성체성(identity) 정도'에 대한 질문인데, A로 응답한 사람이 9명, B로 응답한 사람이 2명, 그리고 C로 응답한 사람이 1명이었다. 여기서 B로 응답한 2명은 모두 일본인 부인이었고(따라서 일본인 특유의 조심스런 반응일 수도 있을 것임), C로 응답한 1명은 자신의 결혼생활에 대해 상대적으로 부정적인 시각을 가진 사람이었다. 어쨌든 전체적으로 보면, 이 응답 결과는 연구 대상자들이 가족 수준에서의 정체성, 즉 시집 식구가 된 일체감(identification)은 비교적 강하게 느끼고 있는 것으로 해석할 수 있을 것이다.

여기서 (9)번 문항으로 넘어가면, 이 문항은 한국 사람, 즉 '한국 사회의 성원으로서의 정체성 정도'에 대한 질문이 된다. 이 문항에 대한 응답은 A가 4명, B가 7명, 그리고 C가 1명으로 나타났다. 그런데 여기서 A로 응답한 4명은 모두 (5)번 문항에서도 A로 응답한 사람들이지만, 이들 4명 간의 어떤 공통점을 추출하기는 어려워 보인다. 여기서 또 C로 응답한 1명은 (5)번 문항에서도 C로 응답한 연구 대상자이다. 전체적으로 (5)번 문항에서 A로 답했던 9명 중 5명이 이 (9)번 문항에서는 B로 답하였다. 따라서 이 (9)번 문항에 대한 응답 결과는, 일반적으로 말하여, 이들 연구 대상자들의 전체적인 경향이 가족 수준에서의 정체성은 강하게 느끼지만, 전체 사회의 수준, 즉 한국 사회의 성원 중 한 사람이라는 정체성의 확립에는 대체로 유보적인 반응을 보인 것이 될 것이다. 유사한 응답 경향은 다음의 (6)번, (7)번, (8)번 문항에 대한 응답에서도 거의 그대로 나타난다.

(6)번 문항은 '한국말의 호감도 정도'에 대한 질문인데, 이에 대한 응답은 A가 7명, B가 5명, 그리고 C가 0명으로 나타났다. 또 (7)번 문항은 '한국 사람에 대한 호감도의 정도'에 대한 질문인데, 이에 대한 응답은 A가 3명, B가 9명, 그리고 C가 0명으로 나타났다. 그리고 (8)번 문항은 '한국 문화에 대한 호감도의 정도'에 대한 질문인데, 이에 대한 응답은 A가 2명, B가 10명, 그리고 C가 0명으로 나타났다.

여기서 외형상으로는 (6)번 문항에 대한 응답 결과가 (7)번 문항 및 (8)번 문항에 대한 응답 결과와는 상당한 차이를 보이는 것으로 이해할 수도 있을 것이다. 그러나 이 경우는 '언어'란 '사람'이나 '행동'('문화')과는 달리 심리적으로 멀리 떨어진 객체로도 느낄 수 있는 것이기 때문에, 언어에 대해 보다 높은 호감도를 표명한 것으로 생각된다. 그러나 (6)번 문항에 대한 응답 결과가 앞의 (5)번 문항에 대한 응답 결과보다는 더 유보적인 입장을 나타내고 있음을 볼 수 있을 것이다.

전체적으로 이 (6)번, (7)번, (8)번 문항에 대한 응답의 경향, 즉 한국말, 한국 사람, 한국 문화에 대한 호감도의 정도는, (9)번 문항에 대한 응답의 경향, 즉 자신이 느끼는 한국 사람이 된 정도에 대한 응답 경향과 대체로 평행하는 것으로 해석된다. 달리 말하여, 호감도 또는 친숙성의 면에서 상당 부분 유보적인 입장을 표명한 것이 될 것이다. 그런데 실제의 면접 조사 과정에서도 이 (6)번, (7)번, (8)번 문항에 대한 답을 하는 데서, 몇 연구 대상자는 '입으로는 B로 답하였지만 눈으로는 C로 답하는' 모습을 연구자는 옆에서 느낄 수가 있었다.

마지막 (10)번 문항은 '자녀에 대한 모어 교육의 희망 여부'를 물은 것인데, 12명 모두가 A로 응답하였다. 분석 대상에서 제외된 4명의 경우도 1명만 B로 답하고 나머지 3명은 모두 A로 응답하였다. 결국 연구 대상자 (거의) 모두가 자녀에게 자신의 모어를 가르치고 전승시키기를 강력히 희망한 셈이 될 것이다. 그런데 면접 과정에서 유사한 질문을 물었을 때는 여기서의 응답보다는 다소간 조심스러운 희망 표명을 일반적으로 하였는데, 이는 아마도 남편이나 시부모가 동석한 상황적 요인 때문이었을 것으로 여겨진다.

이상의 태도 조사의 결과는 연구 대상자들의 언어 학습 및 적응과 관련되는 심리적 배경의 일단을 또는 이들의 심리적 적응 과정의 일단을 포착한 것으로 생각된다. 물론 질문 문항과 분석 대상이 된 응답자의 숫자가 많지 않은 한계점을 지니겠지만, 그래도 이들 외국인 부인들이 내면적으로 느끼는 심리적 적응 정도에 대한 일반적 경향을 부분적이나마 파악한 것이 될 것이다.

앞서의 결과를 다시 한 번 정리하면, 먼저 (3)번 문항 및 (2)번 문항에서 이들 외국인 부인들은 한국어를 꼭 잘 배우고 싶다는 강한 희망적 동기와, 그리고 언어 학습에 대해 비교직 강한 사신삼을 표출하였다. 뿐만 아니라 (10)번 문항에서 자녀들에게 자신의 모어를 꼭 가르치고 싶다는 강한 희망을 또한 표명하였다.

보다 흥미로운 응답 내용은 (5)번, (9)번 그리고 (6)번, (7)번, (8)번 문항에서 나타나는 심리적 적응 정도에 대한 응답일 것이다. 즉 이들은 시집 식구가 되었다는 데서는 대체로 강한 긍정적 반응을 보였지만, 한국 사람이 되어간다는 데서는 이와는 대비되게 대체로 유보적인 반응을 보였다. 이 유보적인 반응은 한국말, 한국 사람, 한국 문화에 대한 호감도 또는 친숙성에 대한 응답에서도 대체로 유사하게 나타났다. 한마디로 가족 성원으로서의 정체성은 비교적 강하게 느끼고 있지만, 한국 사회의 성원으로서의 정체성은 이들 스스로가 의문시하는 것이 될 것이다.

그런데 이러한 심리적 적응 과정상의 특성은 이들에 대한 일상생활의 관찰 결과와도 대체로 일치하는 것으로 생각된다. 즉 이들 외국인 부인들은 가족생활의 영역에서는 아내로서의 역할, 어머니로서의 역할, 그리고 며느리로서의 역할들을 중요하게 그리고 충실히 수행하고 있는 것으로 보였다. 그러나 가족을 넘어선 바깥 세계와는 대체로 차단된 일상생활을 영위하는 것이 이들의 또 다른 사회적 현실이었다. 달리 말하여, 이들은 가족 바깥과는 (다른 한국인과의) 친밀한 연계망(network)을 형성하지 못함으로써 아직 지역 사회(local community)에 제대로 편입되지 않은 모습을 일반적으로 보여 주었다. 한마디로 전체 사회로부터는 유리된 채, 자신의 가족이라는 고립된 '사회적 섬' 속에서만 대체적인 일상생활을 영위해 나가는 것이 이들 외국인 부인들의 전체적인 생활 모습인 것으로 관찰되었다.

이러한 맥락에서 (4)번 문항에 대한 응답 내용을 따져 보면, '역설적'이게도 위의 분석 결과와 대체로 평행하는 것이 될 것이다. 즉 이들 외국인 부인들이 한국 사회의 성원으로서의 정체성을 아직 제대로 갖고 있지 못하듯이, 이들의 한국어 사용 능력도 아직 완벽함과는 거리가 있으므로 해서 모어와 한국어 간의 균형 잡힌 이중언어사용과는 거리가 있는 언어적 현실을, 바로 이 문항에 대한 응답 결과(즉 한국어로 꿈을 잘 꾸지 않는다는 응답 결과)가 반영하고 있는 것으로 해석할 수 있기 때문이다.

4. 한국어 학습의 영향 요인

이 연구에서의 일차적인 자료 수집, 즉 연구 대상자들의 한국어 사용 능력의 다양한 차원에서의 실제 모습과 또 그들의 개별적인 한국어 학습 과정에 대한 개요를 파악한 다음에 이루어져야 할 종합적인 검토에는, 최소한 두 가지 주제가 필수적으로 포함되어야 할 것으로 생각된다. 한 가지는 앞서 제4장의 마지막 부분에서 정리한 연구 대상 화자들의 한국어 사용 능력의 등급 구분이 될 것이고, 또 한 가지는 이들 외국인 부인들의 한국어 학습에 영향을 미치는 여러 중요 요인들에 대한 분석 작업이 될 것이다. 여기서는 바로 후자, 즉 한국어 학습의 주요 영향 요인들에 대한 분석적 논의를 진행하도록 하겠다.

그런데 일반적으로 말하여, 한국어 학습에 영향을 미치는 여러 요인들, 즉 언어 내적 그리고 언어 외적 요인들에 대한 분석 작업은 그리 간단치 않을 것으로 보인다. 한국어라는 목표 언어의 구조 및 사용상의 특수성도 당연히 개재될 것이고, 또 연구 대상 집단의 특성에 따라 여러 중요한 요인들이 가변적으로 나타날 수도 있기 때문이다. 뿐만 아니라 개별 화자의 개인적, 심리적 요인은 객관적인 관찰이나 측정의 어려움을 본질적으로 안고 있는 변수들일 것이다.

연구 지역에서 관찰한 바로는, 이들 외국인 화자들의 한국어 학습의 성취 정도, 즉 학습상의 변이를 체계적으로 설명해 줄 수 있는 어떤 이론적 모형(theoretical model)의 발견은 사실상 가능한 것 같지 않다. 동일한 요인이 모든 화자들에게 일관되게 영향을 미치는 것 같지 않으며, 또 변인들 간의 상대적 중요성도 개별 화자에 따라 각기 상이하게 적용되는 것처럼 보이기 때문이다. 달리 말하면, 개별 화자는 나름대로의 특수한 방식으로, 즉 여러 요인들의 복합적인 영향의 결과로서, 각기 다른 수준의 한국어 학습상의 성취를 이루어내는 것으로 보는 것이, 조사 지역에서의 경험적 사실에 아마도 가장 근접하는 시각이 될 것이다.

그러나 엄격한 예측 지향적(prediction-oriented) 이론 모형은 아닐지라도, 연구 대상 외국인 화자들의 한국어 학습에 영향을 미치는 여러 요인들을 '일반적인' 수준에서 추출해 내는 작업은 가능할 것으로 보인다. 아래에서 제시하는 여러 요인들은 바로 이러한 일반적 수준에서의 주요한 변인들의 목록이다. 그런데 이 변인들에 대한 논의가 개별 화자의 나름대로의 특수한 한국어 학습 과정을 예측적 시각에서 설명하지는 못하겠지만, 전체 연구 대상 외국인 화자들의 대체적인 한국어 학습 과정에 대한 일반적인 설명 틀은 될 수 있을 것으로 믿어진다.

(1) 한국 체재 기간

대체로 한국에서의 체재 기간과 해당 화자가 구사하는 한국어의 사용 능력은 일반적인 수준에서 비례하는 것으로 보인다. 특히 일정 정도의 체재 기간(대체로 1년 전후의 시간)이 지나야만 이른바 '말문이 트이므로', 이 말문이 트이는 시기까지의 체재 기간은 특별히 중요할 것이다. 그러나 이 시기를 넘어서서, 한국에 체재한 기간이 길다고 해서 반드시 모든 화자가 능숙한 한국어를 구사할 수 있게 되는 것은 물론 아닐 것이다.

(2) 가정에서의 언어 입력과 피드백

한국어를 처음 배우는 외국인 화자에게 가정 내에서 많은 자극과 언어 입력(input) 그리고 피드백(feedback)을 주는 것은 특히 초기 학습의 단계에서 매우 중요한 변인이 되는 것 같다. 언어 입력과 피드백의 주 원천은 말할 것도 없이 말을 배우는 화자의 남편이 될 것이다. (그런데 실제로 남편들로부터 얼마나 체계적인 피드백이 연구 대상 화자들에게 주어졌는지는 연구자로서도 잘 알 수가 없다.) 그런데 이 요인과 관련하여 시부모와의 동거 여부도 초기 학습 단계에서는 중요한 요소가 되는 것 같은데, 일반적으로 시부모 특히 시어머니와 함께 살 경우, 피드백까지는 아닐지라도 보다 많은 언어 입력이 이루어지는 면에서, 언어 학습에 보다 유리한 환경이 조성되는 것으로 보인다.

(3) 외부와의 접촉

언어 학습의 초기 단계에서 영향을 미치는 또 다른 중요 요인은 가족 바깥의 세계, 즉 외부와의 빈번한 접촉 여부가 될 것이다. 말할 것도 없이 연구 대상자들처럼 체계적인 언어 교육을 받지 못하는 상황에서는, 외부와의 접촉이 가정 내에서의 제한적이고 반복적인 언어 입력을 넘어서서, 보다 다양하고 확장된 언어 입력을 얻을 수 있는 결정적인 통로가 될 것이다. 일반적으로 바깥 세계와의 접촉이 많으면 많을수록 한국어의 학습 수준은 향상되어 갈 것으로 예측된다. 그러나 외부와의 접촉은 화자의 개인적 성격, 가족생활의 전반적 분위기, 그리고 거주하는 집의 지리적 위치(즉 앞의 제4장에서 개별적으로 기술한 '언어 학습의 배경'의 한 항목인 '거주지의 구분' 요소) 등과 같은 요인들에 의해 또한 조건지어지는 것으로 보인다.

(4) 개인적 동기 및 학습 노력

말할 것도 없이 언어 학습을 위한 개인적 동기와 개인적 노력의 강도는 이들의 한국어 학습에서도 매우 중요할 것이다. 당연히 학습 동기와 학습 노력은 학습의 결과와 비례할 것이다. 그런데 앞서 이미 보았듯이 이들 연구 대상자들은 일반적으로 매우 높은 학습 동기를 가진 것으로 보이지만, 개인적 노력을 경주할 수 있는 여건의 면에서는 각자가 조금씩 다른 상황에 처해 있는 것으로 보였다.

(5) 교육 배경 및 인지적 능력

모어의 자연스런 습득이 아닌 외국어의 인위적인 학습에서는 흔히 말하는 언어 적성(language aptitude), 특히 학력이나 교육 배경 그리고 외국어 학습을 위한 인지 능력(또는 지능 수준)의 측면이 분명히 중요하게 작용할 것이다. 특히 연구 대상자들처럼 체계적인 교육의 기회를 거의 갖지 못하고, 외국어인 한국어를 스스로 배워 나가는 독학 또는 '습득'의 과정에서는 교육 또는 지적 배경 그리고 일반적 의미에서의 지능 수준의 요인이 중요하게 작용할 것으로 여겨진다. 실제로 연구 대상자들 중에서도 한국 체재 기간이 상대적으로 긴 데 비해 의외로 한국어의 학습 수준이 떨어지는 경우에는, 여러 다른 요인들과 함께 이 교육 배경 및 인지적 능력의 요인이 영향을 미친 것으로 짐작되었다.

(6) 개인적 성격

개인 화자의 성격적 요인 특히 내성적, 외향적인 정도는 조사 지역의 외국인 화자들에게도 중요하게 작용하는 것 같다. 말할 것도 없이 외향적 성격의 화자들이 내성적 성격의 화자들보다 한국어 학습에서 보다 높은 성취를 이루는 것이 일반적 경향일 것이다.

(7) 한국어 학습의 연령

일반적인 외국어 학습의 사례와 마찬가지로, 연구 대상자들도 어느 연령대에서 한국어를 배우기 시작했는지의 요인이 언어 학습의 성취 정도와 부분적으로 관련되는 것으로 보인다. 대체적인 경향은 20대 초반에 한국어 학습을 시작한 사람들이 보다 유리한 위치에 있는 것처럼 나타난다. 그러나 예외적인 사례도 많아 어떤 분명한 일반화를 하기에는 무리가 있어 보인다.

(8) 모어와 한국어의 구조적 유사성

화자 자신의 모어와 한국어와의 구조적 유사성의 정도는 분명히 한국어 학습 과정에 중요한 영향을 미칠 것이다. 앞서 언급하였듯이 모어가 일본어인 화자의 경우에는 두 언어 간의 문법적·어휘적 유사성의 요인이 특히 중요하게, 유리한 방향으로 작동하는 것으로 짐작된다. 모어가 중국어인 화자의 경우에도 두 언어 간의 어휘적 유사성이 한국어 학습에 긍정적 요인으로 작용하는 것 같지만, 연구 대상 화자의 숫자가 적어 아직 그 증거가 충분해 보이지는 않는다. 그 외의 다른 언어들의 경우에는 보다 체계적인 대조언어학적 분석이 필요할 것이다.

(9) 체계적 교육

모두 17명의 외국인 화자들 중에서 체계적인 한국어 교육을 경험한 화자는 단 1명뿐이었다. 그렇지만 체계적인 한국어 교육을 받았는지의 여부는 이들의 언어 학습의 성취 면에서 말할 것도 없이 엄청난 중요성을 지닐 것이다. 대체로 말하여, 모어의 언어 구조가 한국어와 매우 유사한 일본인 화자들을 제외하면, 체계적인 한국어 교육을 받지 않고서는 앞 장에서 구분한 'Ⅳ등급'의 능숙한 화자로 자신의 한국어 사용 능력을 발달시켜나가는 것이 현실적으로 거의 불가능해 보였다.

(10) 기타 요인

지금까지 예시한 9가지 주요 요인들 외에도, 많은 다른 요인들이 이들 외국인 화자들의 한국어 학습 과정에 영향을 미치는 것으로 보인다. 예를 들어 '가정 내의 환경이 언어 학습에 우호적이고 격려적인가의 여부', '화자 자신의 심리적 안정 및 자신감의 정도', 그리고 '혼인 생활의 만족도' 등이 또 다른 영향 요인들인 것으로 관찰된다. 일반적으로 말하여, 이들 요인들은 한국어 학습에 직접적으로 영향을 미치는 일차적인 변수가 될 수도 있고, 또 개인의 동기 유발이나 지속적 노력의 면 그리고 개인적 성격의 면 등과 밀접하게 상호 관련됨으로써 한국어 학습 과정에 이차적으로 영향을 미치는 변수가 될 수도 있는 것으로 분석된다.

5. 학습 교재의 개발과 한국어 교육의 목표

연구 대상자들이 혼인이주 후 한국어를 배우는 전체적인 언어 학습의 상황은 앞서 기술하였듯이, 대체로 낯선 외국어를 혼자서 배우는 독학 또는 '습득'의 상황이다. 남편들은 일반적으로 외국인 아내에게 한국어를 체계적으로 가르칠 수 있는 지적·교육적 배경을 갖고 있지 못하며, 또 생활 여건도 외국인 아내의 한국어 학습에 많은 시간과 노력을 투입할 수 있는 수준이 되지 못한다. 달리 표현하면, 이들 국제결혼 이주여성들은 언어 습득의 결정적 시기(critical period)가 지난 성인들인데도, 마치 모어를 배우는 어린이들처럼, 거의가 체계적인 교육의 도움도 없이 혼자서 외국어인 한국어를 한국 사회 속에 살면서 배워야 하는 매우 어렵고도 힘든 상황에 처해 있는 것이다.

앞서 이미 살펴보았듯이, 이들이 한국어를 배우는 주 수단은, 주위 사람들과의 언어적 접촉을 제외하면, 소책자(그것도 주로 여행자용 회화 소책자)나 사전(그것도 많은 경우 단어장 수준의 사전) 그리고 텔레비전 시청이 거의 전부이다. 물론 텔레비전 시청은 이들에게 중요하고도 효율적인 언어 학습의 도구가 된다. 하지만 이들이 쉽게 구할 수 있는, 한국어의 기본 규칙과 초보적 용례를 담은 기초적인 교과서가 없는 상황이므로, 이들의 언어 학습은 비체계적인 것이 되고 따라서 이들의 한국어 학습 과정은 더욱 어렵고 혼란스런 과정이 되는 것으로 보인다.

또 힘든 초기의 언어 학습이 어느 정도 이루어진 뒤로는, 가족 외의 바깥 사람들과의 언어적 접촉이 매우 중요한 것으로 여겨진다. 말할 것도 없이 이들과의 접촉으로부터 보다 많은 언어 입력을 얻고, 또 보다 다양한 사회적 상황에서의 말하기(speaking) 규칙을 익히고 언어적 수행을 실습할 수 있기 때문일 것이다. 그러나 우리의 연구 지역에서는 대체로 말해, 가족 바깥의 사람들과 친밀한 접촉을 일상적으로 행할 수 있는 여건과는 크게 거리가 멀었다. 무엇보다도 농촌 지역의 인구 감소 특히 젊은 연령층의 인구 감소로 인하여, 심지어는 읍이나 면 소재지 지역에서도, 이들 외국인 부인들의 친구나 가까운 친지가 될 수 있는 이웃들이 거의 없다시피 하였다. 따라서 이들 대부분은 가족들하고만 일상적인 상호 작용을 계속하지, 가족의 범위를 벗어난 바깥 세계와는 거의 친밀한 접촉을 않고 사는 것처럼 보였다. 달리 표현하면, 직장이나 다른 한국인들과의 특별한 사회적 연계망(social network)을 갖고 있지 않은 이들 혼인이주여성들은, 한국 사회 속에서 살긴 하지만 가족을 제외하면 전체 한국 사회와는 거의 유리된 채 매일 매일을 살아가는 것으로 보였다.

한국 사회에서 거의 초유의 현상이라고도 볼 수 있는 근래의 급증한 외국인 부인과의 국제결혼이 지금까지는 사실상 개인 당사자의 문제, 개별 가족의 문제로만 치부되어 왔을 것이다. 심하게 표현하면, '그들만의 문제'로 생각되어 이들 국제결혼 이주여성들은 중심 사회로부터 '내던져진' 상황 속에 있었다고 해도 과언이 아닐 것이다. 그러나 이제부터라도 이들을 우리 사회의 성원으로 생각하고 진정한 구성원으로 받아들이려면, 그 첫걸음은 다른 무엇보다도 그들이 체계적인 한국어 교육을 받을 수 있도록 시급히 도와주는 것이 될 것이다. 말할 것도 없이 기초적인 언어 학습이 없이는 문화적 적응도 어려울 것이고, 나아가 제대로 된 사회생활을 수행함으로써 한국 사회의 한 구성원이 되는 것은 더더욱 어려울 것이기 때문이다.

그런데 이들을 '한국 사람'으로 만들어 줄 수 있는 첫걸음인 체계적인 한국어 교육의 바로 그 첫걸음은, 이들에게 적합한 한국어 학습 교재를 시급히 개발해 주는 것이 될 것으로 생각된다. 여기서의 한국어 학습 교재란 이들을 위한 공식적 교육 상황에서 뿐만 아니라 현재와 같은 자습 또는 독학의 상황에서도 사용될 수 있는, 이들을 위한 기초적인 한국어 교과서를 의미한다. 우리의 연구 대상자 중 다행히도 체계적인 학습의 기회를 향유한 1명을 제외하고는, 아무도 외국인을 위한 제대로 된 한국어 교과서를 접해 보지 못하였으며, 또 기존의 대학이나 어학당에서 사용하는 교재는 이들이 처해있는 언어 학습의 상황에 비추어 볼 때 이들에게는 적합하지 않은 것으로 판단된다.

연구 대상자들이 처해 있는 열악하기 짝이 없는 한국어 학습의 상황, 특히

‘학습 교재가 없는’ 언어 학습의 상황은 공식적 교육 상황으로도 그대로 연장되어 나타난다. 연구자는 마침 현지조사 기간 중 임실군 여성농민회에서 개설한 ‘임실지역 이주외국인여성을 위한 한글학당 · 우리문화체험교실’의 수업 참관을 3회에 걸쳐 할 수 있었다. 다음 사례는 이 한글학당의 교육 내용과 학습 교재 그리고 강사진 등에 대한 간략한 현장 보고이다.

♧사례 : 임실군 여성농민회의 한글학당

임실군 여성농민회는 군내 혼인이주여성들의 한국어 교육장인 ‘한글학당’을 2005년 7월 7일 입학식과 함께 개설하였다. 같은 해 9월 29일까지 일단 3개월간의 계획으로 위 학당을 시작하였는데, 수업은 주 2회(화요일과 목요일), 오전 10시부터 12시까지 2시간씩 진행하였다. 처음에 참가하겠다고 신청한 사람은 많은 홍보 노력에도 불구하고 17명에 그쳤으나, 이후 수강생이 늘어 입학식 1주일 후에는 모두 28명이 등록하였다. 전라북도 지역에서는 대체로 말해 전주시, 정읍시, 부안군 다음으로 임실군에서 이들 외국인 부인들을 위한 한글학교를 시민단체가 개설한 것이 된다.

등록한 학생들의 한국어 사용 능력이 각기 달라, 일단 교사 수에 맞추어 초급반(‘쌀반’)과 중급반(‘보리반’)으로 나누어 반 편성을 하였다. 초급반에 배정된 학생들은 우리의 연구에서 ‘Ⅰ등급’으로 분류된 화자 모두와 일부 ‘Ⅱ등급’ 화자가 여기에 배정되었다. 그리고 중급반에는 우리의 연구에서 ‘Ⅲ등급’ 및 ‘Ⅳ등급’으로 분류된 화자 모두와 일부 ‘Ⅱ등급’ 화자가 이 반에 배정되었다. (그런데 초급반에는 예외적으로 당시 결혼 9년차의 중국 조선족 출신 부인도 1명 들어 있었다.) 대체로 보아 초급반의 경우 교사와 학생 간의 의사소통이 어려운 상태에서 수업을 진행하였고, 중급반의 경우에는 몇몇 예외를 제외하고는 교사와 학생 간의 의사소통이 그런대로 이루어지고 있음을 볼 수 있었다.

먼저 교사의 선정 과정에 대해 간략히 정리하도록 하겠다. ‘한글학당’을 준비한 여성농민회의 임원들은 교사 선정에서 많은 어려움을 겪었는데, 먼저 외국인에게 한국어를 가르쳐 본 경험을 가진 전문가는 주위에 없었으므로 아예 교섭 자체를 해보지 못하였다. 대신 전주 등지에 있는 국어 전문 교사와 여러 번 접촉을 해

보았으나 종내 응낙을 얻지 못하였다. 따라서 하는 수 없이 주위의 두 사람에게 부탁 내지는 강권을 하여 승낙을 얻어내었는데, 한 사람은 그 지역의 교회 목사의 부인으로 교회에서 문맹 노인을 위한 한글방 운영 경험을 가진 분이다. 또 한 사람은 농민회 간부의 친구로 대학에서 수학을 전공하였고, 학원 강사, 학습지 방문 교사 등의 경험을 가진 분이다. 두 사람 모두 농민회 측에서도 인정하였듯이, 한국어 교육 전문가나 직업적인 교사는 아니고, 봉사의 차원에서 흔쾌히 나선 아마추어 교사들일 것이다.

위의 사례는 이용 가능한 전문 인력이 도시 지역보다 훨씬 제한되는 농촌 지역에서, 여성농민회와 같은 시민단체가 이와 같은 선의의 프로젝트를 계획한다고 하더라도, 실제의 실행 단계에서 외국인 부인들에게 한국어를 가르칠 수 있는 적합한 교사를 구하는 일이 얼마나 어려운 것인가를 새삼 깨닫게 해 주는 사례가 될 것이다.

다음으로 초급반과 중급반의 수업 목표는 농민회 관계자 및 담당 교사에 의하여 대략 다음과 같이 설정되었다. 먼저 초급반의 경우는 한글 자모의 이해, 한글 읽기 및 발음 교육, 간단한 어휘 학습, 그리고 일상에서 쓰는 중요한 표현의 학습 등이다. 또 중급반의 경우는 수강생들이 일상 대화(즉 말하기와 듣기의 영역)는 어느 정도 하지만 읽기와 쓰기가 부족하므로 읽기와 쓰기, 특히 쓰기(종국적으로는 짧은 편지글 쓰기를 목표로 하는)를 중점적으로 교육하기로 계획하였다.

교재의 선정도 어렵고 복잡한 과정을 거쳤는데, 먼저 한글학당을 준비한 관계자들은 자신들보다 앞서 이주여성들을 위한 한국어 교육을 실시한 여러 단체들(전주, 서울, 전남 영광 등지의 여러 봉사단체들)의 자문을 구하고, 최종적으로 수업을 맡기로 한 교사들과의 상의를 거쳐 학습 교재를 정하였다. 그리하여 최종적으로 선정된 학습 교재는 『개구쟁이 짱! 한글』이라는 미취학 아동들을 위한 한글 교육 교본이다. 이 책은 모두 6단계의 시리즈로 구성되어 있는데, 1단계부터 4단계까지는 주로 한글 자모의 학습이고, 5단계는 받아쓰기, 읽기, 의성어와 의태어의 학습 등으로 이루어지고, 마지막 6단계는 기초적인 문법(시제, 접속사 등) 등을 다루는 책이다. 한글학당에서는 초급반은 1단계 책을 그리고 중급반은 5단계 책을 각기 학습 교재로 선정하고, 이 교재들을 (예산상의 문제 때문에) 우여곡절을 겪은 후에 모든 수강생들에게 무료로 나누어 주었다.

결국 한글학당을 준비하는 입장에서(그리고 수업을 참관한 연구자의 입장에서도)

적합한 교사의 초빙보다 더 어려운 문제가 적절한 학습 교재의 선정이었음은 두말할 필요가 없겠다. 교사들은 물론 전문가는 아니지만 그래도 어느 정도 한국어를 가르칠 수 있는 지적·교육적 배경과 또 교습의 경험을 가진 사람들이었다. 그러나 학습 교재는 이들 외국인 부인들을 위한 한국어 교과서가 애당초 없었으므로, 부득불 미취학 아동들을 위한 한글 교본으로 대신 선택할 수밖에 없었던 것이다. 농민회 관계자는 당시 서울의 한 시민단체에서는 이들 이주여성들의 한국어 교육을 위해 자체 편집한 교재를 갖고 있었는데, 그것이 너무 얇은 소책자였고 또 흑백 그림으로 만들어져 있어서, 부득불 많은 칼라 그림이 들어있고 또 다른 지역에서 이미 교재로 써 본 경험이 있는, 이 미취학 아동들을 위한 한글 교육 교본을 고심 끝에 선택하였다고 말하였다. 바로 이 '학습 교재가 없는' 언어 학습의 상황이 혼인이주여성들에게 한국어 교육을 실시하려는 여러 시민 또는 봉사단체들의 뜨거운 가슴 앞에 펼쳐져 있는 오늘의 우리 현실인 것이다.

마지막으로 구체적인 수업 진행 내용에 대한 관찰 보고는 생략하고, 수업이 이루어지는 교실 상황에 대해서만 간단히 언급하도록 하겠다. 많은 수강생들은 아직 아이들이 어려 아이들을 데리고 한글학당으로 공부하러 왔다. 따라서 여성농민회 측에서는 일주일 뒤부터 별도의 공간(놀이방)을 준비하여 어머니들이 공부하는 동안 아이들을 이 방에 모아 돌보면서 함께 놀도록 유도하였다. 수업 중간의 쉬는 시간에는 어머니와 아이들 모두에게 빵과 우유를 제공하였는데, 이 짧은 시간 동안 어린 아기를 데리고 온 어머니들은 아기에게 젖을 먹이거나 우유를 먹이고, 또 기저귀를 갈아주었다. 물론 아기가 아주 어린 경우에는 아기를 놀이방에 맡기지 못하고, 대신 어머니가 아기를 업은 채 수업에 참가하였다. 뿐만 아니라 어머니와 떨어지지 않으려는 아이들 몇은 놀이방 대신 부득불 교실 뒤쪽에 앉아 기다리게 할 수밖에 없었는데, 이 아이들이 가뜩이나 산만한 수업 분위기를 더욱 산만하게 만들었음은 두말할 필요도 없겠다.

연구자는 한글학당에 수업 참관을 갔다가 종내 잊을 수 없는 광경을 한 번 목격하였다. 한 필리핀 출신 부인은 유달리 가냘픈 몸매에 어린 아기는 겨울용 포대기에 싸 등에 업고, 근근이 걸음을 걷는 조금 큰 아기는 손을 잡아 옆에 걸리고, 그리고 나머지 한 손으로는 더운 여름이라 양산을 펼쳐 들고, 땀을 팥죽처럼 흘리며 한글학당 건물의 입구에 들어섰다. 말할 것도 없이 그 부인은 자신이 사는 이웃 군(郡)의 동네 앞에서 아이 둘을 데리고 버스로 1시간여가 걸려 (임실)

읍내의 버스 터미널까지 와, 다시 버스 터미널에서 한글학당까지 연구자가 본 바로 그 모습으로 20여 분은 족히 걸어 마침내 한글학당에 당도하였으리라.

학습 교재의 개발은 물론 그 자체로만 이루어질 수는 없고 구체적인 교과과정(curriculum)의 개발과 함께 이루어져야 할 것이다. 달리 말하여, 여기서 학습 교재의 개발이란 교과과정의 개발까지도 포함하는 의미로 받아들여져야 할 것이다. 그 외의 언어 교육 프로그램의 개발 영역들, 예를 들어 시청각 보조 자료의 개발이라든지, 앞의 임실군 사례에서도 중요한 항목으로 떠오르는 교사 연수 및 훈련 프로그램의 개발 등은, 물론 그것이 이들 이주여성들의 한국어 교육 프로그램에서도 중요하겠지만, 학습 교재 및 교과과정의 개발보다는 후순위가 될 것이다.

이제 이들 혼인이주여성들에게 체계적인 한국어 학습의 기회를 제공한다면(당연히 학습 교재 개발을 포함하여), 그 교육의 목표와 성격은 어떻게 규정되어야 할까? 한마디로 그것은 일반적인 외국인을 위한 한국어 교육의 목표 및 성격과는 상당 부분 달라져야 할 것으로 생각된다. 이들은 장기간 동안 많은 시간을 투입하여, 예컨대 대학의 한국어 학당에서 한국어를 깊이 있게 배울 수 있는 상황에 있지 못하며, 또 초보적인 언어 학습과 함께 매일 매일의 가족생활을 영위해 나가야 하는 사람들이다. 따라서 이들의 한국어 교육의 목표와 성격은 이들이 처해 있는 사회적 상황과 현실적 필요성에 맞추어 설정되어야 할 것으로 생각된다. 여기서 이들을 위한 한국어 교육의 목표와 기본 성격을 일관된 틀로 제시할 수는 없지만, 몇 가지 기본 원칙은 분명히 생각해 볼 수 있을 것이다.

먼저 (1) 이들이 배워야 하는 언어 지식은 이론적 면에서 한국어의 문법 지식 즉 언어능력(linguistic competence)이기보다는, 한국 사회라는 언어공동체(speech community)에 능동적으로 참여할 수 있는 언어적 · 문화적 지식의 총체인 의사소통능력(communicative competence)이 되어야 할 것이다. 다시 말하여, 이들은 한국어의 구조에 대한 문법적 지식뿐만 아니라 한국어의 사용에 대한 문화적 지식까지를 모두 포괄하는, 넓은 범위의 한국어 교육을 받아야 할 것이다. 한국어 교육의 목표가 좁은 언어능력이 아니라 넓은 의사소통능력이 되어야 함은, 이들 혼인이주여성들뿐만 아니라 한국어를 배우는 모든 외국인 학습자들에게 공통적으로 적용되어야 할 기본 원칙일 것이다.

다음으로 (2) 이들 국제결혼 이주여성들은 이미 한국에서 살고 있고 종국적으로 한국인이 되고자 하는, 언어 및 문화 적응의 양면에서 통합적인(integrative) 동기 지향성을 갖고 있는 사람들이다. 따라서 이들에게 한국어의 의사소통능력이라는 언어 교육과 함께, 일상적인 생활 문화의 중요한 측면들이 통합적으로 교육될 필요가 있을 것이다. 달리 표현하면, 한국어에 대한 언어 교육과 한국 문화에 대한 문화 교육이 부분적으로라도 통합되어 이루어지는 방식이, 이들을 위한 한국어 교육의 이상적 형태가 될 것으로 믿어진다.

또 (3) 이들이 처해 있는 사회적 상황이나 현실적 필요성 등으로 미루어 보면, 이들에 대한 언어 교육의 접근법은 그야말로 '의사소통 중심적 언어 교수법'(the communicative approach to language teaching)이 되어야 할 것으로 여겨진다. 다시 말하여, 발음이나 문법상의 정확한 수행 등에 치중하기보다는, 화용적으로 그리고 기능의 면에서 한국어를 제대로 사용할 수 있는 능력, 즉 실제의 대화에 참여하고 일상적으로 중요한 사회적 상호 작용에 적극적으로 참여할 수 있는 능력을 보다 쉽게 길러주는 교수법이 이들에게는 가장 적합할 것이다. 한마디로 언어 사용의 정확성보다는 유창성 또는 능숙성이 이들의 한국어 교육에서 보다 중시되어야 할 교육 목표일 것으로 생각된다.

다음으로 (4) 이들의 언어 교육에서도 언어 사용의 네 기능 영역, 즉 말하기, 듣기, 읽기, 쓰기가 모두 교육되어야 함은 말할 필요가 없을 것이다. 그러나 현실적인 여러 제약 때문에 이 네 기능 영역들 중에서 우선순위를 정한다면, 아마도 말하기, 듣기 교육이 읽기, 쓰기 교육보다는 우선적인 중요성을 지닐 것으로 생각된다. 그 이유는 말할 것도 없이, 이들의 일상생활에서 우선적으로 필요하고 중요한 영역은 '글로 하는 담화'(written discourse)이기보다는 '말로 하는 담화'(oral discourse)의 영역일 것이기 때문이다.[9]

마지막으로 (5) 이들을 위한 한국어 교육의 초보적 내용은 일상생활에서 우선적으로 중요하고 필요한 언어 표현들로 구성되는 것이 바람직할 것이다. 기초적인 생활 어휘와 함께, 주요한 언어 상황들(speech situations)에서 꼭 필요하고 빈번하게 사용되는 말 사례(speech events)나 말 행위(speech acts)의 기본 유형 및 기초적 표현들(당연히 일상적인 관용 표현들(routins 및 formulas)을 포함하여)을 담는, 일종의 '생활 한국어'의 형태가 이상적 모형이 될 것으로 믿어진다.

정리하면, 이들 혼인이주여성들을 위한 한국어 교육은 한국어의 의사소통능력을 기본 목표로 하되, 부분적으로 한국 문화에 대한 교육과 통합되는 양식이 적합할 것이다. 뿐만 아니라 언어 사용의 정확성보다는 유창성(또는 능숙성)을 상대적으로 중시하고, 글로 하는 담화보다는 말로 하는 담화에 우선성을 부여하는 접근법이 바람직할 것이다. 그리고 기초적인 '생활 한국어'를 일차적인 교육 내용으로 삼음으로써, 이들의 일상생활에서 우선적으로 필요한 또는 일상생활과 밀접히 연관되는 언어 사용 능력을, 현실적인 제약 속에서도 되도록 빨리 학습할 수 있도록 유도하고 도와주는 것이 되어야 할 것이다.[10)]

---

9) 여기서 최근 간행된 Saville-Troike(2006: 135-137)에서의 논의는 필자의 시각과 기본적으로 같을 뿐만 아니라, 보다 전문적인 지식도 아울러 제공해 준다.

Saville-Troike에 의하면, 제2언어를 배워 사용할 목적에 따라 학습해야 할 제2언어능력(L2 competence)의 종류도 구분될 수가 있다. 즉 한 가지는 '학술적 능력'(academic competence)으로, 그것은 "학술 연구의 도구나 특정한 전문 영역 또는 직업 영역에서의 수단과 같이, 다른 주제들을 공부하는 데에 제2언어를 일차적으로 사용하고자 하는 학습자들에게 필요한 지식"(*ibid.*, pp.135-136)을 가리킨다. 또 한 가지는 '대인적 능력'(interpersonal competence)으로, 그것은 "제2언어를 다른 화자들과의 면대면의 접촉에서 일차적으로 사용하고자 하는 학습자들에게 필요한 지식"(*ibid.*, p.136)을 의미한다. 말할 것도 없이 오늘날 외국의 대학이나 국내 대학의 어학당에서 한국어를 가르치는 목표는 주로 한국어의 '학술적 능력'을 학습시키는 것이 될 것이다. 그러나 우리의 연구 대상인 혼인이주여성들의 경우에는, 그것보다는 '대인적 능력'을 학습시키는 것이 이들의 한국어 교육에서 우선적 목표가 되어야 할 것이다.

뿐만 아니라 Saville-Troike에 의하면, '학술적 능력'과 '대인적 능력'의 구분에 따라 제2언어활동의 우선순위도 또한 달라지는데, 전자의 경우에는 그 우선순위가 "1. 읽기, 2. 듣기, 3. 쓰기, 4. 말하기"의 순서가 되지만, 후자의 경우에는 "1. 듣기, 2. 말하기, 3. 읽기, 4. 쓰기"의 순서가 된다고 한다(*ibid.*, p.136).

10) 필자와 공동연구자가 이 책의 초고본에 해당하는 연구보고서(왕한석 · 한건수 · 양명희 2005)를 발간한 직후, 여성가족부에서 『여성 결혼이민자를 위한 한국어 교재(초급)』 (한국

이주여성인권센터 2005)을 발간하였다. 아마도 혼인이주여성들을 위한 인쇄된 첫 한국어 학습 교재가 될 것이다. 위에서 여러 번 논의한 대로, 지금은 불완전한 학습 교재일지라도 이들을 위한 한국어 학습 교재가 시급히 간행되어야 할 일종의 '긴급 상황'이므로, 이러한 면에서 이 교재는 나름의 가치를 지닐 것이며 또 일단은 전국적으로 많은 수요가 있을 것으로 보인다.

그러나 동시에 이 학습 교재는 어디까지나 임시적인 용도의 학습 교재라는 점도 분명히 지적되어야 할 것이다. 가령 이 교재는 너무 많은 내용을 한정된 지면 속에 담음으로써 지나치게 축약적인 모습을 띠고 있으며, 또 공식적 교육 상황에서나 '차선의' 선택으로 채택할 수 있는 교재이지, 외국인 부인들이 가족의 조력 정도를 받아 혼자서 학습할 수 있는 교재는 결코 아니다. 따라서 현재의 긴급한 상황에서 이 교재를 임시방편으로 쓰는 일방, 보다 잘 준비된 제대로 된 한국어 학습 교재가 소위 한국어 교육 전문가들에 의해 가까운 시일 내에 만들어지고 출간되어야 할 것으로 생각된다.

다음으로 2006년 9월에 들어, 한국교육방송공사(EBS)와 국립국어원이 공동으로 제작한 혼인이주여성들의 한국어 교육을 위한 '한국말 쉬워요'라는 프로그램이 EBS에서 방영되었다. 모두 20분간씩 5회에 걸쳐 방영되었는데, 제1회 '음식' 편은 9월 2일에, 제2회 '시장' 편은 9월 9일에, 제3회 '집' 편은 9월 16일에, 제4회 '교통' 편은 9월 23일에, 그리고 제5회 '가족' 편은 9월 30일에 각기 방영되었다. 아마도 혼인이주여성들을 위한 한국어 교육 프로그램이, 비록 짧은 방영 시간이지만 그리고 새벽 시간대였지만, 텔레비전 방송을 통해 방영된 것은 이 프로그램이 처음일 것이다.

그러나 이 프로그램은, 물론 외국인 부인들을 심리적으로 격려하는 최소한의 기능은 수행하였겠지만, 한마디로 말해, 한국어 교육과는 거리가 먼, 교육 내용이 거의 준비되지 않은 '부끄러운' 프로그램이었다. 어떻게 하여 공영방송이 좋은 의도에서 출발하여, 이처럼 내용 없고 수준 낮은 프로그램을 만들었는지 이해하기가 쉽지 않은 것이 솔직한 느낌일 것이다.

제6장 언어 행동의 숨겨진 차원과 자녀의 언어 교육 상황

1. 이주여성들 간의 의사소통

이제 혼인이주 외국인 부인들의 언어 사용 및 언어 적응에 관한 몇 가지 남겨진 문제들에 대해 간략히 기술하기로 하겠다. 먼저 한 영역은 이들 외국인 부인들의 언어 행동상의 '숨겨진' 또는 '유표적인'(marked) 차원들에 대한 기술이 될 것이고, 또 한 영역은 이들의 자녀들의 언어 교육 상황에 대한 간략한 기술이 될 것이다.

먼저 혼인이주여성들끼리의 언어적 상호 작용에서 주로 어떤 언어를 선택하는가는 비교적 단순한 방식으로 이루어진다. 즉 (1) 같은 나라 출신 부인들끼리는 자신들의 모어를 주로 선택 · 사용하고, (2) 출신국이 다른 부인들끼리는 한국어를 주로 선택 · 사용한다.

먼저 (2)의 상황부터 정리해보기로 하겠다. 연구 대상 외국인 부인들 중 영어를 어느 정도 구사하는 화자는 필리핀 출신 화자 3명 중 2명 정도인 것으로 보였다. 일반적으로 말해, 현재 농촌 지역으로 혼인이주해 온 외국인 부인들 중에서 영어를 할 줄 아는 사람은 주로 필리핀 출신 부인들로 한정되는 것 같다. (연구 대상자들 중 다른 외국인 부인들과의 대화에서 영어를 쓰기도 한다는 응답자들이 몇 있었으나, 이들의 경우에는 친숙한 영어 단어 사용 정도의 수준인 것으로 보였다.) 따라서 모어를 달리하는 외국인 부인들 간의 상호 작용에서 이들이 채택할 수 있는 소위 '통용어'(lingua franca)로는, 대다수 필리핀 출신 부인들의 경우는 한국어와 영어 둘 다가 가능하겠지만, 나머지 외국인 부인들의 경우는 좋든 싫든 한국어를 택할 수밖에 없다.

다음은 두 일본인 부인과의 대화 예이다.

(다른 나라에서 온 부인들 만나면 무슨 말로 이야기합니까?)
"한국말이죠."
(그 사람들이 한국말 잘 모를 때는 어떻게 합니까?)
"그래도 한국말... 쓰는 거죠, 뭐. 그것밖에 방법이 없으니까."

(연구 대상자 7-G)

(다른 나라에서 시집온 부인들도 만나 본적 있습니까?)
"에, 태국이란 필리핀이란..."
(그 사람들과 말은 어떻게 해요?)
"한국말로 해요."
(그 사람들이 한국말 잘 못하면요?)
"근데 모타〔못하〕면은... 그냥 넘어가요, 웃고 넘어가요. 한국말밖에 서로가 모르니까..."

(연구 대상자 5-E)

그러나 필리핀 출신 부인들의 경우는 한국어 외에 영어라는 또 다른 '통용어' 자원을 가지고 있다. 그리하여 '베트남, 중국, 일본 사람들과는 한국말로 하고, 한국말을 못하는 사람과는 영어로 하는데, 영어도 못하는 사람과는 어쩔 수 없다.'든지(연구 대상자 8-H), 또는 "(한국말을 못하는 외국인 부인과는) 할 수 없어요. 말 안 해요. 한국말 못하면... 영어도 못... 영어도 못해요. 그러니까 그냥 말을 안 해요."라고 응답하였다(연구 대상자 10-J). 대체로 말해, 영어를 구사할 수 있는 필리핀 출신 부인들이 영어를 구사하지 못하는 다른 외국인 부인들에 비해, 이용 가능한 언어 자원(linguistic resources)을 더 가지고 있음으로 해서 이 같은 상호 작용의 상황에서 보다 유리한 위치에 있는 셈이 될 것이다. 뿐만 아니라 필리핀 출신 부인들은 한국 사회에서 영어 사용이 갖는 사회적 위세(social prestige)도 아울러 누리는 것으로 짐작된다.

어쨌든 대다수의 모어가 다른 외국인 부인들이 그들 간의 상호 접촉에서 사용하는 언어는 한국어이다. 그러나 이들의 한국어 사용 능력이 서로 간에 그리 능숙하지 못함으로 해서, 많은 경우 대화의 화제도 매우 제한되고 또 대화 자체도 그리 원활하게 이루어지지는 못하는 것으로 보인다. 이는 어쩔 수 없는 현실일 것이다.

가령 한 'Ⅰ등급' 화자(연구 대상자 ⑪-K)는 다른 외국인 부인과의 대화를 재현하는 예에서, 그저 "언니 이름?", "언니, 애기 있어?", "언니, 몇 살?", "언니 남피연〔남편〕" 정도의 발화만을 산출하였다. 또 한 'Ⅱ등급' 화자(연구 대상자 ⑫-L)는 다른 부인들과의 대화에서 "어디 살아요?", "어떻게 살아요?", "집에 있어?", "일 나가요?", "편해요?", "애기 많이 컸어?"와 같은 안부 정도를 묻는 간단한 문답만을 서로 간에 주고받는다고 하였다.

다음은 한 'Ⅲ등급' 화자(연구 대상자 ⑱-R)의 보고 예인데, 한국어가 능숙치 못한 외국인 부인들끼리 화제도 제한될 뿐만 아니라, 서로 간의 불완전한 표현 능력 때문에 오히려 한국인과의 대화보다도 더 힘듦을 밝히고 있다. 아마도 틀림없는 사실일 것이다.

(관촌 시장 같은 데 가면 다른 데서 시집온 부인들 만나나요?)
"가끔씩 만나요."
(만나서 인사도 하고 그럽니까?)
"네. 내 아들 다니는 유치원에서 필리핀에서 오신 분 있어요. 그 사람한테 좀 인사하고, 말하고…"
…
(그분 한국말 잘하십니까?)
"예."
(서로 한국말로 대화하는 데 불편하지는 않고요?)
"아니오. 많이… 어…. 저 발임〔발음〕이 안 좋아요. 저 여자도 발임이… 〈이후 러시아어로 말함〉"
(러시아어 그만. 한국말로 하세요.)
"틀려요. 잘 모〔못〕 알아들어요. 제가 한국 사람 이야기 들으면 알아들어요. 그 여자 발음 때문에 모〔못〕 알아들어요. 나 모〔못〕 알아들어요."
(어떤 얘기를 주로 하십니까? 뭐에 대해서 이야기하세요?)
"애기 아파요? 안 아파요?, 요즘에 뭐하고 놀아요?, 뭐, 어떻게 살림 한다고요, 하냐고요 물어봐요."

이제 같은 나라 출신들끼리 만나 모어를 사용하는 (1)의 상황으로 옮겨가도록 하자. 그런데 우리의 연구 대상자들로만 한정짓더라도, 이들은 전체적으로 적어도 10개가량의 언어를 연구 대상 지역에서 그들만의 접촉 상황에서는 사용하는 것으로 추정된다. 즉 베트남어, 태국어, 몽골어, 러시아어(우즈베키스탄 출신), 중국어, 일본어, 여기에다 필리핀 출신의 경우 모어(우리의 연구 대상자들의 경우 비콜어(Bicol), 비사야어(Bisayan) 그리고 일로카노어(Ilocano))가 같으면 그들의 모어를 사용하고, 아니면 타갈로그어(Tagalog)를 주로 사용하여 대화를 진행한다고 하였다. 그리고 가끔씩은 부분적으로 영어도 사용한다고 보고하였다. 한마디로 우리의 농촌 사회마저도 사회 전체로는 이미 다언어사회(societal multilingualism)에 돌입하였음을, 그것도 10여 개 언어가 부분적이지만 사용되는 언어 상황으로 이미 바뀌었음을 말해 주는 자료가 될 것이다.

그런데 이들 외국인 부인들이 한국 체재 기간이 길어지고 또 한국어 사용 능력이 늘어감에 따라, 모어가 같은 출신국 부인들과의 만남에서도 모어와 함께 이따금씩 한국어를 사용하기도 하는 것으로 보고하였다. 이는 아마도 언어적·문화적 적응 과정의 자연스런 현상이 될 것이다.

다음은 두 일본인 부인과의 면접 예이다.

(… 일본 부인들 만나면 일본말 합니까? 한국말과 일본말 섞어서 합니까?)
"섞어서."
(일본말도 하고, 한국말도 하고.)
"예."
(어떤 이야기를 할 때 한국말 하시고, 어떤 이야기를 할 때 일본말 하십니까?)
(다른 연구자: '남편 흉 볼 때는 일본말하고...')
"아니, 일본말보다 한국말 이야기하는 게 빠를 때도 있잖아요. '빨리빨리'나 '왔다갔다'

나 그 단어 가끔씩 섞어서…"
(또?)
"생각이 안 나는데… 여러 가지 있죠."
(아무래도 일본말을 더 많이 하시겠네요.)
"예, 그렇죠."

(연구 대상자 [7]-G)

(여기서 일본 부인들 만나면 일본말 하십니까, 한국말 하십니까?)
"그 일본 사람들끼리만 있으면 일본말인데, 한국 사람 계시면 한국말로 이야기하고… "
(일본 부인들하고 있을 때 한국말 한 적은 없습니까?)
"있어… 근데 한국말 나올 때가 있어요."
(어떤 말할 때 한국말이 나옵니까?)
"한국밖… 일본에서 없고 한국밖에 없는 말도 있잖아요. 그리고… "
(어떤 겁니까?)
"여기 농사에서 해〔하〕는 말도… 못자리란〔랑〕, '못자리 끝났어요?'라고 그런 것도 있고…"
(못자리라든지…)
"그래 가지고 역시 한국말은 감전〔정〕적인 이야기를 할 때 너무 시원해요."

(연구 대상자 [5]-E)

아마도 짐작컨대, 앞의 등급 구분에서 대체로 'Ⅲ등급'이나 'Ⅳ등급'에 속하는 화자들은 정도의 차이는 있겠지만, 동일 출신국 부인들과의 대화에서도 이따금씩은 한국어를 쓸 것으로 보인다. 연구 대상자 [5]-E의 제보대로, 한국 사람이 함께 있는 상황적 요인(situational factor)이 특히 중요해 보이고, 또 그렇지 않은 경우에도 언어적·문화적 적응의 자연스런 결과로서 친숙한 한국어 표현이 무의식적으로 산출될 것으로 짐작된다.

실제의 언어 사용 장면을 직접 목격하지는 못했지만, 일본인 화자들의 제보에 의하면, 그들이 자주 쓰는 한국어 표현은 두 가지 정도의 부류로 나뉘는 것 같다. 한 부류는 아마도 일상생활에서 친숙한 표현들인 것 같은데, 특히 일본인 화자들은 일본어로 말하면 긴 표현인데 한국어로는 짧은 표현일 경우 한국어 표현을 자주 쓰게 된다고 하였다(가령 '왔다갔다'와 'ittari kitari', '(저리) 가'와

'achi ike' 등). 또 한 부류는 일본어보다 한국어에서 상대적으로 표현이 자유로운 직접적인 감정 표출의 말들인 것으로 보인다.

어쨌든 전체적으로 이들 외국인 부인들이 한국어와 한국 생활에 익숙해질수록, 모어 즉 출신국이 같은 자신들끼리의 상호 작용에서도 한국어를 사용하는 빈도수가 점차 늘어날 것으로 짐작된다. 거꾸로 말하면, 모어를 같이 하는 부인들끼리의 상호 작용에서 한국어를 사용하는 정도는 이들의 언어 및 문화의 적응 정도에 대한 또 다른 반영 지표가 될 것으로 생각된다.

2. 혼잣말과 생각 그리고 감정의 언어

혼인이주 외국인 부인들의 언어 사용 및 언어 적응과 관련한 또 다른 흥미로운 영역은, '혼잣말'이나 '생각'과 같은 내면적 언어 행동이나 화가 나거나 슬픈 것과 같은 '감정적 상태'에서의 언어 행동들에 대한 것이 될 것이다. 달리 말하여, 이러한 특이한 언어 상황에서 모어와 한국어 중 어느 언어를 주로, 그것도 무의식적으로 사용하는지는, 이들의 한국어의 능숙성 정도 그리고 한국 생활에의 친숙성 정도에 따라 가변적인 모습을 보일 것으로 기대되기 때문이다.

먼저 혼잣말과 생각의 언어 사용 모습에 대해 정리해 보기로 하겠다. 물론 이 정리는 연구 대상자들의 응답에 기초한 것이므로 실제의 언어 사용 모습과는 다소간 다를 수도 있을 것이다.

우리의 연구 대상자 중 'Ⅰ등급' 화자 3명은 한국어 능력이 크게 떨어질 뿐만 아니라 모두 한국 체재 기간이 1년 이하이다. 따라서 이들은 짐작대로 모두 혼잣말과 생각에서 아직 각자의 모어만을 사용하는 것으로 보고하였다.

'Ⅱ등급' 화자 5명 중 2명은 한국 체재 기간이 대략 2년 전후인데, 이들도 역시 혼잣말과 생각의 주 언어는 아직 각자의 모어인 것으로 말하였다. 나머지 3명은 모두 한국 체재 기간이 5년 이상인데, 이들 중 1명은 아직 혼잣말과 생각에서 자신의 모어를 사용하는 것으로 보고하였다. 그런데 이 연구 대상자는 전반적으로 상당히 고립된 가족 및 사회생활을 하는 것으로 면접 과정에서 스스로 밝힌 다소간 예외적인 화자이다.

남은 2명 중 1명인 연구 대상자 ⑫－L(한국 체재 기간 6년 9개월)은, 혼잣말은 모어인 태국어로 또는 한국어와 태국어를 섞어서 하고, 생각은 '혼자 있을 때는 태국어로 생각하고, 한국 사람들과 있을 때는 한국말로 생각하고 한국말을 하게 된다.'고 하였다. 또 다른 1명인 연구 대상자 ⑨－I(한국 체재 기간 5년 4개월)는 혼잣말은 자신의 모어인 비콜어로 하고, 생각은 한국어, 비콜어, 타갈로그어로 한다고 답하였다. 보다 구체적으로, 가령 '남편이나 아이들 생각할 때는 한국어로 생각하고, 엄마 생각이나 고향 생각을 할 때는 비콜어로 생각하고, 그리고 필리핀에 있는 친구들 생각할 때는 타갈로그어로 생각하게 된다.'는 매우 흥미로운 제보를 하였다.

다음으로 'Ⅲ등급' 화자 5명 중 한국 체재 기간이 2년 전후인 2명은, 유사한 조건의 'Ⅱ등급' 화자들과는 달리, 혼잣말과 생각을 하는 데서 부분적으로 한국어를 쓰는 것으로 보고하였다. 즉 연구 대상자 ⑰－Q(한국 체재 기간 2년 2개월)는 생각은 자신의 모어인 러시아어로 하지만, 혼잣말은 '처음에는 러시아어로 했으나 아이를 낳은 뒤부터 점차 한국어로 한다.'고 답하였다. 이와는 거꾸로 연구 대상자 ⑮－O(한국 체재 기간 1년 7개월)의 경우는, 혼잣말은 모어인 몽골어로 하고 생각은 대부분 한국어로 한다고 답하였다. 이 화자의 경우는 체계적인 한국어 학습의 경험이 다른 사람들보다 비교적 일찍 한국어로 생각을 하도록 영향을 미쳤는지도 모르겠다.

'Ⅲ등급' 화자 중 한국 체재 기간이 5년 이상인 나머지 3명 중 1명, 즉 연구 대상자 ⑱－R(한국 체재 기간 5년 0개월)은 혼잣말과 생각 모두에서 자신의 모어인 러시아어를 쓴다고 답하였다. 이 화자는 자신의 아이들에게도 러시아어를 아직 많이 쓰는, 다른 연구 대상자들에 비해서는 다소간 예외적인 경우로 이해되었다. 남은 2명 중 1명인 연구 대상자 ⑩－J(한국 체재 기간 7년 5개월)는 혼잣말은 한국어, 모어인 비사야어, 그리고 간단한 표현은 영어로도 하고, 생각은 주로 한국어와 비사야어로 한다고 답하였다. 또 다른 1명인 연구 대상자 [8]-H(한국 체재 기간 5년 5개월)는 혼잣말은 주로 자신의 모어인 일로카노어로 하고, 생각은 한국어, 일로카노어, 그리고 영어로 하게 된다고 답하였다.

이제 마지막 등급인 'Ⅳ등급' 화자들로 옮겨가도록 하자. 'Ⅳ등급' 화자들은 한국 체재 기간이 4년 남짓인 1명을 제외하고는 모두 한국 체재 기간이 5년 이상이다. 연구 대상자 [7]-G(한국 체재 기간 6년 8개월)는 혼잣말과 생각 모두에서 모어인 일본어와 한국어를 함께 쓰는데, 생각의 경우는 한국어를 더 많이 쓰는 것으로 보고하였다. 연구 대상자 [6]-F(한국 체재 기간 5년 6개월)도 혼잣말과 생각 모두에서 모어인 일본어와 한국어를 함께 쓰는데, 단 생각의 경우에는 아직도 일본어를 더 많이 쓰는 것으로 말하였다. 또 연구 대상자 [5]-E(한국 체재 기간 4년 1개월)는 혼잣말과 생각 모두에서 물론 모어인 일본어와 한국어를 함께 쓰지만, 혼잣말을 하는 데서는 한국말을 더 많이 쓰는 것으로 답하였다. 마지막으로 연구 대상자 [4]-D(한국 체재 기간 6년 9개월)는 혼잣말과 생각에서 물론 모어인 중국어와 한국어를 모두 쓰지만, 이제는 한국어를 더 많이 쓰는 것으로, 즉 '오랫동안 중국말을 안 써서 한국말로 할 때가 더 많은' 것으로 응답하였다.

다행히 일본인 화자들로부터 혼잣말을 하는 구체적인 맥락에 대해 조금 자세한 이야기를 들을 수 있었다. 다음은 그 예이다.

> (혼잣말은 일본말로 합니까? 한국말로 합니까?)
> "일본말 나올 때도 있고, 한국말 나올 때도 있고."
> (어떤 때는 일본말 나오고, 어떤 때는 한국말 나옵니까?)
> "한국말로 욕을 할 때 뭐 소리... 남편한테 모르게 쓰니까... 한국말로 욕을 혼자 하는데. 욕을 할 때."
> ...
> (남편하고 상관없이, 나 혼자 중얼중얼 말할 때, '비가 많이 오네.' 이런 말을 할 때, 일본말을 많이 합니까? 한국말을 많이 씁니까?)
> "한국말."
> (가령, '날이 왜 이렇게 더워.' 이런 말 나올 수 있거든요. 어떤 말을 쓰십니까?)

"한국말."

(연구 대상자 [7]-G)

(혼잣말할 때 일본말이 나옵니까? 한국말이 나옵니까?)
"일본말이 나와요."
(일본말이 나오죠. 한국말은 안 씁니까?)
"아, 한국말 나올 때도… "
(어떤 때 한국말이 나옵니까?)
"'아이고, 힘들어.'"
(또요?)
"또… '짜증나네.'"
('아이, 열 받아.' 안 합니까?)
"아… 그런… 예."
(하죠?)
"네."
(또?)
"'왜 그렇게 말 안 들으까.' 애기한테."

(연구 대상자 [6]-F)

(혼잣말은 한국말로 합니까? 일본말로 합니까?)
"한국말로 해요… 일본말로 별로 안 하네요."
(예를 들면 어떤 거?)
"뜨거울 때 덥다고 '아이고 덥다 덥다'고 그럴 때도 있고, 미치겠을 때는 '미치겠다'고, 화 날 때는 '열 받(는)다'고. 이런 말… 쪼끔… 한국말 이야기할 때 말이(을) 조금만으로 되잖아요. 그러니까 시원해요. 근디 일본말로 말할라면은 조금 길으니까… "

(연구 대상자 [5]-E)

전체적으로 혼잣말과 생각을 하는 데서 자신의 모어뿐만 아니라 한국어도 무의식적으로 사용하는 현상은, 이들 외국인 부인들의 한국어 및 한국 문화에의 적응 정도에 대한 또 다른 중요 지표가 되는 것으로 보인다. 대체로 말해 소수의 예외를 제외하고는, 'Ⅲ등급' 및 'Ⅳ등급' 화자들은 물론이고(한국 체재 기간이 짧은 'Ⅲ등급' 화자들을 포함하여) 'Ⅱ등급' 화자일지라도 한국 체재 기간이 오래된 사람들은, 혼잣말과 생각을 하는 데서 자신의 모어뿐만 아니라 한국어도 함께 사용하는 것으로 나타난다. 달리 말하여, 이들 외국인 부인들은 이주 초기에는 자신의 모어로만 혼잣말과 생각을 하다가, 한국어 학습이 어느 정도 이루어지고 또 한국 체재 기간이 일정 정도 지나면 한국어로도 혼잣말이나 생각을 하기 시작하고, 그리고 이 한국어 사용으로의 변화 경향은 언어 학습과 문화 적응이 가속화됨에 따라 점차 강해지는 것으로 짐작된다. 그리하여 종국에는 연구 대상자 ④-D의 사례처럼, 자신의 모어보다는 한국어로 혼잣말과 생각을 더 많이 하는 단계로 접어들 것으로 보인다.

그런데 여기서 대체적인 경향을 정리해 보면, 모어에서 한국어로의 부분적인 전환(switching)이 생각의 영역에서 보다 먼저 이루어지고, 그리고 혼잣말의 영역에서는 이보다 좀더 뒤에 이루어지는 것으로 보인다. 달리 말하면, 혼잣말과 모어의 결합 강도가 생각과 모어의 결합 강도보다 좀더 강한 것이 될 것인데, 이는 아마도 새로운 언어로써 생각을 하는 것은 언어능력이 조금 모자라도 가능하지만 혼잣말을 하는 것은 이보다 좀더 나은 언어능력을 필요로 하기 때문인 것으로 짐작된다. 뿐만 아니라 혼잣말이 부분적으로 화자의 감정 표현과 관련되는 측면도 혼잣말과 모어의 비교적 강한 결합 강도의 이유가 될 것 같다. 어쨌든 혼잣말과 생각에 대한 여기서의 발견 사실을 앞 장에서의 태도 조사 결과, 즉 '한국어로 꿈을 꾸는 정도'와 비교해 보면, 한국어로의 전환이 꿈의 영역보다는 혼잣말과 생각의 영역에서 좀더 쉽게, 일찍 일어나는 것으로 해석할 수 있을 것이다. 그 이유는 앞서 기술하였듯이, 한국어로도 부분적으로 꿈을 꾼다는 응답은 주로 'Ⅳ등급' 화자들에게서만 나타났기 때문이다.

한편 혼잣말이나 생각의 영역과는 달리 모어의 사용이 오랫동안 유지되는 또 다른 영역 또는 언어 상황은 화자가 '감정적 상태'에서 말을 하는 경우일 것이다. 연구자는 혼잣말이나 생각의 상황에서 부분적으로라도 한국어를 사용한다는 연구 대상자들에게, 다시 이 세상에서 아마도 이들의 가장 친밀한 대상인 자신의 자녀들에게 화가 나거나 슬플 때 등이면 어느 언어를 사용하는지를 물었다. 물론 전체적인 응답 경향은 기대대로 이 상황에서는 거개 모어를 무의식적으로 쓰는 것으로 답하였다.

간략히 응답 내용을 정리해 보면, 심리 상태가 기쁠 때보다는 화가 나거나 슬플 때에 모어 사용을 더 많이 하고, 또 슬플 때보다는 가장 즉각적인 감정 반응의 양식인 화가 날 때에 모어 사용을 더 많이 하는 것으로 나타난다. 뿐만 아니라 'Ⅳ등급' 화자들의 경우는 이러한 감정적 상태에서 모어와 한국어를 함께 쓴다는 사람들과 한국어만을 쓴다는 사람들로 나뉘었는데, 가령 연구 대상자 [4]-D와 같은 경우는 이제는 화가 나거나 슬프거나 기쁠 때에도 아이들에게 한국어만이 자연스레 나온다고 응답하였다.

다음은 'Ⅳ등급' 화자인 연구 대상자 [6]-F와의 대화 예인데, 문맥으로 짚어보건대 연구 대상자 [4]-D만큼은 아니겠지만, 그래도 이제는 이러한 감정적 상태에서도 거의 한국어를 쓰는 것으로 보인다.

(애기에게 화가 나면 일본말이 나옵니까? 한국말이 나옵니까?)
"한국말로."
(한국말로요? 어떤 말 합니까?)
"'왜 그렇게 했냐'고... 아까... '왜 그렇게 말 안 듣냐'고."
(화가 났는데도 한국말이 나온다?)
"에."
(아주 기쁠 때는 어떻습니까?)
"어~ 에~ 에~ 그래도 일본말 잘..."
...
(화날 때도 한국말 나오고...)
"에~ 마지막에 한 말이 일본말 나올 때도 있고. 그래도 그것까지는... 나오기 전에 때려요, 저는. 〈안고 있던 딸아이의 엉덩이를 찰싹하고 때리며〉 엉덩이를 이렇게. 말 안 들으니까."
...
(아주 기쁠 때나 슬플 때는 애기한테 일본말이 나옵니까? 한국말이 나옵니까?)
"기쁠 때요?"
(예.)
"에~ 한국말 나와요."

전체적으로 화가 나거나 슬픈 심리 상태에서도 모어가 아닌 한국어를 사용하게 되는 것은, 한국어로 꿈을 꾸게 되는 것과 유사하게, 언어 학습 및 적응 과정에서 매우 늦게 나타나는 언어 사용면에서의 변화인 것으로 보아야 할 것이다.

그런데 이 감정적 상태에서의 언어 사용에 대한 응답에서 2명의 예외적인 사례가 있었는데, 그 중의 1명은 정말이지 이와 같은 힘든 감정 상태에서도 의도적으로 자신의 모어가 아닌 한국말만을 애써 써온 것으로 보였다. 바로 연구 대상자 [9]－I가 그 경우인데, [9]－I는 '아이들을 키우면서 기쁠 때는 물론이고 슬프거나 화날 때도 모어인 비콜어나 영어를 전혀 쓰지 않았다.'고 하였다. 또 자신이 '많이 울기는 했지만, 스스로가 한국말을 몰라 너무 힘들었기에 아이들이 한국말을 배우는 데 방해가 될까봐 자신의 모어를 전혀 쓰지 않았다.'는 뜻의 말을 여러 번 하였다.

다음은 이 화자와의 대화 예이다.

(그런데 그러면은, 할머니 계시고, 아버지 계시고, 온 이웃이 있고, 작은 할머니 계시고 하니까 애가 한국말을 제일 먼저 배우는 것은 자연스럽습니다. 엄마가 아무리 한국말을 한다고 하더라도 비콜말이 나올 텐데 애기한테 비콜말 안 했어요?)

"안 했어요. 그러면 빨리 알아듣게... 한국말〔만 했어요.〕... 애기 (비콜말) 하나도 안 가르쳤어요."

(애 좋다라고 할 때도, 아주 기분이 좋을 때도 비콜말이 안 나와요?)

"안 나와요."

(애 키우고 힘드는데 남편이 들어오지도 않고 속이 상하고 화났단 말이예요. 남편이 힘들게 해도 비콜말이 안 나와요?)

"안 나와요. 저요 우리 애기가〔를〕 생각했어요. 저 한국말 몰랐어요. 너무나 힘들었어요. 우리 애기도 한국말 몰랐어요〔모르면〕 어떡해요? 똑같아요. 아~ 힘들었어요. 그럼 저요 한국말 잘 몰랐어요. 저요, 우리 애기가 한국말 싹 배워〔배우면〕 좋겠어요."

(애는 내버려둬도 배워요.)

"배워야죠. 너무나 힘들었어요. 어려웠어요 한국말이."

3. 자녀 양육 시의 언어 사용

연구 대상자 중 순수 외국인 부인은 17명이고 이 중에서 아직 자녀를 출산하지 않은 2명과 예외적인 1명(현재의 한국인 남편과의 사이에는 자녀가 없고 본국에서의 결혼에서 낳은 아들을 현재 데려다 키우는 경우)을 제외하면, 나머지 14명의 부인들은 모두 1명 또는 2명 그리고 많게는 3명의 자녀를 두고 있다. 그런데 이들 부인들이 자신의 자녀에게 어떤 언어를 사용하는지는 그리 단순하지 않다.

먼저 해당 부인들의 시집에서의 혼인 생활 기간과 첫 자녀의 나이를 따져 보면, 3명만이 한국에서의 혼인 생활이 2년 이상 지난 뒤에 자녀를 출산하였고, 나머지 11명은 모두 혼인 생활 시작 후 1년 또는 2년 이내에 자녀를 출산한 것으로 나타난다. 이를 다른 말로 표현하면, 이들 외국인 부인들 중 대다수가 아직 한국어 학습이 제대로 되지 않은 시점에서 첫 아기를 출산하고 그리고 그 아기와의 언어적 접촉을 시작하게 되었다는 사실을 가리킬 것이다.

따라서 대다수의 외국인 부인들은 적어도 첫 자녀의 경우에는 자녀에게 사용한 (또는 사용하고 있는) 언어가 자신의 모어와 한국어 두 가지 모두인 것으로 일반적으로 보고한다. 그러나 이 두 언어 중 어느 것을 실제로 많이 썼는지는 개별 부인의 한국 체재 기간 및 한국어 학습 정도에 따라 달랐을 것으로 짐작된다. 뿐만 아니라 아기를 키워가는 과정에서 아기에게 사용하는 중심 언어도 시간이 지남에 따라 바뀌어 갔을 것으로 짐작된다.

이제 자녀 양육 시의 언어 사용에 대한 구체적인 예를 대표적인 연구 대상자별로 들어보기로 하겠다. 먼저 'Ⅱ등급'에 속하는 연구 대상자 ⑫-L의 경우는 첫 아이(현재 5세)가 어렸을 때는 주로 태국어를 썼으나, 이 아이가 한두 살 되었을 때부터는 한국어를 주로 썼다고 기억하였다. 그러나 지금도 두 아이에게 "이것 좀 집어 줘", "이거 안돼. 안 좋아." 등과 같은 간단한 표현을 할 때는 태국어를 쓴다고 하였다. 또 같은 등급의 연구 대상자 ⑲-S는 초기에는 아기(1

세)에게 러시아어를 주로 썼으나, 지금은 주로 한국어를 쓴다고 하였다. 실제로 면접 도중에 시아버지가 들어오시자 딸 이름을 부르며, "은주야, 할아부지 왔다. 할아부지 왔다. 은주야, 할아버지 부〔불〕러."라고 말하는 장면을 녹음할 수 있었다.

'Ⅲ등급'에 속하는 연구 대상자 ⑩-J의 경우는 아이(4세)에게 지금은 주로 한국어를 사용하고 가끔씩 비사야어를 쓴다고 말하였다. 그리고 아이가 3살 되어서부터는 교육 목적으로 간단한 영어도 조금씩 쓰고 있다고 덧붙였다. 또 같은 등급의 연구 대상자 ⑧-H는 아이들(각기 4세, 2세, 4개월)에게 한국어를 주로 쓰지만, "〈타갈로그어로〉 아이고 이쁘다." 또는 "Sleep. Let's sleep."과 같이 타갈로그어와 영어도 함께 쓴다고 하였다. 또 자신은 모어인 일로카노어까지 쓰게 되면 사용 언어가 너무 많을 것 같아 일로카노어는 쓰지 않는데, 그러나 화가 나면 자신도 모르게 일로카노어까지 나오게 된다고 하였다.

'Ⅳ등급'에 속하는 연구 대상자 ⑤-E는 아기(1세)에게 한국어와 일본어를 거의 반반씩 써 왔는데, 지금은 한국어를 조금 더 쓰는 듯하다고 말하였다. 또 같은 등급의 연구 대상자 ④-D는 큰아이(6세) 키울 때는 한국말이 익숙하지 않아 거의 중국말이 나왔지만, 둘째 아이(4세) 키울 때는 한국말을 더 많이 썼다고 답하였다. 그런데 이 연구 대상자는 아직도 아이들을 재울 때나 외가에 대한 이야기 그리고 중국에 대한 이야기 등을 할 때에는 중국어를 부분적으로 쓴다고 덧붙였다.

다음의 예는 한국어가 아주 서툰 'Ⅰ등급' 화자인 연구 대상자 ③-C와의 대화 예인데, 당시 아기는 태어난 지 불과 보름 남짓한 시점이었다. 연구 대상자는 아기에게 중국어와 한국어 둘 다를 쓰는 것으로 답하지만, 아무래도 아기의 성장과 함께 아기와의 접촉이 많아질수록, 이 화자의 매우 낮은 한국어 사용 능력으로 미루어 보건대, 점차 중국어 사용의 비중이 높아질 것으로 보인다.

(애기한테 예쁘다고 할 때 한국말이 나와요, 중국말이 나와요?)
((통역))
((통역: 두 가지 다 사용해요.))

"배고파요?, 으알라?"
((통역: 애가 울 때, 한국말로 '배고파요', 중국말로 '으알라'라고 이야기해요.))
(또 어떤 것이 있어요?)
"자요, 빨리 자요."
(또?)
"울지 마."
(젖 먹자는 안 해요?)
((통역))
"맘마 먹어."
('우리 애기 쉬 했구나.'는 안 해요?)
((통역))
"중국말로."
(또 어떤 말해요? '우리 애기 예뻐라.'는 안 해요?)
((통역))
((통역: 자기 애라서 그런 말은 안 한대요.))
…
(애기한테 자주 쓰는 중국어는요?)
((통역))
((통역: 애가 안 잘 때는 중국말로, '꼭 안아줘야 자냐고…'))

그런데 짐작컨대, 많은 외국인 부인들이 언어 학습이 제대로 되지 않은 단계에서 출산을 하게 되면, 초기에는 위의 사례와 유사한 모습으로 아기와의 언어 접촉을 행할 것으로 보인다. 실제로 'Ⅱ등급'에 속하는 연구 대상자 ⑭-N의 경우(아기의 나이는 10개월)에도, 면접 과정에서 응답을 잘하지는 않았지만, 연구자의 짐작으로는 위의 사례와 비슷하게 베트남어와 한국어 모두를 쓰지만 실제로는 베트남어를 더 많이 쓸 것처럼 보였다.

그런데 예외적으로 아기에게 한국말만 했다는 그리고 하고 있다는 연구 대상자도 2명 있었는데, 그 중 1명은 바로 앞 절 끝에서 소개한 연구 대상자 ⑨-I이고, 다른 1명은 연구 대상자 ⑰-Q가 된다. 물론 정말로 한국어만을 아기(10개월)에게 써 왔는지는 다소간 의심스럽지만, 어쨌든 연구 대상자 ⑰-Q는 면접 과정에서 다음과 같이 말하였다.

(애기한테 말을 하잖아요? 한국말만 했어요? 러시아말도 같이 했어요?)
"아니요, 그냥 다 한국말."
(러시아 말은 안 해요?)
"아니, 나 못해. 그냥 나 생각하기 한국 아들. 러시안 아들 아니잖아, 우리 아들이. 그냥 우리 신랑, 한국 사람이잖아. 애기도 한국 사람이고."
(〈웃으면서〉 엄마는 러시아 사람이잖아.)
"그래, 나 몰라 다 한국말로..."
(남편이 한국 사람이고, 나도 한국 사람이니까, 러시아 아들이 아니라 한국 아들이기에 한국 사람으로 키워야 된다?)
"우리 친정어머니도 얘기하. 얘기같이 러시안같이 이야기하. 나중에 할머니, 할아버지 만나 어떻게 알아들어? 모〔못〕 알아들었잖아? 러시아말 나 러시안 말 우스워. 못해."

위의 주장과 유사하게, 자녀에게 한국어를 주로 쓰려는 자신의 태도를 정당화하는 연구 대상자들이 또 있었는데, 이들의 경우는 비교적 일찍 자녀들에게 주로 한국어를 쓰기 시작한 사람들로 보였다. 가령 연구 대상자 ⑲-S는, '친구는 아이에게 여러 언어를 가르치기 위해 한국말 외에도 여러 언어를 썼으나, 자신은 아이가 한국말을 잘 배우도록 하고 싶기 때문에 지금은 주로 한국어를 쓴다.'는 뜻의 말을 하였다. 또 연구 대상자 ⑮-O도 '남편이 아이(8개월)에게 몽골어를 쓰라고 해도 잘 안 쓰는 것은, 아이가 몽골 사람이 아니라 한국 아이이기 때문에 몽골어가 잘 안 나온다.'고 하면서, '남편이 한국 사람이고 태어난 아이도 한국 아이이기 때문에 한국 아이로 키워야 한다.'는 생각을 강하게 피력하였다.

위와 같은 언어 사용의 태도와는 달리, 자신의 한국어 사용 능력이 상당한 수준에 다다랐음에도 불구하고, 자신의 모어만을 아이들(4세 및 2세)에게 주로 쓰는 예외적인 경우가 바로 연구 대상자 ⑱-R의 사례이다. 연구 대상자 ⑱-R은 아마도 전체 연구 대상 외국인 부인들 중에서 한국어로의 전환(혼잣말, 생각, 감정의 표현과 아기와의 접촉 등과 같은 언어 사용의 흥미로운 영역들에서의)을 내면적으로 가장 강하게 거부하는 화자인 것으로 보인다.

(애기 낳아서 키우는 데 애기한테 한국말 하셨습니까? 러시아말 하셨습니까?)
"러시아말."
(어려서는 러시아말. 지금 같은 경우에 아까 애기 재울 때 한국말만 하셨잖아요.)
"한국 사람들이 있을 때 한국말 쓰고, 없을 때 러시아말."
(지금도 창현이나 창수한테 주위에 사람이 없으면 러시아말이 나오십니까?)
"예."
(애가 어려서 젖 먹고 클 때도 러시아말만 하셨습니까?)
"예."
(아까는 우리가 있어서 한국말 하셨고요?)
"네."
(남편 앞에서는 어떻게 합니까?)
"러시아말도 쓰고, 한국말도..."
(가족 앞에서는 한국말도 쓰시고, 러시아말도 쓰시고, 외부 사람이 오면 한국말 쓰시고?)
"아뇨. 한국말 할 수 없을 때 러시아말로."
(아, 한국말로 할 수 있는 것은 한국말로 하고, 할 수 없는 것은 러시아말로 하고. 애기하고 둘이 있는 때도 그렇습니까?)
"아뇨."
(애기하고 둘이 있으면 러시아말이 먼저 나오고?)
"네."
(시집 식구들 앞에서는 한국말 하다가 막히면 러시아말 한다는 거죠?)
"네."

이상의 기술을 대체적으로 정리하면, 이들 외국인 부인들은 자녀들에게 처음에는 자신의 모어와 한국어를 함께 쓰다가, 일정 시간이 지나 자신의 한국어가 향상되면 자녀들에게 주로 한국어를 쓰는 것으로 보인다. 물론 개별 연구 대상자의 출산 시기에 따라 구체적인 모습은 조금씩 다를 것이다. 그런데 면접 과정에서 한국어의 아기말(baby talk)에 대한 지식을 부분적으로라도 보여 준 사람은 모두 6명이었는데, 위의 연구 대상자 [18]-R뿐만 아니라 'I 등급'의 연구 대상자 [3]-C까지도 한국어 아기말 단어를 부분적으로 쓰는 것으로 보아, 실제로는 더 많은 연구 대상자들이 한국어 아기말을 알고 또 실제로 써 온 것으로 짐작된다. 가장 많은 아기말 단어를 언급한 사람은 연구 대상자 ⑰-Q인데, 이 연구 대상자는 '섬마섬마', '걸음마 걸음마', '짝짜꿍', '잠잠', '송고송고', '도리도리', 그리고 '쉬' 등을 짧은 문답 과정에서 제시하였다.

4. 자녀의 언어 교육 문제

(1) 어머니의 모어 교육

앞의 제5장 3절에서 정리한 언어 태도에 관한 문항 중 하나는 '자녀에 대한 모어 교육의 희망 여부'였고, 이에 대해 거의 모든 연구 대상자들이 자신의 모어를 자녀들에게 꼭 가르치고 전승시키기를 강력히 희망하고 있음을 이미 보았다. 그런데 이러한 희망적 동기를 이들 외국인 부인들은 실제의 가정생활 속에서 어떻게 구현하고 있는지 또 구현할 것인지, 그리고 어머니의 모어 교육에 대해 남편과 시부모들은 어떠한 생각을 가지고 있는지에 대해 간략히 정리해 보기로 하겠다.

먼저 이들 외국인 부인들은 자녀들에 대한 자신의 모어 교육을 구체적으로 계획하거나 실행하는 정도에 따라 대략 세 부류 정도로 나눌 수 있는 것 같다. 우선 한 부류는 아직 막연한 희망 정도만을 표명하는 입장인데, 이러한 생각을 제시한 부인들은 아직 자녀가 어려 자신의 모어 교육을 실현할 구체적인 계획까지는 미처 생각하지 못한 것으로 보였다. 가령 통역을 통해 '애하고 같이 한국어 배우고, 중국어도 가르쳐 주려고 해요.'라든지(연구 대상자 ③-C), '아이에게 일본말을 가르쳐 줄 수 있으면 좋겠다고 생각'하지만, "지금 그 전도〔정도〕여유가 없네요. 어차피 거기 나라에서 안 살아면은 못 배우는 거 같애서... 그니까 그래도 일본말로 갈차〔가르쳐〕 줄 수 있으면 좋겠다는 생각이..."와 같은 의견(연구 대상자 ⑤-E)이 이 부류에 속할 것이다.

많은 사람들이 제시한 두 번째 부류의 입장은 '아이가 한국말을 제대로 배운 뒤에' 또는 '아이가 지금보다 더 자라면' 자신의 모어를 가르치고 싶다는 생각이다. 가령 '아이가 한국말을 제대로 배운 뒤에 러시아어를 가르치겠다.'든지(연구 대상자 ⑲-S), '아이가 더 자라 초등학교에 들어가면 영어와 타갈로그어를 가르치겠다.'든지(연구 대상자 ⑨-I), '아이가 (몽골인들의 시각으로는) '기억을 잘할 수 있는 나이'인 또는 '머리가 좋아지는 때인' 6~8세 쯤이 되면 몽골어를 가르치겠다.'와 같은 의견(연구 대상자 ⑮-O)들이 이 부류의 대표적인 예가 될 것이다. 이 의견들은 외형상 다수의 남편들이 가진 생각과 맥을 같이 하는데, 그 핵심은 자신들의 자녀는 어디까지나 한국 사람이므로 먼저 한국어를 잘 배우고, 한국어 습득 과정이 끝난 다음에 부차적으로 자신들의 모어를 가르치겠다는 생각이 될 것이다. 또 표현 내용은 조금 달라도, 4살 된 아들을 두고 '지금까지는 생활이 바쁘다 보니까 일본어를 안 가르쳤으나, 외가와의 접촉을 위해서도 이제는 가르치려 한다.'와 같은 생각(연구 대상자 ⑦-G)도 이 부류에 속할 것이다.

세 번째 부류는 여기서 좀더 나아가 아이에게 자신의 모어를 계속 사용하거나 또는 아이에게 자신의 모어(넓은 범위에서의)를 의도적으로 가르치는 입장 등이 될 것이다. 여기서 물론 어느 정도 사용하고 가르치는 것이 그 기준이 될 것인지는 쉽지 않은 질문일 것이다. 그러나 가령 아이들에게 러시아어를 주로 사용해 온 연구 대상자 ⑱-R의 경우나, 외할머니가 중국서 와 3년간 같이 지냄으로써 아이들이 중국어를 어느 정도 학습한 연구 대상자 ④-D의 경우, 그리고 남편과의 의논 하에 근래 들어 아이에게 영어를 가르치기 시작한 연구 대상자 ⑩-J와 같은 경우 등은 이 부류에 속할 것으로 생각된다.

그런데 두 번째 부류와 세 번째 부류를 구분하는 것이 실제로는 그리 쉽지 않아 보이는데, 몇 사례의 경우는 이 두 부류의 중간 정도에 위치하는 것으로도 보였다. 가령 연구 대상자 ⑫-L이나 연구 대상자 ⑧-H 등과 같이 아이들에게 간단한 모어 표현을 일상적으로 사용하지만, 실제로 그렇게 많은 모어의 입력을 주거나 또는 구체적인 모어 학습의 계획까지는 갖고 있지 않은 것으로 보이는 사례들이 아마도 여기에 해당될 것이다.

전체적으로 이들 외국인 부인들이 자녀들에게 자신의 모어를 가르치기를 내심 강력히 희망하는 것은 맞을 것이고, 그리고 현재의 단계에서 자신의 모어를 가르치기 위한 계획을 짜거나 실행을 하는 정도에서 약간의 차이가 있는 것도 맞을 것이다. 그러나 그 어느 누구도 자녀들의 입장에서 어머니의 모어 학습이 한국어의 습득보다 더 우선하는 것으로 생각하는 사람은 없는 것 같다. 다시 말하여, 이들 외국인 부인들은 모두가 자녀의 일차적 정체성은 한국인이므로, 자녀들이 한국어를 우선적으로 잘 배워야 한다는 데에는 명시적이든 묵시적이든 모두들 동의하는 것으로 보인다. 따라서 자신들의 모어 교육은 어디까지나 이 바탕 위에서 이루어지는, 등가적인 언어 학습이 아니라 부차적인 언어 학습, 즉 '제2언어'(second language)의 학습이 됨을 모두들 묵시적으로라도 동의하는 것으로 보인다.

한편 자녀들에 대한 모어 교육에서 기본적으로 다언어사용자(multilingual)인 필리핀 출신 부인들은 다른 외국인 부인들에 비해 조금 특수한 그리고 상황적으로 유리한 위치에 있는 것으로 보인다. 즉 이들은 넓은 의미에서의 여러 모어들 중 어느 것을 선택하여 자녀들에게 가르칠 것인가의 문제에 직면함과 동시에, 세계어(world language)인 영어도 자신들의 모어 중 하나인 유리한 입장에서 있는 것이다. 그리하여 연구 대상자 [9]-I는 자신의 정말 모어인 비콜어는 아이들에게 가르칠 생각이 없고, 나중에 영어와 타갈로그어를 가르칠 계획인데 그 중에서도 타갈로그어보다는 영어 교육을 더 우선시하는 것으로 말하였다. 연구 대상자 [8]-H도 아이들에게 자신의 진짜 모어인 일로카노어는 잘 쓰지 않고, 대신 타갈로그어와 영어는 지금도 부분적으로 사용하는 것으로 보고하였다. 연구 대상자 [10]-J는 남편과 의논하기를 아이가 조금 크면 (즉 한국어 습득이 어느 정도 이루어진 뒤에는) 영어와 필리핀 말을 가르치기로 하였는데, 여기서의 필리핀 말도 자신의 진짜 모어인 비사야어가 아니라 숙고와 의논 끝에 타갈로그어로 정해졌음을 다음과 같이 설명하였다. (물론 이 연구 대상자는 이미 아들에게 영어 교육을 부분적으로 행하고 있다.)

> "우리 언니 선생님, 우리 언니가 선생님이거든 필리핀서. 지금부터 갈치라고 갈치라고. 그러니까 쪼끔 쪼끔… 네 가지 있는데요… 타갈로그말부터 배와라고요. 비사야 아니고요. 타갈로그말. 타갈로그말은 필리핀 가믄은 어디나 가믄은 타갈로그… 필리핀 universal language 잖아요. 그러니까. 왜냐면 마닐라 있으믄 비사야말 허먼은 마닐라 사람 못 알아들으잖아요. 그러니까 타갈로그… 근디 비사야서 가믄은 타갈로그말 허믄은 알아들어요. 그니까 타갈로그부터… 배와야…"

결국 3명의 필리핀 출신 부인들은 모두 자신들의 원래 모어 대신에 세계어인 영어와 필리핀에서 국어(national language)의 지위를 가지고 있는 타갈로그어를 자녀들의 교육 대상 언어로 선택하였음을 볼 수 있다. 여기서 이들에게 한 언어로만 선택 대상을 좁히라고 요구한다면, 아마도 이들은 모두 타갈로그어보다는 영어를 택할 것으로 믿어진다.

이들 필리핀 출신 부인들의 사례는 자신의 모어를 자녀들에게 전승시키고 싶어 하는 모든 외국인 부인들의 숨은 꿈이 실현될 수 있는 일반적 조건에 대한 한 가지 시사점을 던져주는 것으로 보인다. 다시 말해, 외국인 부인들이 자녀들에게 자신의 모어를 가르치고 전승시키기 위해서는 가족들 특히 남편의 적극적인 지지와 협조가 필요할 것인데, 해당 부인의 모어가 현재 한국 사회에서 상대적으로 중시되는 외국어일 경우 그만큼 가족들의 지지와 이해를 이끌어내는 것이 용이할 것이기 때문이다. 조사 과정에서 모든 연구 대상자들의 남편을 다 만난 것은 아니지만, 아내의 모어 교육에 비교적 적극적인 찬성 의사를 표명한 남편들 중에는 아내의 (넓은 범위에서의) 모어가 영어뿐만 아니라 중국어, 일본어인 경우가 여럿 있었다. 따라서 아내의 모어가 국제적으로 가지는 위상의 측면이 장차 외국인 부인들의 모어 교육의 실현 가능성 정도와 상당 부분 연관될 것으로 짐작되었다.

다시 원래의 논의로 돌아가 남편 및 시부모들의 '어머니의 모어 교육'에 대한 생각들을 간략히 살펴보기로 하겠다. 먼저 시부모들은 이 문제에 대해 거의 응답을 하지 않았는데, 아마도 현실적으로 이 문제까지 그렇게 깊이 있게 생각해 볼 입장이 되지 못했을 것이다. 단 한 명의 시어머니만이 다음과 같이 아주

원론적이고 의례적인 답을 하였다.

> "… 우리 며느리가 영리하니까 그대로 잘 따라서 허겠지요. 즈그 엄마가 알키면 다행이고, 알키면 좋겠지요. 지금은 다 학교를 댕겨두 여러 나라 말을 배울려고 허니께유 지가 배울 능력만 있으면 배우겠지요."
>
> (연구 대상자 ⑪-K의 시어머니)

자녀들이 어머니 언어를 배우는 문제에 대한 남편들의 응답은 예상대로 외국인 부인들의 그것에 비해 훨씬 소극적이고, 나아가 뚜렷한 생각 자체가 없는 듯한 반응들도 많았다. 남편들의 응답 내용은 대체로 두 부류로 나눌 수 있었는데, 한 부류는 막연하게 앞으로 가르치거나 배우게 될 것이라는 의견이고, 또 한 부류는 아내의 모어 학습에 대해 보다 적극적인 지지와 구체적인 계획을 표명하는 입장이었다. 물론 전자에 속하는 사람들이 후자에 속하는 사람들보다 더 많았다.

가령 전자에 속하는 몇 예를 들면, '한국말이 우선이고, 한국말을 배우고 나서 엄마의 말을 가르쳐야 할 것'이라든지, '유치원 갈 때쯤부터 엄마의 말을 가르칠 것이고, 엄마한테 자연스레 말을 배우리라 기대한다.'든지, '아내가 가르치고 싶다면 가르치겠다.' 등의 반응이었다. 또 '아이가 최소한 2개 언어를 쉽게 사용할 수 있으리라 기대한다.'든지, '한국어 먼저 가르치고 초등학교 들어가서 엄마가 영어도 할 줄 알므로 영어와 함께 엄마말도 가르칠 계획이다.' 등과 같은 예이다. 한마디로 이 부류에 속하는 의견들은 어머니의 모어 교육에 대해 그리 깊이 있게 생각해 보지 않은 막연하고도 의례적인 응답들로 이해되었다.

다음은 후자의 입장에 서는 몇 남편들의 의견 예인데, 대체로 말해 이들의 부인들은 자신의 모어 교육에 대해 보다 적극적 입장(즉 앞의 구분에서 세 번째 부류이거나 두 번째 및 세 번째 부류의 중간 정도)에 서 있던 사람들이 된다. 아마도 부부간에 어느 정도의 의견 교류가 상호적으로 이루어졌기 때문일 것이다.

(아이들이 엄마 모국어를 배우는 것에 대해서는 어떻게 생각하세요?)
"좋지요. 그럼요. 외가를 두고 있으니까... 쉽게 말해서 외국, 외가의 언어도 배워야지. 내가 처가갈 때도 처남들이랑 처형들, 동생들 많이 있어요. 그런데 나는 이자 인사 정도밖에 못하니까 미안하더라고, 그게. 가면 늘 처남, 처제들도 늘 나더러 태국어 좀 배웠으면 좋겠다고 해요."

(연구 대상자 ⑫-L의 남편)

(애기한테 완전한 한국말을 가르치고 싶다. 그런데 앞으로는 어떡할까요? 너댓 살 되면 애들이 한국말 다 배울 텐데, 앞으로 엄마말 비콜말이나 영어나 엄마가 가르칠 필요는 없을까? 어떻게 생각하세요?)
"있다고 봐요."
(언제쯤?)
"한 초등학교나 들어가야죠. 제 생각에는 지금도 영어 배워요. A, B, C 가르쳐요."
...
"(앞으로) 엄마 나라 말도 알아야 하니까... 어차피 성장하게 되면 그쪽에도 가봐야 하는 게 아니겠어요?"
...
(오히려 외국인 부인이어서 좋은 점은 없으세요?)
"좋은 것은 이제 그쪽 나라 말도 한 가지 더 배울 수 있다는 것... 학원을 안 다녀도... 그것만큼은 좀 해결을 볼 수 있으니까."

(연구 대상자 ⑨-I의 남편)

'한국말은 나도 가르치고 자연히 배우게 될 터이니, 아내에게는 영어와 타갈로그어를 가르치라고 한다.'

(연구 대상자 ⑧-H의 남편)

'나중에 조기 유학에 대한 큰 제약이 없다면, 한 몇 년간은 중국에서 좀 교육시키고 싶다. … 아이들이 중국어를 배우는 건 (거부감이 있다기보다) 오히려 좋다. 이왕이면 다른 외국어 하나라도 더 배우지 않는가? … 지금은 또 제2 외국어를 중국어로 채택해서 하는 학교도 있다는 얘기를 들었고 그래서 오히려 더 권장한다. (아내더러) 중국어를 사용하라고. 하나라도 더 배우는 게 좋다고 생각한다. … 쟤네들이 성인이 됐을 때는 그만큼 중국이 부강할 것이고 경제력이나 그런 것이 그만큼 나아질 것이고, 세계에서도 지위가 상당히 향상될 것이니까 지금부터 배워 놓으면 좋겠다고 생각한다. … 저번에 중국에 갔을 때 중국 초등생 정도 되는 교재도 많이 가져와서 같이 (공부)하기도 하고 한다. …'

(연구 대상자 ④-D의 남편)

전체적으로 남편들은 아내의 모어 교육에 대해 당사자인 외국인 부인들처럼 강한 희망적 동기를 가진 것은 물론 아닐 터이고, 소수의 예외를 제외하면, 대체로 소극적이고 수동적인 입장을 가진 셈이 될 것이다. 마치 자신들이 혼인을 준비하는 과정에서 언어 차이의 문제를 그리 심각하게 생각하지도 않고 또 준비하지도 않은 것처럼, 이 문제에 대해서도 대체로 막연한 생각만을 가지고 있는 경우가 다수인 것으로 보였다. 그러나 근래 한국 사회에서의 영어 교육 열풍 그리고 세계화 시대의 급증한 인적 교류 및 이주의 양상 등은 이들 남편들에게도 외국어 교육의 중요성을 일정 정도 일깨워 주는 것으로 보이고, 따라서 이러한 시대적 변화에 대한 인식은 이들 남편들로 하여금 아내의 언어에 대한 외국어로서의 가치를 새로이 깨닫게 하는 긍정적인 촉매제가 될 수도 있는 것으로 보였다.

그런데 아내의 모어 교육에 대한 막연한 기대를 갖고 있는 남편들은 말할 것도 없고, 아내의 모어 교육에 대해 상당히 적극적인 생각을 가진 남편들 그리고 바로 당사자인 외국인 부인들조차도, 아이들에게 두 언어를 가르쳐 두 언어 모두에 대한 사용 능력을 심어 주는 것이 그리 쉬운 일이 아님을 그렇게 깊이 있게 인식하고 준비하는 것으로는 보이지 않았다. 당장 연구 대상자들 중에서도 이러한 시각을 뒷받침할 수 있는 사례들이 발견되었는데, 즉 어머니의 상당한 노력에도 불구하고 아이가 쉽게, 기대만큼의 두언어사용자(bilingual)가 되지 않는 경우들이다.

먼저 한 사례는 연구 대상자 ⑱-R의 자녀들이다. 이 연구 대상자는 앞서 기술하였듯이 아이들에게 주로 러시아어를 쓰는 어머니인데, 이 집 아이들은 어머니의 모어인 러시아어를 어느 정도 배우고 사용할까?

(그럼 애들이 러시아말 꽤 알아듣죠?)

"듣기만 알아요."
(할 줄은?)
"아니. 한국말. 말하기, 한국말."
(러시아말은 듣기만 하고?)
"네."
…
(혹시 클 적에 애가 자기도 모르게 러시아말 하던 적 없습니까? 엄마에게 러시아말 안 합니까?)
"안 해요."

실상은 정확히 알 수 없지만, 아마도 아이들이 러시아어에 대한 수용적 능력(receptive competence)만을 부분적으로 배웠거나, 아니면 집에서조차 러시아어로 말하는 것이 그렇게 자연스러운 행동이 아님을 아이들이 이미 사회화 과정을 통해 학습한 것이 될 것이다.

또 한 사례는 자신이 앞 결혼에서 낳은 아이를 몽골에서 데려와 키우는 연구 대상자 ⑯-P의 경우가 될 것이다. 앞서 기술하였듯이 이 연구 대상자는 현재 초등학교 5학년인 아들을 5살 때 한국으로 데려와 지금껏 이곳에서 키우고 있다. 이 연구 대상자는 '아들이 한국어를 배우는 것이 필요하다고 생각하지만, 동시에 커서까지도 (몽골 사람이므로) 몽골어를 잊지 않기를 바라는 입장'이다. 따라서 아들이 몽골어를 잊지 않도록 집에서는 항시 몽골어를 사용하고, 밖에 나오면 몽골어와 한국어를 둘 다 사용한다고 하였다. 그러나 이 연구 대상자는 연구자들 앞에서도 아들과는 몽골어로만 대화를 주고받았다.

그러나 이 어머니의 의견에 의하면, 아들의 몽골어 수준은 그리 높지 않으며, 따라서 두 사람 간의 의사소통도 그리 명확하게 이루어지지 않는다고 하였다. 또 아들 말로는 자신은 몽골어보다 한국어를 더 잘한다고 하면서, 몽골어로는 말만 할 줄 알지 글은 못 읽는다고 하였다. 이 경우도 물론 정확한 실상은 알 수 없지만, 아마도 어려서 습득한 제1언어(몽골어)조차도 제한된 언어 입력의 상황 속에서는, 즉 어머니와의 대화만으로는 제대로 발달하고 유지되지 않음을 가리킬 것이다.

여기서 이중언어사용 능력의 습득에 관한 여러 경험적 연구 내용들(가령 Grosjean 1982 등)을 인용할 것도 없이, 결국 위의 예는 체계적인 계획과 실행의 뒷받침 없이는 특히나 한국 사회에서, 자녀들에게 어머니의 모어를 가르쳐 부분적으로라도 한국어와 어머니 모어의 두언어사용자로 만든다는 것이 결코 쉽지 않음을 가리켜 줄 것이다. 아마도 다음의 대화 예는 좁게는 조사 지역 내에서 그리고 넓게는 한국 사회라는 단일 언어공동체(monolingual speech community) 내에서, 이들 외국인 부인들이 자신의 자녀들을 두언어사용자로 키우는 것이 왜 그렇게 어려운 일인지의 바로 그 핵심 이유 중 한 부분을 지적하고 있는 것으로 생각된다.

> (애한테 왜 한국말을 써요?)
> "생활 부위기〔분위기〕가 일본말 하는 부위기〔분위기〕 아닌 거 같애요. 식구끼리만 살아도 저기... 뭐라고 해야 되는... 일본말로 하면... 뭐라고 해야... 분위기가 바뀌어요. 일본말 나오는 분위기 아닌 거 같애요. 뭐라고 해야죠?"
>
> (연구 대상자 6−F)

이러한 사회언어적 현실(sociolinguistic reality)의 시각에서 보면, 이들 연구 대상자들은 모두 자녀에게 자신의 모어를 가르치고 전승시키려는 어렵고 힘든 여정(旅程)의 초입 길에 서서, 아직은 그 길이, 특히나 한국 사회에서 그렇게 험난한 줄을 미처 깨닫지 못한 채, 막연히 '봄날 꿈'처럼 숨은 꿈을 혼자서 키워가기만 하고 있는지도 모를 일이다.

(2) 자녀의 한국어 습득 및 교육의 문제

현실적으로 이들 외국인 부인들이 직면하는 자녀의 언어 교육 문제에서 오히려 보다 중요한 문제는, 어머니의 모어 교육이 아니라 자녀의 한국어 습득 및 교육 문제인 것으로 보인다. 앞서 기술하였듯이 이들 모두는 자녀들의 제대로 된 한국어 습득을 당연시할 뿐만 아니라 자신의 모어 교육보다 우선시하였다. 그런데 이들 외국인 부인들은 자신들의 한국어 사용 능력이 완전하지 않음으로 해서, 자녀들의 한국어 습득 및 교육에 부정적인 영향을 미칠 개연성을 갖거나, 아니면 최소한 능동적 역할을 수행할 수 없는 상황에 모두들 처해 있는 것으로 보인다.

물론 이들 국제결혼 이주여성들이 자녀의 언어 습득이나 나아가 언어 교육에 구체적으로 어떠한 영향을 미치는지는 그것 자체로서 복합적이고 쉬이 답하기 어려운 문제일 것이다. 따라서 그것은 당연히 광범하고도 심층적인 새로운 경험적 연구를 필요로 할 것이다. 연구자는 면접 과정에서 외국인 부인들 및 그 남편들에게 자녀의 한국어 습득 및 교육과 관련한 일반적인 질문을 하였고, 여기에 절반가량의 연구 대상자 부부들이 나름대로의 응답을 하였다. 따라서 여기서는 이 응답 결과를 중심으로, 외국인 부인들 및 그 가족들이 이 문제에 대해 어떻게 생각하고 대처하는지를 간략히 정리하기로 하겠다.

연구 대상 외국인 부인들 중에서 3살 이상 된 자녀를 두고 있는 사람은 모두 8명인데(이 중 2명은 3살 이상 된 자녀를 2명씩 두고 있음), 이 8명의 부인과 그 남편들이 주로 자녀의 언어 습득 및 교육 문제에 대해 나름의 의견을 진술하였다. 아마도 아이들이 아직 어린 경우에는 말을 배워 본격적으로 산출하는 시기가 아직 아니므로, 자녀들의 언어 습득 과정에 대한 부모로서의 관심이 상대적으로 적었을 것으로 생각된다.

먼저 한 가지 거의 공통된 반응은 아이들의 말이 늦거나 또는 서툴 것에 대한 우려였다. 3살 이상 된 자녀를 둔 8명의 부인들(및 그 남편들) 중에서 5명이 아이의 말이 늦다는 인상을 받았거나 또는 주위 사람들로부터 그러한 이야기를 듣는다고 하였다. 나머지 3명의 경우도 명확하지는 않지만, 최소한 어머니의 불완전한 한국어로 인해 아이의 말이 서툴 것을 걱정하는 것은 아마도 맞을 것이다. 따라서 실제로 이 아이들의 말이 늦는지 여부는 알 수가 없지만, 어쨌든 이들 외국인 부인들은 자녀들이 조금 커 감에 따라, 즉 언어 습득기에 다다르면, 아이가 한국말을 제대로 잘 배울 것인지 여부에 대해 대체적으로 상당한 우려를 하고 있는 것으로 보인다.

다음은 이들 부인들 또는 그 남편들의 우려의 목소리이다.

'아이가 한국말을 못할까 봐 어린이집을 보내고 또 조카들이랑 많이 놀게 한다.'

(연구 대상자 [12]-L)

'아이를 올 3월부터 유치원에 보내고 있는데, 유치원에 보내면서 따로 신경 쓰는 것은 없으나, 아이가 말이 늦은 점을 조금 걱정하고 있다. 그러나 주위에서 아직 아이가 4살밖에 되지 않았으므로 걱정할 것이 없다고 하고, 또 아이가 간단한 말은 많이 하기 때문에 점차 나아질 것 같아서 큰 걱정은 하지 않는다.'

(연구 대상자 [10]-J)

'아이의 말이 늦어 약간 걱정하고 있다. 그 이유는 아이에게 한국말만 하는 것이 아니라 엄마가 외국말도 하기 때문이다. 그래서 올 3월부터는 유치원에 보내고 있다.'

(연구 대상자 [10]-J의 남편)

'둘째 아이가 한국말을 잘 못해서 걱정이 되었으나, 어린이집에 보내고 나서부터는 말이 빨리 늘었다. 큰아이는 원래 한국말을 잘했었고, 어린이집에 가고 나서는 말이 훨씬 더 빨리 늘었다. 그러나 엄마가 한국말에 능숙하지 못하다고 해서 아이들이 말을 제대로 배우지 못하리라고는 생각하지 않는다.'

(연구 대상자 [4]-D)

다음은 연구 대상자 [18]-R과의 대화 예인데, 그 남편도 큰아이가 말이 늦은 것 같아 아이를 이미 어린이집으로 보내었다고 하였다.

(혹시 엄마가 리시아말을 히니까 애가 한국말을 더디게 배울까 봐 걱정은 안 하셨습니까?)
"그런 얘기 많이 들어요."
(누가 그런 이야기를 합디까?)
"〈러시아어로 이야기〉"
((통역: 보인대요.))
(애가 말이 좀 늦다는 거죠?)
"세, 네, 네 살부터."
(네 살부터 한국말 했다는 거죠? 말이 조금 늦다는 거죠? 걱정하지 마세요. 지금 창현이가 한국말 하는 것은 어떻습니까?)

"잘한다고요. 하지만 다른 애기…"
(다른 애 다섯 살짜리와 비교하면 못합니까? 괜찮을 거예요, 어린이집 가면은. 유치원 선생님이 창현이가 한국말이 늦다고 합니까?)
"아뇨."

또 아직 어린아이를 둔 연구 대상자들 중에서도 장차 아이(이 경우는 현재 1세)의 한국어 발달을 걱정하는 사람도 있었다.

"근데 그것보다 제가 걱정하는 것은 쪼끔 그… 엄마가 외국 사람, 사람이 된 애기들은 발음이 쪼끔 틀린 거 같애요. 그것 듣고 저도 걱정해요. 제가 제 한국말, 역시 엄마 말 배우잖아요. 그러니까 애기가 잘 모타는[못하는] 발음이를 배우는가 그런 생각해 가지고. 지금부터 조금 심각해요. 제가 진짜로 노력해야 되는데…"

(연구 대상자 5－E)

실제로 이들 외국인 부인들의 아이들이 모두 언어 습득에서 지체 현상을 보이는지 여부는 알 수가 없다. 물론 충분한 개연성은 있을 것이다. 그러나 부분적으로는 어머니가 외국인이고 또 어머니가 자신의 모어도 아이에게 함께 쓰기 때문에, 아이의 말이 늦을 것이라는 통상적인 선입견도 여기에는 작용했을 것으로 보인다.

어쨌든 이들 외국인 부인 및 그 가족들이 이러한 상황에서 공통적으로 대처하는 방식은 자녀들을 비교적 일찍 어린이집으로 보내는 것으로 나타난다. 연구 대상자들(즉 순수 외국인 부인들 17명) 중 몽골에서 아들을 데려와 키우는 예외적인 1사례를 제외하면, 이들 외국인 부인들의 자녀는 모두 21명이고 이들 모두는 아직 초등학교에 가지 않은 미취학 아동들이다. 그런데 이 중 4살이 넘은 아이는 모두 9명인데, 놀랍게도 이 9명 모두가 각자의 나이에 따라 어린이집이나 유치원을 다니고 있었다. 달리 말하여, 연구 대상 외국인 부인 및 그 가족들은 어머니의 불완전한 언어 입력이 아이들의 언어 습득 과정에서 장애 요인이 될 수 있다고 보고, 아이들을 모두 보다 나은 언어 습득의 환경인 어린이집(또는 유치원)으로 비교적 일찍 보내는 슬기로운 판단을 내리고, 그것을 이미 행동으로 옮기고 있었던 것이다. 아마도 이 대처 방식은 모든 국제결혼 이주여성의 가족들이 현재의 상황에서 선택할 수 있는 가장 현명한 최상의 대응 방안인 것으로 생각된다.

다음으로 이들 외국인 부인들은 언어 습득 단계를 넘어선 자녀들의 언어 교육에는 어느 정도 능동적인 역할을 행할까? 한마디로 매우 수동적이고, 오히려 가르치는 역할 자체를 회피하려는 경향이 강한 것으로 보인다. 말할 것도 없이 자신들의 제한된 한국어 및 한국 문화에 대한 능력 또는 지식 때문일 것이다.

이 질문에 대한 연구 대상자들의 응답에서, 오직 한 사람만이 '아들에게 한글을 가르치지는 않았으나, 동화책을 읽어 주고 노래(가령 '곰 세 마리', '올챙이 노래', '태극기 노래' 등)를 가르쳐 준다.'고 답하였다(연구 대상자 [7]-G). 나머지 응답자들은 이러한 언어 교육상의 능동적 역할을 전혀 수행하지 않은 것 같이 답하였는데, 다음은 몇 예이다.

'한글은 아빠가 가르친다. 애들이 엄마에게 물어보면, "엄마 몰라, 아빠 가 봐."로 말한다. "(아이들이) 엄마에게 물어도 몰라서 속상해 죽겠어요."'

(연구 대상자 [12]-L)

'아이들 공부에 도움을 못 주는 것 같아 안타깝다.'

(연구 대상자 [9]-I)

'(아이들) 한글을 집에서는 가르치지 않았고, 어린이집에서 배우기 시작하였다.'

(연구 대상자 [4]-D)

심지어는 어린이집에 다니는 아이로부터 거꾸로 한국 노래를 배운다는 연구 대상자도 있었다. 어쩔 수 없는 현실일 것이다.

(선영이한테 한글 가르칩니까?)
"한글요?"
(예. 아니면 어린이집에서 가르치도록 내버려둡니까?)

"선영이한테는 한국 노래, 동요 같은 거 제가 배와〔워〕요. 어린이집에서 배우고 왔는〔온〕 거 자꾸자꾸 하니까. 아, 그런 노래 있구나, 제가 배와〔워〕요."
(글은 안 가르쳐 주고?)
"예."

(연구 대상자 [6]-F)

짐작컨대 자녀들에게 한글을 외국인 어머니가 직접 가르쳐 준 경우는 연구 대상자들 중에서는 전혀 없는 것으로 보였다. 자녀의 한국어 습득과 관련하여서는 아이들을 일찍 어린이집이라는 최적의 언어 습득 환경으로 보냄으로써, 습득상의 지체 문제는 자연스럽게 해결할 수 있을 것으로 짐작되었다. 그러나 장차 이 자녀들이 초등학교에 입학하게 되면, 어머니로서 국어 교과뿐만 아니라 다른 교과목의 학습 내용을 가르치고 보살펴 주는 데서는 많은 문제들이 앞으로 야기될 것으로 예상된다. 아마도 자녀들의 언어 교육 그리고 학교 교육과 관련하여서는, 한국인 아버지의 능동적이고 적극적인 역할 수행이 기대될 뿐만 아니라, 학교 및 교사들의 특별한 관심과 역할 그리고 필요하다면 이 아이들을 위한 특별 프로그램까지도 학교 내에 만들어져야 할 것으로 생각된다.

마지막으로 이 아이들이 다니는 어린이집이나 유치원에서 어머니가 외국인이기 때문에 또는 아이의 피부 색깔이 조금 다름으로 해서, 또래 친구들로부터 받는 '차별'이나 거리감이 없는지를 조심스럽게 물어보았다. 일단은 우려할 만한 별다른 문제는 없는 것으로 보였는데, 가령 한 응답자는 "그런 건 없어요. 애들끼리도 그런 건 없어요. 엄마들이랑 … 만나도 잘 지내요."라고 하였고(연구 대상자 [12]-L), 또 다른 응답자는 '엄마가 외국인이라고 해서 놀림을 당한다거나 하는 일은 없었다.'고 명확히 답하였다(연구 대상자 [4]-D). 연구자가 이 지역의 초등학교와 어린이집을 잠시 방문하여 담당 교사들과 면담을 하였을 때도, 다행히 아직은 아이들의 세계에서 그러한 우려할 만한 일은 없다는 말을 들을 수 있었다(다음의 〈사례〉 참조).

한 연구(정은희 2004)에 의하면, 국제결혼 이주여성(전라남도 거주)의 자녀 19명을 대상으로 아동의 언어 발달을 조사한 결과, "나이가 어릴수록 이해 언어에 어려움을 가지고 있었고 표현 언어도 68% 아동이 지체 가능성을 보인"(p.33) 것으로 보고한다. 앞으로 이들 국제결혼 이주여성의 자녀들에 대한 한국어 습득 및 교육 문제에 관한 보다 체계적이고 과학적인 (그리고 대처 방안까지를 포함하는) 연구가 필요함은 두말할 필요도 없을 것이다.[11]

연구자는 조사 기간 중 임실 지역의 한 초등학교와 어린이집을 방문하여 어머니가 외국인인 아동의 언어 발달 문제(그리고 부분적으로 친구들과의 관계 문제)에 대해 담당 교사로부터 개략적인 정황을 들을 수 있었다. 다음의 〈사례〉에서 정리하는 내용은 바로 담당 교사들로부터 들은 이 문제에 대한 간접적인 보고이다.

♧사례 : 국제결혼 이주여성 자녀의 언어 발달

1. 면담 경위

혼인이주여성들에게서 난 자녀들의 언어 발달상의 문제에 대해 간접적으로라도 그 개황을 파악하기 위해 임실 지역 내의 여러 유아교육기관 그리고 초등교육기관을 먼저 전화로 접촉하였다. 접촉 결과 어린이집의 경우는 외국인 부인의 자녀 3명이 다닌다는 A 어린이집을 찾아 담당 교사와 면담하기로 약속이 이루어졌고, 초등학교의 경우는 외국인 부인의 자녀 2명이 다닌다는 B 초등학교를 찾아 담임교사와 면담하기로 약속이 이루어졌다. (그런데 초등학교의 경우는 학생 숫자가 많아서인지 이들 외국인 부인의 자녀가 재학 중인지 여부를 학교 차원에서는 현황으로 잘 파악하지 못하고 있는 듯한 인상을 받았다.) 유치원의 경우는 초등학교 부설의 C 유치원에 외국인 부인의 자녀 1명이 다니는 것으로 확인되었으나, 담당 교사가 전화상으로 언어 문제나 친구 관계에서 아무런 문제가 없다고 사실상 면담을 사양하였으므로, 해당 유치원을 찾아가 보지 못하였다. (A 어린이집 및 B 초등학교로의 방문 면담은 2005년 7월 15일에 이루어졌음)

---

11) 혼인이주여성의 자녀들을 포함하는 소위 '다문화 가정'의 자녀 교육 문제를 다루는 간략한, '예비적인' 보고서에는 『다문화 가정의 자녀 교육 실태 조사』(조영달·윤희원·박상철 2006)가 있다.

2. 어린이집 면담 내용

다음은 어린이집에서 2명의 교사들로부터 들은 3명의 해당 아동들의 언어 발달 상태에 관한 개요이다.

▶'가' 아동(4세)

이 아이는 바로 우리의 연구 대상자 ⑧-H의 큰아들이었다. 담당 교사에 의하면 어머니가 한국어로 의사소통이 가능하여 어린이집 행사나 예방 접종과 같은 지침을 빠짐없이 잘 지킨다고 하였다. 또 담당 교사는 이 아동이 조부모와 함께 사는 언어 환경에 있음도 언급하였다.

'가'는 3살 때인 2004년도부터 어린이집을 다니기 시작하였는데, 그 6개월 전쯤에 할머니가 '가'를 데리고 어린이집을 찾아왔으나 당시는 너무 어려 잘 적응을 못하여 그만 두었다고 한다. 작년(여기서는 면담 당시의 시점을 기준으로 함)에 어린이집을 다니기 시작했을 때의 언어 발달 상태는 같은 또래의 한국 어린이보다 말이 늦은 것이 아니었고, 또 '가'의 경우는 당시 (다른 필리핀 부인의 아이들과는 달리) 영어도 하지 못하였다. 현재의 언어 발달 정도는 또래 한국인 어린이보다 오히려 말을 더 잘하는 수준이며, 그리고 성격이 활발해서인지 친구 관계에도 아무런 문제가 없다고 담당 교사는 평가하였다.

▶'나' 아동(5세)

어머니는 필리핀 출신이고, 조부모가 없는 언어 환경이다. 아버지가 서울에서 일을 하기 때문에 한두 달에 한 번씩 정도 집에 온다고 하고, 읍내에서 떨어진 다른 면(面)에 사는데 집도 외따로 좀 떨어져 있고, 어머니는 이웃과 교제를 않고 주로 집에서 혼자 지내는 것으로 보인다고 하였다. 담당 교사는 '나'의 어머니와는 의사소통이 잘되지 않아 어린이집 지침 사항을 제대로 전달하기가 어려운 것으로 전하였다.

'나'는 작년, 즉 2004년 하반기부터 이 어린이집을 다니기 시작하였는데, 당시의 담임교사는 '나'가 하는 말을 거의 알아듣지를 못하였다고 한다. '안녕하세요'라는 말도 조음이 잘 안되어서인지 굴려서 말하는 듯 답답함이 느껴졌고, 또래 한국인 아이들도 무슨 말인지 못 알아들어 친구 사귀는 것도 처음에는 힘들었다고 한다. 혼자서 무엇을 중얼중얼하는 식이었는데, '헬로'라고 하는 것으로 보아 '나'의 말에는 영어도 섞여 있었던 것으로 생각되고, 또 실제 가끔씩 영어도 한마디씩 하였다고 한다. 어린이집에 와서도 한동안 의사소통을 제대로 못하고 있던 중, 뒤에 '어머나'라는 노래를 배우고 그것이 재미있었던지 그 노래를 흥얼거리더니, 그 이후로는 조금씩 좋아져 지금은 아주 좋아졌다고 하였다.

지금은 선생님이나 친구들과 대화를 하는 데에 별문제가 없는 것으로 보이지만, 그러나 아직도 또래 한국인 어린이에 비해서는 언어 발달이 느린 편인 것으로 평가하였다. '나'는 말을 천천히 하고, 어휘량이 부족하여 말을 다양하게 표현하지 못하고, 짧은 문장만 쓰고 긴 문장은 구사하지 못하며, 발음도 부정확하다는 것이 담당 교사의 평가이다. 때로 선생님의 말을 제대로 이해하지 못해 시킨 대로 따라 하지 못하는 경우도 있는데, 이를테면 동그라미를 그리라고 하는데 다른 모양을 그리고, 빨간색을 사용하라고 하는데 다른 색을 사용하는 예 등이다. '나'는 처음에는 연필을 쥘 줄도 몰랐는데, 지금은 또래 아이들에 비해 쓰기가 조금 늦기는 하지만 그리 많이 늦지는 않다고 하였다.

▶'다' 아동(3세)

이 아이는 바로 '나'의 여동생인데, '나'와는 달리 말을 또래의 한국 아이만큼 잘하고, 미술도 잘할 뿐만 아니라 선생님이 시키는 모든 것을 다 잘한다고 하였다. 처음에는 얌전하여 말이 없는 편이었지만, 언어능력은 오빠보다 더 나았던 것으로 평가하였다.

▶면담에 응해 준 2명의 교사는, 어린이들의 세계에서는 (피부색이나 어머니가 외국인이라는 사실에서 연원하는) 또래들 사이의 따돌림이란 찾아보기 어렵다고 전하였다. 가령 위의 '가'도 얼굴이 좀 검은 편이지만 한국인 어린이 중에도 '가'만큼 검은 아이가 있으므로, 아이들 사이에서는 얼굴 색깔 때문에 따돌리는 것은 없어 보인다고 하였다. 실제로 '가'는 같은 반 아이들 중에서 활동 및 관계의 면에서 가장 앞서는 축에 속하는 것으로 평가하였다.

3. 초등학교 면담 내용

다음은 초등학교에서 만난 한 교사와의 면담 내용이다. 이 교사는 작년, 즉 2004년에는 '라'(현재 5학년)의 담임선생님이었고, 지금은 '마'(현재 2학년)의 담임선생님이다.

▶'라' 아동(12세)

'라'는 바로 우리의 연구 대상자 ⑯-P가 몽골에서 낳아 5살 때 이리로 데려와 키우고 있는 아들이었다. 연구 대상자 ⑯-P에 의하면, '라'는 한국말을 전혀 모르는 상태에서 한국으로 와 그때부터 유치원에서 한국말을 배우기 시작하였다고 한다.

담임선생님은 '라'의 한국어 능력에 대해 전반적으로 어휘력은 한국 아이들과 비슷하고 말투만 약간 다를 뿐인데, 글씨도 잘 쓰는 편이라고 평가하였다. 그러나 작년에 처음 담임을 맡았을 때는, '라'가 '무슨 말인지 못 알아듣게 말을 하였고, 또 높임말과 반말을 구분하지 못할 때도 있었으며, 말의 억양에 외국 말투가 들어있는 듯 했다'고 덧붙였다.

또 '라'의 어머니는 학교에도 자주 찾아오는 편이지만, 한국말이 서툴러 자신과의 의사소통이 제대로 되지 않은 것으로 전하였다.

▶'마' 아동(8세)

'마'의 어머니는 일본인인데 한국말을 못하여 학교에는 전혀 오지 않고, 대신 학부모가 학교에 꼭 와야 할 일이 있으면 아버지가 다녀간다고 하였다.

'마'는 한국말을 하는 데에 전혀 문제가 없고, 또 성실하고 공부도 잘할 뿐만 아니라 국어 실력도 문장력이 뛰어나는 등 아주 좋다고 평가하였다. 또 지난 학기에 학급의 학우들이 반장으로 뽑아 줄 수도 있었는데, '마'가 엄마가 학교에 오지 않는 것을 이유로 반장직을 사양하였다고 덧붙였다.

4. 정 리

간접 보고의 사례 수가 많지 않기는 하지만, 어린이집의 '나' 아동을 제외하고는, 대체로 언어 발달상의 별다른 문제가 없는 것으로 보아야 할 것이다. 연구자는 초등학교의 '라' 아동도 어머니와의 면접 시 잠시 만났는데, 연구자와의 짧은 대화에서는 언어 사용상의 특이한 문제가 있는 것으로 보이지는 않았다. 그러나 '라'의 경우는 몽골어를 제1언어로 거의 다 배운 시점에서 한국으로 와 한국어를 새로이 배우기 시작하였고, 그리고 지금도 어머니와는 몽골어를 주로 씀으로 해서, 몽골어의 간섭(interference) 요인이 이 아동의 한국어 발화에는 부분적으로 있을 것으로 여겨진다.

'나' 아동의 경우는 언어 발달의 면에서 그야말로 문제가 있는 경우일 것이다. 앞뒤 정황으로 미루어 보건대, 이 어린이집으로 오기 전까지는 주로 어머니와만 접촉을 하였고 따라서 상당한 수준의 '사회적 고립' 속에서 성장한 아동인 것으로 보인다. 언어 습득의 지체가 상당히 심한 것으로 보아야 할 것인데, 조금만 더 일찍 어린이집으로 왔더라면 지금보다는 훨씬 나은 한국어 사용 능력을 습득할 수 있었을 것으로 짐작된다. 그런데 여기서 한 가지 의아스러운 부분은 형제간인 '나'와 '다'의 판이한 언어 발달 과정이다. 물론 어린이집으로 보내진 나이가 서로 다르긴 하지만, 교사들의 보고에 의하면, 현재 습득한 언어 능력의 면에서 두 아이는 상당히 큰 차이를 보이는 것으로 느껴지기 때문이다. 일반적인 짐작이기는 하지만, '나' 아동의 경우에는 유아기의 불충분한 언어 입력의 요인 외에도 다른 심리적 요인의 영향도 함께 생각해 볼 수 있을 것 같다.

전체적으로 이들 외국인 부인의 자녀들을 일찍 어린이집으로 보내는 것이 이 아동들의 정상적인 한국어 습득을 위한 현 상황에서는 최상의 방안인 것으로 보인다. 그리고 여기서 소개한 사례 수가 적어 쉽게 말하기는 어렵겠지만, 외국인 부인들에게서 태어난 아이들의 언어 습득 및 발달상의 문제가 의외로 일반적인 우려보다는 적을 수도 있을 것 같은 생각도 든다. 물론 차후의 체계적인 경험적 연구에 의해 규명되어야 할 사항일 것이다.

제7장 과제와 전망

이 연구는 그 내용의 면에서 크게 세 부분으로 구성되었다. 즉, 연구 대상 혼인이주여성들의 한국어 학습 과정과 그들이 습득한 한국어 사용 능력의 실제 수행 양상을 개별적으로 기술·분석한 제4장과, 연구 대상자들의 한국어 학습의 일반적 상황을 기술하고 관련되는 문제점들을 파악하려고 한 제5장, 그리고 이들의 언어 행동상의 몇 가지 흥미로운 측면들을 기술하고 나아가 자녀들의 언어 습득 및 교육 상황을 부분적으로나마 파악하려고 한 제6장이 바로 그것이다. 말할 것도 없이 제4장이 이 연구의 중심 부분이 될 것이고, 제5장 및 제6장은 상대적으로 부차적인 부분이 될 것이다.

그런데 전체적으로 보아, 이 연구는 먼저 '언어 적응'(linguistic adaptation)이라는 이론적 개념을 '문화 적응'의 한 부분으로 보고, 그것을 문화 적응의 개념으로부터 유추하는 데서 출발하였다. 그리하여 언어 적응이란 '집단이나 개인이 그를 둘러싼 언어 환경(즉 상이하거나 새로운 언어공동체)에 적합하도록 그의 언어 행동을 조정(또는 순응)하는 과정'인 것으로 일단 규정하였다. 이 이론적 개념에 바탕하여, 우리의 연구 주제인 국제결혼 이주여성의 언어 적응이란 대체로 '언어를 달리하는 외국인 여성이 한국 사회로 혼인이주하여, 한국이란 새로운 언어공동체(speech community)에 적합하도록 자신의 언어 행동(language behavior)을 학습하고 순응해가는 과정'인 것으로 이해할 수 있었다. 그러면 국제결혼 이주여성의 언어 적응이란 그 핵심 부분이, 이들이 '한국어를 배우고 (한국 사람처럼) 한국어를 사용하게 되는' 과정이 될 것이고, 거꾸로 우리의 연구 질문은 바로 이들이 '어떻게 한국어를 배우고 얼마나 잘 한국어를 사용하느냐'로 맞추어질 수 있는 것이었다.

여기서 다시 이들의 학습 대상인 한국어의 지식(knowledge) 또는 능력을 이해하기 위해 도입한 이론적 개념은 '의사소통능력'(communicative competence)이었다. 즉 이들이 배우는 한국어에 대한 지식은, 한국어의 문법에 관한 구조적 규칙뿐만 아니라 한국어의 적절한 사용에 관한 문화적 규칙까지도 포함하는, 한국 사회라는 언어공동체의 성원들이 일반적으로 공유하는 의사소통능력인 것으로 규정하였다. 다시 말하여, 이들 국제결혼 이주여성의 언어 적응이란 그 핵심이 바로 이론적으로는 한국어의 (또는 한국 사회라는 언어공동체 내의) 의사소통능력을 습득하고 수행하는 것으로 이해할 수 있었다.

여기서 구체적인 연구 계획은 이들 혼인이주여성들의 한국어 의사소통능력의 습득 과정 자체를 장기간에 걸쳐 관찰하기보다는, 이들이 습득한 한국어 의사소통능력이 실제로 수행되는 양상을 관찰하는 것으로 정해졌다. 다시 말하여, 연구 대상자들의 실제의 '말' 또는 '의사소통 행위'를 직접 관찰함으로써, 그들이 지금까지 성취한 언어 적응의 결과 즉 그들이 현재까지 습득한 한국어 의사소통능력의 내용 및 수준을 파악하려는 것이었다. 이 연구 목표를 위해 채택한 연구 방법은 일반적으로는 '심층면접'(depth interview) 방법 즉, 연구 대상자들과 일정 시간 동안 상대적으로 깊이 있는 인터뷰를 진행하는 방법이었고, 보다 특수하게는 '언어 현지조사'(linguistic field work) 방법 즉, 연구 대상자들의 일상적인 실제의 말 또는 자연적 담화를 다양한 유도방식에 의해 산출하게 하고 이를 녹음·전사함으로써 기술 및 분석의 원자료로 삼는 것이었다.

이 책의 중심 부분인 제4장 '한국어 사용 능력의 실제 모습'은 바로 이 '언어 현지조사' 방법에 의해 파악된 연구 대상자들의 '습득된 한국어 의사소통능력'의 대체적인 내용 및 수준을 기술·분석한 것이 된다. 간단히 말하여, 모두 8개 출신국 및 민족(중국 조선족, 중국 한족, 일본, 필리핀, 태국, 베트남, 몽골, 우즈베키스탄(고려인))의 19명의 연구 대상자들을 상대로 그들이 학습해 온 한국어 의사소통능력을 크게 6가지 차원 즉, (1) 몸짓언어와 한글의 해독, (2) 발음의 정확성, (3) 문법적 표현 정도, (4) 어휘구사력, (5) 대화 능력 및 담화 구성 능력, 그리고 (6) 상황에 따른 언어 사용 능력 등에 따라 기술 · 분석한 것이다. 물론 소수의 한국어 학습 정도가 '능숙한' 화자들의 경우에는 보다 간략한 기술 틀에 따라 그들의 한국어 의사소통능력의 대체적인 양상을 기술 · 분석하였다. (물론 제4장에서는 연구 대상자들의 언어 적응 과정을 이해하기 위하여 이들의 '한국어 학습 배경'과 '한국어 학습 과정'에 대한 기초적인 자료들도 간략히 정리하였다.)

여기서 제4장의 개별 연구 대상자의 한국어 사용 능력에 대한 기술 · 분석은 물론 그 내용의 면에서는 대체로 소략(疏略)하고 그리고 일반적인 수준에서의 기술 · 분석이 될 것이다. 그러나 동시에 그것은 나름의 특색을 지닐 것으로 여겨지는데, 한 가지는 단순한 발음, 문법, 어휘에 대한 기술 · 분석뿐만 아니라 언어적 상호 작용으로서의 대화(conversation), 이야기 그리고 내면적 세계의 표현으로서의 담화(discourse), 다양한 사회적 관계 및 장면에서의 말하기(speaking), 그리고 부분적인 몸짓언어(gesture)의 이해 등을 '하나의 틀' 속에서 기술 · 분석한 것이 될 것이다. 다시 말하여, 개별 화자의 말 또는 언어수행(보다 넓게는 의사소통 행위)을 내적인 구조의 면에서 뿐만 아니라 사회적인 사용의 면에서도 접근하고, 그것을 함께, 상대적으로 폭넓게 기술한 것이 될 것이다. 여기서 또 한 가지의 특색은 녹음한 실제의 말 또는 자연적인 담화의 자료를 가능한 한 풍부히 제시함으로써, 연구 대상자들의 구체적인 한국어 사용의 실제적인 모습을 제한적으로나마 보여 준 것이 될 것이다.

말할 것도 없이 이 두 가지의 특색은 앞서 논의한 '의사소통능력'이라는 기초적인 이론적 개념과, '언어 현지조사'라는 핵심적인 연구 방법에서 연원한 것이 될 것이다. 물론 언어 현상을 다루는 언어과학자들은 나름의 이론적 · 방법론적 정향을 가질 것이고, 그리고 그 정향에 따라 개별적인 연구 작업을 수행할 것이다. 그런데 일반적으로 말하여, 좁은 문법의 영역에만 한정되는 '언어능력'이라는 이론적 개념보다는 구조와 사용을 모두 포괄하는 '의사소통능력'이라는 이론적 개념이, 언어 현상을 이해하는 데서 보다 적절하고 그리고 언어의 사회적 실재(social reality)도 아울러 반영할 수 있을 것으로 믿어진다. 마찬가지로 언어 현상을 이해하는 데서 실제로 사용되는 살아있는 말 또는 자연적 상황에서의 담화를 우선적이고 일차적인 언어 자료로 생각한다면, 그 자료를 수집할 수 있는 최상의 연구 방법은 바로 연구 대상자들의 생활 세계 속으로 직접 들어가 그들의 언어 행동을 관찰하는 '언어 현지조사' 방법이 될 것이다. 이러한 시각에서 필자는 의사소통능력이라는 보다 포괄적인 이론적 개념과 언어 현지조사라는 보다 경험지향적 연구 방법을 원용한, 한국 사회 내의 다양한 언어 행동의 측면들에 대한 이론적·경험적 연구들이 향후 이루어지고 그리고 축적되기를 기대해 본다.

다시 이 책에서의 연구 내용으로 돌아가, 제5장 '한국어 학습의 전반적 상황'에서는 개략적이나마 연구 대상 외국인 부인들의 '열악한' 언어 학습의 일반적 상황과 문제점들을 파악·기술하였다. 여기서의 발견 사실은 앞으로 두 가지 과제로 곧장 연결·발전되어야 할 것으로 생각된다.

먼저 한 가지는 이들을 위한 체계적인 한국어 교육 프로그램의 개발 및 시행이다. 연구자는 이들을 위한 한국어 교육의 목표와 기본 성격이 (1) 한국어 의사소통능력의 교육, (2) 한국 문화에 관한 문화 교육과의 부분적인 통합, (3) '의사소통 중심적 언어 교수법'의 채택, (4) '말로 하는 담화'의 우선성, 그리고 (5) 기초적인 '생활 한국어' 중심의 교육 내용 등과 같은 원칙에 따라 이루어질 수 있음을 제안하고, 또 이들을 위한 한국어 학습 교재의 개발이 시급히 이루어져야 함을 강조하였다. 말할 것도 없이 이들을 위한 한국어 교육 프로그램의 개발 및 학습 교재의 개발은, 소위 '한국어 교육' 전문가들의 적극적인 노력과 참여에 의해 가능해질 것이다.

또 한 가지 과제는 좁게는 제5장 그리고 넓게는 이 책 전체를 통해 이들 국제결혼 이주 여성들의 언어 적응에 대한 개요가 어느 정도 파악되었다면, 이와 함께 쌍(雙)을 이루어야 할 작업은 이들의 '문화 적응'에 대한 보다 본격적이고 심층적인 연구 작업이 될 것이다. 물론 여러 편의 경험적 연구(대표적으로 윤형숙 2004, 2005, 이혜경 2005, 설동훈 외 2005, 왕한석·한건수·양명희 2005: 248-282, 김민정·유명기·이혜경·정기선 2006, 한건수 2006, 김이선·김민정·한건수 2006 등)가 관련 전문가들에 의해 그동안 이루어져 왔지만, 이 연구들은 대체로 적응 과정상의 중요한 문제들을 일반적으로 제기하거나, 또는 적응 과정에 대한 실태 조사 수준에서의 파악 정도에 그치는 것으로 보인다. 따라서 이들 혼인이주여성들의 문화 적응(과정)에 대한, 보다 포괄적이고 깊이 있는 현지조사에 기반하는, 체계적이고 경험적인 연구 작업이 향후 이루어지기를 기대해 본다. (가령 제5장 3절은 부분적인 내용이기는 하지만, 이들의 문화 적응 과정의 중요한 구성 부분이 또한 심리적 차원에서의 적응 과정이 됨을 시사해 준다.)

다음으로 제6장 '언어 행동의 숨겨진 차원과 자녀의 언어 교육 상황'에서는, 이들의 언어 적응 과정에서 나타나는 몇 가지 흥미로운 언어 행동상의 '숨겨진' 측면들을 기술하고, 그리고 이들의 자녀들의 언어 습득 및 교육의 일반적 상황에 대해 기술하였다. 이들 자녀들의 언어 습득 및 교육 상황에 대해서는 일반적 개요만을 그것도 부분적으로만 파악한 셈이 될 것이다.

앞서 이미 밝힌 대로 국제결혼 이주여성의 '언어 적응' 및 '문화 적응'에 대한 연구와 함께, 시급히 이루어져야 할 연구는 이들의 '자녀들의 한국어 습득 및 교육 문제'에 대한 체계적인 경험적 연구가 될 것이다. 물론 이 연구는 그리 간단치 않을 것으로 보이는데, 본질적으로 언어 습득 및 언어 교육의 현상이 여러 영향 요인들 간의 복합적인 상호작용의 결과일 것이고, 또 분석을 위한 비교의 틀도 그리 단순하지는 않을 것이기 때문이다. 어쨌든 혼인이주여성들의 언어 적응 문제의 연장선상에서, 이들의 자녀들의 언어 습득 및 교육 문제에 대한 신뢰할 수 있는 과학적 연구가 이루어지고, 그에 따른 적절한 대응 방안의 모색 또한 이루어지기를 기대해 본다.

제4장은 물론 연구 대상자들의 언어 사용 능력의 실제 모습을 기술·분석하는 장이므로, 되도록이면 많은 실제의 언어 자료를 제시하려고 하였다. 마찬가지로 제5장 및 제6장에서도 이들 혼인이주여성 및 그 가족들의 구체적인 생각이나 느낌을 그들의 시각에서 전달하기 위하여, 필요한 곳마다 관련되는 담화나 대화의 예를 가급적 많이 제시하고자 하였다. 문화적 실재(cultural reality)를 기술하는 데서 연구자의 분석적 시각도 중요하지만, 동시에 연구 대상자들의 살아 있는 내부자적 시각(emic point of view)도 또한 매우 중요할 것이기 때문이다.

이 연구를 마치면서 갖게 되는 의문점 하나는, 이 연구가 농촌 지역에서의 혼인이주여성들의 언어 적응에 관한 기초적 연구라면, 숫자상으로 보다 많은 혼인이주여성들이 거주하는 도시 지역(앞의 제1장의 〈표 1-4〉 참조)에서의 언어 적응 양상에 대한 일반적 의문이다. 기본적으로는 유사한 언어 학습 및 적응의 상황에 처해 있겠지만, 구체적으로 도시 지역의 혼인이주여성들은 어떠한 언어 적응 과정을 일반적으로 거쳐 나갈까? 그리고 농촌 지역에서 관찰되는 언어 적응 과정과 어떠한 유사성과 상이성을 가질까? 물론 앞에서 제기한 두 연구 과제(즉 '문화 적응'에 대한 연구와 '자녀들의 언어 습득 및 교육 문제'에 대한 연구)에 비해서는 작은 질문이겠지만, 이에 대한 앞으로의 경험적 연구도 기대해 볼 수 있을 것이다.

이제 이 연구의 배경 부분으로 다시 돌아가 보자. 이 연구의 출발점이 되는 근래의 국제결혼 이주여성의 급증 현상은 넓게는 세계화(globalization)가 야기한 국가 간의 활발한 노동 인구의 이동 및 이주 현상의 한 부분이 될 것이다. 따라서 지난 십여 년간 우리 사회로 혼인이주한 외국인 부인의 숫자가 급격하게 늘었듯이(앞의 제1장의 〈표 1-1〉 참조), 한국 사회에 '장기 체류'하는 전체 외국인의 숫자 또한 급격하게 는 것으로 나타난다. 2005년 말 현재 소위 장기 체류 외국인 숫자는 747,467명으로 집계되는데, 1995년에는 이 숫자가 약 27만 명 선이었고, 2001년의 경우에는 435,210명이었던 것으로 보고된다(설동훈 2006: 7-8, 2005: 8-9). 대체로 말해, 10년 전에 비해서는 약 2.7배 그리고 4년 전에 비해서는 약 1.7배 이상으로 증가한 수치가 될 것이다.

물론 이 74만여 명이라는 숫자에는 우리가 다룬 혼인이주여성을 포함한 한국 국적을 아직 취득하지 않은 모든 결혼이민자, 소위 불법 체류 노동자, 전문 인력을 포함한 합법적인 외국인 노동자, 그리고 그 외 여러 범주의 합법 체류 외국인들이 모두 포함된 수치이다. 그런데 여기서 또 다시 주목해야 할 부분은 장기 체류 외국인의 숫자가 근래 들어 빠른 속도로 증가하였을 뿐만 아니라, 이제는 그 전체 숫자가 2005년을 기준으로 한국 인구의 약 1.5%를 상회하는 수준으로 많아졌다는 점이다. 한 연구자는 한국 체류 외국인의 숫자가 2010년에는 100만 명에 이를 것으로 예상하고 있다(설동훈 2006: 8). 뿐만 아니라 현재 한국에 체류 중인 외국인은, 정확한 통계치는 없지만, 그 출신국이 적어도 100 개국은 될 것으로 추정되고 있다.

이러한 상황에서 당장 눈에 띄는 커다란 변화 한 가지는 출신국이 같거나 또는 비슷한 외국인들이 함께 모여 사는 집거지역(集居地域)이 우리 사회 내에 이미 형성되기 시작하였다는 사실일 것이다.[12] 뿐만 아니라 서울은 이제 수많은 외국인들이 모여 사는 소위 '세계도시'(global city 또는 world city)[13]의 성격을 점차 강하게 띠고 있는 것으로 규정되기도 한다(설동훈 2002). 이러한 맥락에서 최근의 관련 연구는 한국 사회가 이제 '다문화 사회'로 변화하고 있는 것에 논의의 초점을 맞추고 있다. 그리하여 가령 "한국 사회에는 이미 수많은 외국인과 이주자가 거주하고 있"고, 또 "한국의 주요 도시에는 〔다문화 사회로 나아갈〕 인종적 · 문화적 다양성이 이미 충분히 확보된 상태"(설동훈 2005: 17)라거나, 또는 "다양한 지표들이 말해 주듯, 이미 한국 사회는 다문화 사회로 들어섰다고 할 수 있다"(설동훈 2006: 10)고도 말함을 본다.

물론 '다문화 사회'의 개념 규정에 따라 논의는 조금씩 달라질 수 있을 것이다. 그러나 한국 인구의 1.5%를 넘는 외국인들이 장기 체류를 한다는 사실은, 그들의 국적에 따른 법률적 구분과는 무관하게, 거개의 한국인들이 이제는 이들 외국인들과의 일상적 상호 작용의 상황 속에 놓여있다는 사실을 의미할 것이다. 이러한 시각에서 보면, 우리 사회도 분명히 일상생활의 면에서 다민족(multi-ethnic) · 다문화(multi-cultural)의 구성으로 조금씩 옮겨가는 시발점에 와

12) 가령 수도권 지역의 광범한 외국인 집거지역에 대해서는 설동훈(2005: 15)을, 그리고 서울 지역의 외국인 집거지역과 여러 "이방인 거리"에 대해서는 설동훈(2002: 64-75)을 참조할 것. 그리고 최근의 한 신문 보도(조선일보 2006년 12월 7일자)도 '서울 속의 외국들'을 소개하고 있음을 본다.

13) '세계도시'란 "금융·재정·행정·전문 서비스 및 고도 기술을 이용한 생산이 집중되는 중심지로서 …, 초국적 기업의 본사가 자리 잡고 있으며, 세계 경제의 주요 의사결정이 이루어지는 곳"(설동훈 2002: 55)을 의미한다. 여기에는 일반적으로 두 부류의 외국인들이 '장기 체류'하는데, 한 부류는 주로 선진국 출신의 고학력의 고급 기술 인력이고, 또 한 부류는 저개발국 출신의 단순 노동자들이다.

있음은 아마도 틀림없을 것이다.

한편 언어 구성의 측면은 어떻게 보아야 할까? 앞서 제6장의 1절에서 조사 지역의 경우 이미 10여개의 언어가 부분적이지만 한국어와 함께 사용되는 언어 상황으로 바뀌었음을 보고하였다. 달리 말하면, 한국 사회라는 언어공동체의 주 구성원은 아직도 한국어라는 하나의 언어만을 사용하는 단일언어사용자(monolingual)일 것이다. 그러나 사회 전체로 보면 추측컨대 100여 개에 가까운 언어들(이는 현재 한국에 장기 체류하는 외국인의 출신국 숫자에서 유추한 것임)이 부분적으로라도 사용되는 다언어 사회(societal multilingualism)로 그 성격이 급격히 바뀌고 있는 것으로 생각된다. 다시 말하여, 이 언어공동체를 구성하는 절대 다수의 화자들은 단일언어사용자이지만, 이 언어공동체 내에서 사용되는 언어의 구성은 근래의 급증한 노동 인구의 이동 및 이주의 결과로서 극도의 이질적인(heterogeneous) 구성으로 변화하고 있는 것이다. 보다 전문적으로 표현하면, '(공유하는) 언어 기호'(Gumperz 1968: 381)와 '(공유하는) 말에 관한 행동과 해석의 규칙'(Hymes 1972: 54)을 달리하는 수많은 실제의 언어공동체들(speech communities)이 근래 한국 사회 내에서 생겨나고 또 작동하고 있는 것으로 보아야 할 것이다.

문제는 이러한 시대적 변화의 흐름을 절대 다수의 우리 한국인들이 미처 따라가지 못하고 있다는 사실이다. 물론 근래의 외국인 노동 인구의 유입 및 혼인이주 현상은 우리 사회가 일찍이 경험해 보지 못했던 거의 초유의 일일 뿐만 아니라, 그것은 서장의 〈표 1-1〉에서 시사되듯이 매우 짧은 시간 동안에 일어난 매우 빠른 속도의 변화이기도 하였다.

여기서 우리의 연구 대상인 국제결혼 이주여성의 경우로만 논의를 한정시키기로 하자. 먼저 이들은 다른 부류의 장기 체류 외국인들과는 구분될 수 있을 것이다. 말할 것도 없이, 이들 혼인이주여성들은 한국인과 결혼하여 우리 사회의 일원이 되고 또 자녀를 낳고 이 땅에서 계속 살기 위해 영구 이주를 한 사람들이다. 따라서 이들은 우리 사회에 적응·정착하여 종국적으로 우리 사회의 진정한 구성원이 되어야 할 사람들이다. 그러나 지금까지 우리 사회는 이들에 대한 적절한 대처나, 이들을 우리 사회의 일원으로 받아들일 체계적인 준비를 거의 하지 못했던 것이 그간의 사실일 것이다. 멀리 갈 것도 없이, 지난 십여 년(정확히는 11년) 동안에 15만 명이 넘는 외국인 부인들이 한국으로 시집을 왔는데도, 우리는 아직 이들을 위한 한국어 학습 교재 하나도 제대로 만들지 않은 것이 우리의 현주소인 것이다. 한마디로 이들 외국인 부인들을 우리 모두가 또는 중심 사회가 어떻게 바라보고 또 어떻게 대했는지에 대한 상징적 사례가 될 것이다.

구체적인 정책 방안의 수립이나 시행을 넘어서서, 현재의 상황에서 가장 기본적으로 요청되는 사항은 이 땅에 사는 우리 모두의 생각과 행동의 변화, 즉 태도 변화(attitudinal change)가 될 것이다. 말할 것도 없이 우리 모두는 이들 외국인 부인들을 진정한 의미에서 '이해'하고 '존중'하고 그리고 '관용'의 마음으로 대해야 할 것이다. 그럼으로써 이들을 우리 사회의 성원 중 한 사람으로 생각하고, 이들이 하루빨리 우리말을 배우고 우리 문화에 적응하여 우리 사회에 능동적으로 참여할 수 있도록 도와주어야 할 것이다.

다음의 두 발화 예는 우리 모두가 나아가야 할 이러한 태도 변화의 작지만 구체적인 시발점을 서술하는 것에 다름 아닐 것이다.

> **" (지역 주민들에게 원하는 것은) 가급적이면 친절하게 대해 줘라. 또 이제 그 그동안에 중국이나 일본 여성은 피부 색깔이 똑같기 때문에 외부적으로 나타나질 않잖아. 근데 이제 우리 며느리 같이 피부가 좀 껌은 그런 지역에서 태국이나 필리핀 같은 데 그런 데서 온 사람들은 가급적이면 내 권속(眷屬)같이, 내 나라 국민같이 똑같은 그런 위치에서 상대해 주었으면, 괄시하는, 조금 이렇게 머야 머라 그래 그냥 외롭게 만들지 말고 내 형제같이 국민같이 그런 마음속에서 서로 어울리는 그런 상태에서 살았으면 좋겠어… 옛적보다는 많이 좋아졌지. 외국 인사에게 대하는 것도 많이 좋아진 게 사실이야. 그런데 아직도 피부가 틀린 외국인사들을 보면 이상하게 보고 그런 게 많이 있거든 그런 게 소화되어버렸으면, 사람은 인제 똑같으니까."**
>
> (연구 대상자 [11]-K의 시아버지)

" 피부가 검은색 안 이뻐. 챙피한 거 아니야. 걱정없어. 문제없어."

('자녀의 피부가 검은 것이 예쁘지는 않지만 창피한 것은 아니다. 따라서 걱정할 것도 없고 문제될 것도 없다.')

(연구 대상자 ⑫-L)

참고문헌

[국내]

강나영

2006 "여성 결혼이민자의 한국어 의사소통능력의 학습", 서울대학교 대학원 인류학과 제출 석사학위논문 초고.

강원도청

2001 『외국인 주부 생활 실태 및 복지 욕구 토론회 자료집』.

광주여성발전센터

2003 『외국인 주부 실태 조사』.

김민정·유명기·이혜경·정기선

2006 "국제결혼 이주여성의 딜레마와 선택: 베트남과 필리핀 아내의 사례를 중심으로", 『한국문화인류학』 39(1): 159-193.

김애령

1998 『충남 거주 조선족 여성의 결혼과정 적응에 관한 연구』, 대전: 충남도청.

김은실

2004 "지구화 시대의 성매매 이주여성, 국민국가 그리고 시민권", 최협·김성국·정근식·유명기 편, 『한국의 소수자, 실태와 전망』, 파주: 한울, pp.350-380.

김이선·김민정·한건수

2006 "국제결혼 이주여성의 문화적 갈등 경험을 통해 본 문화간 소통의 현실", 『한국사회의 새로운 갈등구조와 국민통합』, 경제·인문사회연구회 주최 심포지움 발표문.

김현미

2001 "글로벌 사회는 새로운 신분적 사회인가?: 전지구적 자본주의의 확산과 '성별화된 계급'의 출현", 『진보평론』 7(봄): 76-96.

2004 "'친밀성'의 전지구적 상업화: 한국의 이주여성 엔터테이너의 경험", 『여성이론』 가을호: 68-102.

김혜숙

2005 『우리 말글 교육의 모습과 쓰임』, 서울: 월인.

남기심·고영근

1985 『표준 국어 문법론』, 서울: 탑출판사.

민경자

2003 『충남 거주 외국인 주부의 정착 지원 방안 연구』, 대전: 충남여성정책개발원.

박종삼

1983 "한미 국제결혼에서 나타나는 의사전달 갈등의 임상적 고찰: 사회사업 치료이론 정립을 중심으로", 『한국사회복지학』 4: 1-13.

박현정

2004 "광주·전남지역 국제결혼한 이주여성 실태 보고", 『광주·전남지역 국제결혼한 이주여성 실태 보고 및 토론회』, 광주 여성의전화 부설 가정폭력상담소, pp.1-34.

설동훈

2002 "세계도시와 문화적 다양성: 서울의 사례 연구", 『지역사회학』 4(1): 53-86.

2005 "이민과 다문화 사회의 도래", 김영기 편, 『한국사회론』, 전주: 전북대학교 출판부, pp.3-23.

2006 "평등과 포용력 있는 사회", (미발표원고).

설동훈 외 8인

2005 『국제결혼 이주여성 실태조사 및 보건 · 복지 지원 정책 방안』, 과천: 보건복지부.

아시아 이주여성 국제 포럼 준비위원회

2005 『이주의 여성화와 이주여성 인권 자료집』, 아시아 이주여성 국제 포럼 준비위원회.

안양 전진상복지관 이주여성 쉼터 위홈(WeHome)

2003 『국제결혼과 여성 폭력에 관한 원탁 토론회 자료집』.

양혜우

2005 "이주의 여성화와 국제결혼", 『사회통합을 위한 시민사회 릴레이 토론회: 참여정부 2년, 사회통합 정책 평가와 과제-종합자료집』, 대통령 자문 빈부격차·차별시정 위원회, pp.446-460.

왕한석

1998 "로스앤젤레스의 초기 이주 한인의 언어접변", 송현 이광규 교수 정년 기념 논총 간행위원회 편, 『한국 인류학의 성과와 전망: 송현 이광규 교수 정년 기념 논총』, 서울: 집문당, pp.445-470.

2006 "국제결혼 이주여성의 언어 문제와 해결 방안", 『새국어생활』 16(1): 33-50.

왕한석·한건수·양명희

2005 『국제결혼 이주여성의 언어 및 문화 적응 실태 연구: 전라북도 임실군(및 순창군·남원시) 일원 사례 보고서』, 서울: 국립국어원.

유철인
1996 “어쩔 수 없이 미군과 결혼하게 되었다: 생애 이야기의 주제와 서술 전략”, 『한국문화인류학』 29(2): 397-419.
윤형숙
2004 “국제결혼 배우자의 갈등과 적응”, 최협·김성국·정근식·유명기 편, 『한국의 소수자, 실태와 전망』, 파주: 한울, pp.321-349.
2005 “외국인 출신 농촌 주부들의 갈등과 적응: 필리핀 여성을 중심으로”, 『지방사와 지방문화』 8(2): 299-339.
이금연
2003 “이주여성의 결혼과 가족”, 『국경과 인종, 피부색과 문화의 차이를 넘어, 평등과 연대를 향해』, 이주노동자 지원 단체 연대.
이기동
1983 “전북 임실 지역어의 음운론적 고찰”, 『한국언어문학』 22(1): 55-72.
이윤애
2004 『전북지역 외국인 여성 정착 지원 방안』, 전주: 전라북도 여성발전연구원.
이익섭·임홍빈
1983 『국어 문법론』, 서울: 학연사.
이익섭·채완
1999 『국어 문법론 강의』, 서울: 학연사.
이주여성인권센터
2004 『이주의 여성화와 국제결혼』, 이주여성인권센터.
이혜경
2004 “한국 내 외국인 가정부 고용에 관한 연구”, 『한국인구학』 27(2): 121-153.
2005 “혼인이주와 혼인이주 가정의 문제와 대응”, 『한국인구학』 28(1): 73-106.
정은희
2004 “농촌지역 국제결혼 가정 아동의 언어 발달과 언어 환경”, 『언어치료연구』 13(3): 33-52.
조영달·윤희원·박상철
2006 『다문화가정의 자녀교육 실태 조사』(2006년도 교육부 정책과제 보고서), 서울: 서울대학교 사범대학.
최명옥
2004 『국어 음운론』, 서울: 태학사.
최협·김성국·정근식·유명기 편

2004 『한국의 소수자, 실태와 전망』, 파주: 한울.
통계청
2006 『2005년 혼인·이혼 통계 결과』, 대전: 통계청.
한건수
2006 "농촌지역 결혼이민자 여성의 가족생활과 갈등 및 적응", 『한국문화인류학』 39(1): 195-243.
한국이주여성인권센터
2005 『여성 결혼이민자를 위한 한국어 교재(초급)』, 서울: 여성가족부.
황달기
1993 "일본 농가 후계자의 '국제결혼': 그 실상과 문제점", 『일본학보』 30: 461-491.

[국외]

Bonvillain, Nancy (한국사회언어학회 역)
2002 『문화와 의사소통의 사회언어학』(*Language, Culture and Communication*, 4th edition), 서울: 한국문화사.
Brown, Douglas H. (이흥수 외 5인 역)
2001 『외국어 학습·교수의 원리』(*Principles of Language Learning and Teaching*, 4th edition), 서울: Pearson Education Korea.
Ellis, Rod (박경자·장미경·오은진 역)
2001 『제2언어습득』(*Second Language Acquisition*), 서울: 박이정.
Renkema, Jan (이원표 역)
1997 『담화연구의 기초』(*Discourse Studies: An Introductory Textbook*), 서울: 한국문화사.
Bachman, Lyle F.
1990 *Fundamental Considerations in Language Testing*, Oxford: Oxford University Press.
Bachman, Lyle F. and Adrian S. Palmer
1996 *Language Testing in Practice: Designing and Developing Useful Language Tests*, Oxford: Oxford University Press.
Bright, William
1960 "Animals of Acculturation in the California Indian Languages", reprinted in Anwar S. Dil (ed.), *Variation and Change in Language: Essays by William Bright*, Stanford: Stanford University Press, pp.121-162.

Burling, Robbins

1984 *Learning a Field Language*, Ann Arbor: The University of Michigan Press.

Canale, M.

1983 "From Communicative Competence to Communicative Language Pedagogy", in J. Richards and R. Schmidt (eds.), *Language and Communication*, London: Longman, pp.2-27.

Canale, M. and M. Swain

1980 "Theoretical Bases of Communicative Approaches to Second Language Teaching and Testing", *Applied Linguistics* 1(1): 1-47.

Celce-Murcia, M., Z. Domyei, and S. Thurrel

1995 "Communicative Competence: A Pedagogically Motivated Model with Content Specification", *Issues in Applied Linguistics* 6(2): 5-35.

Dozier, Edward P.

1956 "Two Examples of Linguistic Acculturation: The Yaqui of Sonora and Arizona and the Tewa of New Mexico", reprinted in Dell Hymes (ed.), *Language in Culture and Society*, New York: Harper & Row, pp.509-520.

Ervin-Tripp, Susan and Claudia Mitchell-Kernan (eds.)

1977 *Child Discourse*, New York: Academic Press.

Grosjean, François

1982 *Life with Two Languages: An Introduction to Bilingualism*. Cambridge, MA: Harvard University Press.

Gudschinsky, Sarah C.

1967 *How to Learn an Unwritten Language*. New York: Holt, Rinehart and Winston.

Gumperz, John J.

1968 "The Speech Community", in David L. Sills (ed.), *International Encyclopaedia of the Social Sciences*, New York: The Macmillan Company, Vol. 9, pp.381-386.

Gumperz, John J. and Dell Hymes

1972 "Preface", in John J. Gumperz and Dell Hymes (eds.), *Directions in Sociolinguistics*, New York: Holt, Rinehart and Winston, pp. v-viii.

Hall, Joan Kelly

2002 *Teaching and Researching Language and Culture*, Essex: Pearson Education.

Heath, Shirley Brice

1983 *Ways with Words: Language, Life and Work in Communities and Classrooms*, Cambridge: Cambridge University Press.

Hymes, Dell

1971 "On Communicative Competence", reprinted in J. B. Pride and Janet Holmes (eds.), 1972, *Sociolinguistics*, Harmondsworth, Middlesex: Penguin Education, pp.269-293.

1972 "Models of the Interaction of Language and Social Life", in John J. Gumperz and Dell Hymes (eds.), *Directions in Sociolinguistics*, New York: Holt, Rinehart and Winston, pp.35-71.

1974 *Foundations in Sociolinguistics: An Ethnographic Approach*, Philadelphia: University of Pennsylvania Press.

Kiesling, Scott F. and Christina Bratt Paulston (eds.)

2005 *Intercultural Discourse and Communication: The Essential Readings*. Oxford: Blackwell Publishing.

Lee, Hye-Kyung

2003 "Gender, Migration and Civil Activism in South Korea", *Asian and Pacific Migration Journal* 12(1-2): 127-153.

Ochs, Elinor

1988 *Culture and Language Development: Language Acquisition and Language Socialization in a Samoan Village*, Cambridge: Cambridge University Press.

Ochs, Elinor and Bambi B. Schieffelin

1984 "Language Acquisition and Socialization: Three Developmental Stories and Their Implications", in Richard A. Shweder and Robert A. LeVine (eds.), *Culture Theory*, Cambridge: Cambridge University Press, pp.276-320.

Paulston, C. B.

1974 "Linguistic and Communicative Competence", *TESOL Quarterly* 8(4): 347-367.

Samarin, William J.

1967 *Field Linguistics: A Guide to Linguistic Field Work*, New York: Holt, Rinehart and Winston.

Saville-Troike, Muriel

2003 *The Ethnography of Communication: An Introduction*, 3rd edition, Oxford:

Blackwell.
2006 *Introducing Second Language Acquisition*, Cambridge: Cambridge University Press.

Schieffelin, Bambi B.
1990 *The Give and Take of Everyday Life: Language Socialization of Kaluli Children*, Cambridge: Cambridge University Press.

Schieffelin, Bambi B. and Elinor Ochs
1986a "Language Socialization", *Annual Review of Anthropology* 15: 163-191.

Schieffelin, Bambi B. and Elinor Ochs (eds.)
1986b *Language Socialization across Cultures*, Cambridge: Cambridge University Press.

Schiffrin, Deborah
1994 *Approaches to Discourse*, Oxford: Blakwell.

Schumann, John H.
1978 "The Acculturation Model for Second Language Acquisition", in R. C. Gingras (ed.), Second *Language Acquisition and Foreign Language Teaching,* Arlington, VA: Center for Applied Linguistics, pp.27-50.

Shibamoto, Janet S.
1985 *Japanese Women's Language*, New York: Academic Press.
1987 "The Womanly Woman: Manipulation of Stereotypical and Non-stereotypical Features of Japanese Female Speech", in Susan U. Philips, Susan Steele, and Christine Tanz (eds.), *Language, Gender, and Sex in Comparative Perspective*, Cambridge: Cambridge University Press, pp.26-49.

Silver, Shirley and Wick R. Miller
1997 *American Indian Languages: Cultural and Social Contexts*, Tucson: The University of Arizona Press.

Weinreich, Uriel
1953 *Languages in Contact: Findings and Problems*, The Hague: Mouton.

Wolfson, Nessa
1989 *Perspectives: Sociolinguistics and TESOL*, Cambridge: Newbury House.

Yoo, Chul-In
1993 "Life Histories of Two Korean Women Who Marry American GIs", Unpublished Ph. D. Dissertation, University of Illinois at Urbana-Champaign.

찾아보기(용어)

찾아보기(인명)

저자 소개

왕한석(王翰碩)

1950년 부산 동래 출생

서울대학교 국어교육과 및 인류학과 졸업

미국 캘리포니아 대학교 (UCLA) 대학원 인류학과 졸업 (인류학 석사 및 박사)

현재 서울대학교 인류학과 교수

주전공 : 언어인류학, 사회언어학, 인지인류학

또 다른 한국어

국제결혼 이주여성의 언어 적응에 관한 인류학적 연구

2007년 3월 30일 초판 발행

2009년 8월 14일 3쇄 발행

지은이 왕 한 석

펴낸이 류 제 동

책임진행 양계성

본문편집 정연성·정연진

표지디자인 반미현

제 작 김선형

펴낸곳 (주)교문사

우편번호 413-756

주소 경기도 파주시 교하읍 문발리 출판문화정보산업단지 536-2

대표전화 031-955-6111

팩시밀리 031-955-0955

등록번호 1960.10.28. 제 406-2006-000035호

E-mail webmaster@kyomunsa.co.kr

Homepage www.kyomunsa.co.kr

ISBN 978-89-363-0841-4 (93300)

값 15,000원

*잘못된 책은 바꿔 드립니다.